EROTICISM

책 속의 **에로티시즘**을 통해 본

의외의
사회문화사

김승일 지음

책 속의 에로티시즘(eroticism)을 통해 본
의외(意外)의 사회문화사

초판 1쇄 인쇄 2024년 4월 1일
초판 1쇄 발행 2024년 4월 9일
발 행 인 김승일
출 판 사 구포출판사
출판등록 제 2015-000026호

ISBN 979-11-93337-05-9 (03330)

판매 및 공급처 구포출판사

주소 : 서울시 도봉구 도봉로117길 5-14   **Tel** : 010-3202-8325
홈페이지 : https://www.sixshop.com/Kyungji

이 도서의 국립중앙도서관 출판사 도서목록(CIP)은 서지정보유통지원시스템
홈페이지(http://seoji.nl.go.kr)와 국가자료공동목록시스템에서 이용하실 수
있습니다.

책 속의 에로티시즘(eroticism)을 통해 본
의외(意外)의 사회문화사

책 머리에

　인류의 역사 속에서 역사를 이끌어 온 가장 강력한 원동력 중의 하나는 '에로티시즘 (eroticism)'[1]이다. 위로는 성인군자에서부터 일반 서민에 이르기까지 모든 사건에는 거의가 인간들의 '에로티시즘'과 관련이 있었다고 할 수 있기 때문이다. 물론 이 책에서 말하는 '에로티시즘'이라는 말은 인간의 말초신경을 자극하여 벌어지는 감각적인 감정만을 말하는 것이 아니라, 시대를 대표하고 시대의 전환을 가져오게 했던 권력자나 통치계층, 그리고 사회문화에 큰 영향을 끼친 인물들이 가지고 있는 성(性)에 대한 사상이나 감정이 각자가 활동하던 시대의 사회에 대해 어떤 작용을 했는지, 나아가 그것이 미친 영향과 결과가 어떤 것이었는지를 살피는 데 중점을 두었다. 이를 위해 각 시대를 대표할만한 법·문학·사회·경제·음악 등 방면에서 인류에게 큰 영향을 미쳤던 책을 선정하여, 그 속에서

---

1)　에로티시즘(eroticism) : 주로 문학이나 예술에서, 성적 이미지를 환기하거나 암시하여 이를 의식적, 무의식적으로 강조하는 경향

작용한 '에로티시즘'이 어떠한 성격의 것이었고, 그것이 어떻게 당시기의 사회변화를 유도했는지를 살펴보아 사회문화사의 전개 과정에서 작용한 성(性)의 역할을 분석하고자 하였다. 이러한 점에 관심을 갖게 된 동기는 역사학을 공부하면서 여러 책을 읽게 되었는데, 그러한 과정에서 눈에 띄는 '에로티시즘'의 작용을 볼 수 있었고, 흥미를 갖게 되어 메모한 것을 중심으로 이 책을 쓰게 되었다.

그러나 보다 더 중요하게 생각한 것은, 경제가 발전하면서 우리의 생활이 여유 있게 되자 최근에는 성(性)의 쾌락을 극대화시키기 위해 마약을 즐기는 이들이 창궐하기에 이르렀다. 이처럼 멈출 줄 모르는 인간의 쾌락에 대한 욕망을 경찰·검찰의 힘만으로 막기에는 한계가 있다는 것을 보면서 한탄을 금할 수 없었다.

이러한 불행을 막기 위해서는 무엇보다도 도덕 윤리에 대한 사상교육이 무엇보다 필요하다는 것을 알면서도, 한국의 정치가들은 정권 창출에만 혈안이 되어 이러한 교육을 등한시 해왔는데, 그 원인은 "학생 인권" "자유 권한의 제약" 등을 이유로 이들에 대한 교육을 도외시한 결과 때문이라고 저자는 감히 말하고자 한다.

한국이 오늘날과 같은 경제발전을 이룩하고, 시민의식의 고양을 갖게 한 주요 원인에는 전통적인 윤리 도덕 관념에 바탕을 둔 가정·학교·사회 교육 등 삼위일체의 교육이 뒷받침했기 때문에 가능했다는 사실을 우리는 잘 알고 있다. 그러나 소위 민주화운동을 했다는 인사들의 전횡으로 이제는 이러한 전통질서가 다 뿌리 채 흔들리고 있으니 통탄할 일이 아닐 수 없다.

'쾌락'에 대한 인간의 관심과 욕망은 탄생한 시점부터 지금까지 계속 이어져 내려왔다. 그렇기 때문에 아무리 유명한 사람이나 배움이 많은 사람이라 할지라고 그들의 내면에는 쾌락을 추구하는 본능이 깔려 있어, 권력을 가진 자나 번뜩이는 지혜로 시대를 주도했던 인물들이 써낸 저작 속에는 이러한 원초적 본능이 잠재적으로 발휘하고 있음을 볼 수 있었고, 나아가 그것은 시대를 바꾸는 원동력이 되었음을 발견할 수 있었다.

그러나 이러한 사실을 입 밖으로 표현하는 사람은 역사적으로 극히 드물었다고 할 수 있다. 그런 차원에서 이 책은 구체적으로 각 시대 별로 시대적 전환을 이끌어 온 유명한 책을 집필한 저자나 그 시대를 이끄는 데 큰 역할을 했던 권력자 혹은 통치계층 사람들이 가지고 있던 '인간으로서의 욕망'에 대한 관념을 분석하여 그것이 사회변화에 끼친 작용을 살펴보는 데 중점을 두고 서술한 것이다.

하지만 이들 저자나 지배계층이 갖고 있던 '에로티시즘'이 단순히 옳고 그름을 따지는 것은 아무런 의미가 없다고 본다. 왜냐하면 같은 인간으로서 추구하는 '에로티시즘'에 대한 관념은 누구나 같기 때문이다. 그렇기 때문에 세상을 바꾸게 한 책을 쓴 저자나 통치자들의 내면에 내재화되어 있던 '에로티시즘'이 어떻게 생성되었고, 그것이 어떻게 책이나 권력을 통해서 발휘되었는가를 분석해 보는 것은 역사 변화의 새로운 요인을 찾아볼 수 있다는 점에서 색다른 흥미를 유발시킬 수 있지 않나 하는 기대감을 가지게 되었다. 한발 더 나아간다면 이러한 분석을 통해 우리 삶의 진실한 근원이 무엇인지를 되돌아보고, 도덕적인 전통사회 질서가 흐트러져 가고 있는 오늘날을 살아가는 우리들이 "밝은 미래사회를 만들기 위해서는 어떠한 마음가짐을 가지는 것이 올바른 것일까?"하는 계기를 가져볼 수 있지 않겠나 하는 생각도 하게 되었다.

위에서 말했듯이 이러한 분석이 맞고 안 맞고는 큰 의미가 없다. 오로지 이러한 분석을 통해 우리와 후손들의 미래 발전을 다시 한 번 생각해

보는 동기가 되었으면 하는 것이 현시대를 살아가는 우리들에게 있어서는 반드시 필요한 과정이 아닐까 하고 기대할 뿐이다. 아무쪼록 독자들의 냉정한 판단과 이해가 곁들여지기를 바란다.

2024년 음력 1월 16일
구포재(九苞齋)에서
지은이 씀

목차

목차

목차

목차

목차

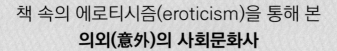

책 속의 에로티시즘(eroticism)을 통해 본
의외(意外)의 사회문화사

01

함무라비왕(BC 1810년 경~BC 1750년 경)

『함무라비 법전』

남자의 나라가 되게 한 법체제로 강력한 왕국의 틀을 다지다

세계에서 가장 오래된 법전

BC 1792년 함무라비(고대 바빌로니아[2] 제1왕조인 아모리왕조의 제6대 왕, BC 1792~1750)가 왕위에 올랐을 때는 아직 어린 나이였지만, 메소포타미아 왕실의 관례에 따라 이미 왕들이 하던 전통적인 활동을 수행하고 있었다. 그는 신전과 성벽 및 공공건물을 건축했고, 운하를 팠으며, 왕국의 여러 마을에서 신들에게 제물을 바치는 한편 전쟁에도 참가했다.

함무라비가 물려받은 왕국은 그 규모와 위치, 군사력으로 인해 바빌로

---

2) 바빌로니아 : BC 4000년경부터 바빌론 지역에서 발달한 문화를 총칭하는 말이다.
    수메르인은 최초의 문자체계인 설형문자를 만들었고, 가장 오래된 법전을 편찬했으
    며, 도시국가를 발전시켰다. 또한 화로·범선·쟁기를 발명하고, 문학·음악·건축 양식
    을 창안했다. 바빌로니아를 가장 거대한 제국으로 만든 왕은 제1왕조 제6대 왕 함무
    라비였다. 그는 도시국가들의 연합을 유도하고 과학·학문을 발전시켰으며, 함무라비
    법전을 공포했다. BC 331년 알렉산더(알렉산드로스라고도 함) 대왕이 바빌로니아를
    점령했고, 그가 죽은 후 셀레우코스 왕국이 바빌론을 포기함으로서 이 위대한 왕국
    은 막을 내렸다.

◀ 루브르 박물관에 전시 중인 함무라비 법전
▼ 법전 맨 위에 있는 조각을 확대한 모습. 왼쪽이 함무라비 왕, 오른쪽은 샤마쉬 신. 샤마쉬 신이 함무라비 왕에게 법을 하사하는 장면이다.

니아지역에 있던 도시국가들 중 주요 강대국의 하나였다. 그렇게 될 수 있었던 것은 유프라테스강에 대한 지배권을 장악할 수 있었기 때문이었다. 그는 왕위에 오른 직후부터 주변국들과의 동맹관계를 통해 20여 년간 전쟁 없이 지내는 동안 도시를 요새화시키는 등 기반을 다져나갔다. 그것이 재위 마지막 14년 동안 끊임없이 있었던 전쟁에서 이길 수 있었던 요인이 되었다. 그는 작은 도시국가에서 대국으로 변모하는데 필요한 새로운 상황들을 안정시키기 위해, 또한 정의로운 통치자로서의 통치기반을 굳건히 하기 위해 법령을 세웠는데, 그것이 바로 BC 1750년경에 제정한 세계에서 가장 오래 된 성문법인『함무라비법전』이다.

이 법전은 1901년 말 프랑스 탐험대가 페르시아의 고도(古都)를 찾는 과정에서 발견되었으며, 완전한 원형으로 루브르 미술관에 소장되어 있다. 높이 2.25m 되는 돌기둥에다 새겨놓은 것으로 쐐기문자(楔形)]에 의해 전문(前文)과 후문, 그리고 282조의 법률 및 재판상의 중요한 판결들을 새겨놓았다.

돈과 가족관계를 중심으로 만들어진 『함무라비 법전』

원래 이집트에서는 사후의 세계를 문서와 그림으로 잘 나타냈다. 이들 속에 나타나 있는 나라는 주로 권력을 좋아하고 현명하며, 아름답고 우아한데다 지혜가 있는 여성의 나라로 묘사되어 있다. 이에 대해 고대 오리엔트세계에서 또 하나의 대국이었던 바빌로니아에서는 남성적인 요소가 아주 강하게 나타났다. 물론 모권적(母權的) 특징이 있는 제도도 있기는 했지만, 역사시대로 들어선 뒤부터는 남성 쪽이 공권적(公權的) 사회를 지배하게 되었다. 여성은 그저 아이를 낳고, 가정을 유지하며 남성에게 위안을 주는 그런 존재에 불과했다. 그러나 당시에는 여성에게는 여성으로서의 의무가 있었고, 권리도 있었기에, 요즘의 법적 인식에서 본다면 이 당시의 남녀는 사실상 동등했다고도 할 수 있다.

그런 점에서 바빌로니아는 로마의 선구라고 할 수 있는데, 그것은 바로 이 제국이 법치국가로서의 기본적 틀을 가지고 있었다는 점을 말해준다. 즉 시민이 해도 좋은 일과 해서는 안 될 일과 법을 어길 경우 그에 상응하는 벌이 어떤 것인지를 성문법으로 명시했던 것이다.

이러한 법전의 특징은 돈과 가족관계를 중심으로 해서 이루어졌다는 점을 들 수 있다. 즉 가족법의 주요 테-마가 돈·동산·부동산·매매·임대차·담보 등이 주요 항목이었고, 또한 가족 내의 부부관계, 친척관계를 규제하는 점에도 비중을 두고 있었다.

그 내용을 구체적으로 보면 가족의 기본은 결혼이라는 계약에 의하여 보증된 일부일처제(一夫一妻制)였다. 그러나 남편은 아내 외에 하나 이상의 첩을 둘 수가 있었다. 그리고 특히 아내가 불구라든가 불임증인 경우에는 첩을 집 안에 들이는 것도 허락되었다. 또 만일 첩을 두었는데도 아이가 없다면, 예외적으로 자신의 합법적인 아내와 미리 이혼하지 않고서도 두 번째 아내와 결혼할 수 있었다. 그렇지만 이 두 번째 아내는 종속적인 지위에 처해야만 했다. 예를 들면 자신이 측실이라는 것을 보이기 위해 그녀는 첫 번째 아내의 발을 씻겨주어야만 했던 데서 알 수 있다.

부정을 저지르려면 수영부터 배워라

성에 대한 내용을 알아보기 위해 『함무라비 법전』보다 더 오래된 법을 보면, 품행이 방정한 처녀의 정조를 농락한 청년은 그 여자의 부모에게 혼약을 청하지 않으면 안 되게 되어 있었다. 만일 그 남자가 그녀와의 결혼을 거부하면 목숨을 잃기까지 했다. 이에 대해 함무라비 법전에서는 결혼 전의 성교에 대해 아무런 규정을 두지 않았다. 국가가 국민들의 연애 문제에 관심을 갖기 시작하는 것은 남자가 자신의 의사에 의해 결혼할 각오를 하고 난 뒤부터였다.

상거래 같은 경우에는 두 단계가 있었는데, 하나는 남자 쪽에서 자신이 선택한 처녀에게 결혼 예물을 주고, 이어서 처녀의 부모가 그 남자에게 지참금을 주었다. 그러나 이 지참금의 성격은 남편을 산다는 의미가 아니라, 아내의 부양비용을 보탠다는 의미에 지나지 않는 것이었다. 또 아내가 결혼 후에도 부모의 집에 그냥 머무는 것은 그렇게 진기한 일은 아니었는데, 이런 경우에 남편은 아내의 부모에게 자기 아내의 부양비를 지불해야 했다. 이를 보면 지참금은 법적으로 아내의 재산이었음을 알 수 있다.

이혼의 이유에는 여러 가지가 있지만 아주 애매하였다. 주된 이유는 당연히 아이를 낳지 못하는 것이었다. 왜냐하면 결혼을 하는 이유가 자손을 얻는데 주목적이 있었기 때문이었다. 또한 아내가 병 때문에 가정에서의 의무를 더 이상 돌볼 수 없다든가, 아니면 그 밖의 다른 이유 때문에 주부로서 마땅치 않다는 사실이 입증된 때에는 아내를 버리고 이혼할 수가 있었다. 이러한 모든 경우에 있어서 부부관계의 청산은 남자 쪽의 일방적인 설명만으로 행해졌다. 이러할 경우 아내는 지참금 또는 그 잔액을 가지고 집을 나가야 했다. 아이가 있는 경우에 남편은 양육비를 걱정해야 하지만 그 이상의 의무는 없었다. 그럼에도 불구하고 조금이라도 양심적인 남자였다면 남편은 재판관의 동의를 얻어 형식상으로 아내와 이혼하지 않은 채 그녀를 자신의 여자 노예가 되어 봉사하도록 하면서 여전히 집 안에 머물게 할 수도 있었다.

이렇게 말하면 아주 잔인한 이야기처럼 들릴 지도 모르지만, 아내 쪽에서도 똑같이 남편의 소행을 받아들일 수 없다든가, 남편으로서의 의무를 너무 소홀히 한다든가 하는 경우에는 합법적으로 남편과 이혼할 수가 있었으므로 어찌 보면 동등했다고 할 수 있다. 다만 그렇게 되기 위해서는 재판관의 승인이 필요했다. 이런 경우에 아내는 자기의 지참금을 돌려받는 것뿐만 아니라 배상금도 받게 된다. 그리고 그녀는 재혼도 할 수 있었다. 고대 바빌로니아에서 결혼과 이혼문제는 거의 현대의 이혼법과 큰 차이가 없었던 것이다. 다만 아내 쪽보다 남편 쪽이 이혼을 하기가 쉬웠다는 데 차이가 있었을 뿐이다.

그러나 정조라는 점에서는 많은 차이가 있었다. 즉 남편이 첩에게도 만족하지 않고, 아내를 너무 업신여길 경우에, 아내는 남편과 이혼할 수 있지만, 아내로서 할 수 있는 법적인 수단은 없었다. 남편의 불성실은 사정에 따라 배상금을 물어야 하는 경우를 제외하고는 처벌되지 않았다. 그러나 아내가 부정을 저질렀을 때는 강물에 던져서 익사시킬 수도 있었다. 현행범으로 붙잡혔을 때는 두 사람을 묶어서 강물에 쳐 넣을 수도 있었다. 부정의 의심이 있을 때는 신의 재판에 따라 결정되었다. 이러한 재판은 부정한 혐의가 있는 자들을 묶지 않고 강물에 던져서 강의 신이 그들

두 사람 사이에 부정이 있었는지 없었는 지의 여부를 결정하게 하는 방법이었다.

이 이외에도 바빌로니아의 법률에는 강물에 던지는 일이 종종 있었다. 그렇기 때문에 장난 섞인 말이긴 하지만, 부정을 저지르고 싶은 사람들은 유프라테스강에서 목숨을 잃지 않기 위해서라도 수영을 배워두어야 할 필요가 있었던 것이다.

신전(神殿)의 수입 차원에서 매음이 성행하다

가족법의 규제가 엄격해지면 엄격해질수록 남성은 자신의 성욕을 만족시킬 수 있는 장소를 찾게 된다. 그 장소란 자기 처에 대해서처럼 지속적인 의무를 지지 않고 성욕을 만족시킬 수 있는 자유로운 장소를 말한다. 이런 장소란 말할 것도 없이 여자들이 육체적 봉사에 대한 보수만을 받을 뿐이지 손님의 아내처럼 그 이상의 요구를 하지 않는 그런 곳을 말한다. 그런 관계 속에서 상대의 여자가 마음에 들면 남자는 다시 찾아올 수도 있는데, 그렇더라도 아무런 법적인 속박이 생겨나지 않았다. 부부가 되거나 첩을 둔다거나 하는 경우에 생기는 남녀 간의 복잡한 관계가 여기서는 단순히 사고파는 형식으로만 이루어졌던 것이다.

이러한 매음은 BC 2000년경 문명의 정점을 이루었던 오리엔트 각국에서는 이미 성행하고 있었다. 특히 공공연한 조직인 신전과 연결되어 있었는데, 그것은 신전 수입원의 중요한 한 분야였기 때문이었다. 이러한 신전에서의 매음은 신관의 직무를 수행하던 남녀 모두에 의해 직업적으로 행해졌다. 이들은 비록 이 매음을 「신성한」이라는 형용사를 붙여 미화시켰지만 매음의 틀을 벗어나는 것은 아니었다.

그러나 이런 점에서 바빌로니아는 오리엔트 각국 중에서 가장 재미없는 나라였음을 알 수 있다. 그것은 이러한 남성들의 공유물인 매음제도를 법으로써 허락하지 않았기 때문이었다. 그렇지만 이러한 확실한 사회질서 체제를 잘 갖추고 있었기 때문에 앗시리아(아시리아) 제국에 지배당한 100년을 빼고는 BC 19세기부터 BC 6세기 초까지 오리엔트 지역에서 가장 오래도록 역사를 지속할 수 있었던 나라가 되었던 것이다.

02

헤로도토스(BC 484년 경~BC 425년 경)
『역사』
"결혼 전 처녀는 신전에서 미지의 남자에게 몸을 맡겨야만 했다"는
인류 최초 역사서의 진실은?

매음녀를 패가망신의 주모자로 본 슈메르인들

신전에서의 매음제도는 셈족[3]만이 갖는 특유의 제
도라고 이전의 학자들은 생각해 왔었다. 그러나 최근
새롭게 발견되는 많은 성(性)과 관련된 자료들을 보
면서 실제로 가장 오래된 매음 장소로 사용됐던 신전
은 셈족이 아닌 슈메르인의 도시 우르크에 존재하고
있었음을 알게 되었다.

헤로도토스

---

3) 셈족 : 셈어를 사용하는 민족들의 총칭이다. '셈'이라는 말은 성경에 등장하는 노아의
세 아들 중의 장남인 셈에서 따왔다. 셈어에 속한 언어로는 고대와 현대의 아카드어,
암하라어, 아랍어, 아람어, 그으즈어, 히브리어, 몰타어, 페니키아어, 티그레어, 티그
리냐어 등이 있다. 이 언어들을 사용하는 민족들은 서로 다른 민족이지만, 지리적으
로 그리고 언어적으로 서로 가까이 분포되어 있는데, 더 넓은 범위의 관점에서 이들
의 역사, 문화, 종교, 또는 민족적 특성 및 분류를 기술할 때도 사용된다.

이곳의 최고신은 아누였는데, 이곳에서 매음을 주관하고 있던 자는 아누의 딸이라고 스스로 호언했던 하리마티라는 여자였다. 그녀는 호색한으로 이름 높았던 신 이시타르에 대한 제사를 주관했는데, 그녀는 이 제사를 주관하면서 매음을 일삼았음을 자료들은 보여주고 있다. 이 매음녀는 특별한 집에 살았고, 그 아래에는 부인 감독관 한 명이 있어 이 매음을 관리하고 있었다. 이런 연유 때문에 하리마티는 역사상에서 가장 혹평받는 신전의 매음녀로써 전해져 내려왔다.

최근 발견된 고문서에서는 이 하리마티에 대해, 그녀의 수중에 떨어지는 남자는 모두 타락하고 만다는 다음과 같은 기록을 전해주고 있다.

> "수많은 남자를 가진 하리마티와 결혼해서는 안 된다. 네가 불행해졌을 때 하리마티는 너를 지켜주지 않을 것이다. 네가 호소할 때 하리마티는 너를 중상모략 할 것이다. 하리마티는 존경과 복종을 모르는 여자이다. 하리마티는 틀림없이 너의 집을 기울게 할 것이다. 그러니까 다른 남자들이 자신에게 불리한 흔적을 남기지는 않았는지에만 걱정을 하는 하리마티를 집안에 들여서는 안 되는 것이다. 하리마티가 들어간 집은 모두 쓰러져 버릴 것이다. 하리마티와 결혼하는 자는 행복해지거나 번영하는 일이 절대로 없을 것이다."

이러한 기록은 오늘날 창녀들을 접하는 남자들에게도 경고하는 말이라 할 수 있다. 이 경고문을 자세히 살펴보면 다음과 같은 사실을 추측할 수가 있다. 즉 신전의 매음녀들은 단순히 이 성스러운 곳에서 매음이라는 직업에 종사했을 뿐만 아니라, 신전 밖에서도 영업을 했고, 결혼하여 시민사회로 들어가려 했던 경우도 많았음을 알 수 있다. 그리고 이 문서는 그러한 그녀들에 대해서 사회에서 높은 존경을 받고 있던 진정한 여성 신관과는 달리 매우 배척 시 되고 있었음을 보여준다. 신전의 매음녀는 자신이 낳은 자녀들을 자기 손으로 키울 수가 없었고, 아이들은 곧바로 양부모에게 맡겨졌다. 그리고 그녀들이 낳은 자식들에게 부자 관계를 캐내는 일은 사형감에 해당하는 일이라고 위협을 가했음이 틀림없다. 이는 이들 매음녀와 관계를 가진 자가 발각되면 그는 완전히 타락한 자로 사회에서 간주되었음이 이를 알게 해준다.

그럼에도 불구하고 헤로도토스는 그의 저서인 『역사』에다 "모든 여성이 결혼 전에 한 번은 신전에서 알지 못하는 남자에게 몸을 맡겨야 했다"고 기록하고 있다는 점에서 역사가들 입담에 오르내리고 있는 것이다.

헤로도토스(B.C484-425?)는 페르시아[4] 치하에 있던 소아시아 서남 해안의 작은 도시의 명문가 집안의 아들로 태어났다. 정치에 남달리 관심이 컸던 그는 이 도시 시장의 전횡에 반대하여 혁명운동에 참여했다가 실패하는 바람에 망명 생활을 해야 했다. 그는 고향으로 돌아가지 못하는 신세가 되자 자신이 한 일이 옳았는지 아닌지를 이성적으로 판단하기 위해 동서 세계를 돌아다니며 직접적인 경험을 쌓고, 과거와 당 시대의 자료를 수집하는 데 열중했다. 그리고 이러한 자료를 그동안 갈고 닦은 이성적 판단을 통해 『역사』라는 책을 저술했던 것이니, 바로 오늘날 역사서술의

---

[4] 페르시아 : 페르시아라는 말은 주로 서구에서 사용해왔으며 그 기원은 페르시스로 알려진 이란 남부지역에서 유래한다. 파르사는 BC 10세기경에 이주해온 인도유럽어족 계통의 유목민들을 가리키며 파르사인들에 대한 기록은 BC 844년 살마네세르 3세가 편찬한 연대기에 처음으로 나온다. 고대 그리스인들은 아케메네스 왕조(BC 559~330)가 영토를 확장하며 페르시아 지역을 다스리던 시절에 이란 고원에서 처음으로 페르시스의 거주민들과 접촉을 했다. 고대 그리스인들뿐만 아니라 다른 서구인들도 점차 이 페르시스라는 말을 이란 고원 전체를 지칭하는 말로 널리 사용하게 되었다. 이란인들은 그들의 조국을 가리켜 항상 '아리아인의 땅'이라고 부르고 있다. 1935년 이란 정부는 국호를 페르시아 대신 '이란'으로 불러주도록 요청했다.

전범(典範)으로써 존중되고 있는 이 책이다.

그러나 이 책이 부여하는 역사적인 의미는 지대한 것임을 부인하려는 것은 아니나, 다만 그의 기술 가운데서 종종 보여 지는 역사관의 문제에 대해 지적하지 않을 수 없기에 생각해 보고자 한다.

헤로도토스의 역사관에 대한 찬반양론

매음이 이처럼 사회적으로 경멸당하고 있었다는 사실에서 볼 때, "메소포타미아에서는 모든 여성이 결혼 전에 한 번은 신전에서 알지 못하는 남자에게 몸을 맡겨야 했다"는 헤로도토스의 기록은 아무래도 믿을 수 없는 이야기가 아닐까 여겨진다. 아마 그의 기록은 그저 막연하게 아주 오래 전에 있었다고 들려오던 어떤 시대의 흔적을 기록한 것이 아닌가 하는 생각이 들 정도다. 그의 기록을 믿을 수 없는 이유로는, 헤로도토스의 기록이 이미 메소포타미아가 페르시아 풍으로 기울어져 있던 기원전 5세기 중엽의 일이라는 점에서 더욱 그러하다. 당시의 메소포타 지역은 이미 매음 장소가 된 신전 외에도 돈으로 쾌락을 살 수 있는 장소가 얼마든지 있었던 그런 시대로 변화되어 있었기 때문이다.

현대의 몇몇 학자는 헤로도토스의 이러한 해석에 찬동하기도 하는데, 그들은 강제 매음은 일종의 순수한 종교적 행위였으며, 신을 위한 희생이었다고 보았다. 그들의 해석은 어떤 여성이라도 하룻밤 내지는 적어도 한시간은 이 신에게 몸을 바쳐야 했고, 그 신은 그 여자를 위해 사랑하는 사람을 골라 주었다는 것이다. 당연히 이들 남자들이란 신전에서 일하던 신관들이었음은 말할 필요도 없을 것이다.

이렇게 주장하는 학자들은 자신의 논리를 합리화시키기 위해, 당시의 모든 여자들은 결혼하기 전에 이들 신관에게 처녀의 순결을 바쳐야 했는데, 이는 그녀 자신들이 "신으로 승화된다"고 하는 믿음이 있었기 때문이라고 변명하고 있다.

그런데 과연 이러한 주장들이 옳다고 할 수 있을지 반문하지 않을 수 없다. 물론 이러한 결혼 전의 관습은 원시 민족에게서는 종종 볼 수 있는 일이기는 했다. 그러나 유산상속 문제 때문에 이미 시민사회에서 성생활이 엄격하게 규제되고 있던 바빌로니아 같은 나라에서는 상상조차 할 수 없는 일이었다는 점에서 이들의 주장에는 무리가 있다고 보여 진다.

만일 헤로도토스가 전하는 말이 사실이라면, 피임에 대한 상식이 전혀 없었던 데다, 낙태를 철저히 금지시켰던 당시의 사회적 분위기에서 볼 때, 결혼 전에 태어난 아이는 무수히 많았을 것이다. 그렇다면, "호색한 신이었던 이시타르에게 봉사하기 위해 행해진 결혼 전의 신전 행사에 의해 태어난 아이들에게도 과연 사회적 지위와 상속권이 주어졌을까?" 하는 의문이 자연히 들지 않을 수 없다. 바빌로니아에서 전해지는 자료에는 이런 의문점을 밝혀주는 자료가 하나도 없으며, 또한 이러한 사례를 언급한 것조차 하나도 없다는 점에서 헤로도토스가 전하는 이들 말을 과연 믿어야 하는 건지 의문을 던지지 않을 수 없는 것이다.

이러한 의혹에도 불구하고 헤로도토스는 또 다른 형식으로, 극히 고차원적인 신전 매음에 관하여 적고 있다. 즉 그 유명한 바벨탑 꼭대기 옆에 신을 모시는 방이 하나 있었는데, 그곳에는 호화스럽게 장식된 커다란 침대가 놓여 있었으며, 침대 곁에는 황금으로 만들어진 테이블이 있었다고 했다. 그리고 이 신비스런 방에서는 언제나 여자 한 명이 하룻밤을 보냈다고 했다. 아마도 이들 여성은 온 나라의 처녀 중에서 매일 하나씩 선택되어 졌고, 그 선택된 덕에 신 곁에서 쉴 수 있었다고 그는 보았던 것 같다. 그러나 이것이 의미하는 것은 어떤 형식으로든 이 신성한 곳에서 매음이 성행하고 있었다는 것을 대변해 주는 것이 아닐까 하고 생각한다면, 헤로도토스는 자신의 설명을 스스로 부정하는 꼴이 되고 마는 것이다.

물론 이 여성이 그저 꿈속에서만 신의 팔에 안겨서 쉬고 있었던 것인지, 아니면 지상 최고의 권력자인 국왕이나, 아니면 고귀한 신관이 이 신을 대행했던 것인지는 아무도 모르지만, 이러한 이야기는 바로 매음이라는 것이 사회적으로 공공연하게 이루어지고 있었다는 사실을 대변해 주는 것이라고 생각하지 않을 수 없는 것이다.

하렘과 동성애

이러한 매음과 더불어서 생각해 볼 수 있는 다른 형태의 성애(性愛)로써 주목되는 것은 모든 오리엔트 국가 및 메소포타미아에서 동성애가 광범위하게 행해지고 있었다는 사실이다. 즉 매음을 직업으로 가지고 있던 자들 중 일부는 동성애자였다는 것이다. 웅장한 신전, 예를 들어서 바빌론의 이시타르 신전 등에는 몸을 파는 남성이 있었는데, 물론 이것도 종교적인 비호 아래서 행해졌던 것이며, 「우크룸」이라는 칭호를 가진 고위 신관이 그들을 지휘·감독하고 있었음을 자료들은 보여주고 있다.

특히 바빌론은 앗시리아의 지배를 받게 되면서 궁정은 점차 후일 터키 제국의 술탄에게서 볼 수 있는 것과 비슷한 형태를 띠어 갔다. 즉 궁전에서는 광대한 하렘5)이 생겨났고, 궁정 관리자의 명단에는 하렘 감독관과

---

5) 하렘(Harem) : 아랍어 '하람(haram)'에서 변용된 하렘(harem)은 아카드어 '덮다, 숨기다, 분리하다, 보호하다'라는 의미의 '하라무(뭄)[haramu(m)]'에서 기원했다. 하렘은 '금지된, 보호된, 신성한, 불가침의' 공간을 의미하며, 인도에서는 '자나나(zanana)', 이란에서는 '안다룬(andarun)'으로 불린다. 다시 말해, 하렘이란 남녀 내외(內外)가 엄격하게 적용되는 신성한 장소로서 친척이 아닌 외간 남자의 출입이 금지된 구역을 말한다.

환관 책임자가 등장하기 시작했다.

그러나 이러한 사실 때문에 바빌론이 타락한 죄악의 땅이었다고 규정하는 것은 아니다. 왜냐하면 바빌로니아를 위해 법(『함무라비 법전』)을 만든 사람은 가족법을 창안해 냈는데, 이 법은 이후 서방세계 전체에 엄청난 영향을 미치게 되어 4000년이 지난 오늘날의 서양 법에 그 자취들이 많이 남아 있기 때문이다. 또한 그들은 이 법을 통해 모든 가족들을 안정시키고 자손을 유지하는데 기초가 되게 했으며, 성생활을 하는 데서 자유와 속박을 조화시키려고 노력하였음을 알게 해주고 있다. 그리고 여성들에 있어서는 지금도 많은 나라에서 쟁취하고자 노력하고 있는 여성의 권리를 이미 인정하고 있었음을 또한 알 수가 있다. 다시 말해서 바빌론의 사회는 진기한 점이 있기도 했지만, 이 영역에서의 결과는 세계 문명에 큰 공헌을 했다고 할 수 있다. 그런 점에서 도덕주의자들은 악명 높은 이 도시에 대해 경의를 표해야 할 충분한 이유가 있다는 사실을 알아야 할 것이다.

헤로도토스의 『역사』가 전해주는 당시의 이야기는 인간의 역사에서 매우 중요한 기록임에는 틀림없지만, 우리가 역사를 보는 시각은 역시 객관적으로 분석해 볼 수 있는 그런 역사인식을 갖는 것이 매우 중요한 것을 또한 우리에게 시사해 주고 있음을 간과해서는 안 될 것이다.

03

『구약성서』 (BC 1200 ~ BC 100년)

'남아선호'의 풍습이 자위행위의 선례를 남기다

『구약성서』에 보이는 헤브라이인들의 성애관

『구약성서(舊約聖書)』는 창세기(創世記)부터 시작되는데, 그 시기는 BC1000년에서 BC150년까지로 약 850년간의 역사를 기록한 책이다. 당시에는 문자가 없었기 때문에 대부분 전설로써 구전되어 온 것들을 모아 구성하였는데, 주요한 내용으로는 역사, 예언, 시, 지혜, 법률 등이 있다. 예를 들면 「노아의 홍수」나 「바벨탑」 등의 이야기가 바로 그것이다. 물론 이러한 이야기들이 구전되어 널리 회자되면서 편집되어 진 것이라 해서

구양성경 사해사본 및 발견된 동굴 사진

사실이 아니라고 부정하는 것은 아니다. 오히려 이 책은 여러 민족들이 써 온 정보문화가 이야기라는 형식으로 응축되어 져 편집된 것이기에, 각 민족의 기억과 문화의 양식이 내재 된 것으로서 인류의 산 역사를 보여주고 있다고 할 수 있다.

이러한 특징을 잘 보여주는 대표적인 예를 든다면, 당시 이 지역에 거주하고 있던 각 민족들의 성(性)에 대한 인식과 『구약성서』에서 보이는 성에 대한 인식이 거의 같았다는 점을 들 수 있다. 이들 각 민족의 성에 대한 인식을 알게 된 것은 상형문자와 설형문자를 해독할 수 있게 된 다음부터였는데, 고대 헤브라이인들이 지녔던 성에 대한 미덕(美德)과 악덕(惡德)의 견해는 바빌로니아·앗시리아(아시리아)·이집트 등의 자료에서 볼 수 있는 견해와 대체로 일치하고 있다. 또한 부부관계에서 남성과 여성의 지위에 대한 그들의 생각도 세부 사항에 이르기까지 『함무라비 법전』과 동일하다는 것을 알 수 있다. 다만 헤브라이인들의 특징을 들라면 가부장적인 색채가 아주 강해서 가장은 아내와 자녀들을 자기 마음대로 할 수 있는 거의 절대적인 권리를 가지고 있었다는 점이 주변 국가들과 달랐다면 다른 점이라 하겠다.

이러한 인식의 차이는 고대국가에 있어서 성에 대한 인식이 무엇보다도 생식(生殖)을 하는데 있었기 때문에, 이러한 생식을 어떻게 안전하게 이루어낼 수 있는가 하는 문제의식의 차이에서 비롯된 것이라 할 수 있다. 즉 이러한 인식의 차이에 의해서 여성이나 가족에 대한 가부장의 지위가 결정되어 졌다고 볼 수 있다는 말이다.

만일 이 목적을 달성하지 못한다면 비록 독신으로 지내는 것이 금지되어 있지는 않았지만 자연에 반하는 생활로써 간주되었다. 그렇기 때문에 특수한 경우에 맞닥뜨리게 되면 남성은 의무적으로 결혼을 강요당하기까지 했다. 예를 들면, 형이 사내아이를 두지 못하고 죽었을 때, 동생은 과부가 된 형수와 결혼을 해야 했다. 원시민족 사이에 널리 퍼져 있던 이와 같은 강제 결혼의 형식은 유대인들의 경우에는 특히 엄격하게 지켜졌다.

오나니즘(자위행위, 일본어는 '오나니')의 시원(始原)

하지만 이런 결혼을 해야 하는 남자의 입장에서 보자면, 때로는 참으로 견딜 수 없는 일이라고 느끼는 경우도 있었을 것이다. 더구나 그 결혼에서 출생한 아이는 법적으로 죽은 형의 후계자가 되었기에, 동생은 단지 생리학적인 의미에서만 친아버지의 역할을 했던 것이므로 동생 되는 자는 그런 결혼에 그다지 열성적으로 나서려 하지 않았을 경우도 있을 것이기 때문이다.

그 대표적인 경우가 『구약성서』에 나오는 오난과 타마르의 이야기이다. 즉 유다의 아들 오난은 방탕 때문에 신에게 죽임을 당한 형 에르가 죽자 형수인 다마르와 결혼하라는 말을 들었지만 거절했다. 그러나 주변의 압력을 못 이겨낸 그가 다마르와 관계를 맺지 않을 수가 없었다. 그리하여 할 수 없이 다마르와 관계를 해야 했던 그는 형의 아이를 낳는 일에 자신의 정자를 쓰고 싶지 않자 사정 직전에 그만 땅에다 쏟아버리고 말았던 것이다. 당시의 사회에서 이러한 행위는 자신을 더럽히고 가족의 명예를 떨어뜨리는 일이었다. 이런 연유로 해서 하늘로부터 벌이 내려진 오난은 결국 죽고 말았다. 물론 성서의 기록 자체만으로는 그러한 행위가 자위행위로써 이루어졌던 것인지, 아니면 성교를 거절했다는 의미인지는 확실하지가 않다. 그럼에도 후세사람들은 이것을 전자로 해석하고, 범죄자 오난의 이름과 결부시켜서 오늘날까지 남녀의 성적 자기만족을 「오나니즘

(onanism, 자위[自慰], masturbation, 오나니(일본어)」[6]라는 이름으로 부르고 있는 것이다.

아름다움이나 정숙함보다 지혜를 존중했던 유대인

모세의 십계명 중에 있는 「간음하지 말라」와 「네 이웃의 아내를 탐하지 말라」는 계율은 이미 모세 이전 시대부터 매우 엄격하게 적용되고 있었다. 다만 이러한 계율의 위법자에 대한 물(水)에 의한 검증은 바빌로니아의 경우보다는 약간 소박한 편이었다. 왜냐하면 부정을 의심받은 여자는 즉시 강물에 던져 졌던 것이 아니라, 마시기가 힘들도록 만든 모종의 특별한 물을 마셔야 했는데, 만일 그 물을 마시고 배가 불룩해지면 그 여자는 유죄로써 인정되어 졌던 것이다.

하지만 바빌로니아의 법률에서와 마찬가지로 여자를 근거 없이 비방한 자는 사형에 처해 졌기에 여자들은 터무니없는 악평으로부터 보호받고 있었다. 목욕하는 스잔나에게 구애했다가 실패하자 거짓 증언을 한 두 명의 노인은 자신들의 호색한 죄를 목숨으로써 대신해야 했다. 이 이야기는 틴트레트와 루벤스, 렘브란트 등 많은 화가들의 그림 소재가 되었는데, 그들이 묘사한 그림을 보면 두 명의 노인을 변호하는 듯이 그려져 있어 이 사건에 대한 법률의 잘못된 적용을 비웃고 있다.

아름다움이나 정숙함보다도 유대인들이 중요시했던 것은 지혜였다. 지혜는 남성의 특권은 아니었다. 정신적으로 뛰어난 여성은 이와 같은 남성

---

6) 오나니즘(onanism) : 남녀의 자위행위를 일컫는 말로써 구약성서 『창세기』의 '오난'이란 인물의 이름에서 유래하는데, 오난은 오르가슴을 위해서가 아니라 형의 이름을 이을 아들을 낳지 않으려고 정액을 땅바닥에 쏟았기 때문에 자위행위라기보다는 체외 사정으로 보는 게 정확하다.(창세기 38:9)

중심의 민족에 있어서도 아주 높은 지위까지 진출할 수 있었다. 이것을 웅변적으로 가장 잘 말해주고 있는 실례는 유대의 쟌 다르크라고도 할 만한 드보라(약칭으로 '데보라'라고도 함)의 경우이다. 그녀는 가나안을 차지하기 위한 싸움에서 머뭇거리는 자들을 질타·격려하면서 가나안의 왕 제라(Zerah)를 물리치고 승리하였다. 이로부터 드보라는 유대인들로부터 스승으로서 인정받게 되었다. 그리고 드보라는 여성 예언자로서 인정되어 고대 유대의 제사에서 여성이 차지할 수 있는 최고의 역할을 하였다.

그러나 원래 유대인 사회에서는 오리엔트의 기타 종교와는 달리 여성 신관과 사제라는 제도가 없었다. 다만 여성 신관이라고 불리었던 자들은 성애(性愛) 방면에 종사하던 자들을 그렇게 불렀던 것이다. 일반적으로 창남(娼男)은 금지되어 있었다. 이를 두고 이스라엘의 예언자들은 큰 소리로 훈계해 왔지만 이스라엘에서 신전 매음이 근절된 적은 없었다. 신전에서의 매음은 바빌로니아의 경우와 마찬가지로 「신성한 남녀」라는 이름으로 가장되어 행해 졌다. 그러나 여호아의 신전 앞에서는 슈메르의 이시타르 신전에서처럼 영업이 번성하지는 않았다. 그들의 매음 상대는 농촌에서 올라오는 여행자들이 대부분이었다. 농촌에서 올라오는 여행자들은 이들 여성 신관을 접하며 참을 수 없는 욕정을 억누를 수 있는 그런 도덕성을 가진 자들이 아니었기 때문이었다. 따라서 이런 매음을 하는 자들에 대해서 유대 사람들은 「개」라고 불렀다.

할례(割禮)에 대한 고금(古今) 인식의 비교

유대인의 성생활에서 중요한 관습으로 자리 잡은 것은 「할례」였다. 이 관습은 이집트에서 전해 졌는데, 2000여 년 동안 유대인의 목표처럼 되어 왔다. 이러한 관습을 유대인들은 지금까지도 진보적인 행위라고 생각하고 있다. 이처럼 남성 성기의 포피 (包皮)를 잘라내는「할례」라는 수술 을 왜 하는지에 대해서는 지금도 학 자들의 견해가 일치하지 않고 있다. 다만 대다수의 학자들은 이 할례에 대해 인신(人身)을 제물로 바치던 시

중동지방 할례 수술 모습

대의 잔재로써 보고 있을 뿐이다. 이미 아우구스투스도 인정했듯이 이 수 술은 조상의 죄를 짊어지고 이 세상에 태어난 인간이 속죄하는 행위라고 하였다. 어떤 학자는 모든 청년들이 당당하게 종족 내지는 민족이라는 공 동체의 한 사람이 되기 전에 통과해야 하는 담력 시험이라고도 했다. 그 렇지만 유대인들이 다른 민족과 구별하기 위해서 할례하는 관습이 있다 고 하는 일반적인 설명은 아무래도 설득력이 부족하다고 생각된다. 왜냐 하면 성서시대에는 유대인이 접촉하고 있던 대부분의 민족들도 역시 할 례를 했으므로, 할례가 다른 민족과 구별하기 위한 표시라는 것은 있을 수 없는 일이기 때문이다.

다만 시간이 흐르면서 오리엔트의 여러 민족 사이에서는 점차로 할례 의 관행이 사라지게 되었으나 유대인만은 서방으로 이주할 때도 이 관습 을 고수했으므로 이 시술이 유대민족의 특징이 되었으며, 할례를 받지 않 은 사람들은 마치 야만스런 조상이 되살아난 것처럼 조롱받기에 이른 것 이다. 그러나 이런 견해가 언제까지나 계속된 것은 아니었다. 그것은 제2 차 대전 시기부터 서양의 여러 나라에서는 의학이 발달하면서 할례가 위 생상·건강상으로 좋다는 것을 인정하게 되어, 지금은 동서양을 막론하고 병원에서 태어나는 전체 아이들 중 85%가 신앙과 종족의 구별 없이 이 수술을 받고 있는 것으로 나타나고 있다.

최근에는 이러한 할례의 정당성에 대한 반론도 일어나고 있다. 따라서 비위생적이었던 전통시대에 있어서 유대인의 지혜는 빛을 발했던 것이지만, 이제 의학이 발달한 지금의 시대에 있어서 할례를 의무로 생각했던 유대인의 지혜는 그저 참고사항이 되고 있을 뿐이다.

04

호메로스 (BC 800~BC 750)
『일리아드(Iliad)』
"하나 낳아 잘 기르자"는 인구정책을 논하다

『일리아드』란?

『일리아드(Iliad)』는 고대 그리스 시인 호메로스의 작품으로 그리스인들은 이를 오디세이아(Odyssey)와 더불어 그리스 민족의 단일성과 영웅적 자질을 나타내는 상징이자 도덕적 교훈과 현실적 교훈까지도 제공한다고 생각했던 민족의 대서사시로써 추앙했다.

일리아드라는 의미는 '일리오스(트로이)의 노래'라는 뜻으로, 구성은 그리스 문자의 24개 알파베트 순으로 총 24장으로 나누어져 있고, 각각의 장마다 5백 내지 8백 행의 시로써 구성되어 있는데, 총 15,693행에 이른다. 그 내용은 10년간에 걸쳐 그리스 군대가 트로이[7]를 공격하던 중 마지

---

7) 트로이 : 현대 튀르키예에 위치한 지명으로, 트로이전쟁의 무대로서 서아시아 아나톨리아반도에 위치해 있었다. 일리온(Ἴλιον, Illium) 혹은 일리오스라고도 불린다. 행정적으로는 튀르키예차나칼레도 차나칼레 중심군 테브피키예(Tevfikiye)마을에 인접한 히사를특(Hisarlık) 언덕에 위치해 있다.

ΙΛΙΑΣ

Μῆνιν ἄειδε, θεά, Πηληιάδεω Ἀχιλῆος
οὐλομένην, ἣ μυρί' Ἀχαιοῖς ἄλγε' ἔθηκε,
πολλὰς δ' ἰφθίμους ψυχὰς Ἄϊδι προΐαψεν
ἡρώων, αὐτοὺς δὲ ἑλώρια τεῦχε κύνεσσιν
οἰωνοῖσί τε πᾶσι· Διὸς δ' ἐτελείετο βουλή·
ἐξ οὗ δὴ τὰ πρῶτα διαστήτην ἐρίσαντε
Ἀτρεΐδης τε ἄναξ ἀνδρῶν καὶ δῖος Ἀχιλλεύς.

호메로스와 일리아드

막 해에 일어난 사건들을 노래한 것으로, 10년에 걸친 '트로이전쟁'[8]이 종말에 가까울 무렵 약 50일간의 일을 다룬 것이다.

그런데 이 시가 중요한 것은 이 전쟁과 관련된 여러 가지 에피소드와 수많은 인물들을 등장시키면서 그들의 성격을 잘 파헤치고 있어서, 당시의 여러 가지 상황을 우리에게 알려주고 있기 때문이다. 그런 가운데 우리의 관심을 끌게 하는 것은 역시 그리스인들의 성에 대한 관습과 관점이 아닐까 한다. 민주주의를 이끌어 냈던 그리스 사회는 과연 진정한 데모크라시를 실천하고 있었는지, 그것이 우리의 초미의 관심사가 아닐까 생각된다

성(性)의 미혹(迷惑)

현대의 어떤 역사가는 "데모크라시가 여성을 길거리에서 집안으로 몰아넣었다"고 말하는 사람도 있다. 이 말은 근대에 있어서나 고대에 있어

---

8) 트로이전쟁 : 고대 그리스의 영웅 서사시에 나오는 기원전 12세기 그리스군과 트로이군의 전쟁

서나 참으로 황당무계한 주장이라고 아니할 수가 없다. 왜냐하면 데모크라시의 흔적을 약간이라도 찾아볼 수 있는 아득한 옛날부터 여성은 집안에 갇혀서 지냈기 때문이다. 그러나 이 말이 데모크라시의 고향인 그리스에서는 통할지도 모른다는 점에서 「세상만사 = 아이러니」라는 등식에 공감을 표하게 되지 않을까 여겨진다.

그리스인의 성생활은 오리엔트 제 민족의 성생활과 마찬가지로 다채롭고 충실하였다. 신들과 영웅의 신화에서는 모든 것이 여성을 중심으로 움직이고 있었고, 연애와 성에 대한 불성실은 전쟁을 일으키기도 했다. 그리고 올림포스산(그리스에서 제일 높은 산, 주봉이 2,919m) 정상에 있는 신들의 세계에서나 인간들이 사는 지상의 세계에서나 성욕 이상으로 강력한 힘을 가지고 있던 것은 존재하지 않았다.

스파르타에서처럼 권력의 지배체제가 확고한 곳에서는 여성들이 훗날까지 유력한 지위를 차지하고 있었지만, 데모크라시의 아테네에서는 그렇지가 않았다. 정치는 오로지 남자들만이 하는 일이었으며, 공공생활에서 여자가 차지할 수 있는 장소는 없었다. 더구나 그리스 여성은 집안에서조차도 오리엔트의 경우처럼 남성들에 대하여 마력적인 지배권을 가지고 있지도 않았다. 그 결과 여성들은 점점 우민화되어 갔으며, 그리스문학도 풍자문학 외에는 여성에게는 그다지 주의를 기울이지 않았다.

남성들은 자신의 아내에 대하여 노예에 대한 관심만큼도 가지고 있지 않았던 듯했다. 즉 남편이 아내에게 대해서 경멸하는 것이 아니라 무관심으로 일관했다는 점이다. 그 대신 정신적으로 뛰어난 그리스 남성들에게 강한 인상을 남기는 성의 영역은 유녀(遊女) 아니면, 젊은 남자와 함께 있는 일이었다. 그렇지 않으면 미소년에 대해 은밀한 미소를 보내는 것 등이 그런 행동의 대표였다.

이러한 변태적 성의 영역은 한마디로 돌연변이적인 사회현상이라고 하지 않을 수 없을 것이다. 이러한 사회적 생리 변화에 대해 역사가들은 그동안 충분한 해답을 내놓지 못했다. 어쩌면 이러한 문제에 관심을 갖는다는 것이 그리스의 위대한 철학자들에 대해 모독하는 일이 될지도 모른다는 두려움에서 인지, 아니면 인류 최대의 업적인 민주주의에 대해 잘못된 오해를 불러일으킬지도 모른다는 불안감 때문이었는지도 모른다. 그렇지만 이러한 그리스 사회의 사회적 병리 현상을 제대로 이해하지 못하고서는 그리스 민주주의의 진면목을 곡해할 수도 있다는 점에서 이 문제는 중요하다고 하지 않을 수 없는 것이다.

성적(性的) 아름다움의 추구

그리스인이 가지고 있는 미(美)의 이상은 그리스에서 생겨난 것이 아니라 지중해 남쪽에서 유래하였다. 그리스인은 이오니아에서 이주해 왔지만 일찍부터 아시아적인 여성상에는 별로 관심이 없었던 듯했다. 즉 소아시아 제국의 살찐 여성이 그들의 마음에는 들지 않았던 것이다. 풍만한 모체는 존경할 만한 것이었는지는 몰라도 아름답다고 느끼지는 않았던 듯했다. 마치 포도송이처럼 늘어진 유방, 임신한 듯한 배, 툭 튀어나온 허리, 지나치게 지방이 붙은 엉덩이 이런 모든 것들을 오리엔트 사람들은 매우 존중했지만 그리스인들에게는 혐오스러운 것이었다.

그리스인들은 육체를 좀 더 가볍게, 무용수처럼 날렵하게 위에서부터 아래까지 쭉 뻗은 날씬한 몸매를 원했던 것이다. 이런 전형이 되었던 것은 이집트의 무용수들이었다. 나일강 유역에서 자란 우아한 여성의 전형인 넓은 어깨와 부드러운 곡선의 가슴, 튀어나온 곳도 구부러진 곳도 없고, 아직 덜 핀 꽃이 허벅지를 중심으로 피어나는 듯이 호리호리하고 직선적인 몸매를 가진 '처녀 상' 이것이 그리스인들이 동경하던 표적이었다. 아프리카와 유럽의 중간에 위치한 크레타섬에서는 이처럼 전형적인 여성상이 점점 그리스화 되어 가고 있었다. 기원전 10세기 중엽에는 이 크레타섬의 크놋소스에서 번창했던 고도의 문화에 의해 이러한 미적 이상이 정착되었고, 이것은 결국은 그리스인의 미의 이상이 되어 이후까지 존속하게 되었던 것이다.

성적인 상징은 이집트에서보다 좀 더 은근하게 표현되었고, 성적이지 않으면서도 평범하고 인간적인 미의 이상으로 바뀌었다. 이것은 하복부의 욕망보다도 정신적인 욕망에서 생겨난 것이었다. 선입견을 갖지 않고 본다면, 크놋소스 왕궁의 벽화에 그려진 무용수의 모습은 남자인지 여자인지 분간하기가 곤란할 정도였다. 800년 뒤에 그리스 본토에서 태동한 알카이즘(소박하고 생경한 예술 경향) 조각에서도 머리 모양과 옷차림을 근거로 판단하지 않는다면 성별을 구분하는 것은 쉬운 일이 아니었다. 얼굴이 남자인지 여자인지 모를 정도로 애매한 표정을 짓고 있고, 몸매는 젊은이답게 호리호리하며, 팔은 소녀처럼 나긋나긋하다. 이 조각이 헤르메스이고, 저것이 아프로디테라는 것은 조각에 새겨진 이름을 보고서야 알 수 있을 뿐이었다. 이후 예술가들이 위대한 것이나 숭고한 것을 주로 표현하게 되었을 때도 성적인 것은 식별하기 어려울 만큼 중성화 되어 있었다. 긴 의상을 걸치고 칠현금(七弦琴)을 타는 남신(男神) 아폴로는 여신 뮤즈 일행의 윤무(輪舞)를 리드하고 있지만, 남성다운 점이라고는 없고 자신을 둘러싼 여신들과 거의 구별되지 않을 정도였던 것이다.

인간의 모습에서든 인간의 모습을 한 신들의 모습에서든 보는 자에게 음란한 생각이 일어나지 않도록 중세와 같이 성적인 요소가 삭제되어 있는 것은 아니었다. 고대의 조각은 청정무구한 알테미스상(像)이라든가 범

접하기 어려운 아테네 상 역시 모두 나름대로 성적 매력을 담고 있다. 그러나 이것은 이성에 대한 자극을 주지 않는 중성적인 성이라 할 수 있었다. 성적인 요소가 없다면 미적인 것이 존재할 수 없는 것처럼, 성적인 것은 미적인 것을 토대로 하는 독자적인 한 영역으로서, 이 영역에서는 남녀 간에 근본적인 차별이라든가 절대적인 구별이 없으며, 또한 한 쪽의 성만을 끌어당기고 다른 쪽의 성을 접근하지 못하게 하는 일은 없었던 것이다.

가난과 성과 인구

그럼에도 불구하고 그리스인의 성생활 문제에 대해서는 이전부터 여러 이론(異論)이 제기되고 있었는데, 그중 가장 중요한 문제는 "성적인 것이 그처럼 은폐되어 독자적인 영역을 형성했다면, 가족이라는 개념은 도대체 어떤 형식으로 존재했던가?"하는 문제였다. 실제로 그리스에서의 가족은 순경제적(純經濟的)인 목적공동체였다. 즉 사유재산의 유지, 아내에 대한 부양, 아내의 남편 뒤 치다꺼리 등이 전부였다. 이 세 가지 기능은 확실히 기능하고 있었지만, 국가에 있어서 가장 중요했던 네 번째 가족의 기능인 아이들의 확보 문제는 여러 가지 면에서 동요되고 있었다.

인구정책이라는 관점에서 볼 때 그리스에는 좋은 시대와 나쁜 시대가 있었다. 좋은 시대는 옛날로 거슬러 올라가야 하는데, 호메로스는 『일리아드』에서 자식 부자인 트로이인을 칭찬하고 있었다. 트로이의 왕 프리아모스의 아들은 50명이고, 딸은 12명이 넘었다. 에게해 서안에 있던 가난한 아카이아인으로서는 이에 도저히 맞설 수가 없었던 것이다. 그리스의 대장 중에서 가장 나이가 많은 네스토르는 아들 6명을 두었고, 여기서 많은 손자가 나왔는데, 그 손자인 아이오로스는 결혼한 아들이 12명이나 있었고, 오딧세우스를 정중히 대접했던 나우시카의 아버지 알키노스는 아들이 5명이었다. 그러나 이들은 살림 형편이 좋은 지주의 경우에나 가능했던 사회통계학적인 숫자였다. 이것이 트로이 축제가 있던 시기, 즉 기원전 12세기의 일인지 아니면 호메로스의 시대, 즉 기원전 9세기의 일인지는 알 수가 없다. 다만 확실한 것은 호메로스의 시대이든 수백 년 뒤의 일이든 간에 가난한 농부에게는 하나 이상의 아들을 키우기가 곤란했다는 점이다.

당시에 있어서 가장 큰 문제는 농경지 부족이었다. 부농은 많은 가축을 소유하고 이로써 안락하게 살아갈 수가 있었지만, 농부는 그저 소 한 마리를 가지고 있을 뿐이었다. 따라서 차남으로 태어난 자는 대농장의 노예가 되거나 도시의 잡역부로 고용되어 일을 해야 했다. 좋은 토지를 가졌고, 그리스에서 가장 부유한 지방이었던 스파르타에서도 가난 때문에 형제들은 미개한 민족처럼 여자 한 명을 공유할 정도였다. 그러나 이 같은 일처다부(一妻多夫)라 할지라도 문제가 해결되는 것은 아니었다. 따라서 부부에게 자녀가 하나 이상이 되게 되면 이것은 먹고사는 데 큰 문제가 되었던 것이다. 그리하여 자녀가 하나 이상이 생길 것 같으면 모든 수단을 동원해서 출산을 막으려 했다.

그러나 일단 자녀를 출산해 버리면, 그리고 그 아이가 사내아이라면 스파르타에서는 다른 그리스 국가들의 경우와는 달리 부모가 그 아이를 키울 것인지, 버릴 것인지, 아니면 어떤 방법으로든 처리해 버릴지를 마음대로 결정할 수가 없었다. 이론상 아이는 국가의 소유가 되었던 것이다. 즉 아버지는 새로 태어난 아이를 데리고 위생위원회로 가야 했고, 그러면 위원회에서는 과연 이 아이가 유능한 병사로 될 가능성이 있는지의 여부를 검사하였다. 그리고 가능성이 있다고 판단되면 국가가 그 아이의 양육을 떠맡았다. 반대로 그 아이가 너무 약한 것 같으면 타이게토스의 산골짜기에 있는 유아 묘지에 버렸던 것이다. 스파르타의 인구가 계속 감소해 갔다는 점에서 추측해 보면, 이 검사에서 합격한 아이는 그리 많지 않았다는 것을 알 수 있다.

이에 대해서 아테네에서는 우생학적 입장이 별로 고려되지 않았다. 그 대신 사회적 동정심이 훨씬 더 크게 작용했다. 즉 빈민이 일을 해서 빵을 살 수 없을 때는 국고에서 하루에 2오보로스(1타란튼은 60무나, 1무나는 100드라크마, 1드라크마는 6오보로스)의 돈이 지급되었다. 때로는 4,000가구 이상이 이 같은 공공 수단으로 부양되기도 했다. 이런 원조가 있었기 때문에 극빈자도 두 번째 세 번째 아이를 키우려고 했다. 그러나 인구의 증가는 그다지 눈에 띄지 않았다. 그러다가 페르시아 전쟁 뒤에 인구가 급격히 증가했는데, 그 까닭은 출산 과잉에 의한 것보다도 이주 인구가 늘어났기 때문이었다.

기원전 5세기 중엽의 아테네에는 20만 정도의 인구가 있었다. 물론 이 숫자도 전성기 때의 멤피스나 바빌론, 그리고 로마에는 훨씬 미치지 못하는 숫자였지만, 세계에서 가장 인구밀도가 조밀한 지역의 하나이기는 했다. 당시 아테네의 정치가들은 인구밀도가 너무 높은 데 대해 많은 주의를 기울이고 있었던 것이다.

호메르스 또한 자식 부자인 트로이인들을 부러워했지만, 대부분이 가난한 농부들로 구성된 그리스 사회를 염려했기에 "하나 낳아 잘 기르자"라는 구호를 외칠 수밖에 없었는데, 이는 또한 인구밀도가 지나치게 높았던 아테네를 걱정하는 마음에서 이런 주장을 펼친 것인지도 모른다.

05

밧샤야나(Vātsyāyana)
『카마수트라』(BC 6세기 무렵)
'남편동반사'로 열반(涅槃)에 들기보다 올바른 삶의 지혜를 가르치다

『카마수트라는』는 올바른 성을 알려주는 지침서

이 책은 역사학자들에 의하면 기원전 4세기부터 기원후 2세기 사이에 만들어졌다고 하며, John Keay는 카마수트라가 지금의 형태로 나타나게 된 것은 기원후 2세기경이라고 보고 있다. 이런 점에서 볼 때 세계에서 가장 오래된 산스크리트어로 쓰여 진 성애서(性愛書)라 할 수 있다. 이 책은 인도 바라문 신학자 12명에 의해 쓰여졌으며, 그 후 4세기에 궁정시인이었던 밧

샤야나(Vātsyāyana)에 의해 재편집되었다고 한다.

이 책은 고대인도의 힌두교 문화에서 보편적으로 고려되었던 성적 습관에 대한 내용을 담고 있으며, 그 가운데 일부분은 성관계에 대

카마수트라

한 것이다. 구체적인 내용은 개론·남녀의 성교·처녀론·아내론·유부녀와의 교제·창녀론·사랑의 비법 등 7장으로 구성되어 있으며, 150여 항목에 걸쳐 인도인 특유의 비법들을 생생하게 소개하고 있다.

'카마'는 힌두 생활의 4가지 목표 중 하나인 성욕을 비롯한 각종 욕망들을 뜻하며, '수트라'는 문학적인 의미로써 어떤 것들을 하나로 뭉치는 실이나 선 내지 격언(규칙, 공식) 등의 뜻으로, 합하여 보면 '카마수트라'란 '카마'에 대한 격언집이라 할 수 있다. 현대에서는 성(性)적 의미로 널리 알려진 것과는 달리 이 책은 단순한 체위 설명서가 아니며, 고결하고 품위 있는 사랑의 특성이나 가족생활을 비롯한 각종 인간 생활의 기쁨에 기인한 능력과 관련된 것에 대해 토론 등의 형식을 빌려 지도하기 위해 만들어졌다. 성 관계도 자신을 수련하기 위한 수단으로 여겼기 때문에 당시에는 카마수트라가 성교육 교재로도 이용되었다. 일종의 종교적 의미가 담긴 고대 자기계발서라고 할 수 있다.

또한 이 책은 아누스투브(anustubh)라고 하는 형식으로 이루어진 거대한 산문집이기도 하며, 현존하는 고대 인도의 성애론서(카마 샤스트라) 중에서 가장 오래된 것으로 중요한 문헌이기도 하다.

그러나 이 책이 중요한 것은 이런 성에 관한 지식을 가르쳐주는 것보다도 귀족이나 신전에서 제사장들에게 성애에 대한 올바른 관념을 함양시킴으로 해서 고대인도 사회의 품격을 그만큼 높였다는 데 그 중요성이 있는 것이다.

남편의 죽음에 동반사해야 했던 과부

이 책이 나오기 전 고대 인도의 성 풍속은 아주 무시무시했다. 예를 든다면 남편이 죽으면 여자도 남편을 따라서 같이 죽어야만 했던 사실 등이 그것이다. 이러한 성 풍속을 인도인들은 「샤티(글자 그대로의 의미는 덕이 있는 부인이라는 뜻)」라고 했다. 이 제도는 한마디로 말해서 마지막까지 여성을 남성에게 묶어 두려는 풍습이었다. 한 남자와 결혼한 여자는 이 세상에서와 마찬가지로 저세상에서도 변함없이 그 남자 곁에 머물러 있어야 하는 것으로 여겨졌다. 과부가 되는 슬픔을 맛보고, 죽은 남편을 제사 지내며, 두 번째 남편을 만나지 않고 독신으로 지내는 것만으로는 부족하다고 해서 진정으로 남편에게 몸을 바친 아내는 그 육체 역시 남편으로부터 떨어져서는 안 된다는 것이었다. 즉 남편이 죽어서 저세상으로 가면 아내도 같은 길을 가야만 했다. 남편의 시체가 재로 변하는 그날, 자기 몸도 재로 만들어서 남편의 재와 함께 섞이지 않으면 안 되는 것이었다. 어쩌면 이러한 일은 서정적이기도 하고, 영웅적으로 들릴 수도 있다. 또 죽음에 대한 공포보다 강한 부부의 믿음이라고도 볼 수 있을 것이다. 그러나 샤티 풍습은 남성과 사회가 여성에게 억지로 강요하는 미증유의 성적 예속을 강조하기 위한 결과에서 나온 것이라고 생각한다면, 아마도 그런 생각은 들지 않을 것이다. 더구나 이런 풍습이 발전하여 근대까지 전해져 온 내막을 알게 되면 더욱더 애처로운 생각까지 들 것이다.

이러한 과부의 '남편 동반사'는 적어도 기원전 1000년경까지 소급되어 올라간다. 물론 그 풍습이 전 인도에 퍼져 있었던 것은 아니다. 샤티는 아리아 어족에 속하는 종족에게서 생겨난 것인데, 남부의 드라비다족은 한 번도 이런 풍습에 물든 적이 없었다. 샤티가 종교상의 인신희생(人身犧牲)에 뿌리를 두고 있다는 것은 확실하지만, 인도 최고의 종교서적인 『베다』에서는 이미 샤티를 배척하고 있으니 말이다. 어쨌든 『베다』에서는 샤티의 존재 자체는 인정하고 있지만, 여성을 '남편동반사'로부터 구해야 한다고 강력하게 권유하고 있다. 한 여자가 죽은 남편과 함께 쌓아 올린 장작더미 위에 올려 졌을 때, 마지막 순간에 다른 남자가 그녀의 손을 잡으면, 여자는 그 남자를 두 번째 남편으로 인정하고 살아 있는 세계로 돌아올 수 있게 해야 한다고 『베다』는 설법하고 있다. 물론 이러한 권고대로 따르지 않는 경우가 대부분이었는데, 그렇게 된 원인은 무엇보다도 그와 같은 행동을 하기 위해서는 두 남녀가 모두가 재빠른 결단을 내려야 했기 때문이다. 즉 사전에 두 사람이 합의하여 결혼할 것을 약속해 두지 않으면 안 되었던 것인데, 당시의 상황에서 이런 합의는 상당히 어려웠기 때문이었다. 물론 이런 일도 가끔은 있었을 것이다. 왜냐하면 남편이 병들거나 죽음에 가까이 이르게 되면 자신의 욕망을 억제할 수 없는 여성은 당연히 정부를 찾아 나섰을 것이고, 남편의 죽음에 대비해 자신이 살아날 수 있는 방법을 강구하지 않으면 안 되었기 때문이다. 당시의 인도 여성들 모두가 반드시 정절을 지키는 모범여성들만 있었던 것은 아니었을 것이기 때문이다.

물론 이러한 과부의 '남편동반사' 풍습이 종교적 제도의 영향을 받아서 행해진 것은 아니었다. 그래서 당시 승려계층인 바라문들은 과부가 분사할 경우 그 재산 대개가 바라문의 차지가 됐기 때문에, 특히 부유한 집안의 귀부인에게는 남편과 함께 분사해야 한다는 것을 설법하는 데 최선을 다했다. 그러나 가난한 자의 아내에게서는 생기는 것이 별로 없었으므로 바라문들은 별로 신경을 쓰지 않았던 듯하다. 그러한 그들의 관념이 가난한 사람은 부자처럼 유덕할 필요가 없어도 된다고 여겨지게 하도록 했다. 따라서 과부의 '남편동반사'는 주로 상층 카스트의 특권인 셈이었다. 상층 카스트의 어떤 사람이 일부다처를 하다 죽었을 경우에는, 주인의 죽음과 동시에 다수의 여성이 언젠가 그와 함께 다시 환생할 것을 기대하면서 장작불 위에서 죽어갔다. 이러한 상황은 19세기 초엽까지 그 사례를 볼 수 있었다.

그러다가 이러한 풍습이 사라진 것은, 영국인 총독 윌리암 경이 성직자 계급의 격렬한 저항을 받으면서도 샤티를 금지시킨 1829년 이후의 일이었다. 물론 인도의 역사에서 여성의 지위가 언제나 같았던 것은 아니다. 특히 불교의 영향을 받아서 여성들에게 비교적 자유로웠던 시대가 있었는가 하면, 또 어떤 시대에는 지나치게 억압을 받기도 했다. 기원후 4, 5세기경의 굽타왕조는 세련된 문화를 만들었던 번영기로서, 이 무렵에는 여성도 정치적으로 고위직을 차지할 수 있었다. 그렇다고 해서 이 시기에 일부다처제가 확산되는 것을 막지는 못했다. 또 과부 독신제를 엄격하게 준수하고, 샤티 풍습을 행하는 이러한 일들이 없어진 것도 아니었다. 당시 상층계층의 여자들에 있어서 남편보다 오래 산다는 것은 아주 수치스러운 일이었기 때문이었다.

신전매음을 없애준 도덕적 성애 교과서

이처럼 많은 여성들이 장작더미 위에서 죽어가던 바로 그 시대에 저 유명한 인도 최고의 성애(性愛) 경전이라고 할 수 있는 『카마수트라』가 등장한 것이다. 이 책의 저자 밧샤야나는 경박하고 바람기 있는 호색한이 아니라 지극히 현명하고 경건한 인물이었다. 독자에게 사랑의 기술에 관한 비법을 전해주는 그 현학적이고 주도면밀함을 통해 그의 인물됨이 어떠한지를 평가할 수 있고, 그는 이 성애 경전을 통해 인도 사회를 정화시켜 나갔던 것이다.

「카마수트라」라는 단어의 뜻은 「성애의 가르침」을 의미하고, 밧샤야나라는 인물은 이에 대한 매우 철저한 교사였다. 이 성애기술 교본의 구성은 고대인도의 '전쟁기술서'라든가 '연극기술서' 등 기예에 관한 잡다한 책과 본질적으로 다른 점은 없었다. 성교에 관한 모든 것, 그리고 충분한 만족을 얻으려면 사람이 학문적으로 배워야 하는 다른 또 하나의 필요한 기술을 설명것에 불과한 것이었다. 그렇지만 밧샤야나는 불교에서 말하는 열반(涅槃)과는 아주 반대적인 것, 즉 인간은 감각기관의 즐거움으로 살아가며, 끝까지 즐거움을 만끽해야만 올바른 삶에 더 충실할 수 있다고 생각했다는 점이 그들 책과 다른 점이었다.

따라서 이 책은 단순히 남성에게만 만족을 주는 그런 성애기술이 아니라 항상 사회 밑바닥에서 남자들에 억눌려 살아야 하는 여성들에게 최고의 쾌락을 주려는 역설적인 책이었다는데 큰 의의가 있는 것이다. 밧샤야나는 말하기를 여자가 남자보다 한층 더 큰 환희에 도달할 수 있는데, 그 까닭은 여성에게 있어서 헌신이라는 것은 "자의식의 쾌락"을 의미하기 때문이라고 했다. 게다가 여성의 역할은 결코 수동적인 것이 아니며, 여성 자신이 스스로의 욕망을 완전히 달성하기 위해 여러 가지 공격적인 태도를 취해야만 된다고 했다. 그렇게 하는 것은 보다 강력한 자극을 받을 수 있고, 그렇게 함으로써 욕망을 달성할 수 있기 때문이라고 그는 덧붙였던 것이다.

인도인은 숫자를 좋아하는 사람들이며, 특히 공을 들여서 하나하나 세는 것을 즐긴다. 숫자가 체계의 구성을 용이하게 하고, 때로는 체계를 대신하기도 한다고 생각하기 때문이다. 그런 까닭에 『카마수트라』에서는 성애 생활에 있어서 고려할 수 있는 모든 것들이 심리적 및 생리적인 숫자의 도식 속에 들어 있다. 서로 사랑하는 남녀의 유형에는 세 가지 기본적인 형태가 있는데, 밧샤야나는 이것을 토끼와 양, 수컷 소와 암말, 숫말과 암 코끼리 등 동물의 모습에 비유하면서 특징 있게 설명하고 있다.

또 관계를 갖는 경우에 남성은 각기 다른 네 가지 방법으로 여성과 육체적으로 접촉할 수 있다고 했다. 나아가 성애 관계가 상당히 진전되었을 때, 물에 비친 애인의 그림자에게 해주는 상징적인 입맞춤에서부터 혀를 사용하는 세련된 방법까지 열 가지의 입맞춤 방법도 말하고 있고, 섹스하는 기술도 입맞춤과 마찬가지로 상세하게 취급하고 있다.

이와 같은 인도의 수준 높은 성애기술은 네 가지로 구별되고 각기 시적인 이름이 붙여졌다. 입맞춤과 섹스라는 결합에서부터 교접에 이르기까지 선행하는 64가지의 애희(愛戲) 방법도 나온다. 그리고 성행위 자체에도 다양하고 특별한 지시라든가 변형이 있어야 한다고 하였다. 그러나 아무리 그렇다 해도 이 같은 인도의 성애기술이 다른 지역의 젊은 연인들이 학문적인 가르침 없이도 스스로 깨우치는 그런 방법과 완전히 다른 독특한 것이라고는 할 수 없다.

『카마수트라』의 진정한 특징

그래서 현명한 밧샤야나는 만인을 위한 이러한 처방만으로는 불충분하다고 생각했는지 다시 하나의 「비법」을 덧붙이고 있는데, 그것은 남성을 위한 정력 강화, 여성의 불감증 극복, 기질 조정 내지는 아내의 부정 방지 등에 소용되는 약에 관해 기록한 것이다. 『카마수트라』의 자가용 약상자에는 여러 가지 약품이 들어 있으며, 지금도 여전히 미약(媚藥)으로 이용되고 있는 약에서부터 원숭이 똥에 이르기까지 매우 다양한 종류를 다루고 있다.

이러한 책들의 또 하나의 특징은 이런 성애기술 외에 단순하게 학문적인 것뿐만이 아니라 도덕적으로도 치장을 하고 있음을 알 수 있다. 밧샤야나는 그의 모든 노력의 목표가 완전한 성애기술에 의해 부부생활을 안정시키고, 인간을 보다 유덕하게 만드는 데 있다고 하였다. 경건한 인간으로서 그는 성교에 있어서도 항상 바라문의 축복을 간절히 기원하라고 끊임없이 권유하고 있지만, 결코 바라문과 가까운 곳에서, 더욱이 사원에서 성교에 탐닉하면 안 된다고 가르쳤다. 왜냐하면 근동 제국의 종교와 달리 인도의 종교는 더욱 신성하기 때문에 신전 매음은 있을 수 없다고 못 박았기 때문이다. 힌두교 성직자들는 이런 영향 하에서 신앙과 직업과 성생활을 명백히 구별하게 되었다. 이들은 유덕한 여성을 불안에서 멀어지게 해주는 일을 통해 이익을 얻게 되었고, 그러면서 그것으로써 만족을 느낄 줄 아는 성직자로 변해갔던 것이다.

06

히포크라테스(BC 460년 경~BC 370년 경)
『히포크라테스 전집(Corpus Hippocraticum)』
전쟁으로 자궁에 대한 자극 부족이 여성 '히스테리'의 원인이다

『히포크라테스 전집』의 인류사적 가치

히포크라테스(Hippokrates)는 고대 그리스의 의학자로 그의 생애연대 가 정확하게 알려지지 않고 있는데, 흔히 BC5세기~BC4세기에 살던 인 물로 알려져 있다. 그 정도로 그의 생애에 대한 믿을만한 정보는 빈약하 다. 그리스 철학자 플라톤의 말을 인용해 보면 그는 소크라테스와 동시대 의 인물이라 한다. 그는 코스섬에서 태어나 데사리아에서 사망할 때까지 170여 편의 논문을 남겼다고 전해지고 있는데, 그의 생애와 저서의 진위 여부는 아직 정확히 확인되지 않고 있다.

히포크라테스는 아버지에게서 의학의 실제에 대해 배웠고, 그 후 소아 시아[9]·그리스 각지를 다니면서 견문을 넓히고 많은 철학자·의학자와 의

---

9) 소아시아 : 아나톨리아(Anatolia,)는 서남아시아의 한 지역으로, 오늘날 튀르키예 영 토에 해당하는 반도(半島)를 말한다. 아나톨리아는 이전에는 소아시아(Asia Minor) 라고 불렸다. 한글 성서에서는 소아시아를 아시아라고 번역했다. 반도 북쪽에는 흑 해, 북동쪽에는 캅카스, 남동쪽에는 이란고원, 남쪽에는 지중해, 서쪽에는 에게해가

히포크라테스 및 히포크라테스 선서

견을 교환하다가 고향으로 돌아가서 환자를 진료하는 한편 책을 써서 발표한 것이 여러 사람에 의해 정리되어 오늘날까지 60권 정도 전해지고 있는 것이 바로 『히포크라테스 전집』이다.

히포크라테스가 쓴 것으로 알려진 저서의 수는 약 70권이지만 남아 있는 것은 60권 정도인데 이들 저서의 진위 여부에 대해서는 논란이 많으나 해부학, 임상, 부인과 소아의 질병, 질병의 예후[10], 식이요법과 약물요법, 수술, 의학윤리 등을 다룬 내용은 오늘날의 의학에도 적용되는 놀라운

있다. 아나톨리아는 인류 역사에서 수많은 문명의 터전이었다. 아시아와 유럽을 연결하는 입지조건을 갖추고 있어 수많은 문화적 교류와 충돌의 장이 된 곳이기도 하다. 현재 튀르키예령의 아시아 측 흑해와 에게해, 동지중해로 둘러싸여 서쪽으로 돌출한 반도가 되었다.

10) 예후(豫後, prognosis) : 병의 경과 및 결말을 미리 아는 것

것들이다. 그중에서도 '유행병(Epidemics)'에 대한 것, 간질에 관한 논문인 「신성한 질병에 관한 연구」, 진단·예후·치료에 관한 412개의 짧은 충고를 모은 「아포리즘(Apho-risms)」과 「물과 공기, 장소(De'aere, aquis et locis)」, 「예후」 등이 유명하나 본문에서 다루고자 하는 「부인들의 질병」에 관한 것도 시간을 초월하는 우수한 논문으로고 평가되고 있다.

회색빛 부부관계

그리스는 당시 세계에서 인구밀도가 가장 높은 지역이었다. 이렇게 인구가 증가하게 되자 사회질서가 흔들리면서 계급의 혼합현상이 나타나게 되었다. 이러한 현상은 아들들의 결혼이 늦어지는 경향으로 가고 있던 부유층들에게 매우 큰 위협으로 나타났다. 대체로 이들의 결혼은 서른을 넘기는 게 보통이었는데, 그것은 부유층의 딸들을 배우자로서 맞이하기가 어려워졌기 때문이었다. 그 원인에는 여러 가지가 있었겠지만, 무엇보다도 부잣집이면서 딸을 가진 자들이 그만큼 적었기 때문이었다. 그래서 부잣집 아들들은 하층민 중에서 자신의 반려자를 구하고자 했고, 그렇게 해서 쌓인 정분은 결혼할 때가 되어도 그 여자와 헤어지려 하지 않게 되었던 것이다.

그러나 당시의 사회관습 상 빈민과 부자 사이의 어울리지 않는 결혼은 절대로 용서되지 않는 일이었다. 그러나 시간이 지나면서 이러한 경향은 점점 더 아버지의 주의 정도로는 말릴 수 없는 지경이 되었다. 그러자 재력가들은 마침내 국가기관을 움직여 기원전 451년에 하나의 법률을 만들었다. 이 법에 따라서 시민의 아들이 결혼을 할 때, 그의 아내가 되는 자는 완전한 시민권을 가진 시민의 딸이어야만 승인을 받을 수 있다는 것이었다. 만일 거류하는 외국인 딸이나 노예의 딸과 결혼을 하게 되면 그것은 첩을 얻는 것으로 되었고, 그들 사이에 태어난 아이에게는 유산상속권이 주어지지가 않았다. 그 반면에 이 법률은 친척끼리의 결혼에는 지극히 관대했는데, 그 주된 목적은 가산을 분산시키지 않기 위함이었다. 오리엔트에서처럼 어머니가 다르면 아버지가 같은 형제자매 간의 결혼이라 할지라도 용인되었던 것이다.

당시의 결혼 목적은 지참금을 가지고 오게 하는데 있었기 때문에, 이를 지키기 위해서는 일부일처제가 아니면 안 되었다. 이 지참금의 소유는 어디까지나 아내의 것이었으며, 재산을 공유하는 일은 절대로 없었다. 돈을 원하게 되면 그 소유자인 아내에게 경의를 표하지 않을 수 없었으며, 남편은 그런 희생을 감수하지 않으면 안 되었던 것이다. 그 대신 자녀에 관한 문제는 남편이 주도권을 가지고 있었다. 이 권리는 아이가 태어나기 전부터 행사할 수 있었다. 만일 아내가 남편의 동의를 얻지 않고 임신중절을 했다면, 아내는 살인죄로 처벌될 수도 있었다. 하지만 남편 쪽에서는 낙태를 강제로 시킬 수가 있었다.

만일 아내의 입장에서 아이를 원하지 않거나 아이의 장래를 위해서 키우기가 어려울 경우에는 남몰래 아이를 버리는 것 외에는 다른 방법이 없었다. 왜냐하면 아이가 이미 태어났다 하더라도 그 아이는 남편이 그 아이를 원하는지 원하지 않는 지의 여부를 결정할 권리가 있었기 때문이다.

이처럼 아테네에서 부권(父權)은 매우 컸다. 그러니 부부관계는 회색빛의 공허함으로 가득했다. 그리스 남성은 집 밖에서의 여자관계 때문에, 집 안에서 격정적인 애인처럼 행동하는 경우는 거의 없었다. 또한 아내에 대하여 그렇게 은근하게 대할 필요도 없었다. 그렇기 때문에 그리스 여성은 대개 15세에 결혼을 하는 경우가 많았는데, 이처럼 어리고 능숙하지 못한 아내라 할지라도 나중에는 남편의 생활을 불쾌하게 여겨, 다루기 어렵고 시끄러운 암 당나귀로 변하기 일쑤였다.

유명한 소크라테스도 이러한 환경에서 태어나 현인으로 칭송되던 사람이었다. 그는 언제나 밤을 제자들과 함께 보냈는데, 그렇지 않아도 별로 모범적인 가장이 아니었던 그는 크산티페[11]와 같은 악처 때문에 더욱 제자들과 밤을 새우곤 했던 것이다. 그러한 고민을 가졌던 사람은 소크라테스 혼자만이 아니었다. 이런 것들은 고대 그리스 문학에 나타나는 내용 중에 아내에 대해 끊임없이 불평을 해대는 내용이 많다는 것에서도 알 수 있다.

전쟁과 여성해방

그러다가 기원전 5세기 말엽이 되면 사정이 바뀌기 시작했다. 그 최초의 동기는 장기간에 걸친 아테네와 스파르타의 전쟁이었다. 이 전쟁으로 인해 남자들은 전쟁터로 나갔고, 여자들은 좋아하는 것을 무엇이든 할 수 있었다. 어떤 여자는 슬픔에 잠겨서 남편을 기다렸고, 어떤 여자는 다른 남자를 찾았다. 이로 인해 대부분의 부부관계는 무너져 갔다.

그러나 아테네에서 악의 근원은 사실상 좀 더 깊은 곳에 있었다. 전쟁이 겨우 끝나자 여자들은 지금까지 원했던 것보다 더 남자를 원했다. 그런데 남자들은 거의가 결혼할 마음이 없어져 버렸다. 왜냐하면 아테네는 전쟁으로 부서지고, 경기가 나빠졌으며, 장래가 불안해지자 자신을 속일지도 모를 여자와 붙어살 수 없다고 생각하게 되었기 때문이었다. 그리하여 빈번하게 이혼이 늘고, 젊은 남자들은 결혼을 주저하게 되었다. 그야말로 결

---

11) 크산티페 : 소크라테스의 아내. 아내로서 남편의 언동(言動)을 전혀 이해하지 않고, 항상 상스러운 말로 욕하는 등 남편을 경멸하여, 악처의 대명사가 되었다. 그러나 그녀의 악처 노릇에 대해서는 후세사람들의 과장이 심하여 확실하지 않다.

소크라테스의 죽음

혼에 대한 위기가 발생했던 것이다.

　그러자 그리스에서는 "어떻게 하면 이 위기를 구제할 수 있겠는가?" "여성을 좀 더 확실하게 가두어 두고, 남성에게 보다 많은 자유를 주면 가능할 수 있겠는가?" 그렇지 않으면 "여성의 법적 지위를 개선하여 보다 광범위하고 자유로운 교육을 받게 하고, 될 수 있는 한 공적인 생활에서도 자리를 만들어 주어 여성이 자궁에 관한 것만을 생각하지 않도록 하는 것이 좋은가?"하는 문제에 대한 논의가 한창 일어나게 됐지만, 당시의 모든 문제에 관하여 언제나 한마디씩 하는 소피스트들도 이 문제에 대해서는 아무런 대답도 해주질 못했다. 그들은 변호사 업으로 생계를 꾸려가고 있었으므로 남성 고객의 기분을 상하게 하지 않으려 했던 것이다.

　하지만 오늘날 아테네기 데모크라시의 선구적인 땅이었다고 극찬하게 된 데에는 다 그만한 이유가 있었던 것이다. 그것은 고대나 현대나 항상 약한 자에 대해 동정하는 인물이나 그룹이 이때에도 있었기 때문이었다. 그것은 자신의 개인적인 환경에서 작용했는지는 모르나 어쨌든 간에 당시 그리스 여성들의 낮은 지위에 대해 동정하는 당대에 명성이 자자했던 인물들의 여성 변호가 일대를 풍미했기 때문이었다.

소크라테스는 어머니에게도 아버지와 동등한 지위를 주어야 한다고 아이들에게 가르쳤다. 그의 제자 플라톤은 완전히 동등한 권리 위에서 남녀관계의 기초를 쌓게 하려고 했다. 왜냐하면 플라톤 자신은 아직 젊었고, 여성과는 플라토닉한 관계 이상의 것을 갖지 않았기 때문에 과격하고 근본적인 견해를 내놓기가 비교적 쉬웠기 때문이었다. 그는 제3자적인 객관성을 가지고 결혼한 시민이 자기의 합법적인 배우자 이외의 여성과 성관계를 갖는 것은 법으로 금지시켜야 한다고 요구했다. 또 그리스의 비극시인으로 세인들의 소망을 예민하게 포착하는 귀를 가진 문학자인 유리피데스(Euripides)도 여론에 지대한 영향을 주고 있었는데, 그런 그가 여성들을 열렬히 변호하는 선두에 섰던 것이다. 그의 초기의 희곡 작품에서는 여성들에게 엄청난 험담을 퍼부었던 그가, 이제는 공공연히 여성 편의 선두에 서게 되었었던 것이다. 그는 "세상 남자들은 자신이 조국을 위해 목숨을 걸어야 한다는 것만을 생각해서는 안 된다"고 했고, "아이를 낳는다는 것은 세 번 전쟁터에 가는 것보다 더 큰 일이다"라고 주장했다. 아리스토파네스는 만일 여성이 반역하게 된다면 어떻게 되는지를 아테네 사람들 앞에서 연극으로 보여주었다. 「여자의 평화」라는 이 연극에서, 여자들은 전쟁터에서 휴가차 돌아온 남편을 침실에 들이지 않음으로써 평화를 가져오게 될 것이라는 주장을 폈는데, 이는 바로 아리스토파네스가 여성의 편을 들면서 평화에 찬성한다는 점을 보여주는 사례이다.

히스테리는 자궁의 병

이들 중 가장 파격적인 주장을 편 사람이 바로 히포크라테스였다. 그는 "전쟁 동안 여자들이 방종에 빠졌다고 해도, 이 때문에 여자들을 나쁘게 생각해서는 안 된다"고 하였다. 즉 "그녀들은 병에 걸렸는데, 여성의 정신적인 균형은 그녀들의 신체구조와 관계가 있기 때문에 성적인 영양부족은 여성들에게 정신적인 균형을 잃어버리게 한다"는 것이었다.

그는 전에 아테네에서 창궐했던 페스트와 싸워서 크게 공을 세운 적이 있던 인물이었다. 사실 이와 같은 견해는 당시에 그다지 특별히 새로운 것은 아니었지만, 히포크라테스는 처음으로 이 질병의 상태를 상세하게 밝혔으며, 그 경과를 해부학적·생리학적으로 설명하려고 시도했다.

여성의 가장 중요한 성기관(性器官)은 자궁인데, 자궁이 남성의 정자에 의하여 적당히 자극을 받지 않는 경우에는 혈액이 과도하게 상체로 이동해 가게 되고, 이것이 여성을 흐트러지게 하며, 때로는 호흡을 곤란하게 하는 상황마저 일어나게 한다는 것이었다. 따라서 이럴 때 여성에게서 볼수 있는 불안정함과 사려 깊지 못한 행동이 일어나게 되는데, 이러한 '자궁의 병'을 히스테리라 하였다. 다행히 이 병의 증세가 별로 심하지 않을 때는 간단하게 치료되지만, 그렇지 못할 때는 심각한 정도에까지 이르게 된다고 하였다.

따라서 여성에게 정상적으로 성욕을 만족시킬 기회를 주고, 이렇게 함으로써 피의 흐름을 질서정연하게 해야 한다는 것이었다. "여자는 결혼하면 된다. 그러면 병이 달아난다"는 이 말은 이후 2000년 동안 히포크라테스의 제자들에게 있어서 히스테리 현상의 극복을 위한 만능처방이 되었다.

07

로마 최초의 성문법(BC 450)

『12표법(十二表法)』

제정 후 귀족과 평민의 「결혼금지령」 조항이 곧 폐지되다

쾌락과 욕망의 세계

지상 최대의 낙원이었다고 평가되는 로마는 과연 어느 정도의 쾌락과 욕망으로 점철된 시대였는가를 가름하는 것으로 우선 섹스와 음식에 대한 탐닉을 들 수 있을 것이다. 실제로 인간이 태어나서 이 두 가지를 충분히 만족시킨다고 한다면 아무리 백만장자라 해도 부러움을 사지 않을 수 없을 것이다. 그런 점에서 로마는 지상낙원이었다는 평가를 듣기에 충분했다. 그러나 이러한 쾌락은 결국 스스로를 멸망의 구렁텅이로 빠지게 하는 함정이 언제나 도사리고 있다는 사실을 로마인들은 몰랐던 것이다. 아니 알면서도 이에 대한 욕망을 접을 수가 없었을 것이다.

이러한 로마인들의 쾌락세계는 어느 정도나 됐을까? 먼저 로마인들이 즐긴 음식을 보자. 로마인들은 맛이야 어떻든 간에 아주 다양한 종류의 음식을 즐겼다. 예를 들면, 물르스라고 하는 뱀장어는 먼바다에서 잡은 것으로 크면 클수록 좋은 것으로 쳤고, 유에나리스라는 공작새는 닭과 같은 맛이지만 겉모양이 예쁘다고 해서 높이 평가했다. 또 포이니콥텔스라고

하는 홍학은 그 혓바닥을 최고로 쳤고, 스칼스라는 물고기의 가느다란 내장과 넙치의 일종인 론프스라, 그리고 상어의 일종인 아키 펜셀 등은 희귀하다는데 가치를 두었다. 돼지·토끼·멧돼지 등의 경우는 이들의 젖과 자궁이 선호되었고, 소고기는 그다지 선호하지 않았다.

그러나 이러한 식욕의 탐닉은 어처구니없을 정도로 치달았으니, 그것은 바로 음식을 통해 죽음에 이르는 것이었다. 그 대표적인 경우가 크라우디우스 황제의 독살사건 및 그의 아들 부리타닉스의 독살사건인데, 이 사건의 주범인 황후 아그리피나는 버섯의 독을 넣어 그들이 죽어가는 것을 보며 즐거워했다고 한다. 지나친 탐욕이 일으킨 정신 타락의 결과였다고 하겠다.

식사 매너 중에서 특이한 것은 식사 후 트림을 하는 것이 예의적인 것이었고, 먹는 중에 방귀 뀌는 것이 환영받았다. 세네카는 풍자시를 통해

> "방귀는 무익한 것이 아니라, 웃음소리를 자아내게 했다. 그들은 혀를 만족시키기 위해 언제나 목 속에 새의 깃털을 넣어 토하곤 하였다. 로마인은 먹기 위해 토하고 토하기 위해 먹었다"고 조소하였다.

이러한 식탐과 함께 동시에 추구되는 것은 바로 섹스였다. 당시 성도덕이 얼마나 타락했는가를 알려주는 것으로 마르티아리스의 풍자시를 들 수 있다.

> "항상 당신 아내 옆에 붙어 있는 저 고수머리 색남은 누구일까?, 누군지 알 수 없지만 여주인의 귀밑에서 열심히 속삭이고 있다, 그 뿐인가 오른팔을 돌려 그 여자의 의자에 팔꿈치를 대고 있는 저 남자는 누구일까?. 그는 손가락 사이마다 가느다란 가락지를 끼고 있다. 두 정강

이에 털 하나 없는 저 남자는 누구일까? 그는 아내 일을 돌보고 있다 한다. 얼굴 색깔로 보아 그는 가정 관리인 임에 틀림없다. 그가 아내의 일을 해준다고? 무슨 일인가를 하고 있다고? 그러나 아내의 일을 하고 있는 것이 아니다. 저 사나이가 하고 있는 일은 바로 당신이 할 일을 하고 있는 것이다."

로마인의 성인식과 남성사회의 붕괴

섹스(성)라는 말을 만들어 낸 것도 로마인들이다. 그 어원에 대해서는 아직 고증이 안 돼 있지만, 이 말을 처음 쓴 것은 키케로였다는 것은 확실하다. 이러한 말이 등장하게 된 배경에는 로마인들의 성에 대한 사고방식 때문이었다고 볼 수 있다. 로마인들은 동성애는 「그리스의 관습」이라고 생각했다. 로마인들은 남자 아니면 여자 두 가지 성만이 존재한다고 믿었고, 이 양자는 자연히 요구하는 대로 성을 맛보고, 역동적으로 성적 활동을 해야 하는 것으로 인식했다. 로마인에게 있어서 성욕은 하나의 자연력이며, 그 힘은 국가라 할지라도 아주 필요한 경우가 아니면 제지해야 할 성질의 것이 아니라고 생각했다. 즉 성적 활동은 인간의 자연권이며, 여기에 남녀의 차별이 있을 수 없다는 것이었다. 이러한 생각에서 로마에서는 처녀성이라든가 정절 따위를 별로 따지지 않았다. 남녀가 서로 금실이 좋지 않고 만족을 얻을 수 없다면 상대를 바꿔야 한다는 것이 일반적인 사고였다.

이러한 관념은 남자보다도 오히려 여자들의 기세를 올려주는 결과로 되었다. 로마 사회는 초기에는 남성우위 사회였다. 그리하여 남편이 다른 여자와 관계하는 것은 처벌도 안 되고 비난의 대상도 아니었고, 반대로 아내가 간통을 하게 되면 가족 재판을 통해 사형시키는 일도 서슴지 않았다. 반면에 결혼 전의 남성이 여자를 돈으로 사거나 연상의 여인과 성관계를 갖는 것은 오히려 칭찬을 받기까지 했다.

그러나 시간이 지나면서 이러한 사회적인 성인식의 변화와 전개는 여성의 해방을 가져다주는 결과로 나타났다. 유에나리스의 풍자시 제6권에 나오는 내용을 보면 이러한 사회적 분위기를 쉽게 느낄 수가 있다.

> "빌린 돈 같은 것은 일체 말하지 마라. 아내가 항상 밤에 돌아다닌다고 말하지 마라. 아내가 질펀하게 젖어 있고, 의혹을 일으킬만한 주름살을 짓고 있고, 헝클어진 머리와 상기된 얼굴과 귀를 해가지고 집에 돌아온다 해도 노여워 마라"

이러한 여성해방은 급기야 남성우위 사회의 붕괴를 가져왔고, 그 결과 이혼이 성행하며 매음이 성행하기 시작했던 것이다.

지참금과 이혼

최근의 로마 역사가들은 이탈리아 땅에서 선사시대부터 이혼이 행해졌고, 그 잔재가 왕정시대까지 남아 있었다는 견해를 내놓고 있다. 이 시대에는 성교를 할 수 있는 나이가 매우 빨랐는데, 여자는 12세, 남자는 15세였다. 여기에는 인구정책 상의 이유가 작용했는지도 모른다. 로마인들은 다른 민족에게 충분히 대처할 수 있을 만큼 강해졌다고 자각하기까지는 적극적으로 인구증가 정책을 꾀했기 때문이다. 그러나 로마인들이 결혼에 대해 일부일처제 적 사고를 갖지 않았던 것은 이와 같은 정치적인 차원에서가 아니라, 그리스의 경우와 마찬가지로 낙태를 법으로 금지시키지 않았기 때문이었다.

고대의 결혼은 대개 여성을 사는 것이었다. 그러나 어떤 남자가 부친의 승낙을 받지 않고 여자를 얻어서 1년간 함께 살면, 이것도 역시 「관례」에 따라 정당한 결혼으로 인정됐다. 고대 로마에서 가장인 아버지는 아들딸을 불문하고 자기 자식에 대하여 절대적인 권력을 쥐고 있었다. 아버지는 자녀를 죽일 수도 있었고, 노예로 팔아치울 수도 있었다. 그러다가 점차 그리스의 부권을 능가하고 바빌로니아를 상기시키는 이 가공할 만한 부권도 제한을 받게 되었다. 즉 자식들의 문제를 처리할 때, 부친은 먼저 친척은 물론 친구도 참가하는 가족회의에서 의논을 하지 않으면 안 되게 되었던 것이다. 그리하여 자식을 자유로이 처분하는 부친의 권력은 점차 사라져 갔으며, 딸의 경우에는 특히 금전적인 이해관계로 문제를 풀어나갔다. 딸의 결혼은 부친에게 있어서 어찌 되었든 수입을 올릴 수 있는 기회가 됐기 때문에 딸은 점점 귀중한 존재가 되었던 것이다.

그러는 가운데 로마에서는 가난한 사람과 부자 사이의 결혼문제가 발생하기 시작했다. 로마법 중 최초의 성문법인 『12표법(十二表法)』에서는 귀족과 평민의 결혼이 금지되어 있었기 때문이었다.

12표법

『12표법』은 BC 451~450년에 제정된 것으로 추정되는데, 12개 조로 이루어졌기 때문에 『12표법』이라 이름 지어졌다. 이 법은 고대 로마 최초의 법전으로 평민들의 요구에 따라 제정되었다고 전해지며, 당시 평민들은 법원의 판결이 불문의 관습에 의거하여 몇몇 학식 있는 귀족들에 의해 내려지는 데에 불만을 가지고 있었기에, 그들은 '10인(decemviri) 위원회'를 만들어 법전을 편찬하게 했다. '10인 위원회'는 BC 451년에 작업을 시작했고, 450년에 법전이 광장에 게시되었다.

이 법은 결코 구습을 개혁하거나 자유롭게 만든 것이 못 되었다. 즉 귀족계급 및 가부장의 특권, 채무를 변제하지 못한 경우 노예로 되는 것, 민사에 종교적 관습이 개입하는 것 등 만을 인정했다. 유언할 권리 및 계약의 경우에 당시로서는 주목할 만한 자유로움이 엿보이는 것은 '10인 위원회'가 그것을 새롭게 만들어냈기 때문이 아니라, 당시 활발히 전개되던 무역을 바탕으로 번영을 구가하던 로마의 상관습이 발전한 결과로써 내용이 구성되었던 것이다. 그러나 로마인들은 이 법을 주요한 법원(法源)이라 여기며 존중했다.

그 내용 중에 눈에 띄는 것이 바로 "귀족과 평민의 결혼금지령"이었다. 그러나 이 금지령은 영원히 시행될 수 있도록 구리판에 새겨 넣은 지 몇 년이 지나지 않아서 폐기되고 말았다. 로마에서 일어난 상류 귀족의 연애 문제가 『12표법』을 폐기하게 되는 직접적인 단서가 되었던 것이다.

로마의 귀족인 아피우스 클라우디우스는 귀족과 평민의 결혼금지령을 통과시킨 열 명의 대관 중 하나였다. 그런데 이런 클라우디우스 자신이 어리석게도 평민의 젊은 딸에게 반하여 그녀를 첩으로 삼고자 했다. 버고우(virgo, 라틴어로 '처녀'라는 뜻)였던 그 딸은 전직 호민관과 사랑하는 사이였으나 귀족과 평민의 결혼금지령 때문에 할 수 없이 클라우디우스에게 첩으로 가야 할 상황에 이르게 되었다. 그러자 그녀의 아버지는 딸의 슬픔을 덜어주기 위해 시민들이 모이는 시장에서 그녀를 찔러 죽이고 말았다. 결국 이 사건의 여파로 군인들은 반란을 일으키고, 귀족들의 양보를 강요하며 평민과 귀족 간의 신분이 다른 결혼도 인정할 수 있도록 요구하여 그들의 허락을 받아냈던 것이다.

이처럼 고결한 처녀와 잔혹하지만 도덕심이 확고한 아버지의 이야기는 지금도 여전히 고대 로마의 가족생활을 묘사할 때 아주 잘 인용되는 일화이다. 즉 가차 없는 가장으로서의 아버지, 죄도 없이 계급투쟁의 희생이 된 고결한 처녀, 이와 함께 자유와 권리를 위해 싸운 고결한 투사들 이들 모든 것이 로마 가족생활의 진면목이었다.

그러나 어쨌든 간에 확실한 것은 로마에서의 아내들의 생활이 그리스보다 행복했다는 사실이다. 물론 이 시기보다 더 오래 전에는 아이들에 대해서만이 아니라 아내에 대해서도 남편은 대단한 권리를 가지고 있었다. 남편은 아내를 죽일 수도 있었고, 팔아 치울 수도 있었다.

그런데 여권의 신장을 가져오는 중대한 변화가 경제면에서 일어나고 말았다. 로마는 이미 밭농사와 목장에서 아내의 협력이 필요한 농업 도시적 성격을 벗어나고 있었다. 생활에 필요한 돈과 양식을 벌어들이는 것은 남편의 일이 되었으며, 아내는 그저 가사에만 매달리게 되었다. 그 결과 아내의 경제적 가치는 하락하고 말았다. 그러자 남자가 결혼할 때 상대방 여자의 아버지에게 지불하지 않으면 안 되었던 구매금을 대신해서 이제는 오히려 여자 쪽에서 지참금을 가지고 오지 않으면 안 되게 되었다.

이 지참금은 처음에는 아내를 부양해야 하는 데 대한 보상 차원에서 남편이 소유하게 되었던 듯했다. 하지만 남편들이 이 지참금을 잘 보관하여 생활에 보탬이 되도록 하는 예는 극히 드물었다. 이런 현상이 잦아지자 자기 딸의 남편에게 지참금을 모두 다 주는 대신 여자의 아버지가 딸의 안전을 위해 서서히 지참금을 확보해 두는 쪽으로 변화하기 시작했다. 그러나 이러한 상황으로의 변화는 남자의 불만을 자아내는 원인이 되어 가정에서 분쟁을 일으키는 주범이 되었다. 그러자 여자의 아버지는 한 걸음 더 나아가 결혼을 하더라도 자기 딸에 대한 부권(父權)을 유보해 두는 방향으로 나아가게 되었다. 이렇게 되자 시집을 가 아내가 된 여자들은 남편과 헤어지더라도 언제든지 친정으로 갈 수 있는 길이 열려 있었기 때문에, 아내들의 남편에 대한 독립성이 아주 크게 확보되었던 것이다.

그리하여 아내가 부부로서의 의무를 다하게 되면 남편은 아내에게 어떠한 시비도 걸 수가 없게 되었으며, 아내가 정절을 지키지 않는 경우에도 그 즉시 피비린내 나는 비극으로까지 치닫는 일은 없게 되었다. 대신 치밀어 오르는 분노와 배반에 대한 증오심으로 더 이상 부부관계를 유지할 수 없다고 생각하면 곧바로 이혼을 했다.

이러한 이혼이 급증하게 되는 시기는 제2차 포에니전쟁[12] 이후였다. 이미 당시의 사회적 분위기는 아내 쪽이라 할지라도 확실한 이유가 있으면 이혼을 제기할 수 있었다. 어떤 것이 확실한 이유로 간주되는가에 대한 재판관의 판결도 점차 관대해져 갔다. 제2차 포에니전쟁처럼 남편이 너무 오랫동안 전쟁터에 나가 있을 때면 아내는 다른 남자를 구할 수가 있었다. 이는 더 나아가 남편이 병역에 소집되었다는 것만으로도 충분한 이

---

12) 제2차 포에니 전쟁(라틴어 : Secundum Bellum Punicum) : 기원전 218년부터 기원전 202년까지 로마 공화정과 카르타고 사이에 벌어진 전쟁이다. 카르타고의 장군 한니발과 로마의 대결이라는 점에서 한니발 전쟁(라틴어 : Bellum Hannibalcum)으로도 부른다. 이 전쟁에서 로마 공화정은 초기에는 명장 한니발에 밀려 이탈리아 본토까지 침략 당하였으나 끝내 역전에 성공하여 카르타고를 꺾고 지중해 서부의 패권을 차지한다.

혼 사유가 될 수 있을 정도로 변화하게 되었던 것이다. 이러한 추세는 제 정시대에 이르면 완전히 무르익게 되어 부부 중 어느 한쪽이 간단하게 이 혼 의사를 표시하는 것만으로도 부부관계는 곧 청산될 수가 있게 되었던 것이다.

하지만 이혼이라는 사태에까지 이르지는 않고 평화적이고 부드러운 차 원에서의 방법으로 화해하는 경우도 흔히 있었다. 이러한 경향 하에서 자 기 친구 또는 아내의 친구처럼 가까운 사이에서는 아내를 양도하는 것이 당시 사회에서 즐겨 행하던 사교유희(社交遊戱)이기도 했다. 예를 들면 옥타비아누스의 아내가 되었던 리비아도 전남편 클라우디우스가 옥타비 아누스에게 양도한 여자였는데, 이러한 사실은 리비아가 로마 최초의 여 제(女帝)가 되고, 그 지위에 어울리는 모든 영예를 받는데 아무런 지장이 되지 않았다는 사실에서 알 수 있다.

어쨌든 간에 로마인들 대부분의 경우, 부부관계는 이미 붕괴된 상태였 으므로, 양도란 단지 아내의 간통을 확인하는 절차에 지나지 않았다. 그 리하여 여성을 둘러싼 가족끼리의 싸움은 더 이상 일어나지 않았다. 이런 점에서 로마 시민은 그 이전 시대의 민족들보다 로맨틱하지는 않았던 것 이라 볼 수 있다.

08

플라톤(BC 470~BC 399)

『소크라테스의 변명』

"여성의 역할은 남성에 뒤지지 않는다"고 하여 '남녀평등'을 주장하다

『소크라테스의 변명』의 내용과 아테네의 법정

『소크라테스의 변명』(고대 그리스어: Ἀπολογία Σωκράτους, 영어: Apology of Socrates)은 플라톤의 저작으로 작품의 내용은 이미 제목이 예시하듯이 소크라테스가 법정에서 자신의 입장을 변호하면서, 당시의 일반적인 생활에서 관

플라톤

찰하게 되는 사회적·윤리적 문제점에 대해 토론한 것이다. 즉 아테네 사람들을 상대로 벌인 철학자 최후의 연설이었다고 할 수 있다.

이 책은 BC 399년 소크라테스가 국가의 신들을 부정하는 등 당시 그리스 청년들에게 나쁜 영향을 끼쳤다는 혐의로 고발되었을 때, 법정에 나와 자신에게 씌워진 여러 가지 혐의를 반박하고 자신을 변호한 내용으로 되어 있다. 구성은 최초의 변론이라고 할 수 있는 법정에 가는 중 벌어지는

일을 묘사한 「에우튀프론」, 유죄선고 후의 변론이라고 할 수 있는 감옥에서 가장 절친한 친구 크리톤과의 대화를 담은 「크리톤」, 마지막으로 소크라테스의 죽음을 직접적으로 묘사한 사형선고 후의 변론인 「파이돈」등 세 부분으로 되어있다. 플라톤은 스승의 생애와 인격을 밝히기 위해 연설문 형식으로 썼는데, 소크라테스의 활동과 철학사상, 그리고 플라톤 자신의 철학적 입장을 살펴볼 수 있는 매우 의미 있는 문헌이라고 할 수 있다.

당시 아테네의 법정에서는 2번의 투표를 통해 죄인의 형량을 결정하였다. 첫 번째 투표는 피고가 유죄인지 무죄인지에 대해 투표하는 것이었고, 두 번째 투표는 피고가 유죄라면 그에 맞는 형벌을 투표하는 것이었다. 즉 재판에 참여한 청중들이 직접 투표로 피고의 운명을 결정할 수가 있었고, 이는 당대 아테네 민주주의의 특성에 기반한 행위이기도 했다. 또한 피고는 각각 투표하기 전, 투표하는 사이, 투표한 후 총 세 번을 연설할 수 있었는데, 소크라테스 역시 이에 따라 3번의 연설을 할 수 있었다. 당시 아테네 법정에는 변호사·검사제도가 따로 없었기 때문에, 기소한 사람 본인이 직접 검사가 되어야 했고, 마찬가지로 피고의 변호 역시 기소당한 사람이 직접 담당해야 했다.

소크라테스가 억울하게 사형당해 죽은 사건은 한때 유망한 정치 지망생이었던 제자이며 저자인 플라톤이 큰 충격을 받아 정치 활동을 포기하도록 만들었고, 철학자의 길을 선택하도록 만든 중요한 계기가 되었다. 이처럼 스승의 죽음을 직접 두 눈으로 목격한 플라톤이 아테네의 민주주의를 좋아했을 리가 없었기에 이런 무지한 민주주의를 플라톤은 『국가』, 『고르기아스』, 『프로타고라스』 등에서 매우 신랄하게 비판하였던 것이다.

소크라테스에 대한 고발내용과 그에 대한 해명

소크라테스에 대해 고발한 자는 총 3명으로 멜레토스, 아니토스, 뤼콘 등이다. 플라톤은 멜레토스가 시인을, 아니토스가 정치가와 장인을, 뤼콘이 연설가를 각각 대변하여 소크라테스를 고발했다고 설명하였다. 공식적인 기소 내용은 마찬가지로 3가지였다. 첫 번째로 소크라테스는 젊은이들을 타락시켜서 망쳤다는 주장이다. 두 번째는 소크라테스가 국가의 공식적인 신들을 믿지 않는다는 무신론자라는 주장이었고, 세 번째는 소크라테스 본인이 신령스럽다고 생각하는 것만을 믿는 이단이라는 주장이었다.

이에 대해 소크라테스는 "아테네인 여러분!"이라는 말로 이 연설을 시작했는데, 소크라테스는 자신이 연설하고 있다는 사실을 까먹을 정도로 매혹적인 고발이라 인정했다. 하지만 소크라테스는 그 고발이 듣기에는 좋지만 모두가 다 거짓말이라고 주장했다. 그러면서 이 연설을 하는 소크라테스 본인은 이렇게 듣기 좋게 말하지는 못하지만, 적어도 거짓말을 하지는 않겠다고 장담하였다. 70살을 바라보는 본인이 이렇게 젊은이들처럼 연설할 수는 없다는 것이었다. 오히려 이 연설을 듣는 청중들에게 감미로운 말로 들어 주기보다는 내용이 진실인지 아닌지에 중점을 두고 들어달라고 부탁하고 있다. 그러면서 소크라테스 본인은 오래전부터 수없이 많이 여러 사람들로부터 고발당했다는 사실을 고백했다. 따라서 이번 3인방에게 고발당한 내용에 대한 변호는 나중으로 미루고, 먼저 오랫동안 들어왔던 고발내용을 해명하겠다고 밝혔다.

그 고발내용은 첫째, 소크라테스는 지혜로운 자, 즉 소피스트라는 점이다. 그는 하늘과 땅에 존재하는 모든 것을 탐색하고 생각하며, 약한 논리를 더 강력한 논리로 바꾼다는 것은 오해라고 했다. 즉 대중들이 말하는 소크라테스는 아낙사고라스같은 자연철학자나, 프로타고라스 같은 소피스트가 아니라는 것이었다. 둘째, 소크라테스는 자신을 변호하는 논리를 전개하고 있다. 우선 자신은 소피스트처럼 돈을 받으며 젊은이들을 교육한 사실이 전혀 없다고 고백하며, 자신은 소피스트가 아니라고 적극적으로 해명한다. 자신은 이런 기술을 전혀 갖추지 않았으며, 이런 오해를 받는 것은 자신이 진정한 지혜를 지니고 있어서 그렇다며 해명하고 있다.

소크라테스는 이 책 속에서 소크라테스의 삶, 그가 받은 오해들, 사람들에게 고발당한 이유, 사형을 받은 이유, 미움을 살 것을 알면서도 계속 아테네인들에게 질문했던 이유에 대해 시원하게 고백하고 있다. 이 책에서 가장 감명 깊게 느껴지는 것은 아테네 시민들에게 작별인사를 하는 소크라테스의 모습을 떠올리게 된다는 점인데, 이처럼 죽음 앞에서 태연한 소크라테스의 모습을 보며, 죽음이 나에게 어떤 의미이며, 무작정 두려워해야 할 것인지 등의 문제에 대해 생각하게 한다는 점에서 반드시 읽을 가치가 있는 책이라 할 수 있다.

변론의 극치

기원전 399년 부당한 죄상으로 피소된 소크라테스는 법정(法廷)에서 자신의 죄가 왜 부당한 지 에 대해 변론했는데, 죄상의 중요한 원인이 된 것은 "무지(無知)에 대한 지(知)의 가르침" 때문이라는 것이었다. 즉 "사람들은 아무것도 모르면서 알고 있다고 생각한다. 그는, 자기는 모르고 있다는 점에서 많은 사람들과 같으나, 모르고 있다는 사실을 알고 있다는 점에서 그만큼 다른 사람에 비하여 얼마간은 지자(知者)라고 할 수 있다고 했다." 즉 그는 "무지를 아는 것이 곧 앎의 시작이다"라고 하는 사실을 아테네 사람들에게 알려주고자 했던 것이다. 첨언하면 소크라테스는 사람들에게 무지를 깨우치는 일이 신의 뜻에 따르는 것이라고 생각하여 엄격한 대화를 통해서 사람의 억단(臆斷)의 꿈을 깨뜨리고자 했던 것이다.

그는 우리들은 신의 지(知)에 대해서는 무지와 다름없으므로, 그러면 그러할수록 진지(眞知)를 사랑하고 정신을 높이지 않으면 안 된다면서 신체나 재산보다 먼저 이 일에 마음을 써야 할 것이라고 주장하였다. 이 지(知)를 사랑하고 구하는 것, 이것이야말로 인간이 행복하게 사는 가장 큰 열쇠라고 하였다.

어느 날 자신의 친구가 델포이 신전에서 신탁(信託, 신의 예언)을 받게 되는데, "가장 지혜로운 자는 소크라테스"라는 내용이었다. 이 말을 들은 소크라테스는 그 의미를 알고 싶어 지혜롭다고 자부하는 사람을 찾아다니며 대화를 나눴지만, 자신보다 더 지혜로운 사람을 찾지 못했다고 말했다. 그 과정에서 많은 사람의 미움을 사게 되었고, 그로 인해 고발을 당했다는 것이다. 그는 자신의 행위는 신탁에 의한 것이므로 "아테네 사람들이 알지 못하는 새로운 잡신을 믿는다"는 고발의 내용은 거짓이며, 청년들이 자신의 행위를 모방한 것뿐이기 때문에 청년들을 부패시켰다는 고발 또한 거짓이라고 말했지만, 결국 신을 부정하는 불경죄를 지었다면서 그에게 앙심을 갖게 된 사람들에 의해 사형을 선고받게 되었던 것이다.

하지만 그는 시종일관 두려움 없이 자기의 소신을 말했다. 그는 마지막으로 "이제 떠날 때가 왔다. 나는 죽기 위하여, 여러분은 살기 위하여. 그러나 그 어느 것이 더 행복한가에 대해서는 신 이외에 아는 자는 없다."는 말을 남기며 독배를 들었다.

참된 진리 앞에서 죽음도 기쁘게 받아들인 탁월한 지성인이자 정의의 철학자인 소크라테스는 기원전 5세기경 상대주의적이고 실용적인 진리를 내세운 소피스트에 대항하여 절대적이고 변하지 않는 진리를 추구하며, 질문과 대화를 통해 사람들의 무지를 일깨우려 했다. 그뿐만 아니라,

불경죄로 사형선고를 받아 죽음에 이를 때까지 자신의 사상과 철학을 흔들림 없이 지켜나가며 서양 철학의 근간이 되었다. 이처럼 이 책은 소크라테스의 '영혼의 서(書)'로서 제자인 플라톤이 심혈을 기울여 지난날의 소크라테스를 같은 세대의 사람이나 후세에 전해주려고 한 '불후의 책'임을 잊어서는 안 될 것이다.

남녀의 평등을 논하다

이 책에서 요즘의 사고로는 이해가 되지 않는 소크라테스의 지혜로써 그의 '남녀평등론'을 살펴보자. 그는 "진리는 신이나 우주의 비밀 따위가 아니다. 그건 알아도 몰라도 그만이다. 물론 인간이 행복해지는 데 도움이야 되겠지만, 모든 것을 다 알면 행복하지가 않다. 그것은 인간 스스로 자신의 마음을 제어하게 되기 때문이다."라고 했다. 따라서 모르면서 헤쳐 나가는 게 진리이고 최선이라 했고, 신이 스스로 완벽했다면 인간을 만들지 않았을 것이라는 것이다. 그렇기 때문에 인간을 더 완벽한 존재로 보았던 것이다.

즉 행복이 신에게는 없고, 사랑으로 연결된 인간에게만 행복이 있는데, 그것은 인간이 희로애락을 무연 중에 받아들이기 때문에 행복해 할 수 있다는 것이었다. 이러한 행복을 느끼는 것은 인간이기에 가능한 것이고, 남녀는 인간이기 때문에 타고난 신체적 능력이 차이는 있지만, 본질적으로는 차이가 없다고 보아 여성도 수호자(국가의 체제 전체를 수호하는 것)로써 훈련되어야 한다고 소크라테스는 생각했던 것이다. 즉 본질적으로 차이가 없으니 훈련되어야 한다는 말은, 뒤집어서 말하면 "훈련되어 그 역할을 수행하지 않는다면, 본질적인 차이가 존재한다"는 말과 같은 것이었다.

역사적 사례를 보면 여성이 남성과 동등한 자격으로 전쟁에 참전하여 국가를 지키거나 성과를 달성한 사례는 매우 적다. 이는 단순히 인식의 문제뿐만이 아니라, 전쟁이나 극한의 육체노동에 참가한다는 것은 사실 개인의 입장에서 극도로 피하고 싶은 일이다. 여성 입장에서는 이런 위험한 일은 피하고 싶고, 남성들은 여성을 재산으로 생각하며 재산이 훼손되는 것을 삼가고 싶으니 여성을 전쟁에 내보내고 싶어 하지 않았던 것이다. 그러나 이런 상황에서 소크라테스는 여성들이 평등한 존재로써 대우받을 수 없다고 하였다. 이것이 소크라테스는 "여성을 제대로 대우하지 않았다"고 평가하는 근거였다.

그러나 소크라테스가 본질적으로 차이가 없다고 말한 것은 '역할'을 말한 것이지 성별에 따른 차이점을 구별한 것은 아니라는 점이었다. 즉 고대사회는 철저한 능력제 사회였기 때문에 이렇게 말할 수 있었던 것인데, 현대사회와 다른 점이 있다면, 현재는 인본주의에 따라 역할이 없어도 인간의 기본권을 보장하고 인간이라고 생각 해주지만, 고대사회에서는 역할을 수행할 수 없는 인간은 아예 인간으로 취급되지 않았음을 알아야 할 것이다. 즉 고대에서 가장 중요한 기능은 바로 "전쟁에서 싸우는 능력"이었는데, 이게 어느 정도로 중요했는가 하면, 노예조차도 전쟁에 참가한다면 노예에서 해방되고 시민권을 얻을 수 있었다는 점에서 일 수 있다.

따라서 소크라테스의 '남녀평등론'은 성별의 차이는 육체의 차이일 뿐 이는 참된 지·덕·미에 비하면 태양 빛 앞의 반딧불과 같은 미미한 것으로 보았던 것이다. 즉 육체를 초월하는 본질은 바로 지·덕·미의 역할에 있다고 본 것이다.

소크라테스는 그의 제자들과의 대화를 통해서 이상(理想)국가, 즉 정의로운 국가에 대해서 정의한 것은, 국가란 통치자(지혜), 수호자(용기), 백성(절제) 등 세 계급이 자신의 일을 바르게 수행하는 상태를 말했는데, 특히 이 중에서 수호자 계급의 역할을 강조했다. 소크라테스는 수호자 계급은 개인의 이익이 아닌, 국가의 이익을 위해서 생명까지 내놓을 수 있어야 한다고 했다. 그리고 그런 행동의 목적이 물질적 보상이나 육체적 쾌락을 위해서가 아닌, 그것 자체가 정의이기 때문이어야 한다고 했다.

따라서 소크라테스는 수호자 계급은 공동생활을 해야 하며, 가정이나 사유재산을 소유하지 못하도록 해야 한다고 주장했다. 소크라테스도 이런 주장이 당시로서는 받아들여지기 힘들고, 조롱의 대상이 될 것이라는 것을 알고 있었다. 그러면서도 이것이 이상국가를 만들기 위해 꼭 필요한 과정이라고 생각하고, 이 부분을 특유의 대화법으로 청중들을 설득하려 하였다. 그가 이야기하는 수호자 계급의 처자공유제와 재산공유제의 내용은 다음과 같다.

> "이들(수호자에 속하는) 모든 남자는, 이들(수호자에 속하는) 모든 여자를 공유해야 하고, 어떤 여자도 어떤 남자와 개인적으로 동거하지 못한다. 또한 아이들도 공유해야 하기 때문에 어떤 부모도 자기 자식이 누구인지 알아서는 안 되며, 어떤 아이도 자기 부모를 알게 해서는 안 된다……. 이들 중 한 사람이 신랑으로 된 날부터 이후 일곱 달째에서 열 달째까지 사이에 태어나는 아이들 모두를 남자들의 경우에는 아들들로, 그리고 여자들은 딸들로 부를 것이고, 이들 아이들은 그를 아버지로 부를 것이고, 또한 이런 식으로 그들의 아이들을 그는 손자로 부를 것이며, 이들은 그들을 할아버지 또는 할머니로 부를 것이다. 한편 이들 어머니들과 아버지들이 아이를 낳던 시기에 태어난 자들은 서로를 형제자매로 불러 서로를 건드리지 말아야 할 것이다."

소크라테스가 이렇게 남편과 아내, 부모와 자식으로 구성되는 혈연관계를 없애려 했던 이유는, 수호자들의 타락으로 인한 국가의 분열을 막기 위해서였다. 수호자들이 내 가족과 내 것을 가지게 되는 순간부터 이해관계가 생기게 되고, 나라는 분열된다는 것이 소크라테스의 생각이었다.

이런 수호자 계급의 공동생활을 위해서 소크라테스는 당시로서는 획기적이라고 할 수 있는 '남녀평등사상'을 이야기했던 것이다. 그는 남녀의 성향이 다르고, 성향이 다르면 다른 일을 해야 한다는 주장에 반박했다. 그는 남녀가 국가를 수호하는 데 있어서 능력의 차이는 있지만, 본질적인 성향은 다르지 않다고 주장했다. 그리하여 당시로서는 획기적으로 자질이 있는 여성은 남성과 같이 군사훈련과 시가(詩歌)교육을 받으며, 수호자로써 훈련되어야 한다고 말했다. 특히 당시 체육교육을 받기 위해서는 김나시온(Gymnasion, 맨몸 단련 학교, 영어 김나지움의 어원)에서 훈련을 받아야 했는데, 김나지온은 벗은 상태라는 김모스(Gymos)라는 헬라어 단어에서 유래한 것처럼 모두 옷을 벗고 운동을 했다. 여성들이 그런 남성들과 함께 훈련을 받는 것은 획기적인 생각이었다. 이처럼 소크라테스는 남녀 편견을 버리고 여성이 남성과 같이 옷을 벗고 김나시온에서 체육교육을 받아야 한다고 주장했다. 그리고 그렇게 우수하게 길러진 수호자 계급의 여성과 남성의 결합을 통해서만 건강한 수호자 계급의 자녀를 낳을 수 있다고 주장했던 것이다.

09

플라톤(BC 428~BC 348)

『향연(饗宴)』

동성애만이 플라토닉한 사랑이다

그리스 철학자들의 '에로스'에 대한 가식적 대화 풍조

플라톤은 소크라테스의 제자이자 아카데메이아의 창설자로, 제자인 아리스토텔레스와 함께 고전기 헬라스(고대 그리스인이 자국[自國]을 이르던 이름) 철학을 대표하는 학자였다. 플라톤의 연구 분야는 형이상학, 정치학, 윤리학, 인식론 등 서양 철학의 온갖 영역에 걸쳐있으며, 실상 플라톤 이후의 유럽 철학은 "플라톤에 대한 일련의 각주들(화이트헤드)"라는 평가까지 있을 정도로 매우 중요한 학자이다. 또한 플라톤이 주장하고 직접 솔선수범한 금욕적이고 경건한 관상(觀想, θεωρία)적 삶의 태도는 그리스도교와 함께 이후 유럽인들의 인생관에 막대한 영향을 끼쳤다.

그의 『향연』은 『파이드로스』와 함께 플라톤의 저서 중 가장 아름다운 대화편으로 평가되고 있다. 향연에서는 주로 에로스(Eros, 그리스 신화에 등장하는 연정과 성애의 신으로, 이성에 대한 강렬한 성적 욕구를 의미하는 보통 명사가 신격화된 것)를 다루고 있는데, 여러 등장인물들이 에로스에 대한 자신의 생각을 돌아가면서 찬양한 이후에, 소크라테스가 그에 대해 평가하고 의문점을 던지고, 새롭게 재정립하는 이야기로 구성되어 있다.

즉 기원전 416년 아가톤은 연극대회에서 그의 작품으로 우승한 후, 친구들을 불러 축하연을 베풀었다. 이들은 이렇게 모여서 친구들끼리 돌아가면서 에로스에 대해 예찬을 하는데, 파이드로스(Phaedros)는 에로스는 가장 위대하고 오래된 신이며, 사람의 일생을 훌륭하게 이끌어주는 가장 존귀한 존재며, 생전과 사후에 덕과 행복을 만들어 주는 유력한 존재라고 예찬했다. 파우사니아스(Pausanias)는 에로스를 둘로 구분하여, 저속한 사람들의 육체적인 사랑과 좀 더 높은 차원의 영혼적 사랑을 설명했다. 논의를 주도하고, 대화를 진행시키는 에뤽시마코스(Eryximachos)는 의사로서 파우사니아스의 의견에 동조한다면서 자신의 기술인 의술에 빗대어 에로스를 설명해나갔다. 그는 절제와 정의로 좋은 일에 마음을 쓰는 에로스는 평화로운 사회의 건설과 신들과 교제를 도와주는 행복의 근거라고 설명하였다.

이처럼 플라톤(Plato)의 『향연(Symposium)』은 사랑(Eros)의 정의와 찬미를 통해 아름다움(지혜) 을 추구하는 인간의 본성을 이야기한 책이다.

작중 인물인 소크라테스는 실재한 인물이기도 하나, 여기서 소크라테스는 플라톤을 대신해 등장하여 에로스를 찬미한다는 이름 하에 에로스의 본질인 이데아(Idea)를 정의하고, 이것이 어떤 단계를 거쳐 무엇으로 발전하는지 신들의 대가(大家) 디오티마(Diotima)의 입을 빌려 설명하고 있는 것이다. 따라서 이들의 대화를 보면 마치 성인군자들처럼 거창하게 철학적으로 에로스를 논하고 있음을 볼 수 있다.

그러나 실질적으로 그리스에서는 사회적 출세라는 목적하에서 젊은이들이 늙고 엄숙한 사회적 지위를 가진 자들에게 의지하기 위해, 또 자신들의 성적 욕구를 채우는 더러움과 수치스러움을 덜어내기 위해 이처럼 에로스 운운하면서 자신들의 치부를 가렸던 것에 불과했던 것이다.

그리스에서 남성 매춘의 보호

그리스 그중에서도 특히 아테네에서는 여성 매춘과 함께 남성 매춘이 매우 성행했다. 성년 남자는 매춘이 허락됐으며, 손님이 외국인인 경우에는 일정한 보수를 받고 동성애자로서 고용되는 것조차 허락됐다. 미성년자가 매춘을 행하고, 부친이나 백부가 그 미성년자에게 매춘을 시켰다는 것이 발각되면 부친 또는 백부는 처벌을 받았지만, 사실상 이 같은 범죄가 재판으로까지 이어지는 일은 거의 없었다.

실제로 남자의 경우는 돈으로 거래되는 애정과 자유로운 애정을 구별하기가 어려웠기 때문이었다. 그리스에서는 젊은 여자와의 자유연애 관계가 별로 없었지만, 젊은 남자와의 연애 관계는 어디서나 흔히 볼 수 있었다. 솔론이 입법한 내용을 보면, 동성애를 탐닉하는 남자는 시민계급의 젊은 남자만을 상대해야 한다는 규정이 있었다. 이것은 단순히 신분에 대한 고려만이 아니라, 남성 간 동성애 관계에서 금전적인 채무가 발생하는 것을 피하기 위한 규정이기도 했지만, 이런 규정이 엄격하게 지켜진 적은 한 번도 없었다. 그들 간에는 돈이 아니면 무언가 다른 선물, 즉 예를 들면 비싼 옷이라든가 무기와 갑옷 세트 등 매우 비싼 선물을 줄 경우가 종종 있었다. 가장 흔했던 방법은 자기 집으로 젊은 애인을 데려와서 교육과 생활비를 주어 돌봐주며 함께 생활하는 것이었다. 그렇게 되면 그 젊은이의 부모는 매음을 시킨 죄로 고소되지 않았고 반대로 큰 이득을 볼 수 있었다.

그리스에서 남성 동성애가 성행한 이유

앞에서도 언급했듯이 고대에는 남성 간의 동성애가 동지중해의 모든 나라에 퍼져 있었으며, 지금도 이 지역의 동성애자는 서방세계보다 많이 발견되고 있다. 그런데 남성 간의 동성애가 그리스에서 이 정도까지

안젤름 포이어바흐(1829~80) '향연'

성행했던 것은 무슨 연유에서였을까? 이것은 생리학적·심리학적 측면에서도 여전히 하나의 수수께끼로 남아 있다. 그렇다고 그리스인이 육체적으로 다른 민족과 다른 체질의 소유자라는 것은 아닐 것이다. 따라서 이를 규명하기 위해서는 사회학적인 요인에서 그 원인을 찾을 수밖에 없을 것이다.

예를 들면 젊은이의 부드러운 신체가 미의 이상형에 가장 가깝다는 것을 들 수 있는데, 그러나 이 경우에도 보통이라면 동년배의 이성에 대하여 애모의 정이 솟아날 나이의 젊은이가, 아무런 느낌도 없이 훨씬 나이 많은 동성과의 교제에 몸을 맡기는 것은 역시 기적에 가까운 현상이라고 하지 않을 수 없기에 이 또한 궁극적인 해답은 아니라고 보는 것이다.

따라서 이에 대한 지금까지의 연구결과를 종합해 보면 다음과 같은 것을 들 수 있다. 즉 이와 같은 왜곡된 성생활은 어떤 강제적인 것에 의해 나타난 결과라는 것이다. 그 강제라는 것은 바로 교육을 시켜준다는 구실 아래 젊은이에게 강요된 것이며, 물질적인 이익이라든가, 선물, 혹은 자신의 집보다 쾌적한 생활, 또는 빛나는 입신출세의 길에 대한 희망 등 때문에 그런 불쾌한 수모를 견뎌낼 수 있었던 것이 아닌가 생각된다.

그리고 젊은이 쪽에서도 나이가 지긋하고 권세 있는 사람이 자기를 애인처럼 대해 주고, 아버지나 선생님처럼 나이 어린 말썽꾸러기로 보지도 않고 어엿한 친구로 상대하기 때문에 그다지 기분이 나쁘지는 않았을 것으로 보는 것이다.

이런 까닭에 젊은이들은 밤만 되면 소크라테스처럼 육체적으로는 전혀 성적 매력이 없는 어른을 부드럽게 안고서 애무해 주는 것이 싫다고 투덜대지 않을 수 있었던 것이라고 생각된다. 명문 출신의 귀족은 젊은이들에게 남자끼리의 사랑은 진정한 귀족적·기사적인 사랑의 형태라고 주입시켜 젊은이들의 명예심을 한층 더 자극해 주었고, 사랑을 받을 마음의 준비를 시켰을 것이다.

호메로스(서사시의 걸작 『일리아드』, 『오디세이아』의 저자로 추정)의 시에는 성에 관한 내용이 많이 수록되어 있지만, 남성 간의 성애 관계에 대하여 명백하게 언급하고 있는 부분은 발견되지 않고 있다. 『일리아드』보다 백 년 뒤에 나온 헤시오도스의 『신통기(神統記)』에도 동성애와 비슷한 내용을 소개한 것은 없다. 그러다가 기원전 6세기에 이르면서부터 변화의 조짐이 다양하게 나타나기 시작한다. 이러한 경향에 대해 나름대로의 사회적 질서를 유지키 위해 법안을 낸 솔론[13]조차도 젊은 청년을 사랑

---

13) 솔론(Solon, 기원전 630 무렵~560 무렵) : 정치가에 자신의 이름을 딴 법전을 제정했으며, 엄청난 양의 시를 남겼는데, 아테네 출신 최초의 시인이라고 할 수 있다. 솔론은 아테네를 질곡으로부터 구해낸 개혁을 수행해 '솔론의 개혁'이란 표현이 세계사 교과서에 빠지지 않을 정도의 성과까지 내놓았다. 기원전 600년 무렵에 활동한 솔론은 고대 그리스의 7현인 가운데 한 사람으로 꼽혔다. 후대에 이르러서는 7현인이 누군가에 대해 수많은 의견이 나와 20여 명이 거론될 정도였지만, 솔론은 탈레스, 피타코스, 비아스와 함께 변하지 않고 포함된 네 사람 가운데 하나였다.

하는 문제에 대해서는 지극히 호의적인 의견을 피력했다.

이러한 경향을 대변하는 이야기로서 두 명의 정치가인 지적인 아리스티데스(별명이 공정한 사람인 아테나이의 정치가)와 용감한 테미스토클레스(아테나이의 해군력을 그리스 제일로 성장시켜, 페르시아 전쟁의 승리를 이끌었던 정치가이며 군인)가 젊고 아름다운 청년인 스테시라오스를 둘러싸고 질투를 벌여 사이가 멀어졌다는 것이 유명한 일화이다.

『향연』의 동성애는 플라토닉한 사랑인가, 쾌락적인 사랑인가?

하지만 동성애의 성전(性典)이라고도 할 수 있는 『향연(饗宴)』에서 플라톤이 몸도 마음도 남자의 사랑에 맡긴 젊은이만이 나중에 정치가가 된다고 엄숙한 어조로 아리스토파네스(아테네의 희극작가)에게 말하게 한 것은 너무 지나친 과장이라고 후세 학자들은 평하고 있다. 왜냐하면 남자끼리의 동성애가 가장 성행했던 시기에도 아주 정상적으로 이성을 사랑했던 아테네의 정치가들은 얼마든지 있었기 때문이다.

플라톤의 『향연』의 무대는 자신의 집이 아니라 비극시인인 아가톤의 집으로 되어 있으며, 시기도 플라톤이 아직 어린 시절로 되어 있어 역사적 자료로서 볼 때는 매우 애매한 자료라고 할 수 있다. 그러나 이 작품을 통해 그리스 동성애의 성향을 엿볼 수 있다는 데서 굳이 이 책의 가치를 찾을 수 있을 지도 모른다. 그러나 여기에서 보이는 세계는 남성 동성애자의 색안경에 의하여 왜곡된 내용으로 점철되었다고 역사가들을 평하고 있다. 왜냐하면 그리스의 정신적 엘리트를 대표할 만한 사람들이 거나하게 취하여 아무개 옆에서는 누가 자야 한다고 장황하게 입씨름을 하면서 왜 그래야 하는지 그 목적에 대해서는 전혀 의심을 품지 않은 채 자신들의 쾌락에만 정신이 팔려있었기 때문이다. 그럼에도 불구하고 이 『향연』

으로 플라톤은 감각적 쾌락을 단념한 청순하고 '플라토닉'한 사랑의 사도라는 명성을 얻었다. 이러한 평가는 여성 동성애자들에 의해서 이루어졌는데, 그것은 자신들의 동성애를 '플라토닉'한 것으로 인정받기 위함에서였다고 해석되고 있다.

플라톤은 이 책에서 주인공 파우사니아스를 통해 '천상적(天上的)'인 사랑과 '지상적'인 사랑을 구별하고, 전자는 혼의 화합·정신적인 매력에 기초한 사랑이라 했으며, 후자는 단지 육체적 만족을 구하는 사랑이라고 하였다. 그리고는 다시 천상적인 사랑은 남자끼리의 사이에서만 존재할 수 있으며, 남녀 간의 사랑은 하늘에 계시는 사랑의 여신 아프로디테의 아들 에로스가 관여하는 일로서 그 누구도 알 수 없는 것이라고 하였다. 그는 사랑은 본질상 아프로디테 판데모스('사랑과 성'의 여신)가 주관하는 영역에 속하는 일이기 때문에, 여성은 처음부터 '플라토닉'한 사랑에서는 제외되어 있으며, '플라토닉 러브'라는 것은 오로지 동성애만을 의미한다는 식으로 이 책을 서술해 갔던 것이다.

그렇다고 플라톤이 동성애를 행하면서 무절제하게 자신의 육욕을 탐했던 것만은 아니었다. 그 자신의 성생활에 대해서는 자세히 알려지지 않고 있지만, 일단 동성애의 찬미자였다는 기정사실을 염두에 두고 볼 때, 그의 동성애에 대한 관념은 일정한 한계를 벗어나지는 않았다고 할 수 있다. 즉 플라톤은 남성 간의 성애 관계에 사회가 제재를 가하지 않는 그리스 같은 곳에서도 사소한 분쟁은 일어나게 마련이기 때문에, 이런 분쟁은 국가가 막아야 한다고 했고, 또 남자 동성애자가 아직 「턱수염도 나지 않은」 어린 소년을 원하는 것은 제한돼야 한다고 분명히 반대하였다. 또 남성 간의 동성애에 따른 폐해에 대해서는 법률을 제정해야 한다고 했으며, 젊은이들을 감언이설로 유혹하는 자들로부터 보호해야 한다고 주장하였다.

여성 동성애자를 말하는 레즈비언도 그리스에서 유래했다

동성애 비율이 남성에 대해 여성이 어느 정도였는지는 알 수가 없다. 그러나 그리스에서 여자들 간에도 동성애가 있었다는 사실을 엿볼 수 있는 이야기가 있다. 즉 그리스 서정시의 발단이 되었던 여류시인 사포(Sappho)의 비극적인 모습에서 이를 엿볼 수 있다. 사포는 레스보스섬에서 젊은 처녀들을 위해 문예학원을 운영했는데, 이 학원은 미흡하기는 했지만 플라톤이 세운 아카데미아의 선구가 되었던 곳이다. 당시 레스보스섬에서도 아테네에서처럼 미에 대한 찬미는 성과 분리될 수 없었고, 많은 여성들은 서로 사랑을 했던 것이다. 사포 자신도 제자인 소녀에게 빠져 있었다. 그러나 자신의 진정한 사랑을 확인하지 못한 사포는 절망감에 빠져 바다에 몸을 던지고 말았다. 이 사건은 대략 기원전 6세기 초엽에 일어난 것으로 아테네에서 남자 동성애가 확산된 것과 같은 시기의 일이었다.

사포 이후 다른 그리스 지역에서 여성 간의 동성애에 관해 잘 전해주고 있는 사례는 없다. 그리스인은 동성애에 빠진 여자를 경멸하는 뜻으로 「트리바드(tribade)」라고 불렀는데, 이 말은 「트리베인(서로 문지르다)」이라는 말에서 나온 것이다.

이후 사포와 레스보스섬은 여성 동성애의 상징이 되었다. 그리스 말기의 시인 루키아노스와 로마의 시인 마르티알리스·유베나리스 등은 여성 동성애를 자세히 다루고 있는데, 이를 보면 아무래도 고대 그리스보다는 제정 로마에서 동성애가 널리 퍼져 있었던 것이 아닌가 생각된다. 현재 '레즈비언(레스보스섬의 여자, 즉 여성 동성애자)'이라는 명칭은 전 세계적으로 보통명사화 되어 버렸지만, 동성애가 그리스인의 성생활에 있어서 하나의 특색이라고까지 할 정도는 아니었다는 것을 알 수 있다.

10

아리스토텔레스(BC 384~BC 322)
『자연학(physica)』
여성의 열등성은 '덜 익은 정자(생리혈)'를 가졌기 때문이다

아리스토텔레스와 물리학

물리학(physic)이라는 말의 어원은 원래 그리스어로 '자연'을 뜻했다. 따라서 아리스토텔레스(Aristoteles)의 『피지카(physica)』는 「자연학」으로 번역될 수 있는 것이다. 기원전 4세기의 일이다. 그런데 세계 10위권 안의 경제 대국인 한국에는 아직도 『물리학사』라 불릴 만한 변변한 책이 없다. 그나마 한국인이 쓴 책은 전혀 없고, 외국 책을 번역한 것이 몇 권

아리스토텔레스

눈에 띌 뿐이다. 이들 중의 원조는 노봉환(魯鳳煥) 교수가 옮겨 놓은 『물리학사』(전파과학사, 1979)이고, 또 다른 하나는 손영수(孫永壽) 회장이 번역한 『이야기 물리학사』(전파과학사, 1995)이다. 앞의 책은 1972년 프랑스 파리대학 출판부에서 나온 불어로 된 같은 제목의 책을 옮긴 것으

로, 원저자는 파리 공과대학의 교수인 삐에르 게디에(Pierre Guaydier)이다. 뒤의 책은 일본의 유명한 과학 대중화 학자이며, 창간이래 지금까지 『뉴튼(NEWTON)』이라는 과학잡지 편집을 담당하고 있는 다케우치 히토시(竹內均) 교수이다.

이웃 나라인 중국에는 이들보다도 상당히 긴 보다 본격적인 물리학 역사에 관한 책이 번역되어 나와 있는데, 『물리학사』란 제목으로 1981년 내몽고인민출판사가 출간한 457페이지나 되는 두꺼운 책이다. 이 책도 원래는 1928년에 미국 캘리포니아대학교 수학사 교수였던 카조리(Florian Cajori)의 책(A History of Physics)을 번역 출간한 것이다. 우리나라나 중국이나 자국인이 쓴 물리학 역사에 관한 책이 없다는 것은 아직도 해야 할 일이 너무나 많다는 것을 의미해 주고 있다고 하겠다.

이들 세 부의 물리학사 책을 살펴보면 아주 재미있는 현상에 주목하게 되는데, 그것은 17세기 이전의 물리학에 대해서는 거의 언급을 안 하고 아주 간단하게만 소개하고 있다는 사실이다. 이는 아마도 17세기 이전의 물리학이 말만 물리학이지 화학변화·생명현상을 포함하는 『피지카』 즉, 자연학에 가깝기 때문에 그랬을 것이다.

그러나 아리스토텔레스에서 시작된 『피지카』는 현재의 물리학에서도 계승되고 있다. 이는 18~19세기까지 「natural philosophy」가 물리학이란 뜻으로 사용되었다는 점에서 알 수 있다. 그러다가 18세기 후반에 이르러서야 physique가 물리학을 뜻하는 말로 사용되기 시작했다. 그리고 19세기에 들어서면서 역학(力學)과 광학(光學) 외에 열학(熱學)과 전자기학(電磁氣學)이 완성되어 이들을 종합한 물리학 개념이 확립되었다. 그 결과 프랑스에서는 『Annales de chimie et de physique』, 『Journal de physique』가, 독일에서는 『Annalen der Physik und Chemie』가 나타나 물리학사 상 중요한 논문이 다수 발표되면서, 물리학은 화학과 아울러 「physique」, 「Physik」라는 이름으로 자연과학에서 중요한 위치를 차지하게 되었다.

아리스토텔레스 물리학 속의 생식이론

그러다 보니 아리스토텔레스가 말한 물리학은 오늘날 우리가 생각하는 물리학과는 많은 차이가 있음을 알 수 있다. 아리스토텔레스의 『물리학 강의』라는 책을 보면 여러 가지 다양한 내용들이 물리학이라는 차원에서 다루어지고 있는데, 그중에서 우리의 관심을 끄는 것은 역시 남녀의 육체에 관한 이론일 것이다.

아리스토텔레스는 자신의 물리학적 견해를 바탕으로 남녀의 신체적 조건을 비교하면서 여성의 열등성을 주장하였다. 오늘날 여성 인권가들이 들으면 아마도 그를 성인계열에서 지워버릴지도 모를 만큼 그의 여성 열등론은 파격적이었다. 이는 아무리 현명한 철인이라 할지라도 당시 사회가 가지고 있는 관습과 인식을 벗어버리는 데에는 한계가 있었다는 것을 보여주는 것인지도 모른다.

플라톤의 제자 아리스토텔레스는 남성의 우위를 옹호하는 데 주력했다. 그는 만일 사람이 정신적·도덕적인 문제에 대해 결말을 지으려 한다면, 우선 자연으로부터 조언을 구해야 한다고 했다. 그런데 이 자연의 소리라는 것은 남성이 여성보다 우월하다는 것을 알려 주고 있기에, 이러한 자연의 소리에 어긋나는 행동을 하는 것은 결코 인간이나 사회 모두에게 도움이 안 된다는 것이었다.

즉 그는 모든 동물의 세계에서 관찰할 수 있듯이 수컷 쪽이 암컷보다 훨씬 더 발달했다는 사실을 들면서, 수컷이 암컷보다 크고 강하고 민첩하

듯이 인간의 경우도 이와 마찬가지라고 하였다. 이러한 명백한 자연의 의지를 저버리고 그저 공상적인 평등의 원리만을 만족시키기 위해 이같이 자연에 역행하는 것이 과연 좋은 일일까 하고 반문하며, 그것은 개인의 이익에도 사회의 이익에도 반하는 것이 될 것이라고 경고하였던 것이다.

나아가 아리스토텔레스는 자신의 이러한 주장이 단순히 남성의 우월성을 보여주는 외면적인 징표에만 근거해서 하는 말이 아니라는 것을 보여주기 위해, 그는 철학자로서의 자신의 이지적 판단을 도식화하여 이에 대한 근거를 제시하였다. 즉 그는 성의 본질과 생성에 관하여 하나의 도식을 만들고, 여기에 옳든 그르든 모든 관찰을 일일이 대입해 넣는 방법을 택했다. 그 도식화시킨 예를 들면 다음과 같다.

> "모든 유기적인 것은 형상이 부여된 질료(質料)이다. 이 형상부여(形相附與)가 본질적이고 진정한 창조이며, 이것이 남성의 본성이다. 남성과 여성의 관계는 태양과 지구, 힘과 질료의 관계이다. 여성이 목재라면 남성은 목수와 같은 것이며, 남성의 정자는 생명을 부여하고 형상을 만드는 요소를 포함하고 있는 것이다".

그렇다고 이 말이 아리스토텔레스가 여성의 신체를 남성에게서 오는 단순한 배종(胚種)의 저장소 및 성장의 장소에 불과하다고 생각했던 그 옛날의 생물학자들처럼, 여성은 생식 과정에 있어서 단지 매개물로서의 역할을 할 뿐이라고 말한 것은 아니다. 다만 여성이 태아를 잉태시키는 데 기여하고, 독자적으로 성적 소산인 생리혈(生理血)을 분비하지만, 이 생리혈은 「덜 익은 정자」라고 할 수 있기 때문에, 이런 점에 있어서는 확실히 여성이 열등한 면이 없지 않아 있다고 아리스토텔레스는 말했던 것이다.

나아가 그는 "열(熱)은 힘(力)이기 때문에, 여성은 남성보다 열이 낮다. 그리고 이러한 차이는 남성들 간에도 있는 것으로, 이 차이의 일부는 나이에서 온다"고 했다. 그래서 "젊은 남자의 힘이 강하고 열도 높기 때문에 남자아이를 더 잘 만들게 되는 것이고, 노인은(아리스토텔레스는 생식능력의 상한선을 71세까지로 보았다) 보통 여자아이만을 만들 수 있을 뿐이다"라고 했다. 그러나 이러한 논리의 비약을 만회하기 위해 그는 "신체구조와 연령 만이 결정적인 요인은 아니고, 외계의 기후도 영향을 미친다"고 하여 "차가운 북풍이 불 때는 여자아이가 많이 태어나고, 날씨가 더울 때는 남자아이가 많이 생산된다"고 하였다.

여성 해방운동의 공(功)과 실(失)

　이러한 아리스토텔레스의 생식이론은 여러 가지 면에서 오류를 범하고 있지만, 생물학적인 관점에서 본다면 진보적인 사고였다고 평가되고 있다. 왜냐하면 그의 이론에서 처음으로 어머니가 탄생 이전에 아이를 키우는 보모 이상의 존재라는 것을 명시했기 때문이다. 어머니는 단지 아이를 임신하고 낳는 것만이 아니라 어머니는 자신이 가지고 있는 그 무엇을 아이에게 주기도 하는데, 그것은 어머니가 가지고 있는 질료의 일부라는 것이다. 아이는 아버지만으로 만들어지는 것이 아니며, 생물학적인 의미에서도 어머니와 연결되어 있다는 것을 처음으로 밝혔던 것이다.

　그러나 이러한 아리스토텔레스의 사상도 결국은 그 이전의 대선배 철학자들의 생각을 뛰어넘을 수는 없었다. 그 이유는 남녀의 성적 특질을 가지고 문제에 접근했기 때문이었다. 그의 이러한 비교는 남녀를 태양과 지구에 준하는 것으로 본 플라톤적인 사상체계에서 유래한 것이었기에 결국 그도 남녀가 원리적으로 다른 것이 아니라 다만 정도상의 차이가 있는데 불과한 것이라고 최종적인 결론을 내렸던 것이다.

즉 그는 힘과 열은 어느 쪽이든 있는 것이며, 단지 여자 쪽이 적을 뿐이고, 남자든 여자든 근본적으로는 동일한 물질을 분비하지만, 여자의 분비물이 그 발달 정도가 낮아서 그다지 활발하지 못하다고 하여, 비록 남녀가 전적으로 다른 존재이기는 하지만 남녀는 각각 그 존재하는 방법 및 의의에 있어서 동등의 가치를 갖는다고 평하였던 것이다.

그러나 궁극적으로 이런 고대 그리스 최고의 철학자들까지 논한 여성의 동등한 권리 추구를 위한 일련의 그리스의 여성 해방운동은 아무런 성과도 없이 끝나고 말았다. 즉 입법적으로 본질적인 변화가 하나도 이루어지지 않았고, 여성은 여전히 선거권과 공직을 부여받지 못했다. 물론 어느 정도 사회에 영향을 미쳐 부부관계는 훨씬 더 유연해졌지만, 지배권이 남자에게만 주어지는 상황은 계속되었다.

남편은 여전히 자신이 원하는 때 정식 아내와 이혼할 수 있었고, 또한 아버지는 남자에게 당한 미혼의 딸을 노예로 팔 수도 있었다. 물론 아버지가 이런 권리를 자주 행사했던 것은 아니지만, 이것은 처녀성을 중요시하는 관습이 시민계급에서 여전히 존중되고 있었음을 나타낸다는 점에서 주목할 필요가 있는 것이다.

그러나 그리스 여자들이 완전히 창살에만 갇혀 지내는 부자유스러운 존재만은 아니었다. 예를 들면 델피와 아테네의 판테온 제전 때는 많은 여성이 참가하기도 했으며, 특히 아크로폴리스 언덕의 디오니소스 극장에서 연극이 상연될 때에는 여성 관객이 상당수를 차지했다. 이 극장에서는 도덕적으로 매우 비극적인 종말을 예고해 주는 사티로스(satyr, 그리스 신으로 주신[酒神]인 바커스[Bacchus, 디오니소스]를 따르는 반인반수[半人半獸]의 숲의 신으로 술과 여자를 몹시 좋아하는 호색한 신)에 관한 극이 공연되었는데, 여기서 주인공인 아리스토파네스가 노골적이며 유행에 편승하는 내용의 작품을 상연했기 때문에, 이를 보는 여성들은 자기 집 밖에서 무슨 일이 일어나고 있는지를 충분히 알 수 있었던 것이다. 여성이 남근(男根)에 대한 찬양을 주된 내용으로 하는 주신(酒神) 디오니소스에 대한 카니발을 보아도 그다지 흉잡히는 일은 아니었다.

남녀를 불문하고 대다수의 아테네 사람들은 또한 매년 9월에 열리는 엘레우시스(Eleusis, 고대 그리스 아티카국의 도시)의 비밀집회에 참가했다. 데메테르(Demeter, 농업·결혼·사회 질서의 여신) 신전에서 진행되는 어둠의 축제는 한밤중까지 열광적인 춤이 계속되는 것이 보통이었다.

이렇게 보면 그리스 여성이 집안에 꼼짝없이 묶여서, 결혼식 날부터 후궁(後宮)에서의 참담한 생활을 보냈다고는 말할 수 없을 것이다. 물론 후궁 생활 같은 측면, 즉 남편이 침실에 들어왔을 때 남편에 대한 지배권이 없었다는 점 등은 그런 추측을 낳게 할 수도 있다. 그러나 여성들이 다른 생각을 할 수 있게 하고, 또한 그런 기회를 기다릴 수 있도록 연극이나 축제에 참여할 기회를 주었다는 것은, 여성들의 평소 불만을 누그러뜨리게 해 자신들의 실질적 우세를 장악하려는 그리스 남성들의 지혜였는지도 모른다. 그리스의 민주주의란 이런 것을 두고 말하는 것이 아닐까?

11

오비디우스(Ovidius, BC 43~AD 17)
『연애가』, 『사랑의 기술』, 『변신보(變身譜)』
잘못된 선택은 여자의 피해가 크므로 '자유연애'를 주장하다

연애기술의 최초 연구자

푸블리우스 오비디우스 나소(Naso, Publius Ovidius)는 로마의 시인으로서 『사랑의 기술(Ars amatoria)』·『변형담(Metamorphoses)』 등으로 특히 유명하다. 그가 평생토록 연구한 주제는 「연애」였다.

오비디우스

그는 최초의 연애지침서 『사랑의 기술』을 집필했다. 로마의 젊은이들을 대상으로 한 이 자기계발서는 "모든 사람을 사로잡을 수 있다는 확신으로 마음을 가득 채워라. 그러면 그들을 진짜로 사로잡게 되리라", "보기 흉하게 이발하여 머리가 가시처럼 되게 하지 마라. 콧구멍에서 절대 코털이 빠져나오지 않게 하라.", "악취 풍기는 입으로 역겨운 숨을 내쉬지 마라"라고 이야기 하고 있다.

오비디우스의 유혹공식이라 불리는 것은 사랑의 불꽃이 튀려면 자의식과 외모뿐만 아니라 주변 사정, 즉 상황도 중요하다는 것이다. 열정은 무엇보다도 흥분을 일으키는 장소, 즉 극장이나 격정적인 경마장, 모의 해전 또는 검투 경기장에서 깨어난다는 것이다.

이런 장소에서는 가슴이 두근거리는 장소라 할 수 있는데, 이런 때를 택한다면 사랑에 빠질 확률이 높다고 하며, 이를 '오비디우스 효과'라고 했다.

그는 유혹의 시나리오로써 4단계를 말했다.

1단계 - 누군가 우리의 주의를 끈다. 시선이 마주친다.
2단계 - 서로 다가간다. 대화가 시작된다.
3단계 - 대화가 심화된다. 우연한 신체 접촉이 이루어진다.
4단계 - 남자와 여자의 몸이 같은 박자로 이루어진다.

또 연애 걸기도 4단계로써 말했다.

step1 : 연애를 걸 때는 여자가 리드한다. - 여자의 시선만으로도 남자는 60%가 접근한다.
step2 : 유혹의 말을 시험한다. - "날씨 좋죠?"와 같은 말로 대화에 흥미 여부를 판단한다.
step3 : 말을 삼가라 - 우연한 신체 접촉은 서로에게 결정적인 시험이다.
step4 : 사랑의 안무 - 남자가 동작을 취하면 곧 여자도 같이 동작을 취한다.

이 중에서도 2번째 단계가 가장 중요하다고 그는 말했다. 그는 우리의 조상들은 짝 짓기를 하기 전에 엄격한 파트너 검사를 실시했는데, 그 검사가 바로 유혹이라고 했다. 즉 유혹이 진행되는 동안 우리도 상대를 머리부터 발끝까지 반은 의식적으로 반은 무의식적으로 검사한다. 유혹 단계마다 우리는 파트너 후보에 대해 더 많은 사실을 알게 된다. 구애 댄스에 이르는 과정에서 우리는 "상대가 적당한 짝인가?"에 대한 답에 점점 다가간다. 여자는 남자를 감정하지만 여자가 더 자세히 검사한다. 여기에는 단순한 이유가 있다. 즉 잘못된 선택은 남자보다도 여자에게 더 끔찍한 결과를 낳기 때문이다. 생식에서 가장 큰 비용을 떠맡는 것이 여자이기 때문이다. 정자는 난자에 비하면 생물학적으로 싸구려 상품이다. 여성은 난세포로 자손에게 이미 더 많이 투자했으며 임신의 대가를 치르는 것도 여성인 것이다. 게다가 이어지는 수유와 양육 문제까지 고려한다면 번식을 위한 여성의 투자는 몇 년을 투자하는 것이다. 이런 상황에서 여성은 단순히 정자 몇 개가 아니라 그 이상을 자식에게 투자할 능력과 의사가 있는 남성을 발견해야만 비용을 절감할 수 있는 것이다.

그렇기 때문에 진화심리학자들은 여성이 더 까다롭다고 추측한다. 여성은 검사하고 거절하고, 또 검사하고 거절한다. 남성은 거듭해서 구애하고 거절당한다. 남성이 생식에 투자하는 비용은 한정되어 있기 때문에 남자는 대담하게 굴 수가 있다. 여성은 자칫 실수라도 하는 날에는 여성이 치르는 대가가 훨씬 크기 때문에 이미 유혹 단계에서부터 여성이 주도권을 쥐고 있는 것이다.

진정한 사랑의 즐거움은 유부녀와의 연애이다

로마시대는 문학계는 물론 모든 분야에서 당시 가장 매력 있던 주제는 성에 관한 것이었다. 그들은 이 주제를 최대한 자신의 개성을 살려 창작을 하려고 했다. 특히 제정 초기의 주요 시인들은 거의 모두가 이 테마에 매달려 있었다. 성 문제에 관하여 그들은 모두가 자유사상가들이었으며, 자유연애를 찬양하고 있었다. 다만 방법적인 면에서 의견이 갈라졌을 뿐이었다. 그 대표적인 시인으로 프로페르티우스(Propertius, 아우구스티우스 시대의 시인)·호라티우스(Horatius, 로마의 가장 유명한 시인)·오비디우스가 있었다. 프로페르티우스와 호라티우스는 그리스의 영향을 받아 매춘부 세계에 대한 찬가를 노래하였다.

그러나 이들보다 젊고 재능이 뛰어났던 오비디우스는 지상의 행복을 쟁취하기 위한 별도의 길을 권유하였다. 즉 진정한 사랑의 즐거움은 여성의 정복에 있는데, 이 즐거움은 누구든지 돈으로 살 수 있는 여자에게 만족하는 것으로는 얻을 수 없다는 것이었다. 정복이 곤란하면 곤란할수록 함락시켰을 때의 즐거움은 큰 것이다. 따라서 최고의 만족은 남편이 엄중하게 감시하고 있는 기혼 여성과의 애정관계에 의하여 얻을 수 있다고 했던 것이다. 이러한 오비디우스는 자신의 이런 매력을 그 누구도 따라오지 못한 매력과 기지로써 미묘한 상황을 그려냈다. 그는 애인 코린나를 그녀의 남편과 함께 자기 집으로 초대하였다. 그리고 마음속으로는 남편에게 나쁜 일이 일어나기를 바랐다. 「아무쪼록 이 음식이 이 남자의 마지막 식사가 되기를…」하면서 말이다. 그러나 훌륭한 가문의 청년인 그가 무례한 말을 입 밖에 내지는 않았다. 하지만 남편이 그의 눈앞에서 코린나에게 다정하게 대해 주는 것을 그는 참을 수가 없어서, 그는 남편이 눈치채지 못하게 행동하는 방법을 코린나에게 자세히 일러주었다. 즉,

"만일 남편이 요 위에서 쉴 때는, 정숙한 표정으로 그의 곁에 가서 함께
누워 있는 것이 좋다. 하지만 살그머니, 내 발을 잡아야 해."

그러면서도 자신의 질투심을 억제하지 못한 오비디우스가 그의 애인에게 마지막으로 경고하였다.

> "네가 그에게 준 것은 의무이니까 어쩔 수 없겠지. 하지만 밤이 너에게 어떤 운명을 주었다 해도, 네가 그의 말을 들었다는 사실은, 다음 날 내 앞에서 굳게 부인해야 한다."

"네가 밤에 네 남편의 뜻에 따랐다 해도, 그것을 나에게 고백해서는 안 된다"고 한 이 의미는 결국 남편과 자신과의 역할이 바뀌었다는 사실을 암시하고 있는 것이다. 즉 질투하는 자는 연인이며, 속는 것은 남편이다. 부부의 침상에서 지내는 밤은 기만의 시간, 불성실한 사랑의 시간이며, 진정한 사랑은 낮 시간, 기혼 여성이 그 애인을 찾아가서 훤한 대낮에 셔터가 내려질 때 시작되었던 것이다. 오비디우스는 사랑하는 두 사람이 하나가 되는 새벽의 시인이었던 것이다.

그는 코린나와의 만남을 매우 부드러운 색채로 그려냈다. 그녀가 주저하면서 몸을 움츠리는 모습, 엷은 속옷을 걸치고 놓아주지 않는 모습, 마지막에는 실오라기 하나 걸치지 않고 보석처럼 반짝이는 아름다움으로 그의 눈앞에 나타나는 모습 등이 그것이다. 그것은 오로지 감성을 노래한 기술적(記述的)인 서정시였다. 하지만 짙은 여운을 남기며 아름답게 가다듬었기 때문에 이 서정시는 결코 외설적인 인상을 주지 않았다.

코린나에 대한 연애 비가(悲歌)인『연애가』로 인해 오비디우스는 단번에 유명하게 되었다. 그는 지방의 명문가 출신이었으며, 20대 초반에 아테네에서 공부했고, 오리엔트에 간 적도 있었다. 그가 그곳에 갔을 때 그는 인도에 관한 이야기도 들었을 지도 모른다. 어쨌든 오리엔트에서 그는 시에 독자적인 향기를 불어넣는 그 무엇을 가지고 돌아왔을 것으로 보인다. 왜냐하면 그의 두 번째 작품에서 매우 동양적인 느낌이 나타나기 때문이다. 이 작품에서 전해지고 있는 것은 몇몇 단편밖에 없는데, 아름다워지는 방법에 관한 교훈시 『데 메디카미네 파키에이』가 그것이다. 이 작품의 내용은, 대부분의 부인들과 마찬가지로 그의 연인 코린트도 좋지 않은 약 때문에 그 멋진 금발을 엉망으로 만들고 말자 화장술 연구를 시험하고, 어떻게 하면 건강을 해치지 않고 아름다워질 수 있는가에 대하여 풍부한 경험을 바탕으로 여성들에게 매우 상세한 지시를 내리는 내용으로 일관되고 있다. 당시 로마의 귀부인들은 그리스의 귀부인들로부터 많은 것을 배우기는 했지만, 아직 이 영역에서는 덜 발전하고 있었다. 그녀들은 그저 자연이 준 육체에만 의존하고 있었던 것이다. 그러나 오비디우스의 관념은 아름다움이라는 것은 단지 신들의 선물일 뿐만 아니라, 인간의 손길이 더해져야 한다는 것이었다.

이와 같은 연애술에 관한 화학적 시도에 이끌려서, 그는 다음으로 사랑의 기술에 관한 대 저술을 쓰게 되었다. 그의 『사랑의 기술』은 외형적으로 교훈시라는 체재를 취하고 있지만, 결코 무미건조한 체계적 논의만은 아니었다. 이것은 『카마수트라』처럼 침대에서의 체조술을 가르치는 그런 책은 아니었다. 여기서는 지참금이라든가 아이나 유산 따위를 염두에 두지 않고, 젊은 사람들이 어떻게 하면 서로를 알 수 있을까 하는 내용이 적혀 있는데, 이것은 성(性)의 찬미임과 동시에 이제까지 쓰여 진 사랑의 서정시 중 가장 아름다운 책이었다.

여성을 정복하려면 전술이 필요하다

오비디우스가 생각하고 있는 사랑의 기술은, 자유로운 애정관계를 엮을 마음의 준비가 되어 있는 여성들을 위한 것이었다. 그런 여성을 정복하려면 전술이 필요했던 것이다. 그런 전술상에 있어서 첫 번째 문제는, 어디서 그런 여성을 찾아낼 것인가 하는 문제였다. 로마 시민의 가정에서는 그런 기회가 거의 없었다. 향연 등이 열릴 때만 여성과 만날 수 있었다. 하지만 좀 더 그럴싸한 방법은 시녀에게 눈독을 들이는 것이었다. 오비디우스는 코린나에게 이 방법을 써먹었다. 이러한 방법은 문학에 있어서 근대에 이르기까지 지속적으로 사용되어 왔다. 이탈리아·스페인·프랑스의 희극에서는 사랑을 구하는 귀부인들이 언제나 시녀를 공범자로 끌어들이고 있음을 알 수 있다. 세련된 남자들은 그 점을 충분히 터득하고 먼저 시녀를 함락시킨 뒤, 이어서 여주인을 손에 넣어야 한다는 계산을 하고 있어야 했던 것이다.

물론 언제나 이와 같은 우회적인 방법만이 필요했던 것은 아니었다. 로마의 젊은 여성은 극장이나 광장의 경기장 등에 얼굴을 내미는 일이 매우 잦았다. 이런 장소는 여성과 애정관계를 맺는데 절호의 기회가 되었다. 다만 그렇게 되기 위한 전제조건은 남자가 자신감을 가져야 하는 일이었다. 그렇다고 너무 열정적으로 접근해서는 안 되었다. 오비디우스는 다른 남성에게 여성을 격정적으로 자기 것으로 만들어서는 안 된다고 말하였다. 그렇게 하면 즐거움을 맛보는 시간이 줄어들 뿐이며, 남성의 품위를 손상시키는 일이 된다는 것이었다. 즉 그는 "수컷 말이나 수컷 소라 할지라도 그렇게 어리석은 짓은 하지 않는다. 왜냐하면 동물들은 암컷들 역시 수컷과 마찬가지로 갈망하고 있다는 것을 알기 때문이다."라고 하였다. 인내심과 탁월한 매너, 그리고 약간의 주의력이 있으면 어떤 남성이라도 자신의 목적을 달성할 수 있다고 그는 말했던 것이다.

그의 신조는

"여자의 사랑을 언제까지나 간직하기란 어렵다. 왜냐하면 여자의 마음은 쉽게 떠나버리니까 말이다. 속는 것은 단지 아둔한 남편의 운명만은 아니다. 한 여자를 사랑하고 있는 남자는 자기 몸을 잘 관리해야 하며, 정신도 소홀히 해서는 안 된다. 정신이 깃든 매력이야말로 영원히 지속되는 유일한 것이다. 또한 남자는 큰 소리로 욕을 하며 떠드는 짓은 하지 말아야 한다. 자기 연인에 대하여 걱정해 주고, 그녀가 아플 때는 곁에 있어 주어야 한다. 연인을 기쁘게 할 만한 선물을 하는 것은 좋지만 그녀에게 소유욕을 자극시키는 일을 해서는 안 된다. 왜냐하면 진정한 사랑의 인연이라는 것은 물질적인 이해에 좌우될 수 있는 것이 아니기 때문이다"

라는 것이었다. 이와 같은 현명한 매너를 남성에게 가르친 뒤에, 여성에게도 남성과 마찬가지로 친절하게 충고하였다. 여성 역시 오비디우스에게 애정의 미로를 안내받고, 반려자의 탐구에서부터 소망의 성취까지, 그리고 남자의 사랑을 확보하는 어려운 기술에 이르기까지 길 안내를 받았던 것이다.

자유인을 받아들이지 못한 로마

이 작품의 결론은 도덕적인 교화였음에도 불구하고 오비디우스는 역시 독자들로부터 비난을 면할 수 없었다. 그것은 많은 사람들에 대한 빈정거림, 공적 및 사적인 생활에 대한 예리한 관찰, 그들 가정과 침실에 대한 통찰, 하녀에 대한 추파 등 이런 모든 것들이 그들에게는 유쾌하지 않았기 때문이었다. 만일 오비디우스가 뒷날 유베날리스(Iuvenalis 고대 로마의 시인)가 했던 것처럼 풍자의 형식으로 그들을 질책했다면 그들은 이 질책을 받아들였을는지도 모른다. 하지만 오비디우스의 『사랑의 기술』은 로마 사회를 풍자한 것이 아니라, 초상화처럼 그들의 진면목을 그대로 그려 냈던 것이기에 그들로부터 거센 항의를 받지 않으면 안 되었던 것이다.

비판자들을 무마하기 위해 오비디우스는 사랑에 관한 네 번째 책인 『레메디아 아모리스』를 썼다. 그 책에서는 불행한 사랑의 구제수단을 다소 우울한 형식으로 다루고 있는데, 즉

> "실연의 슬픔을 스스로 달래기 위해서는 옛날 애인에게 길을 비켜주
> 고 가야 한다. 그 애인과 마주칠 만한 장소는 피하고, 두 번 다시 그녀
> 에 관한 일을 생각해서는 안 된다"

는 것이었다. 이 시의 반향은 별로 크지 않았다. 여기서 그는 자신의 청춘과 결별을 고하는 듯 했다. 이후 오비디우스는 다른 영역, 즉 로마의 축제일에 관한 저작 및 그리스 신화를 그의 상상에 따라 개축한 『변신보(變身譜)』 등으로 새로운 명성을 쌓아갔다. 그는 이미 오십 고개를 넘어 남자의 전성기를 지나고 있었고, 문학에 있어서 지난날의 죄업도 덧없이 잊혀 진 것처럼 생각했는지도 모른다.

그런데 그런 그에게 돌연 추방령이 내려졌다. 요양 차 엘바섬에서 머물던 사이에 그를 로마제국 영토의 변경지대인 흑해 연안의 토미로 추방한다는 황제의 포고령이 내려진 것이다. 이 포고는 사실 왜 그렇게 됐는지에 대한 심리나 증거도 없었으며, 무지막지한 독재적인 선고였다. 오비디우스의 유죄를 입증할 만한 자료는 하나도 없었다. 다만 그가 황제의 손녀와 함께 서기 8년에 추방됐다는 사실을 가지고, 궁정의 추문에 연루된 때문이 아닌가 하는 추측만이 무성할 뿐이다. 그러나 이것 또한 가설에 지나지 않을 뿐이다.

12

키케로(Cicero, Marcus tullius, BC 106~BC 43) :
『도덕적 의무에 관하여』, 『최고선에 관하여』
다른 부부의 관계를 파괴시키지 않기 위해 '매음제도'를 인정하다

양자(養子)들의 시대

키케로는 로마의 가장 위대한 웅변가이며,
수사학의 혁신자로써 추앙받는 인물이다. 그
의 저서는 엄청나게 많아 그의 글 쓰는 정력은
오늘날에도 학자들 사이에서 회자되는 대단
한 법학자이자, 철학자였다. 그의 로마에 대한
가장 큰 관심도 역시 로마 사회를 어떻게 좋은
쪽으로 이끌어 가는 데에 있었다. 그렇기 때문
에 그의 로마 사회에 대한 분석력은 매우 뛰어
났던 것이다. 그의 견해는 양자(養子)들에 의

키케로

해 이끌려 가는 로마 시대를 인정한 것이었고, 매춘제도를 인정해야 한다
는 것이었다. 이러한 그의 견해를 축약하여 소개하면 다음과 같다.

로마에서도 여성이 뛰어난 지성을 가지고 권력을 탐했을 때는 남편을
지배했고, 이에 따라 정치에 지대한 영향을 줄 수 있었다. 시저(고전 라틴

어 카이사르[Caesar])를 죽인 브루투스는 완전히 그의 아내 푸르키아가 조종하는 대로 움직였다. 그러나 전체적으로 볼 때 로마에서는 남자가 거의 집안을 이끌어 갔다. 여자는 그저 정치적으로도 하나의 교환 물·미끼·목적을 위한 수단의 하나에 불과했다. 그러다가 제정시대에 들어와 우둔하고 나약한 군주의 어머니나 아내가 실권을 장악한 경우가 두세 번쯤 있었다. 하지만 이것은 예외적인 경우였으며, 이러한 여성의 권력 장악은 민중의 지지를 받지 못했다.

진정한 모권제라고 할 수 있는 것은 로마의 역사에서 존재하지 않았다. 비록 오리엔트나 그리스에 비하여 여성에게 경의를 표하기는 했지만, 로마인은 여성에게 지배받는 것을 원치 않았다. 왕정시대나 제정시대에도 로마의 군주 정체(政體)는 왕위계승이 왕조적 원리에 따라 엄밀하게 행해지지 않았기 때문에, 여성이 지배권을 갖기 위한 전제조건은 이미 상실되어 있었다고 볼 수 있다. 군주는 자기 아들 중에서 하나가, 그것도 될 수 있는 대로 장남이 후계자가 되는 것을 무엇보다도 바람직하게 생각했다. 그러나 이것은 도박이나 마찬가지였는데, 그것은 아들이 유능한지 아닌지를 아버지가 알 수 없었기 때문이었다. 그래서 로마의 군주는 무능하거나, 아니면 신뢰할 수 없는 자식에게 왕위를 물려주기보다는 차라리 믿을 수 있는 타인에게 왕위를 전하기로 했던 것이다. 그런 자를 양자나 사위로 맞아들임으로써 왕위 계승자로서 공인시켜 검증을 받게 했던 것이다. 로물루스(Romulus, 이리의 젖을 먹고 자랐다는 전설상의 로마 건설자)의 여섯 후계자 중에서 두 명은 전연 혈연관계가 없는 인물이었고, 두 명은 사위였다. 그중 하나인 세르비우스 토리우스는 어느 여자 노예의 아들이었다. 이 같은 사실은 모두가 전설로 보여 지지만, 군주정체의 기초가 혈통에 있었던 나라에서는 이와 같은 전설이 생겨나지는 않았다는 점에서, 이를 전설로만 치부할 수 없는 것이다.

제정시대의 로마에서는 왕위계승이 좀 더 다양해졌다. 율리우스 클라우디우스 가문이나 프라비우스 가문, 안토니우스 가문 등 가문의 전통에 의해 왕위가 계승되었다는 식으로 이해하는 것은 잘못된 상식이다. 로마에서는 언제나 선거에 의한 황제밖에 없었기 때문이다. 차이가 있다면 처음에는 황제 자신이 후계자를 골랐는데, 나중에는 병사들이 골랐다는 차이일 것이다. 그러나 황제가 제위 계승자를 결정했던 시대에도 자신의 친아들을 선출한 경우는 극히 드물었다. 그들의 대리석상을 보면 전 로마에 아이를 낳을 수 있을 만큼 위풍당당한 모습이지만, 대부분은 생식능력이 신통치 않거나 아내가 불임증이었고, 아니면 그 자손들이 요절했거나 피살되기 일쑤였다. 기원후 2세기 사이의 위대한 황제 아우구스투스·트라야누스·하드리아누스·마르쿠스·아우렐리우스 등은 모두 양자였다.

양자결연(養子結緣)은 황제만의 특권이 아니었다. 로마 시민이면 누구든지 양자를 맞아들임으로써 합법적인 상속권을 가진 '아들'을 만들 수 있었다. 양자와의 결연은 이미 그리스에서도 있었지만, 로마에서는 이 제도가 사회질서의 지주가 되었던 것이다. 유일한 제한은 양자가 되는 자도 로마 시민이어야 한다는 것이었다. 이러한 예는 우리가 영화사상 최고의 걸작으로 보는 「벤허」를 떠올리면 알 수 있을 것이다. 주인공 찰튼 헤스턴이 노예선에서 일하다가 해전 중에 물에 빠진 로마 함대의 제독을 구해준 것이 계기가 되어 양자가 된다는 줄거리를 통해서도 알 수 있다. 이것은 양자결연에 의하여 '외국인'이나 '자유민이 아닌 자'가 시민사회에 섞여들도록 한 조치였다. 이런 조건에 합당하기만 하면 아무리 반 자연적인 양자결연이라 할지라도 용인되었다. 양자를 맞아들이는 자가 미혼인 경우도 있었고, 여자와 한 번도 동침한 일이 없어도 상관없었다. 양자를 자신의 손자로 삼고, 자기는 그 즉시 할아버지가 되기도 했다. 양자보다 나이가 어린 양부마저도 있었다. 제정 후기가 되어서야 비로소 이 같은 기형적인 가족법에 대하여 자각하기 시작했고, 양자를 맞아들여서 아버지가 되려는 자는 적어도 양자보다 18세 이상 연장이어야 한다는 규칙이 제정되었다. 나중에는 다시 법률학자들에 의해 거세된 남자는 양자로 될 수 없다는 규정을 만들었다. 그러나 어떤 이유에서인지는 몰라도 발기불능이 된 자가 상속권에 관해서만은 별문제가 없었다.

이에 대해 여성에게는 극히 드문 한두 가지 예외를 제외하고는 양자를 들일 권리가 주어지지 않았다. 아이를 원할 때 남자 쪽은 아내를 필요로 하지 않았음에 비하여 여자는 반드시 남편이 있어야 했던 것이다. 이 같은 차별에는 여성에 대하여 지극히 호의적이었던 로마에서도 남녀 동권(同權)에는 한계가 있었음을 보여주는 것이라 하겠다. 그리고 또한 여기에는 어머니가 자녀 교육에 대해 아무런 결정권이 인정되지 않았다는 사실도 반영하고 있음을 알 수 있다. 어머니가 없어도 아이는 자라지만, 아버지는 반드시 있어야 한다는 것이 로마인들의 사고였다. 로마에서 가족 결합의 기초는 아버지에게 있었으며 어머니는 아니었다. 그 이유는, 가족은 자연이 준 생리학적인 통일체가 아니라 재산의 유지와 전습적(傳習的)인 종교적 의무의 보전을 위한 하나의 법률적 제도였기 때문이었다.

유곽(遊廓)과 매춘부

로마에서는 자손에 대한 어머니의 의의라는 것이 오리엔트, 특히 그리스에서만큼 큰 것이 아니었기 때문에, 남편에 대한 아내의 위치는 아내가 남편에게 성적인 만족을 주는지 안 주는지에 따라 크게 좌우되었다. 만일 아내가 남편에게 만족을 줄 수 없다면 남편에게 다른 곳에서 만족을 얻

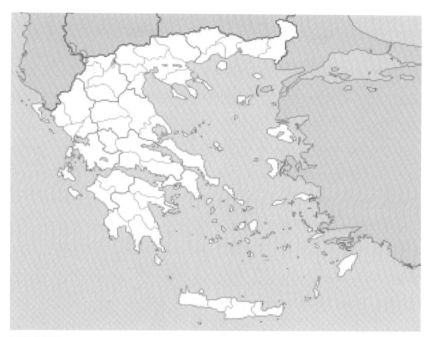

코린토스 지도

을 수 있는 기회를 주지 않으면 안 되었다. 그런 이유 때문에 매음제도가
용인되었던 것이다. 키케로와 같은 위대한 도덕 사상가도 이 제도 때문에
남자들이 다른 부부관계를 파괴하는 것을 방지할 수 있다는 이유로 매음
제도를 인정했다. 따라서 로마에서는 이 같은 사랑의 매매가 그리스보다
더 노골적이었다. 그리하여 코린토스[14]에서처럼 종교적인 분장도 하지 않
았고, 아테네와 근대의 프랑스에서처럼 매춘부에게 부드러운 이름을 붙
이지도 않았다.

---

14) 코린토스(Κόρινθος) : 고대 그리스의 도시 국가이자 현대 도시로 그리스 중남부 펠로
폰네소스반도에 있으며, 아테네로부터 78Km 떨어진 곳에 있다.

「헤타이라」라는 말의 원래의 뜻은 「여자친구들」 또는 「여자반려자」를 의미하는 것이며, 「라 크르티앙(Croustillant, 원래는 짐승의 엉덩이 부분을 가리키는데, 속어로는 여자 엉덩이를 뜻함, 형용사로는 매력적인, 또는 관능적인, 육감적이라는 의미)」은 궁정에 근무하면서 군주의 비위를 맞춰주는 부인을 의미했다.

로마에서의 매음은 하나의 직업이었고, 그것도 필수불가결한 직업이었다. 어차피 수요에 따라 많은 남성의 요구에 응했던 것이다. 하지만 이 직업에 종사하는 여성이 사랑의 여신은 아니었고, 자선을 베푸는 여자도 아니었다. 키케로는 이 직업에 종사하는 여자들에 대해 정의를 내렸는데, "매춘부라는 것은 자신의 육체를 가지고 돈을 버는 여자"라고 정의하였다. 사람들도 이런 의미로 그녀들을 부르기 시작했는데, 그리하여 로마에서는 매춘부를 「메레트리케스(Meretrices)」, 즉 「돈 버는 여자」라고 불렀다.

로마는 아테네보다 부유했지만, 「돈 버는 여자」들인 '메레트리케스'가 그리스의 헤타이라처럼 크게 성공했다는 기록은 없다. 거의 모든 메레트리케스는 오늘날처럼 포주에게 고용된 피고용자 신분이었다. 로마의 모든 지방도시에는 '루파나르'라는 공공연한 창녀촌(사창가)이 있었으며, 위성도시에는 더 많은 창녀촌이 있었다. 그리고 로마에는 아테네와 마찬가지로 유곽만이 즐비하게 들어선 거리가 따로 있었다. 그중에서 가장 유명한 것이 스푸라이다. 대부분의 유곽은 허술하고 변변치 않은 곳이었다. 「루파나르」라는 이름은 글자 그대로 "암컷 늑대가 사는 골짜기"라는 뜻으로, 그다지 기분 좋은 이름은 아니었다. 하지만 이런 곳과는 달리 부자들을 위해 우아하게 꾸민 집도 있었다.

이런 종류의 사치스런 유곽 중 하나가 베수비우스(Vesuvius)산 기슭의 폼페이(Pompeii)에 남아 있다. 이곳은 이 거리에서 가장 아름답고 사

치스러운 집들 가운데 하나였으며, 예술
적으로도 폼페이의 한 정점을 이루고 있
었던 집이었다. 큰 방에 그려진 사랑의
여신들의 프레스코(fresco) 벽화, 이웃
해 있는 큰 방들의 장식, 정원 둘레의 기
둥 장식, 이런 것들은 지금도 여전히 이
곳을 찾는 사람들을 매료시킬 정도로 아
름답다. 쾌적한 사교실(社交室)과 두드러
지게 대조를 이루고 있는 것이 어슴푸레
한 작은 방인데, 이 방에서 가장 은밀한

프리기아 캡

사랑이 이루어졌던 것이다. 이 방에는 나지막한 돌침대가 놓여 져 있으며,
유곽 주인은 손님의 눈을 즐겁게 하기 위해 벽에다 능숙한 필치로 사랑의
절정에 이를 수 있는 각양각색의 체위(體位)를 그려놓았다. 그리고 손님
들이 이 방에 발을 들여놓으면 즉시 이곳에 익숙해질 수 있는 기분이 될
수 있도록 입구 옆에는 프리기아식 모자[15]를 쓰고 턱수염을 기른 남자가
황금색 저울에 커다란 페니스를 올려놓고 만족스럽게 웃고 있는 모습이
그려져 있었다.

　이런 그림은 폼페이에서 여름휴가를 보내는 부유한 로마 상인들의 개
인 별장에도 있었다. 율리아 클라우디아라는 황족 소유의 집이 그런 곳이

---

15) 프리기아 캡(Phrygian cap) : 챙이 없고 원뿔처럼 생긴 모자로 기원은 아나톨리아 서
　　부의 프리기아에서 유래되었는데, 당시 프리기아에는 노예제가 존재하였지만 동시
　　에 노예들이 해방되어 자유인이 되면 이 모자를 씌워주는 전통이 있었다. 훗날 로마
　　도 이 전통을 따라하여 해방노예에게 프리기아 캡을 씌워주고 해방노예는 이 모자를
　　장대에 걸고 흔들며 자신의 자유를 기뻐하는 의식이 생기면서 서양에서 프리기아 캡
　　은 자유와 해방을 상징하는 의미를 갖게 되었다.

었는데, 그 발상은 공화정 시대 때 성행하던 「비밀 의식의 집」과 같은 것이었으며, 이곳에는 로마식으로 해석된 디오니소스 예배도(禮拜図)가 주요 장식이 되어 있었다. 그 그림의 내용은 지체 높은 로마 여인 한 명이 절반쯤 옷을 벗고, 생식의 신 푸리아푸스에게 채찍으로 맞고 있는 것으로, 그 여자가 모든 속박에서 벗어나 나체로 춤을 출 때까지 매질은 계속되는 것이다. 폼페이의 전성기 때는 이미 디오니소스의 비밀의식이 유행하지 않았지만, 떠들썩한 주연이 벌어질 때면 언제나 그와 같은 장면을 사람들이 즐겨 보았던 것이다. 로마인들은 자신들의 성적 충동을 감추지 않고 조형예술(造形藝術)이나 문학을 통해 이런 욕구를 충족시키려고 했다. 그리스인들은 대체로 신화라는 옷을 입히거나 감성적인 것을 정신적으로 승화시키려고 했었던데 대해, 로마인은 그런 정도로 만족하지 않았다. 로마인들은 성(性)은 현실이기에 이것을 현실적으로 표현하지 않으면 안 된다고 생각했던 것이다. 그렇다고 로마의 상류계급이 길거리에서 주먹다짐을 벌일 만큼 막돼먹은 부류는 아니었다. 그들은 훌륭한 사교가였으며, 부잣집에서 기식하는 예술가에게도 그런 점을 고려해서 잘 대우해 주며 자신이 원하는 바대로 그림을 그려줄 것을 요구했던 것이다.

『신약성서』 (AD1~2세기)

'탐닉'과 '쾌락'을 적으로 본 '금욕주의'로 로마의 탄압에 저항하다

창녀에서 성녀(聖女)로

모든 자료에 의하면 기독교는 처음부터 여성들을 들뜨게 했던 종교였다. 그렇지만 그것은 단순히 신비주의적이고 형이상학적인 요소에 의해서 가능했던 것은 아니었다. 그런 요소라면 그 밖의 다른 종교에도 존재하고 있었기 때문이다. 그러나 그리스도의 가르침은 인간에게 그 이상의 것, 즉 새로운 가치 질

막달라 마리아

서를 주고 있었다. 그 교리는 모든 사람에게 이해될 수 있도록 극단적이고 역설적인 경향을 띠었기에 세상 사람들로부터 따돌림을 받고 있던 비천한 여성들에게 쉽게 받아들여지게 되었던 것이다.

『신약성서』는 예수 그리스도의 삶과 죽음으로 나타나는, 그리스도를 믿는 사람들과 하느님 사이의 새 계약을 소개하고 해석한 것으로. 그리스도 교도들은 『신약성서』를 『구약성서』에 담긴 약속의 성취로 보고 있다.

『신약성서』는 여러 종류의 저작 27권으로 엮여 있다. 구체적으로 보면 예수의 행적과 가르침에 대한 회상을 선별해놓은 복음서 4권, 그리스도교 교회의 초기 역사를 기록한 「사도행전」, 각 지방의 그리스도교도들에게 주는 조언·교훈·훈계·권면 등이 담긴 편지들(이 가운데 14권은 바울이 썼고, 1권「히브리인들에게 보낸 편지」는 저자가 분명하지 않으며, 7권은 다른 3명의 저자가 쓴 것으로 기록되어 있다)이 있고, 하느님이 역사에 개입하는 내용을 담은 묵시적인 글 「요한의 묵시록」이 있다.

이들 글 속에는 "몸을 파는 여자가 죄인이라는 점은 의문의 여지가 없지만, 죄인과 죄인이 아닌 사이에는 차별이 없다"고 하는 인식은 기독교적 신앙을 갖는데 충분한 배경이 되었다. 설사 매춘부가 부자처럼 사치스러운 생활을 하고 있다 해도 매춘부는 역시 가난한 자, 착취당하는 자로 보았기에 그녀들은 크나큰 죄인보다도 도덕적으로는 상위에 있다는 식으로 생각하기에 이른 것이다.

바리새인들과의 논쟁에서 예수는 이렇게 말했다. "너희들보다는 창녀가 먼저 하나님의 나라로 들어갈 것이다". 이 말은 부자가 천국에 가는 것은 낙타가 바늘구멍을 통과하는 것보다 어렵다는 말과도 같은 것이었다. 예수의 말에 의하면, 창녀가 죄로 얼룩진 자신의 생활을 청산하지 않는 한 그녀 역시 영원한 행복에 도달할 수 있는 희망은 거의 없다는 의미지만, 창녀는 바리새인이나 부자들의 경우처럼 절망적이지는 않았다는 것이었다. 왜냐하면 이 타락한 여자들은 가르칠 여지가 있고, 마음을 바꾸게 할 수 있기 때문이라고 보았기 때문이다.

죄를 지었지만 개심(改心)한 여자로서 『신약성서』에 등장하는 대표적인 예가 유명한 창녀 막달라 마리아이다. 이 여자는 갈릴리 지방의 어떤 도시에서 창녀 생활을 하고 있었다. 그녀는 원래 막달라의 부자이며 성주였던 사람의 아내였는데, 젊어서 남편을 잃고 방탕한 생활로 재산을 탕진한 끝에 점차 창녀로 전락하게 된 여자였다. 그러나 이 같은 이야기는 기원후 9세기 무렵의 궁정문학가 알퀴누스의 제자였던 플라바누스 마우루스가 쓴 『마리아 전기』에 처음으로 나오는 이야기로 초기 기독교에서는 이런 이야기가 없었다.

성서에는 막달라 마리아가 전혀 다른 모습으로 묘사되어 있다. 그녀는 예수와 제자들이 갈릴리 지방으로 전도하러 갔을 때 동행하여, 신앙과 감사의 마음에서 예수 일행의 시중을 들었던 여성 중의 하나였다. 그녀는 예수에 의해 정신적·육체적인 고통에서 벗어나게 되었다. 막달라 마리아는 심각한 정신병에 걸려 있었는데, 그녀는 악령이 병을 낫게 해준다고 믿고 있었다. 그런데 「일곱 악령」은 그녀를 버렸고, 대신에 선령(善靈)이 그녀의 몸에 들면서 신통력을 얻었는데, 그녀는 이 선령이 바로 나사렛의 랍비 덕에 의해 얻어진 것이며, 이 랍비는 인간 이상의 존재라는 사실을 알게 되어, 랍비와 정신적으로 깊게 맺어졌다고 느끼게 되었던 것이다. 이 특이한 여성의 세속적인 생활에 관하여, 성서에는 단지 그녀가 「죄 많은 거리의 여자」였다는 것밖에 기록되어 있지 않다. 그녀가 보잘 것 없는 매춘부에 불과했는지, 아니면 화려한 헤타이라였는지는 전혀 알 길이 없다. 후세에 마리아를 그림과 문학에서, 그리고 무대에 올리면서 마음대로 그녀를 우아하게 단정해 버렸던 것이다.

그 당시의 자료를 통하여 알려진 사실은 이처럼 미미하지만, 그녀에 대한 묘사가 시간이 가면서 점점 크게 대비하게 되어 보다 효과적인 전도를 하는데 큰 효험이 있었던 것이다. 이 여자의 생활은 극단에서 극단을 오간 것으로 생각된다. 동시에 죄 많은 일개 매춘부에서 회개한 여성으로의 변신이 그다지 이상할 것까지도 없는 여자였다. 그러나 마리아는 남모르는 참회자로서만 그친 것이 아니라, 신앙 운동의 적극적인 모델이 되었던 것이다. 그녀는 그리스도의 무덤이 비었다는 것을 최초로 발견하고, 이 사실을 제자들에게 가장 먼저 알려 준 여자이며, 또한 그리스도의 사후에 처음으로 그 모습을 보았고, 목소리를 들었던 여자였다. 이렇게 해서 그녀는 그리스도 부활의 최초의 증인이며 전달자가 된다. 기독교 이외의 어떠한 종교에서도 성적으로 죄인인 한 여자가 이렇게 중요한 지위를 차지하는 경우는 없었다. 따라서 막달라 마리아라는 이 인물은 기독교에 내재된 비상한 관용정신의 표현에서 미화된 존재가 아닌가 생각된다.

금욕주의의 탄생

그러나 이러한 관용의 시기는 오래 지속되지 않았다. 기원후 1세기가 끝나갈 무렵에는 정반대의 경향이 나타나기 시작했다. 그것은 이 새로운 신앙의 신봉자들에게 가해지는 압박이 시작됐음을 의미하는 것이었다. 도미티아누스 황제(서기 81~96년) 치하의 로마에서는 기독교가 금지되었다. 세례는 불법이 되었고, 예배는 지하묘지(카타콤, catacomb)에 숨어서 거행해야 했다. 물리적인 반항 따위는 생각지도 못할 일이었고, 다만 정신적인 저항만이 가능할 뿐이었다. 이러한 정신적 저항을 위해서는 무장이 필요했는데, 죄를 용서하는 것이 그것이었다. 이러한 죄에 대한 용서의 주장은 금욕주의를 탄생시키는 결과를 초래했다. 즉 먹는 즐거움을 탐닉하고, 성의 쾌락에 빠지는 것은 인간에게 두 가지의 절대적인 적이므로 이를 금욕으로써 극복해야 한다는 논리였다.

금욕생활을 하는 집단은 이전에도 있었다. 그러나 그들의 금욕주의는 철저한 배제만을 주장하는 것이었다. 예를 들어 고기 먹는 것을 배척하고 채식을 고집하면서 성교를 거부하는 이상한 집단의 생활 패턴이었다. 그러나 이런 이상한 집단의 관념을 그대로 사회에 적용시킨다면 그 결과는 불을 보듯 뻔한 것이었다. 그리하여 로마 사회에 걸맞는 금욕에 대한 새로운 해석을 내리지 않으면 안 되었던 것이다.

물론 이 문제에 대한 명제를 명쾌히 내리는 것은 어려웠다. 복음서에서도 성적 금욕에 대한 보편적인 명제라고 해석할 수 있는 말을 찾아볼 수는 없었다. 사도 바울이 비록 금욕을 뜻하는 말은 많이 하기는 했지만, 모든 사람들이 금욕생활을 해야 한다는 뜻으로 한 말은 아니었다. 그저 독실한 기독교도로서, 또한 신앙의 사도로서 의무를 보다 용이하게 완수하기 위해서는 정결한 생활을 보내는 편이 더 좋다는 견해를 밝힌 것뿐이었다. 바울은 "남자는 여자와 접촉하지 않는 것이 좋다"고까지 말한 적도 있다. 금욕주의자들은 이런 말에 지나치게 얽매여 있었던 것이다.

이러한 금욕주의에 대해 명쾌한 명제를 내리는데 가장 곤란한 문제가 있었는데, 그것은 바로 독신 문제 이전에 혼전 성교라는 문제였다. 신약성서에는 혼전 성교에 반대하는지 찬성하는지 근거로 삼을만한 것은 아무것도 없었다. 신약성서에서 겨우 추측할 수 있는 것은, 이 새로운 교리의 창시자와 개척자들이 암암리에 구약성서의 견해를 이어받은 듯하다는 점이다. 모세의 율법은 처녀의 순결을 요구하고 있는데, 젊은 청년에게 동정을 요구하지는 않았다. 이것은 성생활에 있어서 최대의 불평등이었다. 바로 이 점에서 남성은 여성보다 우선한다는 절대적인 특권을 가지고 있었음을 대변했던 것이다. 따라서 신혼 첫날밤에 신부가 처녀가 아니라는 사실을 알았다면, 남자는 이혼 절차를 밟을 필요도 없이 그 여자를 친정아버지에게 돌려보낼 수 있었다. 처음부터 일종의 사기행위가 있었으므로 결혼도 법적으로 무효가 될 수 있었던 것이다.

더구나 이런 인식하에서 기독교의 이혼 금지문제는 사태를 한층 더 복잡하게 만들었다. 만일 남녀의 육체적 결합이 부부관계를 해소하기 어렵게 만드는 근거였다면, 첫날밤에 처녀가 아니라는 것을 안 아내를 남편이 쫓아버릴 권리가 있다는 것인가? 그렇지 않으면 여인 스스로 이를 자신의 운명으로 돌리고 기꺼이 감수해야 하는 것일까? 이것은 법률학자에 대한 질문일 뿐만 아니라 도덕 사상가에 대한 질문이기도 했다. 만일 처녀성이라는 것을 고집한다면, 다시 다음과 같은 의문이 생기기 때문이다. 만일 미혼 또는 기혼 여성의 혼전 성교가 금지되어 있다면, 남성도 결혼 전에는 동정으로 있을 수밖에 없다는 말이 아닌가? 이 어려운 문제로부터 도피할 수 있는 길이 매음 제도였다. 실제로 이 제도는 처녀성의 보호와 부부간의 신의를 특히 중시하면서, 더욱이 남자에게 혼전 성교를 허용했던 모든 나라에서 안전판이 되었다. 하지만 금욕 찬성자들은 물론 이같은 해결법을 성욕의 가장 수치스러운 형태라고 하여 거세게 거부했다. 이러한 사태에 접하게 되자 성적 절제론자들조차도 이제는 다른 경로를 모색하지 않으면 안 된다고 하는 강박감을 가지게 되었다.

그들은 건전한 인간의 오성(悟性)이나 논리적인 논증에 의해서는 금욕을 명제하는 것이 불가능했기 때문에, 지극히 무모한 형이상학적 허상과 기묘한 궤변을 끌어들여야 했다. 이런 종류의 최초의 이론이 시리아에서 나왔다. 철학자 사톨루니누스는 세상이 천사와 악마로 가득 차 있으며, 이 둘이 인간 쟁탈전을 벌이는 것이라고 생각했다. 악마의 머리에는 사탄이 있으며, 인간에게 죄스러운 육체의 쾌락을 주어 인간을 결혼과 출산으로부터 몰아낸다고 하였다. 결혼이나 출산도 바로 이 악마의 소행이라 하였다. 이에 대해 일체의 선한 것, 순수한 것은 그리스도에게서 온다고 말했다. 그리스도는 육체의 쾌락을 통하여 출생한 것이 아니기 때문에 순결한 존재라는 것이었다.

원죄설의 등장

인간은 육욕에 의해서 태어나는 존재니까 죄가 있다는 생각은, 이후 500년간 기독교 신학자와 철학자들의 주된 논쟁거리가 되었다. 이런 사상적 논쟁에는 당대의 가장 중요한 사상가들이 참여하였다. 그러는 중에 사탄과 천사의 부속물은 점차 사라지고, 그 이론은 어느 정도 세속화·학문화 되어갔다. 그러는 가운데 아우구스티누스는 여기서 하나의 성 도덕적 유전설을 확립했다. 즉 원죄설(原罪說)이 그것이었다.

> "죄는 세대를 이어 순환적으로 만연해 간다. 육욕 → 출산 → 죄지은 인간의 탄생 → 육욕 → 출산…… 아담의 원죄 이래 이런 순환이 항상 반복된다"

는 것이었다. 로마 교황 그레고리우스(590~604년)도 양친의 육욕과 쾌락이 우리 생명의 원천이므로 죄악이 되는 것이라고 설명했다.

고위 성직자들의 이런 말들이 뜻하는 바처럼, 원죄 문제는 점차 순수하게 생리적인 방향으로 나아가고 있었다. 구약성서에서와 마찬가지로 조상이 죄를 짓고 자손이 회개해야 하는 일반적인 인식에서, 이제는 생식행위라는 아주 특수한 사안이 문제로 부각된 것이었다. 부부의 침대에서 관계를 갖든, 창녀촌에서 관계를 갖든, 남녀의 교접은 모두 죄가 되었던 것이다. 부부간의 육체적 관계와 창녀와의 육체적 관계는 실질적으로 아무런 차이가 없으며, 양자 모두 죄를 짊어지는 것이라고 아우구스티누스는 말했다. 그리고 다시 200년 뒤 교황 그레고리우스도 아우구스티누스의 학설을 인정하고, 부부간의 관계도 죄를 면하지 못한다고 했다. 이러한 인식의 전환을 통해 금욕주의는 사회적으로 일반화 되어 갔던 것이다.

14

루키아노스 (Lukianos, AD 120년 경~AD 180) :
『헤타이라 이야기』
그리스는 헤타이라(고급 창녀)가 지배하던 매음의 나라였다

풍자문학의 태두 루키아노스

루키아노스는 시리아의 사모사타 출생으로 직인(職人)의 아들로 태어나 석공 일을 배운 후, 소아시아에서 그리스어(語) 문학을 배웠다. 방랑하는 강연자로서 로마제국의 각 지방을 돌면서 이름이 알려졌다. 40세 이후는 아테네에 정주하면서 대화편(對話篇)을 집필하였고, 만년에는 잠시 이집트의 행정관을 지내기도 했다. 작품은 위작(僞作)으로 판명된 10편을 포함하여 80여 편에 이른다.

루키아노스

그의 작품의 특징은 신랄하고 심술궂은 재치로 유명하며, 당시의 문학과 철학 및 지식인들의 생활 속에 숨어 있는 어리석음과 속임수를 세련되고 때로는 분개한 목소리로 비판했다. 인간 행동의 거의 모든 측면을 풍자했으며, 그가 즐겨 다룬 주제 가운데 하나는 명예와 재물의 덧없음을

깨닫지 못하는 인간의 어리석음이었다.

　그는 크세노파네스와 플라톤을 비롯한 여러 철학자들의 선례를 따라 올림포스산의 신들에 대한 어리석은 믿음을 비판했다. 따라서 『신들의 대화』에서는 제우스와 여자들의 불명예스러운 연애 사건이 주된 내용을 이루며, 『논박당한 제우스(Zeus Confuted)』와 『비참한 제우스(Tragic Zeus)』에서는 신들의 우두머리인 제우스가 너무 무력하여 지상의 일에 간섭하지 못하고, 냉정하고 회의적인 에피쿠로스학파의 철학자들에게 자신의 전능함을 입증하지도 못한다고 비판했다. 이러한 그의 철학에 대한 태도는 『연회』에 가장 잘 반영되어 있다. 이 작품에서 그는 철학자들이 평범한 손님보다 얼마나 더 천박하게 행동하는가를 이야기한 뒤, 지식이란 행동을 향상시키지 않는 한 아무 가치도 없다는 자신의 생각을 표현하고 있다.

　이처럼 그는 잘난 척 우쭐대는 당시의 철학자들을 비롯한 사기꾼들의 천박함을 무자비하게 폭로하는 일에 열중했지만, 그의 날카롭고 비판적인 정신은 주로 파괴적인 것이었고, 그가 케케묵었다고 비판한 것을 대신할 만한 새로운 가치관은 전혀 제시하지 못했다고 평가되고 있다. 그렇게 된 원인에는 진정한 가치를 갖고 있으며 자신에게 판단 기준을 제공해주는 것은 오직 그리스 고전문학뿐이라는 관념에서 비롯된 거의 상상적이고 이상화된 과거를 지향했다는 점에 있었다고 할 수 있다.

　그러나 이러한 그의 고전적 문체는 로마제국 후기의 작가들과 9세기 이후 비잔틴시대에서 애독되었고, 15세기에 들어와 서구에 소개되어 D.에라스무스와 같은 모방자를 낳게 하였다. 궁극적으로 그의 작품을 평가한다면, 유럽 풍자문학 발전에 크게 이바지했고, 오늘날에는 문학도만이 아니라 철학도들에게도 흥미로운 연구대상이 되고 있다는 점이라 할 수 있다.

헤타이라(창녀[娼女], 유녀[遊女])들의 전성시대

그리스에서는 여러 계층의 유녀들이 있었는데, 그들 가운데서도 최고 등급의 유녀 계층에 속하는 여인들을 '헤타이라'라는 차별적 명칭으로 불렀다. 이 여자들은 기생학교에서 미감술(迷感術)을 익히고, 가무음곡의 기예를 연마함과 동시에 교양을 몸에 익혔다. 앞서가는 메이크업 기술은 물론, 그 당시 붉은색 립스틱을 만들어 요염하게 입술을 단장했다.

원래 '헤타이라'는 아크로폴리스 언덕의 처녀 신으로 도시 아테네를 상징하는 하나의 신이었다. 이런 헤타이라는 예전부터 여러 가지로 찬양을 받아왔다. 즉 많은 시와 산문이 돈으로 사랑을 파는 이 여자들을 주제로 쓰여지고 있었던 것이다. 이 때문에 현대에 사는 우리가 명망 있는 시민의 아내 이름보다도 이들 고등 매춘부의 이름을 더 많이 알게 된 것이다. 이러한 사실을 알려 주는 중요한 현존 자료에는 역사가 아테나이오스의 기록·루키아노스의 『헤타이라 이야기』·멜레아그로스의 시가집 등이 있다. 물론 이들 자료들은 이 시대보다 훨씬 뒤에 만들어진 것이기는 하지만 이들을 주제로 한 시와 전하는 이야기의 내용은 상당한 진실성이 포함되어 있다고 보이지고 있다.

이러한 고등 창녀의 전성기는 기원전 4세기였다. 즉 소크라테스의 제자인 아리스티포스가 헤타이라 라이스와 결혼하였고, 희극작가 메난드로스가 많은 사람들에게 사랑받았던 헤타이라 그리케라를 뮤즈(Muse: 학예·시가·음악·무용을 관장하는 아홉 여신의 하나)로 선출했었고, 철학자 에피쿠로스가 헤타이라 레온티온과 함께 생의 기쁨을 맛보았던 시대였다.

이처럼 문학적으로 각광 받던 일련의 헤타이라 외에도 권력과 부를 목표로 하여 크게 성공한 헤타이라도 있었다. 즉 밀레토스 출신인 헤타이라 타르게리아는 아테네에서 페르시아 왕을 위해 간첩 활동과 선전 활동

헤타이라

을 했는데, 그녀는 그 후 텟사리아(고대 그리스의 지명)의 여왕이 되었다
가 죽었다고 한다. 알렉산더대왕 시대에는 아름답고 매력 있는 여성들이
이처럼 정치적 활동까지 할 필요 없이 잘 살 수 있었는데, 그것은 마케도
니아의 왕과 장군들의 경우 대범한 정부(情夫)였던 이들에 대해 혈통이나
전력 따위를 문제 삼지 않고 결혼했기 때문이었다. 또 아테네의 헤타이라
였던 알렉산더의 첩 타이스는 대왕의 총애를 받고 있던 장군 프톨레마이
오스에게 시집을 갔고, 그의 곁에 있으면서 이집트의 왕위를 차지했다. 그
리하여 타이스는 프톨레마이오스 왕조의 시조가 되었고, 클레오파트라의
선조 겸 그녀가 흠모하는 대상이 되었던 것이다.

　타이스와 고향이 같고 역시 헤타이라였던 라미아는 그녀의 고향인 아
테네에서 큰 영예를 차지한 특이한 창녀였다. 즉 그녀는 장군 데메트리오
스 1세 폴리오르케테스(Poliorcetes)의 애첩이 되었던 것인데, 그의 남편
인 폴리오르케테스가 아크로폴리스의 파르테논에 궁전을 짓고 아테네 사
람들에게 자신과 자신의 애첩인 라미아를 신으로서 숭배하도록 요구했
었기 때문이다. 아테네 시민들은 그의 위세에 눌려 이 요구를 받아들여야
했고, 「아프로디테 라미아」의 제단을 만들어 숭배했던 것이다.

헤타이라의 슬픈 운명

이러한 부와 명예와 영광을 누렸던 헤타이라는 물론 아름다운 미모와 남자들의 넋을 빼는 요염함만으로 이런 영광을 누린 것은 아니었다. 이들 그리스의 헤타이라는 무엇보다도 정신적으로 남성들을 매료시켰다. 즉 페리클레스라든가 메난드로스·에피쿠로스 같은 사람들과 오랫동안 생활을 함께 했던 헤타이라들은 보통 사람 이상의 지성을 소유했고, 정신적인 것에 관심을 가진 교양이 풍부한 여성들이었다.

기원전 4세기부터 기원후 3세기까지 개화되었던 에피쿠로스 시대에는 헤타이라들이 출세를 위해 철학자의 학원에서 공부하는 것이 유행이었다. 에피쿠로스의 애인인 레온티온은 스스로 철학 서적을 저술했다고 하며, 그 책은 스승인 에피쿠로스의 저술보다도 아테네 풍의 우아한 정신으로 가득 찬 것이었다고 후세에 평가되었다.

그러나 이들처럼 정신과 우아함을 한 몸에 겸비할 수 있었던 헤타이라는 사실상 극소수에 불과했다. 아테네 같은 도시에서도 이들은 예외적인 경우였다. 그리스에서 대다수의 헤타이라는 언어와 예절, 또 야심이라는 점에 있어서 다른 시대, 다른 나라의 동종의 여자들과도 정신적으로 아무런 차이는 없었다. 그러나 헤타이라는 혹독하고 어려운 직업이었다. 여자들은 쉽게 지치며, 재능이 있는 사람도 둔감해지고 시야도 아주 한정된 면만을 지니게 되기 때문에, 여자들은 그 직업이 요구하는 필연성에 몸을 맡기지 않으면 안 되었던 것이다.

즉 그녀들은 섹스·장신구 구하기·고객 끌기·끊임없는 돈 걱정 등으로 인해 언제나 피곤함을 느끼지 않을 수 없었으며, 이를 위해 몸을 혹사하지 않으면 안 되었다. 그럼에도 손님들은 그녀들에게 휴식을 취해야 한다고 걱정해 주지 않았고, 오히려 그런 생각을 할 여유조차 주지 않았다. 동시에 대부분의 그리스 남자들도 헤타이라가 정신적 쾌락을 줄 것이라고 까지는 기대하지 않았던 것 같았다. 왜냐하면 루키아노스의 『헤타이라 이야기』나 그리스 희곡에서 헤타이라가 나오는 수많은 장면 속에서, 또 후세에 전해지고 있는 헤타이라의 연애편지에서 이런 사실을 알 수가 있다.

대부분의 헤타이라는 유곽(遊廓)에서 살았고, 아테네 사람들은 그곳의 많은 헤타이라 중에서 마음에 드는 상대를 고를 수 있었다. 대체로 그녀들이 있었던 유곽에는 「밀회의 집」이라고 할 수 있는 레스토랑과 호텔식으로 치장한 곳, 무용수·피리 부는 여자·곡예 하는 여자 등이 따로 있던 오락장, 씀씀이가 좋은 손님에게 장기간에 걸쳐서 여자를 빌려주는 곳, 또 그럴 생각이 있는 여자를 노예로 매매하기도 하는 곳 등의 유곽이 있었던 것으로 알려져 있다.

이들의 매매가격은 비싼 편이었는데, 은화 20무나에서 40무나 정도를 주어야 유곽의 여자를 살 수가 있었다고 한다. 따라서 대다수의 창녀들은 이렇게 팔리기를 원했는데, 그 주된 이유는 돈을 번다는 것보다도 팔린 뒤에 자유의 몸이 되거나 첩으로 승진하는 것이 보통이었기 때문이었다고 한다. 이런 점에서 헤타이라는 상류층의 창녀였음을 알 수 있다.

그리스의 매음제도

이들 고급 창녀인 헤타이라는 자신의 부와 출세를 위해서 공부하고 꾸미고 풍류까지 구비하며 귀족계층의 남자들을 홀릴 수 있는 경우도 있었지만, 인간사회는 귀족들만이 사는 세계는 아니기 때문에 하급계층의 사람들, 즉 일반 서민들에게도 창녀들은 필요했다. 이들 하층 사람들을 상대로 하는 하급창녀들은 그야말로 오늘날의 유녀들과 다를 바 없었다. 그녀들을 상대로 하는 매음은 특별한 창녀촌에서 이루어졌다.

일찍이 기원전 6세기의 위대한 입법자 솔론이 이에 대해 규제하는 법안을 만든 이래, 이러한 매음은 사회의 질서를 유지하기 위해 공공건물 안에서 엄격한 감시 아래 운영되었고, 이곳의 요금은 겨우 1오보로스 (1타란튼은 60무나, 1무나는 100드라크마, 1드라크마는 6오보로스)에 불과했다.

그런 점에서 지금까지 알려진 것처럼 아테네 공화국이 국고 수입을 늘리기 위해 이처럼 악명 높은 건물을 노동자들이 자주 다니는 거리나 항구에서 운영했다는 말은 타당성이 없다고 하겠다.

이러한 점은 이런 매음 제도가 국가적으로 재정상·금융상 많은 이점이 있다는 사실을 그리스에서는 알지 못했음을 의미해 준다. 비록 아테네시의 참사회가 매년 헤타이라에게 특별세를 부과하고, 국고 관리의 필요에 의해 헤타이라의 숫자를 규칙적으로 조사하기는 했지만, 이를 주요한 세수입원으로 제도화하지는 않았기 때문이다.

이에 비해 로마에서는 아테네의 헤타이라에 대한 특별세를 전범으로 하여 이런 종류의 세금제도를 도입하였고, 이러한 관행은 근대에 이르기까지 지속되었다. 특히 르네상스 시대에는 이 세금이 로마 교황청의 가장 중요한 수입원의 하나가 되기도 했던 것을 보면, 그리스의 순진성을 엿볼 수 있을 것이다.

15

아이우렐리우스 아우구스티누스(354~430년)
『고백록』
'금욕'만이 자신의 죄를 용서받는 유일한 방법임을 고백하다

금욕주의의 도래

아이우렐리우스 아우구스티누스는 4세기 북아프리카인 알제리 및 이탈리아에서 활동한 기독교 보편교회 시기의 신학자이자 성직자, 주교로, 서방 기독교에서 교부로 존경받는 인물이다. 마르틴 루터와 장 칼뱅과 같은 종교개혁가들에게도 큰 영향을 주었다.

아이우렐리우스 아우구스티누스

그러나 그의 신학적 업적은 대체로 늦은 나이에 이루어진 것이고, 젊었을 때는 양아치가 따로 없는 생활을 했다. 그런 쓰디쓴 청년 시절의 인생 경험을 토대로 자신이 어떻게 회심(回心, 마음을 돌이켜 나쁜 것으로부터 떠나는 것)하게 되었는지와 그 후 하느님을 찬미하는 자신의 마음을 써낸 것이 바로 『고백록(Confessiones)』이다.

『고백록(Confessiones)』은 아우구스티누스의 수많은 저서 가운데 가장 많이 알려지고, 가장 많이 읽히는 기독교의 중요 고전 중의 하나다. 『참회록』이라고도 할 때가 있지만, 이것은 적절한 제목이 아니다. 왜냐하면 이 책에서 어거스틴(아우구스티누스의 영어식 발음)은 하느님께 자기의 '죄'를 고백하는 것 이상으로, 하느님께 '찬양'의 고백을 하기 때문이다. 더구나 이 책 제10권 이하에서 어거스틴은 그의 인간론·시간관·성경해석 방법론 등을 개진하기 때문에, 그의 신학사상과 철학사상을 이해하는 데에 매우 중요한 책이다.

그러나 사실 그가 회심하기 이전에는 동거녀와 사생아도 낳는 등 그리스도교 관점에서 보면 분명 문제가 있지만, 아직 그리스도교 윤리가 확고히 정착하기 이전인 고대 후기 로마 사회의 시선으로는 밑바닥의 막장까지는 아니었다. 이교 신앙, 애인과의 동거 및 사생아 등은 고대 로마 기준으로는 특별한 일이 아니었던 것이다. 다만 그럼에도 불구하고 동거녀와 제대로 된 결혼생활을 한 건 아니었고, 약혼자가 있는 마당에 다른 여자를 두는 등 밑바닥만 아니었을 뿐 떳떳한 삶을 산건 아니었다. 거친 비유를 들자면, 21세기의 문란한 성생활이 세속적인 관점에서 밑바닥 취급을 받는 것은 아니지만, 떳떳한 취급을 받지 못하는 것과 비슷하였던 것이다.

이러했던 그의 생활이 방황하던 시기이든 빛나던 시기이든 그의 생애를 관통하는 키워드는 '불타는 사랑'이었다. 쾌락이든 여성이든 학문이든 진리든 그야말로 불꽃처럼 사랑하였다. 성염 교수(成稔, 1942년 전남 장성에서 출생, 대한민국 전 대학 교수, 전 외무공무원, 전 교황청 한국대사)는 이런 아우구스티누스의 생애를 "진리를 향한 구원(久遠)의 불꽃"으로 표현했다.

AD 391년 로마제국은 기독교를 법적인 의미(de iure)의 국교로 삼았지만, 비신자들이 아직 많이 남아 있었고, 마니교와 이단파의 활동은 카톨릭 교회에 상당한 어려움을 주고 있었다. 이에 성 아우구스티누스는 자기가 믿는 기독교의 하느님을 옹호하고, 보다 많은 사람들에게 함께 이 하느님에 대한 신앙을 가지자고 호소할 목적으로 이 책을 쓰게 되었다.

그리하여 어거스틴 자신의 과거와 현재를 고백하는 형식으로 써 내려 갔는데, 그러한 경험론적인 사상체계는 루터와 칼빈이 종교개혁을 할 때 그 근거로써 활용했을 정도로 매우 훌륭했던 것이다. 어거스틴의 『고백록』은 처음에 이런 말로 시작한다.

> "오, 주님, 당신은 위대하시니 크게 찬양 받으실만 합니다. 당신의 능력은 심히 크시고 당신의 지혜는 헤아릴 수 없습니다."

라는 말로 시작하여 하나님의 은혜를 찬양하면서 『고백록』을 시작한다.

397년부터 400년에 걸쳐서 쓰여 진 이 13권의 책은 1~9권은 자전으로, 유년 시대의 추억, 학업, 독서, 교류, 마니교에 대한 입신과 거기에서의 이탈, 32세 때의 회심, 그 후 오랫동안의 카시키아쿰(Cassiciacum, 종합수련회 비슷한 것)에서의 생활과 모친 모니카의 죽음을 기록하고 있다. 제1권 모두에는 "당신은 우리들을 당신을 향해서 만드셨다. 따라서 우리들의 마음이 당신의 속에서 숨 쉴 때까지는 평안을 얻을 수 없다"는 말로 시작되었다.

이 자전은 죄를 고백해서 하나님의 사랑과 인도를 찬양한 점에서, 『참회록』이라고 한다. 후반의 10~13권은 하나님의 인식을 주제로 하는 사색인데, 여기에서 보이는 기억론이나 시간론은 현대철학에서도 항상 생각되는 중요한 것으로 "시간이라는 것은 무엇인가? 아무도 묻지 않았을 때

나는 알고 있다. 그러나 누군가에게 질문을 받아서 설명하려고 하면 나는 모른다"는 구절은 유명하다. 11~13권은 『구약성서』의 『창세기』 1장의 해석으로, 이는 하나님과 세계의 이원론을 주장하는 마니교와 대결해서, 그리스도교의 신관(神觀)을 명시하려 한 전투적인 것이다.

거기에서 이 책의 전체적인 통일이 어디에 있는지에 대해서 논의되는데, 단순한 자전이 아니라 죄에 대한 용서의 체험을 통해서 우주와 역사의 지배자인 신을 찬양하고, 동시에 그리스도교와 마니교의 상위점(相違点)을 나타내려는 의도에서 쓰여 졌다고 할 수 있다. 그의 회심은 수도사의 모범으로서도 쓰여 졌으므로 단순한 기록이 아니라 고도의 문학성을 갖추고 있다고 하겠다.

이 책에서 그는 자신의 과오를 빌려 그에 대한 잘못을 지적하면서 당시 사회에서 벌어지고 있는 관습에 대한 비판을 서슴지 않았다. 그중에서도 가장 눈에 띄는 부분이 바로 금욕에 대해 주장하는 부분이다. 그는 이를 하나의 성 도덕적 유전설로서 확립했던 것이니, 「원죄설(原罪設)」이 그것이었다. 즉 부부의 침대에서 관계를 갖든, 창녀촌에서 관계를 갖든, 남녀의 교접은 모두 죄가 된다는 것으로, 부부 간의 육체적 관계와 창녀와의 육체적 관계는 실질적으로 아무런 차이가 없으며, 양자 모두 죄를 짊어지는 것이라고 아우구스티누스는 말했던 것이다.

이제 로마사회는 육욕 → 출산 → 죄지은 인간의 탄생 → 육욕 → 출산…… 이러한 유전적인 죄악으로부터 벗어나기 위한 몸부림이 팽배해지기 시작했다. 이러한 몸부림은 온건파와 강경파 사이에 다른 해석을 통한 대립까지 가져왔다.

온건파들은 절대적인 금욕을 요구하지는 않았다. 다만 부부간이라 할지라도 가능한 한 성욕은 억제하는 것이 좋다는 것이 그들의 주장이었다.

그러나 급진파는 유혹에 저항하면서, 애초부터 여자와 전혀 관계하지 말 것을 일차적으로 권유하였다. 그 까닭은 여성이 본래부터 죄악의 일부분이라는 것이었다. 여성은 그들의 조상인 이브처럼 유혹 그 자체이며, 죄악은 여성으로부터 생긴다는 것이었다. 설사 정욕을 남자보다 더 잘 감출수 있는 방법을 터득했다 할지라도 여성 쪽은 남성 쪽보다 더 관능적이고 공격적이라는 것이었다.

아테네 출신의 신학자인 알렉산드리아의 클레멘스는 매우 교양 있고, 신학 이외의 영역에서도 공정한 견해를 가졌던 인물이었는데도, 그조차 「모든 여성은 자신이 여자라고 생각하면 얼굴을 붉게 물들이게 될 것이다」라고 단언했던 것이다.

독신주의 운동의 도래

그런데 문제는 교회 관계의 모든 학자들조차도 이러한 견해에 동조했다는 점이었다. 즉 불충분한 억제와 금욕만으로는 악에서 충분히 벗어날수 없다는 것이었다. 따라서 진실로 경건한 인간은 일체의 성교를 삼가하지 않으면 안 된다고 하였고, 그렇게 하는 것만이 내적인 영혼의 평화에 도달할 수 있다는 것이었다. 동시에 이처럼 숭고한 목표에 도달하기 위해서는 어쩔 수 없이 희생을 치러야 한다고 했다. 알렉산드리아 학파 최대의 사상가 중의 하나인 올리게네스는 스스로 자신의 심벌을 거세함으로써 모범을 보이려 했다. 그러나 이러한 행동은 아무리 독실하고 경건함의 표현이라 할지라도 지나친 것이었다. 그리고 이것으로써 문제가 해결될수는 없는 일이었다. 거세당한 남자가 정상적인 남자보다 죄악에 찬 사고에 빠진다는 것은 당연한 이치였기 때문이었다.

그리하여 새로이 나타난 해결책은 "죄악에서 멀어지고 싶은 사람은 우선 자신의 정신을 청결히 하지 않으면 안 되는 것이고, 그렇게 하면 육체는 저절로 깨끗해질 것이므로, 이를 위한 최상의 방법은 정결서약(貞潔誓約)을 하는 것이다"라는 데로 결론지어지게 되었다. 정결서약이 의미하는 것은 바로 독신주의 운동을 지칭하는 것이었다.

독신주의(獨身主義) 운동은 원래 오리엔트에서 발생했다. 오리엔트에서는 예전부터 수도승 생활이 하나의 제도로써 지켜져 왔다. 리키아의 올림포스 사교(司敎)였던 신비주의자 메트디쿠스는 이 운동의 가장 열렬한 옹호자였다. 그는 여성이 악마의 딸이라고 한 오리게네스[16]를 격렬하게 반대했는데, 그의 주장은 "설사 여성이 그런 존재라고 할지라도 여성을 죄악에서 구원하고 바른 길로 인도해 주도록 더욱더 노력하지 않으면 안 된다"는 것이었다. 메트디쿠스는 오리게네스와 마찬가지로 그리스적인 교양을 몸에 지니고 있던 사람이었으며, 자신의 저술에 있어서 플라톤을 모범으로 삼고 있었다. 그리하여 『10인 처녀의 향연』을 쓰겠다는 기발한 생각을 하게 되었다. 플라톤의 경우에 남성 동성애자들이 사랑에 관하여 논쟁을 벌이고 있는 것처럼, 여기서는 처녀들이 결혼함으로써 얻는 최대의 행복보다 훨씬 더 가치 있는 처녀성의 온갖 아름다움을 역설하였다. 즉

「이러한 논리는 「덕의 뜰(德園)」에서 벌어지고 있는데, 그 뜰은 불모의 산 위에 있는 것처럼 참으로 단조로운 대화로 일관되어 있다. 그것은 메트디쿠스가 플라톤만큼 재능이 없었기 때문이라고 할 수 있을

---

16) 오리게네스(Ὀριγένες, 185년 경 - 253년 경) : 오리겐(Origen)이라고도 하는데 알렉산드리아학파를 대표하는 기독교의 교부로 매우 독창적인 신학체계를 세웠기 때문에 이단과 논쟁하였고, 교회와도 마찰을 일으켰다. 그는 금욕주의에 따라 스스로 고환을 자른 것으로 유명하다.

것이다. 하지만 그는 뒷날 새로운 시대를 구분 지을 만한 틀을 만들어
냈는데, "청결한 처녀의 영혼은 그리스도의 신부가 될 수 있다"는 것
이 그것이었다.」

라고 후세 역사가들은 평가하였다.

  그러나 이 사상은 그다지 새로운 것이 아니었다. 이것은 영혼과 신이 합
일하는 구약의 찬미가에서 유래한 것이었다. 그러나 유대인의 신은 단순
히 하나의 사상에 불과했으며, 신의 초상을 그리는 자는 법률에 어긋나는
것이었다. 하지만 그리스도는 하나의 인간, 하나의 아름다운 남성이었다.
그의 초상은 이미 수많은 제단 위에서 빛을 발하고 있었다. '그리스도의
신부'라는 말에는 마술적인 효력이 들어 있었다. 기독교도가 사는 수많은
나라에서 이 말은 곧 퍼져나갔다. 금욕을 선포하는 신학자들은 성생활 이
외의 이미지와 혼합시켜 이 말을 더욱더 장식해 갔다.

  예를 들어 "청결한 처녀의 영혼은 이미 그리스도의 아내가 되어있다.
성욕은 완전히 소거되는 것이 아니라 초월적인 것을 향하여 전이(轉移)
되어 있는 것이다"라는 식의 장식이었다. 파르나크는 "금지된 성적 감정
의 그리스도를 향한 전이"는 "서양 여승(尼僧) 및 수도사들의 희생"이라
고 말했다. 이탈리아에서는 아우구스티누스의 스승 암브로시우스[17]가 처
녀성의 사도(使徒)로 칭송되었다. 그런 암브로시우스의 비호 아래 여승이
되려고 아프리카에서 어린 소녀들이 밀라노로 몰려들 정도였다.

---

17) 암브로시우스(Sanctus Ambrosius, 340년?~397년) : 성 암브로스(Ambrose)라고도
   하는데 4세기에 활동한 서방 교회의 4대 교부 중 한 사람으로 법률가이자 밀라노의
   주교이다. 아리우스파에 맞서 정통 기독교의 전례와 성직에 대한 개혁을 이룩한 사
   람으로 잘 알려져 있다

인구 감소가 서로마제국을 멸망시켰나?

금욕주의가 광신적으로 고조된 것은 4세기에서 5세기에 걸쳐서 최고의 정점에 이르렀다. 이 때에 들어서면서 로마제국은 급속하게 하강선을 그리며 서서히 멸망의 길로 들어서기 시작하였다. 로마제국의 쇠퇴는 많은 사람들에게 자손을 단념하도록 만들었다. 그만큼 로마의 멸망 징조는 일반인들도 느낄 수 있을 정도로 신속하게 진행되어 갔던 것이다. 그렇기 때문에 혼란이 극에 이르고 있는 상황 하에서 자식을 낳으려고 하는 사람이 줄어드는 것은 당연한 일이었다.

이러한 시대적 상황이 어느 정도였는지, 로마가 신속하게 무너져 가기 훨씬 이전부터 이미 테르툴리아누스[18]는 자신의 아내를 위해 쓴 어느 책에서,

> "자기가 죽으면 과부로 지내는 것이 좋다. 왜냐하면 기독교적인 의미에서는 단지 부부로써 충분한 것이며, 아이를 갖고 싶다는 욕심은 결정적인 것이 못된다, 또한 이렇게 비참한 시대에는 아이가 그저 무거운 짐이 될 뿐이다"

라고 말한 것에서도 알 수가 있다.

결국 이러한 상황은 모든 생물체가 가장 고귀한 가치로써 인정하고 있는 생식문제, 즉 후손으로종족을 잇게 하는 그 최고의 가치를 잊게 하는

---

18) 퀸투스 셉티미우스 플로렌스 테르툴리아누스(Quintus Septimius Florens Tertullianus, 약 155년~ 240년 경) : 터툴리안(Tertulian)이라도 하는데 기독교의 교부이자, 평신도 신학자이다. '삼위일체'라는 신학 용어를 가장 먼저 사용한 이로 알려져 있으며, 그의 라틴어 문체는 중세교회 라틴어의 표본으로 간주되고 있다.

인식을 널리 퍼지게 했던 것이다. 당시 금욕을 권장하는 기독교 계열의 저술가들은 절제와 금욕이 자손에 대한 단념을 포함하고 있다는 사실을 거의 언급하지 않음으로서 자손을 낳아야 한다는 문제가 별로 중요하지 않게 사회에 깔리도록 했다. 이는 결국 세계사적인 불행을 불러일으키게 되었다. 즉 서로마제국을 멸망시켰던 원인의 하나가 인구 감소였다는 사실은 거의 모든 역사가들의 일치된 견해인데, 이렇게 만든 요인으로써 금욕의식의 펑배가 가장 컸었다고 말하는 역사가가 많기 때문이다. 그들은 대체로 성행위를 도덕적 퇴폐행위로 간주함으로써 금욕주의 유행을 가져오게 하였고, 이것이 인구 감소의 결과로써 나타나게 된 현상이라고 여겼던 것이다.

물론 로마에서 어느 정도 금욕생활을 하는 사람들이 있었는지에 대한 확실한 통계는 없다. 그렇기 때문에 이러한 해석이 옳다고 하는 증거는 없는 것이다. 그렇지만 당시의 사회적 상황을 보면, 단순히 수천에 달하는 여승과 수도사만이 금욕생활을 했던 것이 아니라 일반인들도 이러한 풍조에 휩쓸리고 있었다는 역사가들의 해석을 보면 명확히 알 수 있다. 그런 점에서 로마의 몰락이 방탕한 문화 때문만이 아니라 성의 절제와 금욕에 의해 초래되었다고 하는 사실도 한편으로는 덧붙여서 생각해 보아야 할 문제가 아닌가 하고 생각할 필요는 있다고 본다.

16

마호메트(570년경~632년)

『코란』

아이를 원하는 남편을 위해 '일부다처제'는 필요하다

여성해방자 마호메트의 진실

마호메트는 이슬람의 예언자로 역사상 위대하고 영속적인 영향을 끼친 인물이다. 그는 610년경 히라산에서 짓눌리는 듯한 영적 체험을 통해 신의 계시를 받았다. 그 후 사람들에게 가르쳐 전해야 할 사명이 주어졌다고 확신하고 613년경부터 전도를 시작했다.

메카에서 마호메트의 가르침은 메카의 금권 과두정치(寡頭政治)[19]를 정면으로 공격하는 것이어서 박해를 받기 시작하였다. 이에 메디나로 이주하여 종교인 동

마호메트

---

19) 과두정치 : 소수의 사람이 지배권을 장악하여 정치를 행하는 공화정치

시에 사회조직의 원리이기도 한 이슬람교를 전파하며 메디나의 정치가이 자 지배자가 되었다. 그 후 메카와 후다이비야 조약을 맺고 평화적 관계 를 유지하다가 메카를 정복하는데 성공했다. 또한 다신교의 신전인 카바 를 이슬람교의 최고 신전으로 삼았다. 아라비아 반도 메카에서 제창되고, 메카를 신앙의 중심으로 하는 이슬람교는 점차 유대교·그리스도교와는 다른 종교라는 것을 명백히 하며 이슬람 국가를 확대해나갔다.

이런 마호메트에 대해 후세의 신자들은 그가 여성 해방자였다고 칭송 하고 있다. 마호메트 이전의 아라비아에서는 여자가 한 마리의 가축보다 나을 것이 없었기 때문이라고 한다. 기독교와 마찬가지로 이슬람교도 처 음에는 가난한 사람들의 종교였다. 마호메트는 메카의 부유층으로부터 그리스도의 경우와 거의 똑같은 저항을 받았다. 예언자 마호메트를 가장 열성적으로 따랐던 것은 노예와 여자들이었다. 물론 마호메트가 노예나 여자들을 해방시킨 것은 아니었지만, 그들의 사회적 지위를 개선하기 위 해 노력했던 점은 그들에게 어필되었다.

그는 정식으로 이혼법을 만들면서 남편에 대해 "만일 아내와 이혼하는 경우에는 평온하게 해야 한다. 아내의 지참금은 조금이라도 착복하지 말 고, 아내에게는 배상금을 지불해야 한다."고 했다. 또 만일 이혼 후에 아내 가 임신했을 경우에는 화해하도록 노력하지 않으면 안 되고, 기타의 경우 에도 아내의 재혼을 곤란하게 만들지 않도록 주의해야 한다고 했다.

마호메트 이전의 결혼에 관해서는 오늘날 거의 알려진 것이 없지만, 대 체로 부부간의 결합이 매우 느슨했고, 남편에게만 유리하게 작용했을 것 임이 틀림없다. 그것은 만일 이런 결혼제도에 문제가 없었다면, 마호메트 가 세세하게 부부관계에 대해 규정하지 않았을 것이기 때문이다.

그러나 여성해방을 위한 이런 행동은 더 이상 진전되지 않았다. 마호메트에 의해서 만들어진 새로운 법률에 의해서도 여성은 여전히 남성에게 종속되어 있었다. 여자는 남자보다 저급한 존재로 취급되었던 것이다. 이것은 만물을 창조한 알라신의 의지이며, 어떤 것으로도 바꿀 수 없는 이치였다. 아내는 남편에게 무조건 복종하지 않으면 안 되었다. 아내가 순종적이지 않고 반항하는 기색이 보이면 남편은 엄중하게 아내를 훈계하고, 아내에게 멀리 떨어져 자게 하는 징벌을 가해야 한다. 마호메트는 순종하지 않는 아내에 대한 징계권을 남편에게 부여하였다. 이와 같은 권리는 옛날부터 오리엔트 제국에서 보편적으로 인정돼 왔던 것이긴 하나, 『코란』만큼 명확하게 이런 권리를 언명하고 있는 고대법은 없었던 것이다.

이런 처우를 당해도 여성은 모든 것을 용서하고 잊어야 했다. 만일 남편의 징벌이 효과가 없어서 부부관계가 무너질 위험에 처해 지게 되면, 우선 남편과 아내의 친척들로 가정재판소를 구성해야 했다. 이에 관해서는 극히 미미한 규정밖에 없었으므로 남편과 아내가 동등한 권리를 가진 듯이 보일 수도 있을 것이다. 하지만 엄밀하게 말해서 동권(同權)인 것은 결혼계약을 체결한 두 집안뿐이다. 게다가 이런 재판소도 결정권을 가진 것은 아니었다. 최종적인 결정권은 역시 남편에게 있었다. 남편은 아내와 이혼할 수 있었지만, 아내에게는 남편의 행실이 아주 나쁜 경우조차도 이혼할 권리가 없었다. 물론 『코란』에는 "남편 되는 자는 행실을 바르게 하지 않으면 안 된다." 또 "사치스런 생활을 하지 말고, 아내를 존중해야 한다."고 경고하고 있기는 하나, 이것은 그저 경고일 뿐이지, 여기에 따르지 않는다고 해서 형벌이 부과되는 것은 아니었다. 그러나 아내 쪽에게는 매우 엄격하게 법률을 적용하여 처벌했던 것이다.

부부가 헤어지면 자녀는 남편의 소유가 되었다. 아이들은 재산이기 때문이었다. 이 원칙은 마호메트 율법의 모든 부분을 지배하고 있다. 아라비아인에게 있어서 이 조항은 새로운 것이었다. 이전 시대에는 가난한 사람들이 아이를 양육할 수 없다고 생각하면 매우 잔인한 방법, 즉 산 채로 동굴에 매장하는 등의 방법으로 죽였기 때문이다. 그런데 이제 마

코란

호메트가 나타나서 그들에게 이런 말을 하였다. "너희가 가난하다고 해서 아이들을 죽이면 안 된다……. 우리가 너희들을 위해서, 그리고 아이들을 위해서 보살펴 주겠다. 알라신은 생명을 신성하게 다룬다."

마호메트는 실제로 가난한 사람들에게 자신의 능력 이상의 것을 약속했다. 이 말이 적혀 있는 『코란』의 부분은 그가 아직 예언자에 불과했던 시대에 기록된 것이다. 훗날 그가 새로운 국가의 지도자가 된 뒤부터는 아무리 아이가 많아도 생활비를 보장해 주겠다는 등의 말은 아예 삼가고 있음을 볼 수 있다. 하지만 가능한 범위 안에서 그는 아이들과 어머니의 생명을 보호하려고 하는 노력은 했다. 임산부와 유아의 보호에 관한 그의 명령은 로마의 법률과 신약·구약성서 등을 훨씬 능가하는 것이었다.

일부다처제의 탄생

마호메트 사후 그의 신봉자들이 알라신의 이름으로 세계 정복에 나서기 시작할 때에 이르자 보다 많은 병사를 얻기 위한 인구정책이 시행되었다. 당시 이들 정부는 예언자 마호메트의 여러 가지 말을 근거로 하여 결혼의 목적은 오로지 하나, 아이를 만들어서 세상에 내놓는 것이라고 공공연히 선전했다. 그러나 마호메트 자신도 거기까지는 이야기하지 않았던

내용들이다.

남자는 네 가지 이유 때문에 결혼을 한다고 마호메트가 어느 날 측근들에게 말한 적이 있다. 그 이유란 여자의 재산·여자의 사회적 지위·여자의 아름다움·종교 등 때문이라고 하였다. 이 말에는 마호메트 자신이 했던 결혼의 역사가 반영되어 있는 것이다. 그는 아내가 아이를 낳지 못한다는 이유로 이혼을 요구한 적이 한 번도 없었다. 그와 아이샤 사이에는 아이가 없었지만, 그럼에도 불구하고 그녀는 여전히 마호메트에게는 사랑스런 아내였다.

그러한 관계 속에서 돌파구를 찾으려 제시된 제도가 일부다처제였다. 마호메트는 "아이를 갖고 싶다는 남편의 소망이 아이를 낳지 못하는 아내에 대한 애정을 식게 해서는 안 된다. 왜냐하면 성에는 나름대로의 독자적인 권리가 있기 때문이다. 성욕과 생식의 충동은 상호 간에 합치될 수 있는 것이다. 이를 위한 방법으로 일부다처제가 필요하다."고 하였다.

어떤 사람들은 일부다처제가 이슬람국의 정복시대에 군사들이 많은 죽어 여자들 수가 많아지자 남자들에게 그녀들을 구제해주라는 차원에서 일부다처제가 권장되게 된 것이라고 말하고 있는데, 만일 그렇다면 전쟁이 지난 한참 뒤에는 이런 불평등적인 제도가 없어져야 하는 것이 당연한 논리일 것이다. 그러나 이러한 제도가 오늘날까지 지속되고 있다는 것은 이러한 주장을 반박해주는 증거가 될 수 있다. 그래서 이슬람의 일부다처주의는 역시 남성우위 사회에서 남자의 성욕을 충족시켜 주기 위한 차원에서 제정된 것으로밖에는 볼 수 없는 것이다.

일부다처는 동물을 사육하는 자들이 즐겨 하는 결혼 형식이다. 그들은 동물에게서나 볼 수 있는 행동을 하기 때문이다. 한 마리의 수컷이 여러 암컷들과 교미하여 여러 새끼를 낳는 그런 동물들의 결혼 형식을 그들은 매일 보면서 동물적 흉내를 내게 되었던 것이다. 아라비아인은 유목민족이라서 그런지 소나 말이나 양들이 행하는 이런 형태를 꽤나 잘 관찰했던 것 같다. 게다가 이들 가축들에 대해 인공수정을 처음 한 것도 그들이었다. 새끼를 낳는 숫자는 무엇보다도 암컷의 포태기(胞胎期)와 수유기(授乳期)에 좌우되므로 이 기간 중에 새로이 임신하는 일은 거의 없다. 이것은 인간의 경우도 마찬가지이다. 여성이 임신할 수 있는 기간은 한정되어 있지만, 이 기간을 못 참는 건강한 남성들은 그동안에도 다른 여성과 관계를 가져 수태시켜 아이를 만들고, 동시에 성적 쾌감을 맛볼 수 있는 것이다. 다시 말해 한 명의 남성이 다수의 여성을 상대할 수 있는 조건이 남녀 간에는 이미 분별되어 있는 것이라 보았던 것이다. 이런 점을 잘 참작하여 만들어진 것이 『코란』이다. 현대의 어느 『코란』 주석가는 기독교와 이슬람교의 결혼에 관한 교리상의 차이를 다음과 같이 규정하고 있다.

> "기독교도에게는 미혼과 독신이라는 것이 매우 중요한 종교적 이상이며, 일부일처제는 이미 자연이 인간에게 부여한 자연성에서 한 걸음 양보한 제도로 인식하고 있다. 그런데 이슬람교도에게는 일부일처제가 종교적 이상이고, 일부다처제는 자연이 인간에게 부여한 자연성에 또한 한 걸음 양보한 제도이다."

이 같은 관점의 도식화에는 약간 과장된 점도 있지만, 이슬람교의 교리에 관한 한 타당한 지적일지도 모른다. 『코란』이 일부다처제를 찬양하고 있는 것은 아니다. 사실 마호메트가 자기 자신이나 아니면 다른 사람의 일부다처제 결혼생활에 대해 언급한 곳은 대부분 남편이 다수의 아내와 살면서 부담하게 되는 불안과 걱정에 대한 탄식이 거의 대부분이다. 즉

"여자들이란 서로 티격태격 거리며 함부로 행동하고, 조심성이란 찾아볼 수가 없다. 아내는 남편의 생활을 견디기 어렵게 만든다. 지옥에는 남자보다 여자가 더 많다고 해도 신기한 일이 아니다. 그러나 일부다처제는 남자에게 끊임없이 사랑의 기쁨을 확보하게 해주고, 일부일처제보다 자손을 많이 얻을 가능성이 크다"

라고 했던 것이다.

마호메트와 '4'라는 숫자

예로부터 전해지는 풍습에 의하면, 이슬람교도는 한꺼번에 네 명 이상의 아내를 얻어서는 안 된다고 하였다. 그러나 이 숫자는 나중에 학자들이 『코란』 속에 집어넣은 해석에 불과하다. 마호메트가 말했다는 본문에는 이 점을 암시할 만한 부분이 한 곳 있는데, 그것도 지극히 애매하게 표현되어 있다. 즉 마호메트의 부하가 심하게 참패를 당한 우프트 전투가 끝나자, 그는 전쟁 때문에 생겨난 고아와 미망인을 살아남은 자들이 맞아들이도록 훈시했는데, "두 명 또는 세 명 또는 네 명"과 결혼할 수 있으며, 만일 이것이 어렵다면 한 사람만이라도 데리고 결혼할 것을 권고하고 있다. 이 말은 당시의 사회적 위기를 수습하기 위한 하나의 정책수단이었지 율법이라고는 생각할 수 없는 내용이었다. 실제로 마호메트 자신도 이 말에 구애받지는 않았다. 그는 열네 번 결혼했고, 죽을 때 아홉 명의 아내가 남아 있었다. 그 밖의 이슬람교 지배자도 이 점에서는 마찬가지였다. 어느 투르크의 술탄은 일곱 명의 아내가 자신에게 적당하다고 말했는데, 이것은 가끔씩 총애를 받던 첩이나 여자 노예를 제외한 숫자였다.

『코란』의 해석자가 일반적인 남자에 대해 정식 아내의 숫자를 네 명으로 정한 것도 결코 우연이 아니었다. 4라는 숫자는 예언자 마호메트가 좋아했던 숫자이며, 플라톤과 훗날의 헤겔이 모든 것을 3으로 나누어서 끼워 넣었던 것처럼, 마호메트가 여러 가지 경우에 이용했던 질서의 원리였다. 마호메트는 3이라는 숫자를 좋아하지 않았다. 3은 삼위일체이며 기독교적이기 때문이었다. 그는 1이나 4를 신의 의지가 담긴 숫자라 했으며 자연적인 것이라고까지 생각했다.

그리하여 그는 네 명의 증인이 하는 말을 사실로 간주했고, 네 가지 근거에 입각한 사항은 믿어야 하는 것으로 여겼다. 따라서 전쟁미망인에 관한 그의 말에 대하여 신자들이 네 명의 아내를 두어도 되는 것으로 해석한 것 역시 마호메트의 정신에 부합하는 것이었다. 이와 같은 제한은 경제적으로는 아무런 의미도 없는 숫자적 개념이었다. 어떤 남자든 마호메트의 율법에 따라 아내 외에도 원하는 만큼의 첩을 둘 수 있었고, 그 아이에게도 합법적인 권리가 주어졌기 때문이다.

17

마호메트
『아이샤(613~678) 법』
가혹한 형벌을 가하는 '간통죄'로부터 벗어나게 하다

신뢰할 만한 남자 마호메트

이슬람시대의 성의 역사를 생각하면 우리는 곧바로 뜨거운 성의 밤, 넘치는 하렘의 여자들 등의 이미지가 떠오를 것이다. 그런데 이러한 이슬람시대를 마호메트와 관계된 일련의 일들을 살펴보면, 이슬람의 역사가 그렇게 낭만적이지 못하다는 것을 알게 된다.

메카에 있던 대상(隊商) 중개업자 마호메트는 압둘라하의 아들이며 압둘 무타리프의 손자였는데, 그는 자신이 고용되어 있던 하디쟈라는 부호의 과부와 결혼했다. 그때 그녀는 이미 두 번이나 결혼했던 경험이 있었으며, 세 번째 신랑인 마호메트보다도 열다섯 살이나 연상이었다. 이제 막 스물다섯이 될까 말까 한 마호메트와 마흔이 다 된 하디쟈와의 결혼이 마호메트 쪽에서 열애 끝에 청혼한 결과라고 하니 도저히 믿을 수 없는 일이다. 자신이 하늘로부터 어떤 고귀한 임무를 부여받았다고 생각하는 남자가 자신의 사명을 달성하기 위한 방편으로서 돈만 보고 결혼한 이 결혼은 물론 인류 역사상 최초의 사례는 아니었으며, 최후의 사례도 아니었다.

무함미드의 여인들

　그러한 마호메트의 계산은 정확했다. 그는 결혼 이후부터 물질적인 불안에 시달리지 않고 자신이 계속해온 명상하는 일에 전념할 수 있었던 것이다. 하디쟈와의 결혼생활은 행복했으며, 그녀가 죽기까지 26년 동안 별다른 충돌 없이 지속되었다. 그것은 일부일처 생활공동체의 모범과도 같은 생활이었다. 홍해 저편에 있던 이디오피아에서는 이미 기독교가 확고한 지위를 차지하고 있었지만, 그곳에서도 이만큼 완전한 부부애는 존재하기 어려웠을 정도였다. 하디쟈는 남편보다 훨씬 연상이었음에도 불구하고 여섯 명의 아이를 낳았으며, 마호메트는 그녀가 가장 사랑하는 성실한 남편이었다. 메카의 명망가들은 그의 성실함에 매우 감탄하여 「신뢰할 만한 남자」라는 별명을 마호메트에게 붙여 줄 정도였다.

　그렇다고 메카에 있는 모든 남자들이 마호메트처럼 성실한 남편이었던 것은 아니었다. 대부분의 남성들은 누구나 다 한 명의 아내에게 만족하지 않았으며, 하디쟈와 같은 아내를 찾아내는 남자도 거의 없었다. 그러나 마호메트는 이런 사실을 충분히 염두에 두고 결혼했던 것이다. 무슨 말인가 하면, 현실에서 행복을 찾지 못하거나 만족하지 못하더라도, 알라를 믿고 그의 명에 따르는 착한 사람에게는 피안의 세계에서 모든 소망을 들어준다고 하는 메시지를 은연중에 메카 사람들에게 보여주었던 것이다. 그가 알라신에게서 받은 계시에 남자는 사랑의 행복을 단념해야 한다든가, 한 여자에게서 행복을 찾지 못한 경우에 다른 여자에게서 구하면 안 된다는 것을 암시하는 내용은 아무 것도 없었다. 그것은 다시 말해서 만일 이 지상에서 행복을 얻지 못했다면 피안의 세계에 희망을 걸라는 암시였던 것이다.

마호메트는 개종시키려는 사람들에게 설법할 때, 반드시 그들에게 일곱 번째 하늘에서 기다리고 있는 사랑의 환희의 모습을 묘사해 주었다. 그곳에는 그들을 위해 침대가 놓여 져 있고, 원하는 만큼 많은 여자들이 시중을 들고 있었던 것이다. 더구나 이 여자들은 "더러움을 모르는 청순한 여자들, 아직 조개껍질 속에 감춰져 있는 진주처럼 크고 검은 눈망울을 가진 처녀들"이었다.

그러나 이들은 다른 남자들을 위한 처녀들이었지, 마호메트 자신은 오로지 하디쟈만을 생각할 뿐으로, 천국에 가서도 틀림없이 다른 여자와 함께 하려는 생각은 하지 않았을 것이다. 하디쟈가 죽어서 그의 곁을 떠났을 때, 마호메트는 견디기 어려운 슬픔에 잠겼다. 친구들은 흠잡을 데가 하나도 없다는 어느 과부와 재혼할 것을 권유했지만 마호메트는 하디쟈를 배신하게 된다며 이를 거절했다.

제2의 청춘시대를 맞이한 마호메트

그럭저럭 하는 동안 시간이 많이 흘러 더 이상 그가 홀몸으로 지내는 것이 아무래도 모양이 안 좋았으므로, 마호메트는 여섯 살 난 여자아이와 결혼할 것을 결심했다. 친구인 아부 바크르의 딸 아이샤였다. 아라비아에서는 아이들과의 결혼이 별로 이상한 일이 아니었으며, 만일 딸이라면 아직 태어나지 않은 아이의 남편이 정해지는 경우조차 있었다. 또한 나이가 지긋한 남자와 아주 어린 여자아이가 결혼하는 것도 그다지 희귀한 일은 아니었다. 그러나 마호메트와 아이샤의 결혼은 결코 평범한 결합이 아니었다. 마호메트의 입장에서 볼 때 결혼을 한다 해도 당장은 홀아비 생활을 계속하지 않으면 안 되었기 때문이었다. 아무리 아라비아의 여자아이들이 조숙하다고 해도, 그가 아이샤와 부부관계를 맺을 수 있기까지는 여러 해를 기다려야 했기 때문이다. 아이샤가 마호메트의 집으로 왔을 때 장난감을 가지고 있었다. 그리고 남편은커녕 할아버지라고 해도 어색하지 않을 정도로 나이가 많은 남편 마호메트는 이 어린이의 재롱을 즐거워했던 것이다.

그러던 중 마호메트가 50대 중반으로 접어들었을 무렵, 그에게 제2의 청춘, 아니 첫 번째라고 해도 좋을 만한 기회가 찾아 왔다. 그 기회란 그의 동포들이 예언자인 자신의 말에 귀를 기울이려 하지 않자 메디나로 피신하였는데, 그는 그곳에서 신자의 나라를 만들고 상승장군(常勝將軍)이 되었던 것이다. 그는 자신을 믿지 않는 불신자에 대해서 승리하는 대로 새로운 결혼을 하였다. 그리하여 마호메트의 하렘(harem)은 그의 제국보다 더 빨리 커져 갔다. 그곳에는 그가 총애하던 전사의 미망인도 있었고, 화해를 원하는 적의 딸도 있었다. 또한 이집트의 지배자가 마호메트에게 선물한 콥트인의 딸 마루야 같은 여자도 있었다. 이러한 제2의 청춘시대에 있어서 성의 힘은 그를 정복하고, 죽음에 이를 때까지 그에게서 떠나지 않았던 것이다.

그러나 마호메트의 만년의 사랑은 결코 행복하거나 순탄한 것이 아니었다. 젊은 여자들은 이 나이든 남자를 붙잡아 두려고 그녀들 사이에서는 모략이 그칠 날이 없었다. 마호메트가 이 여자들과 이혼하고 오직 아이샤 하나만을 곁에 두려고 했던 적도 한두 번이 아니었다. 아이샤는 여전히 그의 애처였으며, 결국은 그녀의 팔에 안겨서 죽음을 맞이하게 되는데, 이런 아이샤조차도 여러 가지로 그를 화나게 만들었었는데 성자의 아내도 욕망 앞에서는 어쩔 수 없었던 것 같았다.

관대한 아이샤 법의 탄생

아이샤는 마호메트가 출정할 때 수행을 허락받은 유일한 아내였다. 물론 다른 남자들이 이 알라의 진주를 볼 수 없도록 그녀는 겹겹으로 둘러친 가마에 타고 있었다. 그러던 어느 날, 아이샤의 모습이 보이질 않았다. 그녀의 가마와 낙타가 텅 빈 채로 휴식 장소에 도착했던 것이다. 사람들은 약탈당한 것으로 생각했다. 하지만 도대체 누가 마호메트 군대의 한복판에서 감히 그의 아내를 습격할 수 있겠는가 하고 의심을 품지 않을 수 없었다. 그런데 삼일이 지나서 아이샤는 젊은 병사 하나를 데리고 돌아왔다. 그리고 그녀는 한편의 감동적인 이야기를 들려주었다. 그 내용은 다음과 같았다.

> "행군하던 도중 하룻밤을 묵게 되었는데, 그녀가 애용하던 조개껍질 목걸이를 우물가에 두고 왔지 뭐예요. 그래서 목걸이를 찾으러 다시 우물가로 갔는데 그러는 사이에 시중꾼이 빈 가마와 낙타를 몰고 떠나 버렸어요. 하는 수 없이 사막을 유랑하는 가련한 아라비아 여자처럼 땅바닥에 주저앉아 기도를 드리면서 알라신이 구해주기만을 기다리고 있었지요. 그러자 건장한 병사의 모습을 한 구세주가 나타나 주지 않았겠어요?"

이 이야기를 들은 마호메트 측근의 현자들은 고개를 끄덕였다. 그러나 예언자 마호메트는 이 문제를 어떻게 처리할까 고민하지 않을 수 없었다. "아이샤와 이혼할까? 아니면 그동안 마호메트 자신이 신자들에게 명한 것처럼 간통한 아내로서 그녀에게 죽임을 내릴까?" 많은 고민을 한 그는 결국 현자들보다 더 현명한 판단을 내렸다. 그는 나쁜 평판이 될 만한 행동은 절대로 하지 말라고 아내에게 요구했던 율리우스 시저와는 달리, 사리에 밝고 이해심이 풍부한 남편이었기에, 그는 아이샤를 두둔하면서 의심에 찬 눈초리로 그녀를 보는 사람들에게 다음과 같이 호통을 쳤다. "어찌하여 그들은 네 명의 증인을 데려오지 않는가? 증인과 함께 오지 않는 것은 그들이 알라신 앞에서 거짓말을 하기 때문이다." 여기서 말하는 4명이란 누구를 말하는 것이 아니라 앞으로 자신이 일을 증명하려면 4명의 증인을 확보해야 한다는 의미였다.

그 후 마호메트는 아내의 명예와 자신의 명예를 지키기 위해서 많은 것을 제정했다. 사건이 자기 측근에서 일어났기 때문에 그는 새로운 간통법을 만들었던 것이다. 이 법에 의하면 간통한 아내와 간통한 남자(애인)는 그동안 많은 간통을 했을 테니까 사형이 아니라 100대의 태형(笞刑)으로 다스리도록 하였다. 하지만 그들이 공공연하게 간통을 하는 것이 아니라면 크게 염려할 필요는 없게 되었다. 그 까닭은 누군가가 아내를 간통죄로 고소하고, 네 명의 증인을 세우지 못하는 경우에는, 그 남자가 오히려 채찍 80대를 맞아야 했기 때문이었다. 이 숫자는 간통을 한 당사자의 태형과 별 차이가 없는 정도의 형벌이었다.

지금의 입장에서 보면 이런 형벌이 너무 가혹하다고 생각할지도 모르지만, 고대 오리엔트의 다른 법들과 비교해 보면, 이 「아이샤의 법」은 이제까지 없었던 관대한 법이었다. 마호메트 자신은 이 우발적인 사건으로 인해 다른 결심을 했는데, 그것은 이후부터 아이샤를 집에 두었고, 출정할 때는 좀 더 경험이 풍부한 여자를 데리고 갔다는 것이었다. 물론 이것은 『코란』에 기록되어 있는 것은 아니고, 그의 충실한 제자들이 계속해서 전해주고 있는 이야기이다.

이슬람교의 성에 관한 법률을 이해하고 싶다면, 마호메트의 크고 작은 여성 체험을 전적으로 도외시 할 수는 없을 것이다. 이슬람교의 성법률(性法律)은 역사적·지리적 상황 하에서 만들어졌거나, 방랑자나 종교적 열광자, 그리고 잔인한 정복자의 율법이었다. 이와 함께 그 율법에는 마호메트라는 성적 이상자의 생애에 있어서 흥분과 환멸이 반영되어 있는 것이다.

이에 대하여 사람들은 대체로 새로운 종교를 만든 사람의 생애는 성적인 면에서 정상이 아니었다고 반론할지도 모르지만, 그 말은 전적으로 타당하다고 하겠다. 그렇기 때문에 대부분의 종교에서 성에 관한 율법이 왜곡되어 있는데, 이슬람교의 율법도 타종교와 마찬가지이다.

너무 늦게 청춘이 찾아온 데다, 여자에 대한 욕망을 끊지 못해 결혼제도를 '일부일처'에서 '일부다처'로 급변시킨 한 남자의 특징이 이슬람의 율법 속에는 내재되어 있는 것이다.

18

이슬람교 (7세기 이후~)

『혼인법』

일부다처제의 유지방법으로 '임대결혼'과 '중혼(重婚)'을 허용하다

여자 부족문제의 해결책

이슬람제국에서 일부다처제가 시행되었던 데에는 어떤 특별한 이유가 있던지, 아니면 여자들이 남아돌아가든지 어떤 특수한 사정이 있어야만 가능했다. 그 조건은 역시 전쟁이 만들어 주었다. 마호메트 시대와 그의 뒤를 잇는 칼리프(이슬람 공동체의 지도자)들에 의해 행해진 대 원정시대에는 많은 남자들이 죽었으므로 이와 같은 전제조건이 존재할 수 있었다. 그것은 전쟁미망인과 결혼하

구루 나나크

라는 마호메트의 권고에서도 알 수 있다. 또 적들에 대해 공격하는 도중에 포로로 잡은 여자, 패배한 상대 부족의 딸들도 매우 많았다.

이러한 조건이 일부다처제라는 사회제도를 탄생시키는데 중요한 작용을 했던 것은 사실이다. 특히 이슬람교도들은 여자들의 경우 이교도와의 결혼이 허락되지 않았지만, 남자들의 경우는 유대교도와 기독교도 등 다른 이교도들과의 결혼이 허용되었다.

그러나 시대가 안정되면서 여성 부족현상이 심각해지기 시작했다. 오히려 급속하게 남성 과잉시대로 변해 갈 염려마저 생겨나 일부다처제가 중단될 단계까지 이르게 된 것이다. 따라서 진정한 의미에서의 일부다처제, 즉 다수의 여성과 동시에 지속적인 부부관계를 유지하는 일부다처제는 남자들이 대거 사망하는 장기간에 걸친 전쟁기를 제외하면 극히 작은 범위에서만 존재할 수 있었다.

그래서 이슬람국가에서는 일부다처제를 다양한 단계로 나누어 실행했으며, 이슬람교의 『혼인법』을 통해 이를 매우 정교하게 정리해 놓았다. 엄격히 말해서 이슬람교에서는 일생에 걸친 부부관계라는 것은 존재하지 않는다. 아내가 간통을 하지 않았다 해도 남편은 언제든지 이혼할 수 있었기 때문이다. 하지만 이와 같은 결혼 해소가 너무 빈번하게 거듭되는 것이 남자에게도 별로 좋은 일은 아니었으므로 이슬람교의 법률에서는 기한부 결혼을 할 수 있도록 허락하고 있다. 이 결혼은 법 형식을 밟지 않은 단순한 축첩이 아니라 결혼계약에 기초한 정식 혼인이며, 아내가 되는 여자 쪽 가족의 동의 없이는 체결할 수 없었다. 기한부 결혼 기간 중에도 남편은 아내를 부양할 의무가 있으며, 때로는 다시 일정한 돈을 지불해야 하는 의무를 지기도 했다. 그러나 결혼 기간이 경과하면 아내에게는 배상을 요구할 권리가 없어졌다. 따라서 이런 결혼을 「임대결혼(賃貸結婚)」이라고 부를 수 있으며, 기간이 분명치 않은 결혼보다 남자에게, 또한 사정에 따라서는 여자에게도 훨씬 더 편리한 제도였다.

이러한 임대결혼만을 하는 여자는 물론 좋은 평판을 얻지 못했다. 이슬람 제국 중에서 수니파[20] 국가들, 특히 북아프리카에서는 이런 결혼을 단순한 「오락 결혼」으로 간주했다. 이런 결혼을 하는 여자는 위장한 매춘부로 여겼던 것이다. 그런데 신앙문제에 관해서 한층 더 엄격했던 이란 및 이라크 일부지역의 시크교도[21]들은 이것을 정식 결혼으로 간주하고, 출생한 자녀에게는 즉시 합법적인 지위를 인정했으며 완전한 상속권을 부여했다.

대체로 이슬람 제국에서의 일부다처는 중혼으로 환원되었다. 요컨대 전처가 이제 매력을 잃었다든가, 아이를 낳을 수 없게 되었을 때, 그들과 헤어진 후 보다 젊은 아내를 맞아들일 수 있었던 것이다. 이러한 합법적인 결혼과 비슷한 형태로서 종종 있었던 것은, 남편과 아내와 첩(대개는 하녀)이 같은 집에서 함께 생활하는 경우였다. 아내의 수는 무엇보다도 남편의 경제상황에 따라 결정되었다. 그러나 이슬람교도에게 있어서 아내를 몇 명이나 두어야 하는 문제는 남편의 경제력이 유일한 요소는 아니었다. 자녀의 수나 직업, 사회적 환경 등도 주요 원인이 되었다. 북아프리카의 많은 종족의 경우 한 명의 아내밖에 가지지 못한 족장은 사람들에게 무시당했다. 이것은 기독교 국가의 고위직 관리가 공공연히 중혼을 했던 것과 마찬가지였다.

---

20) 수니파(Sunni) : 순나파라고도 하는데, 전 세계 무슬림의 85~90%를 차지하는 이슬람교의 가장 큰 분파이다. 수니파는 아랍어로 "순나를 따르는 자"라는 뜻인데, 여기서 순나는 '무함마드의 가르침'을 말한다.

21) 시크교(Sikhism) : 15세기 후반부터 18세기 초에 걸쳐 인도의 펀자브 지방에서 발전한 종교이다. 시크라는 용어는 산스크리트어로 '교육' 또는 '학습'이라는 뜻의 시스야(sisya)에서 전래했다는 설과 '가르침'이라는 식사(siksa)에서 유래했다는 두 가지 설이 있다. 모든 사람 안에 자리하고 있는 하나뿐인 신의 메시지를 전파하기 위해 대륙과 대륙을 오간 구루 나나크(시크교 창시자)로부터 시작되었다.

여자 파수꾼

형식과 의미 여하를 불문하고 일부다처는 이슬람교 국가에서 남성의 특권이었다. 어떤 경우에도 여성은 한 명 이상의 남편을 가질 수가 없었다. 또 아내는 절대적으로 남편에게 정절의 의무를 지켜야 했다. 설사 남편이 아내의 눈앞에서 다른 여자들을 총애한다고 해도 마찬가지였다. 여성이 이처럼 극단적으로 불리한 성적 입장에 처해 있다는 사실에 대해 남성들조차도 내면적인 갈등을 느끼게 되기에 충분했다. 물론 그것은 도덕적으로 여자들을 불쌍하게 여겨서 그런 것이 아니라 이 제도를 유지하기 위한 고민에서 비롯된 것이다. 그리하여 이 제도를 관철하고 유지시키기 위해 강제적인 조치를 취하지 않으면 안 되었다. 그래서 될 수 있는 한 아내를 집안에 가두어 두고, 집 밖에서는 베일로 깊숙이 가리게 하여 다른 남자의 눈에 띄지 않도록 해야 했다.

이처럼 집안에 틀어박히거나 베일을 쓰는 두 가지 관습은 아주 오래되었다. 이것을 원시부족의 타부(taboo) 전통과 결부시킬 수도 있겠지만, 신비스런 그 배경을 찾는 것은 그리 간단한 일은 아니다. 그러나 모든 종류의 문화적 단계에서 존재하는 남성의 질투심이라는 동기만으로도 이 배경을 탐구할 수 있다고 본다.

이슬람교 문화권에서는 일부다처의 경우뿐만 아니라, 일부일처의 경우에도 이런 방법을 사용하였다. 하지만 일부다처의 경우에 아내를 감시하는 문제는 한층 더 곤란했다. 따라서 보다 엄중한 조치를 필요로 했다. 그러나 외출을 삼가고, 집 밖에서는 베일을 쓰는 것이 『코란』에 의하여 종교적 율법으로 규정되어 있기는 했지만, 처음부터 종교적인 성격을 가졌던 것은 아니었으며, 이슬람교의 교리나 제사의식과도 아무런 관계가 없었다. 오직 그것은 남자의 질투심이 바탕이 되어 자기 아내의 정절, 즉 남편의 성적인 소유물을 지키기 위한 조치에서 비롯된 것이었다.

이 같은 방법은 오리엔트 국가들과 마찬가지로 아라비아에서도 마호메트 이전부터 있었다. 그러나 발달된 국가에서는 이런 조치가 이미 폐지되었거나, 아니면 근본적으로 완화시킨 상태였다. 그런데 이슬람교에 의해서 이런 풍습이 다시 살아났고, 아주 오래 전에 사라졌던 국가들까지 받아들이게 된 것이다. 여성의 자유를 이처럼 모욕적이고 잔혹하게 탈취한 책임은 이슬람교에 있다. 여성들은 문둥병 환자처럼 외계와 단절되어 졌으며, 베일 속에 가려지게 되었다. 얼굴·목·팔을 보이지 않게 했을 뿐만 아니라, 여성들을 마치 벙어리나 귀머거리처럼 행동하도록 강요했다. 집 안에서조차도 가까운 식구나 노예와 대화하는 것만을 허락받았다.

이와 같은 생활규칙을 아직 어린 나이의 아내에게 실행시키려면 아주 엄격한 감독이 필요했다. 이런 감독의 소임을 맞는 자는 경험이 많고 나이 지긋한 여자가 적임자였다. 그런데 이 문제에 대해 이슬람교가 내놓은 해답은 전혀 달랐다. 그것은 아무리 나이가 많은 여성이라 해도 당시의 관습상 여성에게 충분한 권위를 인정받기가 어려웠기 때문이었다. 설사 권위를 인정받았다 해도 그 여성을 신뢰하기가 어려웠다. 따라서 여성을 감독하는 일에는 남자가 필요했다. 하지만 아내에게 위험하지 않은 자라야 했으므로 이제 거세된 남자, 즉 '환관'이 등장하게 되는 것이다.

환관의 등장

이러한 환관에 대한 인상은 사실은 서양이나 이슬람사람들 보다도 우리 동양계 사람들이 더 익숙해져 있다고 할 수 있다. 또 그들에 대한 인상은 그다지 좋지 않게 인식되고 있는 것도 사실이다. 그러나 이들 환관들을 희극적으로 묘사하는 경우도 있다. 예를 들어 모짜르트의 「후궁에서의 유괴」와 같은 오페라에서 화를 잘 내고 고집불통이기는 하지만 근본은 착한 뚱보로 표현하고 있는 것 등이 그것이다. 하지만 실제로 이들의 역사상의 역할은 명백하게 둘로 나뉜다. 하나는 정말 좋은 역을 담당했던 부류이고, 다른 하나는 명백하게 악역을 담당했던 부류이다.

그러나 이슬람제국에 있어 이들 환관은 그야말로 악명 높은 쪽에 포함되었다. 이들 감독관들은 거칠고 불쾌한 인간이었으며, 탐정이나 형리(刑吏)의 온갖 사악한 특성을 모두 갖춘 인물이었다. 아내를 감옥처럼 가두어 두는 이 집안의 파수꾼은 고대 오리엔트의 신관이었던 환관처럼 스스로 독신을 고수하는 남자는 아니었다. 그들은 거세당한 자들이라 육체적으로는 성을 상실했지만, 심리적으로는 오히려 성적 욕망이 더 강했던 부류였다. 그들은 결코 금욕주의자가 아니었으며, 단지 성적으로 불구자였을 뿐이었다. 따라서 이들을 둘러싼 불미스러운 일은 헤아릴 수 없이 많이 나타났지만, 그것에 대한 구체적인 사실은 전해지지 않고 있다. 그것은 아마도 실제적인 행위만을 간통으로 간주하는 인간들의 한계성에서 그 중요성을 간과했기에 그랬던 것이 아닐까 여겨진다.

이 제도는 마호메트의 명예를 위해서 만들어 진 것이 아니라, 남자들이 자기 소유의 성을 관리하려는 욕심에서 비롯된 것임에 틀림없다. 『코란』에는 환관과 관련된 말이 없으며, 이슬람교 초기의 다른 문헌에도 이에 대하여 언급한 것이 없다. 이 제도는 다마스커스와 바그다드의 칼리프 궁정에서 처음으로 등장하는데, 그로부터 정확히 천년 동안 모든 이슬람 세계에서 줄곧 유지되어 왔다.

19

중세교회
『참회서(懺悔書)』 시리즈(8세기부터 대두)
섹스에 대한 부정이 타락을 초래(招來)한다

성행위를 질병으로 간주

중세의 시기는 시대를 변화해 가면서 기독교 교리에 억눌렸던 사회적 성적 욕구가 다시 강하게 나타나 '기사도'라고 하는 당시 가장 엘리트였던 남성들의 변칙적 성적 행동이 나타나게 되었지만, 중세 전시기를 통털어 중세 인들의 마음을 지배했던 성적 이상은 역시 기독교적 교리에 바탕을 둔 성을 어떻게 억제할 것인가에 있었다. 사실 중세교회는 병적일 정도로 섹스문제에 대해 관심을 두고 있었다. 즉 이들의 관심은 교도들에게 성적 이상이 무엇인가를 인식시켜 주는데 힘을 기울였던 것이다.

중세시대 '성'에 관한 죄를 지었을 때 회개 방법

교회는 먼저 성행위를 질병처럼 간주하였다. 즉 성행위는 종족 보존을 위한 최소한의 필요악이라고 믿었기에 성행위의 환희를 최대한 억제토록 지시하였다. 그리고 영웅적으로 자기를 억제하지 못하는 자는 규칙의 커다란 제재를 받는다고 강조하였다. 그리하여 이러한 억제를 위해 특수한 옷이 만들어졌는데, 이 옷의 이름을 '슈미즈 칵클'이라고 했다. 이는 일종의 잠옷으로 천의 두께가 두꺼웠는데, 온 몸을 감쌀 수 있었으며, 구멍 한군데만을 내어 그곳으로만 섹스를 하도록 하여 임신케 하는 그런 역할을 하는 옷이었다.

이러한 전통은 오늘날에도 남아 있어 오늘날 구교 신부들은 결혼을 안하는 것이 불문율처럼 되어 있으며, 일반 신도들에게도 섹스를 즐겨서는 안 된다고 강조하고 있다. 성행위 시의 쾌락만이 죄악이 아니라, 이성에 대한 욕망이나 말하지 않고 감정으로 느끼기만 해도 죄에 해당하는 것이라고 강조하고 있는 것이다. 『성교의 변명에 대하여』를 쓴 베다 룸바르트는 "부(父)가 처(妻)를 사랑하는 것은 간통보다도 나쁜 죄다"라고 주장한 것은 이러한 생각을 가장 적나라하게 표현한 것이라고 하겠다.

교회가 만든 섹스의 5가지 명제

교회가 엄격한 제도를 만들기 시작한 시기는 8세기부터인데, 이를 위해 『참회서(懺悔書)』의 시리즈물이 나타나게 되었다. 이러한 책을 통해 섹스 문제에 대해 아주 작은 문제까지도 탐구하였는데, 모든 과실이 구체적으로 기술된 것이 이들 책의 특징이었다.

당시 교회가 정한 섹스에 대한 5가지 명제는, 첫째 일반인이라도 완전한 독신적 이상을 추구할 것, 사제(司祭)는 반드시 이를 지킬 것이며, 둘째는 처녀성을 중시하였는데, 이는 결혼은 처녀성을 가진 여아를 출생시키는 수단으로 인식하였고, 처녀는 그리스도에게 시집가는 자로 인식하여 처녀를 유혹하는 자는 사통(私通)을 범하는 것이 아니라, 그리스도의 처를 유혹하는 것으로 간주하였다. 그리하여 처녀는 의사에게 진찰 받는 것조차 거부하게 되었고, 신에 의한 기적적인 치료를 간구하였던 것이다. 당시는 처녀성을 선(善)으로 인식하였기에 남편과 동침을 하지 않는 것도 선으로 간주되었는데, 이는 오히려 남편(夫)의 악행과 타락을 불러일으키게 되는 동기가 되었다는 점에서 아이러니하다고 하지 않을 수 없다. 셋째는 애를 낳기 위한 부부간의 모든 성행위가 절대 금지되었다는 점이다. 사통은 살인보다 무서운 죄라고 할 정도로 1회 사통의 벌은 1년형이었고, 행위 회수와 당사자의 연령, 그리고 분별에 따라 벌이 정해졌을 정도였다. 넷째는 간통이 미혼자와의 사통보다 더 무겁게 다루어졌다는 점이다. 나아가 수도사와 수녀와의 사통 죄는 더욱 무거웠는데, 성직자의 한사람이 수녀와 사통하게 되면 10년 단식 형에다 영구적으로 참회하도록 육체를 절단해야 했다. 당연히 사통을 기도하거나 키스하는 것도 범죄에 해당되어 처벌되었다. 다섯 번째는 가장 중점을 둔 죄가 자위행위였다는 점이다. 이는 동성애나 수간보다 더 엄하게 인식했는데, 그 이유는 어린아이들이 자라나면서 자연적으로 알게 되는 자위행위를 엄격하게 근절시킴으로서 이들에게 성행위에 대한 공포감을 주어 이후 모든 성행위가 부정적으로 보이게 하도록 하려 한 교회의 의도적인 규정이었던 것이다.

「창세기」 38장에 나오는 "'오난'이 그 정액을 지면에 배설했기 때문에 죽었다"는 것이 자위행위가 금지되는 근거가 되었는데, 이러한 행위는 자위행위를 의미하는 것이라 하여 이후 오난의 이름을 딴 「오나니즘」이 자위행위를 지칭하는 말로 인식되는 계기가 되었다. 그러나 「오난」과 관련된 진실한 이야기의 의미는 형제가 죽으면 그 미망인과 성교를 해서 아이를 낳아야 하는데 이를 행하지 않음으로서 이를 위반했다고 하여 죽임을 당한 것이라는 점에서 실질적인 이야기와는 많은 차이가 있다.

　이러한 전반적인 규정으로도 불안했던 교회는 이를 더욱 구체화 시키고 있었는데, 즉 부부의 합법적인 성행위를 허가하는 1년 내의 날짜수를 제한했다는 점이다. 예를 들면 일요일·수요일·금요일에 행하는 것은 비합법적이었는데, 이는 1년 중 5개월이 성행위에서 제외된 것임을 대변해 주는 것이다. 여기에 부활절 전후 40일간, 크리스마스 전후 40일간, 성찬식 전 3일간의 성행위도 비합법적이었으며, 임신한 후부터 분만 후 40일까지도 금지되어 실질적으로 성행위가 자유스러웠던 날은 극히 며칠밖에 되질 않았던 것이다.

교회와 성직자의 타락을 유도하다

　이러한 것이 중세 유럽의 근본적인 성행위에 대한 사고였다. 이러한 인식은 금일까지 전해져 여전히 영향을 주고 있다. 이러한 인식 중 재미있는 사실을 소개하면 다음과 같다. 즉 아담과 이브의 문제에 대해 당시 교회들이 윤색한 내용인데, 아담이 에덴동산으로부터 쫓겨난 것은 성행위를 행했기 때문이거나, 아니면 조금이라도 성에 대해서 눈을 떴기 때문이었다는 교의(敎義)를 보급시켜, 사과의 유혹은 성적 유혹이고, 이브는 성적으로 유혹한 자임을 상징케 하였던 것이다. 그리고 교회는 이를 윤색하기 위해 여성의 월경(月經)은 이브가 이 유혹을 오히려 부추겼기 때문에 벌로써 생기게 된 것이라고 해석하였다. 교회의 성에 대한 공포가 얼마나 강압적으로 과장되었나를 엿볼 수 있는 예라고 하겠다.

　그러나 이러한 교회의 성 억제 정책은 오히려 사회적 모순 및 교회 자체의 모순을 초래케 하였는데, 그것은 바로 교회와 성직자의 타락을 유도했다는 점이다. 당시 여자수도원에서 여자수도원장까지도 많은 아이를 낳는 경우가 종종 있었는데, 이 때문에 성직자들은 자신의 죄를 눈감아 달라고 교황청에 많은 돈을 정기적으로 상납하기도 했다. 다시 말해서 이러한 행위는 죄를 돈으로 해결하려는 태도였다. 이런 점에서 교회는 악덕을 장려하고 조장한 근거지가 되었는데, 특히 지주계층에 대한 이러한 교회의 요구는 그 모든 것이 소작인들에게 전가되어 교회 헌금이 소작료에서 차지하는 비중이 점점 커갔던 것이다. 이는 소작료의 부담을 줄이고자 하는 항조(抗租)운동이 각 교회에 대해 나타나는 계기가 되기도 했다.

그러나 이런 영향을 받은 일반 민중들 간에는 성적 유혹을 차단하기 위해 고투하는 사람들도 꽤 많았다. 그들 가운데는 욕망을 잠재우기 위해 단식하는 자가 많았고, 유혹에서 벗어나기 위해 자기 방에 목욕탕을 설치하고 그 안에서 잠을 자는 경우도 있었다고 한다. 그러나 현재의 입장에서 생각할 때 강제에 의한 성의 억압정책은 최선의 정책이었나 하고 반문하지 않을 수 없다. 이러한 문제는 오늘날의 정책과도 연계해서 생각해 볼 문제로, 중세의 이러한 상황은 어쩌면 오늘날의 문제를 풀어 낼 수 있는 중요한 열쇠를 우리에게 가져다 줄 수 있다고도 생각된다.

기독교와 이슬람교의 성 인식에 대한 차이점

이런 점에서 이슬람교와 기독교를 비교해 보면 재미있는 차이를 발견할 수 있다. 즉 이슬람교는 여성을 일부다처제 속에서 남성의 자의적인 의지 아래 두었고, 기독교는 공평하게 남녀 모두를 징계의 채찍으로 다스렸다는 점이다. 이처럼 실제로 두 종교 사이에는 근본적인 차이점이 존재하였는데, 마호메트의 율법 아래에서는 경건한 신도라 할지라도 다음과 같은 글을 쓸 수가 있었다.

"알라를 찬양하라!
여자를 이처럼 아름답게 만들어 주셨으니.
여자의 육체에 쾌감을 자극하는 모든 매력을 주셨으니.
여자에게 이처럼 아름다운 머리카락과 목과 풍만한 가슴을 주셨으니."

그런데 기독교 제단에서 매일 밤 들려오는 기도 소리는 다음과 같았다.

"그리하여 보라!
우리는 부정 속에서 태어났으며,
우리의 어미는 죄악 속에서 우리를 잉태 했노라."

이것은 지금도 여전히 카톨릭교회의 기도 중에서 언제나 들을 수 있는 기도 내용의 하나이다. 부부가 함께 참회하는 마음으로 이런 기도를 듣고, 다시 기도를 하며, 그 뒤에 부부의 침대로 가서는 안 되는 줄 알면서도 또 다시 새로운 죄악을 범하였던 것이다. 참으로 신앙인에게는 무거운 짐이 실려 있는 것이나 마찬가지라 아니 할 수 없는 일이었다. 그러나 아무리 그렇다 해도 성은 억제될 수 있는 것이 아니었다. 몸과 마음을 송두리째 교회에 바친 사람들에게서도 성은 반역을 꾀하기에 충분한 마력을 지니고 있었다. 비록 사제(司祭)들이 독신주의를 확립하기 위해 1천년이나 싸움을 계속하였지만, 결국 억제할 수가 없었던 문제였다. 학자들은 이 싸움을 교리문제로 처리해 버렸지만, 사제 개개인에게는 자기 생활의 전면적인 변혁을 의미하는 초미의 관심거리였던 것이다.

20

기사도(騎士道, 12세기~13세기)
『아서왕이야기』
중세 '성애(性愛)'의 추악함을 '기사도'로 포장하다

중세의 성행동

중세는 3대 문화권으로 나뉜다. 즉 서유럽의 로마·게르만 문화, 동유럽의 비잔틴문화, 서남아시아·아프리카의 이슬람문화권 등이 그것이다. 이들 중에서 중세를 이끈 문화권은 서유럽의 로마·게르만문화인데, 이는 게르만민족에 의해 주도되었기에 붙여진 이름이다. 게르만민족은 북 게르만인(덴마크, 스웨덴, 노르웨이 민족의 조상), 서 게르만인(앵글로색슨, 독일, 네델란드인의 조상), 동 게르만인(동고트, 서고트, 반달, 롬바르트 민족의 조상) 등으로 나뉠 수 있다. 이중에서 민족이동의 주류를 이룬 것은 로마제국에 침입하여 로마를 멸망케 한 동 게르만인이다. 이들은 로마에 들어온 이후 라틴인과 혼혈하여 민족적 존재를 잃고 말지만, 세계사의 흐름에 미친 이들의 영향은 대단히 컸다.

이들은 자신들의 전통적 요소와 지방분권적 정치제도를 결합시켜 봉건제라는 제도를 탄생시켜 중세시대를 지배하게 된다. 이 봉건제도의 특징은 가신제(家臣制)·봉토제(封土制)·주종관계(主從關係)를 바탕으로 한 엄격한 신분제적 사회라는 점인데, 이의 존속을 위해서 군사적 의무를 가장 중요시하였다. 그러기 위해서 주종관계의 절대성이 필요했고, 그것은 충성·복종·원조·봉토라는 요소에 의해 아주 밀접하게 연결되어 있었다. 이런 가운데 나타난 것이 기사도(騎士道)였다. 이들 기사는 나름대로의 '룰'을 지키며 살아갔는데, 이 '룰'이라고 하는 것은 한마디로 '봉건귀족의 윤리'라고 할 수 있다. 그러나 이 룰은 고정되어 있는 것이 아니라 시대의 요구에 따라서 변천하였다.

초기에는 충성과 무용(武勇)이 가장 요구되었는데, 충성은 계약성·쌍무성적(雙務性的)인 관계로서 차츰 희박해져갔고, 무용은 만용과 횡포로 비화되어 패배자에 대한 무자비한 행동으로 이어졌다. 중기에는 그리스도교적 도덕이 요구되어 무자비한 행동은 많이 절제되었다. 그리고 종교에 아주 심취하게 되었다. 이후의 십자군 전쟁도 그런 영향 하에서 이루어졌다고 해도 과언이 아닐 것이다. 후기는 바로 십자군시대부터 그 이후의 시대를 말하는데, 이 시대의 기사도는 여자에 대한 배려로서 나타났다. 즉 전쟁으로 인해 기사들의 성생활이 부자유스럽게 된데다, 동시에 전쟁으로 인해 남자들이 죽자 부인에 대한 동정심이 생겨나 부인에 대한 친절이 이제는 하나의 기사도가 되었던 것이다. 그리하여 기사들은 부인을 보호한다는 구실아래 모험과 시합, 무용을 다투었다, 즉 당시 기사들이 숭배하는 것은 처녀성이 아니라 봉건귀족의 부인인 유부녀였다. 이는 봉건귀족의 부인이 자기 남편 이외에 한 사람의 애인을 더 가질 수 있었음을 의미하는 것으로, 부인에 대한 친절의 덕은 불륜과 중혼(重婚)의 성행을 초래했던 것이다.

이러한 비정상적인 성행동이 나타나게 된 배경은 기독교에 의한 지나치게 엄격한 도덕성 강조에서 연유되었다고 할 수 있다. 즉 기원후 1천 년간 영국을 비롯한 유럽지역의 성생활의 특징은 강간과 근친상간으로 팽배해 있었고, 그런 가운데서 겔트 족의 성생활이 가장 문란하여 그 성생활에 있어서의 자유분방한 생활은 거의 동물적이었다고 할 수 있을 정도였다. 이러한 사회적 풍토에 제동을 걸고 나타나 것이 기독교 선교사들에 의한 엄격한 도덕을 강조하는 기독교적 사고였다. 이는 교회의 성에 대한 도덕적 조처가 인정됨으로써 그 효력이 더욱 컸다. 그리하여 금욕을 강조하는 어느 정도의 강제적 조처가 정부차원에서 취해지기에 이르렀던 것이다. 그러나 그동안 자유분방한 성생활을 해온 유럽인들에게는 엄청난 속박이었다. 그 결과 많은 수의 정신장애자들이 속출하게 되어 중세 유럽은 거대한 정신병원처럼 되어버리게 됐다.

중세는 방종의 시대였나? 도덕성의 시대였나?

이러한 중세의 상황은 우리가 일반적으로 인식하고 있는 "중세는 방종의 시대이며, 종교 시설은 섹스의 온상"이라는 관념과는 아주 동떨어진 사회적 현상이었다. 물론 중세 말기에 이르면 이런 현상이 나타났다. 그 결과 이러한 증세를 중세의 전체적인 인상으로 보게 된 것 같으나 사실 중세 초기에서 중기까지는 철저한 기독교적 도덕성이 강조되는 그런 시대였기에 그다지 방종 된 그런 면은 없었다고 할 수 있다.

물론 중세초기에는 방종한 섹스가 성행하고 있었다. 이러한 상황은 초기 재판기록에서 확인되는데, 즉 혼전성교·간통·근친상간·동성애 등과 관계되는 많은 성범죄 사실의 기록에서 알 수 있다. 그러자 동시에 당시의 도덕주의자·교회 지도자 등이 이러한 시대풍조에 대해 한탄하는 그런 기록도 상당히 많은 곳에서 나타나고 있다. 예를 들면, 보니파티우스[22]는

---

22) 보니파티우스(Bonifatius, 672-754) ; 8세기 게르만족에게 기독교를 전파한 독일 선

"합법적인 처를 원하려 고는 하지 않고, 말이나 당나귀가 울듯이 호색과 강간의 생활을 계속하고 있다", "영국인은 결혼을 처음부터 바보가 하는 짓으로 본다"고 하였거나, 영국 신학자 아르퀸 (735-804)은 "이 나라는 혼전 성교·강간·근친상간의 홍수로 완전히 씻겨버려, 품위를 흉내 내는 것조차 볼 수 없게 됐다"고 한 것이나, 영국의 종교가 '솔즈베리의 요하네스[23](1120-1180)'의 시에 나오는 "그것은 범죄로 되지도 않고, 어떤 동네도 모두가 마찬가지네. 지주는 아내와 유녀에게 지지 않으려 하고, 부인은 주인 외의 색남과 놀아나 네" 등의 기록이 바로 그런 것들이다.

그러자 교회는 이를 억제하려고 노력하기 시작했던 것인데, 초기에는 효과가 없었다. 그러자 이후 교회의 지배조직을 개선하면서 이에 대한 압력을 가중시키게 되었다. 그러자 유럽 전체는 도착과 신경증 환자가 증가하기 시작하여 마치 정신병자 공장처럼 유럽사회는 변해갔던 것이다.

이러한 것은 사회가 인간의 본성으로 이겨낼 수 없을 정도의 성행동에 대한 표현을 제한하면 다음의 3가지 중 하나 혹은 그 이상의 현상이 일어난다는 사회학자들의 진단에서도 알 수 있다. 첫째는 터부(taboo, 신성하거나 부정하다고 여겨 접촉하거나 말하는 것을 금지하거나 꺼리는 것)를 무시하게 된다는 점이다. 특히 강한 성격의 소유자는 터부를 무시하게 되고, 약한 성격의 소유자는 간접적으로 자신을 표현하게 된다는 점이다. 둘째는 도착적 성행위를 하게 된다는 점이고, 셋째는 마음의 병·망상·환각

교사로 독일 전반에 교회가 자리 잡도록 그 기반을 공고히 다진 인물로 손꼽힌다. 또한 그는 프랑크 왕국의 교회를 개혁하고 교황청과 카롤루스 왕조 간의 화합을 이끌어 냈으며, 자신이 제시한 교회 체계에 따라 유럽 내륙 지방 곳곳에 교구들을 설치함으로써 유럽 전역으로 기독교 사회가 형성되도록 만전을 기했다.

23) 솔즈베리의 요하네스(1120경~1180) : 우주를 합리적으로 이해하고자 하는 태도는 신앙과 배치되지 않는다.

등 각 종류의 히스테리 같은 정신 신경증적 현상을 보이게 된다는 점이다.

당시 중세의 대부분 사람들은 성에 대해 교회의 가르침을 받아들이려고 했으나 금욕은 몸에 해롭다고 생각하는 경향이 강해 의사들은 여러 환자들에게 성교를 권하는 처방을 내는 바람에 교회의 가르침은 그만큼 약화될 수밖에 없었다. 그리하여 교회는 의사를 임명하는데 참석할 것을 요구받았고, 이처럼 성직자의 허가를 받아야 했던 것은 이런 이유가 있었던 것이다. 일부 교회에서는 오늘날에도 이런 권리를 갖고 있다고 하여 이를 실시하는 경우도 있다.

당시 의사들이 성교를 권하는 처방을 내릴 때 쓴 처방전을 보면, 생식능력을 유발시키기 위해 난초 뿌리를 먹으라고 권했고, 딱딱한 개의 고환을 먹으면 효과가 있고, 부드러운 고기는 역효과가 있다고 알려주었으며, 연뿌리는 그 모양이 남근과 같다고 하여 정력회복제로 널리 알려지기도 했다. 이에 대해 수녀들은 순결을 위해 백합 뿌리를 먹기도 했고, 한숨을 쉬게 하는 정조목(情操木, agnus castus)을 먹기도 했다고 한다.

이처럼 교회에서 도덕성을 강조하는 일면에는 사회적 히스테리를 막기 위한 민간요법이 성행하게 되었던 이중적 구조를 가진 성생활 모습이 중세 초기의 경우였다면, 중세 후기의 경우는 기독교적인 압력이 약화되면서 성적으로 문란해지기 시작했다고 볼 수 있다.

십자군전쟁의 진면목

우선 복장에서 그런 면을 볼 수 있는데, 14세기 여성은 허리가 짝 붙고 가슴은 나오게 옷을 입는 로코코식 옷을 입어 여자임을 강조하였다. 남자는 짧은 상의를 입어 성기의 모습을 쉽게 나타낸 옷을 입었는데, 성기의 형태는 브래킷(bracket, 전구같이 생긴 둥근 형)으로 알려져 장갑과 같은 주머니를 만들어 성기를 넣고 다녔기 때문에 위로 불거져 올라와 한 눈에 볼 수 있었다. 그러자 에드워드 4세 때는 하원의원에서 "귀족신분 이하의 기사…… 기타 어떤 자라도 성기가 발기했을 때 비부(秘部) 및 엉덩이가 보일 정도의 자켓이나 가운을 입지 못하도록 청원했다". 그러나 귀족 이상의 신분 자는 자기 마음대로 옷을 입었고, 사제도 무릎까지 올라오는 옷을 입었다. 그리고 그 다음 세대에는 가운데 부분이 전혀 가려지지 않을 정도의 짧은 옷을 즐겨 입었다. 이러한 점은 귀족사회에서 이미 성적으로 상당한 개방이 이루어지고 있었음을 알게 해준다.

그러자 이 당시는 매춘이 사회에 수반하는 현상으로 인정하게 되었고, 초기 교회도 매춘에 대해 관용하는 쪽으로 기울었다. 궁정에서는 냄새가 나지 않게 하기 위한 물탱크를 준비해야 할 정도로 매춘이 성행하게 되었다. 보니파티우스는 "영국의 매춘부가 보이지 않는 마을은 프랑스·이탈리아 어느 곳에도 없었다"고 했다.

한 가지 재미있는 것은 성지를 이교도로부터 회복하겠다고 원정에 나섰던 십자군들조차도 이런 성적 자유분방함에 도취되어 어디를 가든 성적 유희를 즐겼는데, 오늘날 터키탕[24)]이라는 말이 생겨난 것도 이들 원정

---

24) 터키탕의 유래 : 아랍인들은 항상 모래바람을 맞으며 살아가야 했기에 몸의 청결은 생존의 필수조건이었다. 그런데다 그들의 삶이란 원거리 무역 형태인 캐러밴(대상)으로 상징되는 이동문화여서 이동에서 오는 피로를 풀기 위한 시설이 필요했다. 이런 것들이 아랍식 목욕탕인 '함맘(Ham-mam)'의 발달을 가져왔던 것이다. 함맘에는 아랍문화가 집약돼 녹아있다. 아랍인들은 절대 맨몸을 남에게 드러내지 않는다. 남탕과 여탕을 따로 두지 않지만 대신 이용시간으로 남녀를 분리한다. 함맘은 이처럼 오랜 역사를 지니고 아랍 이슬람 문화의 기둥이 되어 왔으나 우리에게는 '터키탕'으로 잘못 알려졌고 이미지 또한 좋지 않다. '터키탕'이 알려진 것은 15세기 비잔틴 제국을 쓰러뜨리고 일약 이슬람의 강자로 부상한 오스만 투르크가 '함맘'을 보다 웅장하고 아름답게 짓고 발칸반도를 비롯한 그들의 세력권에 이를 확산시킨 다음부터였다. 하

터키탕

이후에 나타난 것이었다. 이들은 원정의 피로를 푸는 유일한 장소로 목욕
탕을 자주 이용하였는데, 이곳에 간 가장 큰 이유는 피로회복이 아니라
성적 유희장소로 그곳보다 더 좋은 곳은 없었기 때문이었다. 이 때문에
헨리 2세는 목욕탕을 매춘의 근거지로 보고 목욕탕조사법을 실행하였을
정도로 목욕탕은 당시 나쁜 장소로 인정되고 있었다. 그러나 이 제도는
17세기까지 운용되었는데, 이는 목욕탕이 공식 허가된 장소가 아니었지
만 음성적으로 유럽대륙 전체에서 인정되어 매춘의 소굴로 사용되고 있
었음을 알게 해준다. 어느 정도나 이 매춘 소굴의 영업이 잘 됐는지를 알
게 해주는 것으로, 재정 수익의 확충을 위해 여자목욕탕을 산 추기경도
여러 명 있었다는 점이다. 당시 시에서 운영하는 매춘 하우스의 매춘부들
에게 교회는 십일조를 거둘 권리가 있었다.

지만 '터키탕'으로 알려진 함맘은 해괴하지도 음란하지도 않은 곳이다. 깨끗하고 건
전한 휴식 공간이며, 생의 활력을 재충전하는 사막속의 공중목욕탕을 뿐이다.

특히 이 당시의 독특한 사회 풍조로 들 만한 것은 남녀 누구나 대로를 나체 또는 거의 나체 수준으로 활보할 수 있었다는 점이다. 귀족 자녀들은 찰스 5세 앞에서 나체로 걷는 것을 명예로 삼을 정도였다니 요즘 나체족들이 부러워할만한 시기였다고 하겠다.

성적 탐욕을 합리화한 기사도(騎士道)

이러한 상황에서 태동한 것이 앞에서 말한 '기사도'라는 웃지 못 할 발상이었다. '기사도'는 12~13세기쯤에 발전했던 일련의 행동규범으로, 비록 단일화 된 문서 같은 것은 없지만, 후대의 문학과 문화에 많은 영향을 끼친 비공식적인 규범이라 할 수 있다. 역사적으로 이런 기사도 같은 것은 무사들이 지배하는 사회체계를 안정시키는 과정에서 발생한 것인데, 이때 규범과 도덕이 생기며 더해서 미학적인 특징까지 더해지게 된다. 규율과 도덕을 지키는 것이 보다 멋지고 아름답다고 느끼게 하는 것으로 심리적으로 이를 중시하게 만들었다. 이 때문에 기사도나 무사도 같은 것에는 당시 사회가 요구하는 도덕과 규범, 그리고 미적인 관점이 집중되어

기사도

만들어졌다. 그러나 동서고금의 각종 윤리규범이 그러하듯 기사도 또한 제대로 지켜지지 않은 경우가 많았다.

　수많은 분쟁과 정치적 권력싸움으로 10, 11세기 유럽은 불안정한 상황이 되었는데, 그 와중에 교회는 점차적으로 귀족들에 대한 영향력을 키워 나갔다. 교회는 "하나님의 평화운동"을 선포하며 기사계급을 교회에 봉사하는 쪽으로 이끌어 나갔다. '기사도'라 부르는 생활양식 내지 윤리체계를 등장시킨 것이다. 이런 흐름 속에서 기사들의 목적은 신앙의 수호자, 약자들, 즉 과부, 고아, 교회의 방패막이 되는 것으로 바뀌게 된다. 문학작품에서 기사들의 이상적인 모습이 나오는 것도 여기에 기인한다. '기사도'는 처음에는 전사들의 단순한 신조로 시작되었지만, 점차 하나의 행동틀로 발전했고, 기사에게 요구된 가장 중요한 덕목은 충성과 독실한 신앙, 겸허, 용맹, 사랑, 관용, 그리고 부녀자와 약자보호 등이었다.

　이러한 기사도 정신은 프랑스를 중심으로 전 유럽으로 확산되어 백년전쟁 같은 경우 프랑스와 영국 기사들 간의 아름다운 기사도의 일화들을 많이 남겼다. 저지대 국가[25] 출신 궁정작가이자 음유시인이었던 장 프루아사르[26]의 『프루아사르 연대기』에 따르면 30인의 결투라고 정정당당하게 기사와 종자(從者, 따라 다니는 자)를 뽑아 30대 30으로 편을 갈라

---

25)　저지대 국가 : 스헬더강, 라인강 그리고 뫼즈강의 낮은 삼각주 지대 주변에 위치한 지역 일대를 일컫는 말로, 오늘날의 벨기에, 네덜란드, 룩셈부르크 그리고 프랑스 북부 지역 일부와 독일 서부 지역 일부가 포함된다. 이 용어는 중앙집권 국가가 형성되기 시작하고 귀족 및 귀족가문에 의한 통치가 이루어지던 중세 말기 및 근대 초 유럽에 주로 적용된다.

26)　장 프루아사르(Jean Froissart, 1337년 무렵~1405년 무렵) : 프랑스어를 사용한 저지대 국가 출신의 연대기 작가 겸 궁정 역사가. 몇 편의 연대기와 전기소설을 남겼다. 백년전쟁 전반을 기록한 『프루아사르 연대기』와 아서왕의 전설을 소재로 한 장시(長詩) 『멜리아도르』를 저술하였다.

서 맞장을 뜨는가 하면, 상대를 죽이지 않고 부상만 입혀서 몸값을 받고 풀어주는 등 지금 시각에서 보면 전쟁에서 참으로 신사적인 행동들이 많았다.

이처럼 강인한 무를 숭상함과 동시에 레이디에게 친절하고 명예를 중시하는 등 몇몇 이야기는 존경받을 만한 것도 있지만, 대부분의 이야기들은 '기사도'라고는 전혀 볼 수 없는 것이 대부분이었다. 중세는 천년이라는 긴 세월이었기에 시대에 따라 '기사도'는 변해갔는데, 이러한 '기사도' 정신은 중세 이후 기사계급 자체가 사라지면서 일부는 사라지고, 일부는 귀족과 같은 상류계급 전체의 일반적인 도덕규범으로 바뀌게 된다. 특히 포로나 사신에 대한 대우라던가, 장교(귀족)에 대한 존중 같은 것은 기사도적 전투 관습의 연장이었다.

이러한 기사도에 대한 인식이 그럴듯하게 자리 잡게 된 것은 『아서왕이야기』라는 소설 덕분이었다. 아서 왕(King Arthur)[27]은 6세기경 영국의 전설적 인물이며 켈트 민족에 속하는 영웅이다. 브리튼 지방을 소재로 한 일련의 중세 로맨스에서 원탁의 기사들을 다스리는 왕으로 나온다. 이러한 전설들이 어떻게, 어디에서 유래했는지, 그리고 그가 역사상의 실제 인물이었는지는 확실하지 않다.

아서가 역사상의 인물로서 웨일스인들을 이끌어 템스강 중류에서 전진해오는 서부 색슨족에게 저항했다는 가설은 2명의 초기 연대기 작가인 길다스와 넨니우스의 주장을 합친 자료와 10세기 후반의 『웨일스 연대기 (Annales Cambriae)』에 근거를 두고 있다. 9세기 넨니우스의 『브리튼

---

27) 아서왕 : 중세의 사료들과 무훈시·기사문학에 언급되는 켈트족 브리튼인들의 전설적인 군주. 5세기 말에서 6세기 초에 색슨족 게르만인의 브리튼 침략을 막아냈다는 아서에 관한 이야기는 주로 민담과 문학적 허구로 이루어져 있다.

역사(Historia Britonum)』에 따르면, 아서는 색슨족에 저항해서 12번의 전쟁을 치렀으며 몬스 바도니쿠스에서 가장 큰 승리를 거두었다고 한다. 그러나 이 작품에 나오는 아서에 대한 기록은 출전이 불확실하고 아마도 시(詩) 작품에서 옮긴 것으로 보인다.

『아서왕 이야기』는 켈트족의 다양한 신화와 전설에 기독교 전승까지 덧씌워진 것으로, 여러 중세 작가 특히 프랑스 출신의 작가들이 아서의 출생에 대한 일화, 기사들이 벌이는 모험, 왕비인 귀네비어와 기사인 랜슬롯 경의 불륜의 사랑 등 여러 가지 다양한 이야기를 만들어냈다.

하지만 실질적으로 이 소설책이 쓰여 지게 된 배경은 아서왕과 그 휘하 기사들의 무용담을 실어 기독교 당국이 중세 영국의 민화를 공인된 도덕의 기준으로 삼으려고 한데서 쓰여 졌던 것이다. 18세기에 들어서면 소설가와 빅토리아시대의 센티멘탈리즘에 의해서 이러한 작업이 박차를 더 가하게 되었는데, 이러한 모든 이야기는 실제이야기와는 전혀 다른 것이었다.

중세의 기독교 역사가 기르타스는 "기사는 피를 뿌리며 자만하는 집단이며, 사람을 죽이고, 악덕만을 행하고 간통을 일삼는 신의 적이다", "기사는 많은 부인을 데리고 살면서도 어린 소녀들을 유혹하고 다른 부인들과 간통한다"라고 묘사한 점에서도 알 수 있다.

그러나 전적으로 모든 기사들이 다 그처럼 허울적인 인간들만은 아니었다고 평가한 이도 있었는데, 그는 다름 아닌 시인 트

아서왕

로아(1135-1184)였다. 그는 당시의 시대상에 대해 다음과 같이 평가했다.

> "여자 아이가 혼자 있는 것을 보면 기사는 자신의 명예를 보전하기
> 위해 그녀를 능욕하기보다는 자신의 욕망을 억제하기 위해 스스로
> 목을 자르는 생각을 했고, 만약 강간을 하게 되면 그는 궁중에서 비웃
> 음을 사는 것은 물론 하인 취급을 받아야 했다. 한편 마음에 있는 여
> 자가 다른 기사와 함께 있는 것을 보면 그 기사에게 싸움을 걸어 여
> 자를 자기의 것으로 만들 수도 있었다. 이는 부끄러운 일도 아니었고,
> 누구에게도 비난받지 않았다."

그리고 이를 위해서는 엄격한 규칙을 지켜야 한다고 했다. 그리고 기사
는 기독교의 가르침을 무시한 것이라기보다는, 기독교 선교사가 오기 이
전부터의 전통적 행동양식을 지킨 것으로 볼 수 있고, 그 후 수백 년 이후
까지도 이어져 온 것이라고 변호하고 있다. 그는 이러한 전통적 행동양식
을 아일랜드인 전통사회의 성격이라고 말하고 있는데, 즉 이 사회는 모계
사회적 성격이 강하여 성적인 면에서도 강압적인 제한이 없었고, 처녀성
은 평가되지 않았으며, 결혼하기 전에는 시험결혼이 유행했다고 했다.

당시 사회에서는 임신한 여자와도 결혼이 가능했다고 하니, 기사들이
그저 욕망에만 사로잡혀 성적 대상을 무자비하게 찾아 나선 것이라고만
말하기에는 약간의 여운이 있지만, 중세시대를 풍미했던 기사들의 '기사
도'라는 것이 우리가 생각하듯 그런 신사적 개념만은 아니었다는 점에서
그들에 대한 평가를 다시 되 짚어 봐야 할 것이 아닌가 생각된다.

21

단테 알리기에리(1265-1321)
『신곡』, 「천국편」
암흑 속에 갇혀 있던 여성들의 영혼을 깨우다

속박된 틀 속의 사회(중세)에서 자유로운 세계(르네상스)로

중세 사람들은 세계는 신이 창조했고, 인간의 행동과 사물의 운동은 이미 결정되어 있다고 생각하였다. 그들은 춤출 때의 동작처럼 모든 사회적 패턴에서 벗어나는 것을 반사회적 행위로 보았다. 그리고 행성(行星)의 운동이 지상에 있는 인간의 행동을 지배한다고 보았기에 점성술(占星術)이 유행하였다. 추기경 회의에 앞서 점을 보는 교황도 있었다 하니 그런 유행이 어느 정도나 심했는가를 알 수 있을 것이다. 그들은 별의 운행과 인간의 행동과는 서로 감응관계(感應關係)를 가지고 있어 서로 인과관계를 갖는다고 보고 별이 궤도에서 벗어날 경우 세상에 재앙이 따른다는 관념을 갖게 되었다. 그리하여 인간의 행동이 잘못을 저질러 하늘에 분노를 살 경우에는 재앙을 부를 가능성이 있기에 그런 잘못된 행동을 하는 자에 대해 반사회적 행동으로까지 확대 해석하는 경우도 있었다.

이처럼 중세 사람들은 어떤 고정된 관념에서 세상을 살았고, 그러한 관념에서 벗어나는 경우 죄로 인정하여 사회로부터 추방시켰다. 성에 대한

단테 알리기에리 『신곡』

의식도 그런 틀에 맞추어서 스스로 틀을 정해 놓은 다음 그 틀에서 벗어나는 경우 어떤 형식과 절차를 통해서라도 그러한 죄를 지은 사람에 대한 처벌을 행하였다.

이러한 속박된 틀로부터 인간을 자유롭게 하려는 일련의 움직임이 나타나게 되었는데 역사에서는 그런 시기를 르네상스시대라 하였다. 이러한 변화는 14세기에 들면서 나타나기 시작했는데, 실로 인간에 있어서 중대한 변화였다. 이는 다시 말해서 중세 인간들의 생각이 이 시기에 이르러 없어지게 됐다는 말로, 하늘의 통제를 받지 않고 인간은 자신이 하고 싶은 일을 할 수 있다고 하는 신념을 갖게 되었다는 것으로 표현할 수 있다.

그러나 그에 대한 반대급부로 인간은 이기주의적인 냄새를 피우기 시작하였고, 이러한 이기주의를 충족시키기 위해, 즉 자신의 욕망을 채우기 위해 폭력을 사용하는 좋지 않은 사회적 풍조를 가져오는 계기가 되기도 하였다.

물론 이러한 현상이 종종 중단되기도 하였지만, 이러한 행동이 법이라는 틀 속에 완전히 잠재워지기까지는 몇 세기 동안이나 지속되었다. 이러한 완전한 방종은 중세의 경직된 규율과도 같아서 오히려 인간의 욕구불만을 초래하여 중용의 길을 찾으려는 쪽으로 노력하게 되었고, 이는 바로 정신혁명을 가져오는 계기로 연계되었던 것이다. 이러한 정신적인 영향은 섹스문제에 대한 태도에도 결정적인 영향을 주게 되었다.

이처럼 14세기 사람들은 파괴적이고 색정적 욕망에 대처하기 위한 기술을 고안하고 이를 사용하는데 시간을 보냈다. 화가들은 무의식적인 내용을 예술적 형식으로 자유롭게 표현하였는데, 18세기의 합리주의자들이 무의식의 욕망을 부인하고 기묘한 충동의 존재를 인정하여 합리주의적 철학을 만들어 낸 것과 상반된 현상이었다.

그리하여 14세기의 사회적 현상은 인간 자신의 독립을 추구하게 되었고, 행동에 있어서는 공통적 요소를 부인하고 자신의 특유한 측면, 즉 자신의 독자적인 태도와 후천적인 지식 만에 주의를 집중하게 되었다. 그리하여 인간은 자신을 독립된 단위로 생각하게 되어 다른 사람의 일에는 전혀 신경을 쓰지 않고 자신이 하고 싶은 일을 하는 것으로 만족했던 것이다. 이러한 점을 염두에 두어야 당시 사람들의 정신적 변용(變容)을 이해할 수 있고, 나아가 섹스에 대한 태도 변화를 알 수 있는 것이다.

여성의 지위를 급상승시킨 단테

이런 개인주의적 경향이 최초로 일어난 곳은 14세기 이탈리아에서부터였다. 이곳에서는 낭만주의적 경향이 일어나서 사랑에 대한 정열을 노래하기 시작했는데, 중세의 암흑을 깬 영혼의 시인 단테가 『신곡』「천국편」에서 "우리들 사상의 귀부인"이라 하여 처녀 마리아에 대한 연모의 정을 나타낸 것이 그런 노래의 대표적인 것이라 볼 수 있다.

단테의 원 이름은 두란테 델리 알리기에리인데, 단테는 두란테의 약칭이고, 두란테 알리기에리라는 이름은 "장수하는 날개가 달린 자"라는 의미인데, 그것은 그의 작품이 남긴 다양한 영향들의 결과를 예언한 실로 상징적인 이름이라 할 수 있다.

단테는 『신곡(神曲)』을 썼다. 『신곡』은 단테가 지옥에서 연옥(煉獄, 천국과 지옥 사이에 있으며 일부 영혼들이 존재한다고 믿는 장소)을 거쳐 천국으로 이끌려가는 모습을 읊고 있다. 그것은 단테가 조국 피렌체를 열애하면서도 거기서 추방되자 각지를 여행하게 되었는데 결국은 피렌체에 돌아오지 못하게 된 사실과 관계가 있을 지도 모른다. 또 지옥에서 천국으로 들어가는 해방은, 지옥과 같은 중세 봉건사회에서의 해방에 대한 희망을 단테가 의식하고 있는지 어떤지는 별개로 하더라도, 그런 희망을 반영하고 있는 지도 모른다. 단테가 『신곡』을 라틴어로 쓰지 않고 구태여 당시 속어라고 멸시하고 있던 이탈리어로 썼다는 것은 매우 중요한 일이다. 즉 그는 『신곡』이라는 대작을 지금의 우리나라의 예로 보면, 한자가 많은 한문풍의 소위 문어체의 문장으로 쓰지 않고, 한글로 문자풍의 구어체로 쓴 것과 같은 말이다. 그것은 곧 여러 사람들에게 널리 읽힐 수 있다는 말이기도 한 것이다.

이러한 단테와 같은 위대한 시인의 이러한 경향에 따라 여성의 지위는 급속히 신장되어 갔는데, 결국에는 남자와 동등한 교육을 받을 수 있게 되었고, 정치에는 직접 참가하지 않았으나 영향을 미치기 시작하였다. 당시 여자들의 의상은 사치스럽고 다양한 의상을 입었으며, 화장품을 사용하여 자신의 아름다움을 자유스럽게 표현하는 등 마치 여성들의 천국처럼 되어버렸다. 여자들은 비너스 풍의 유방을 들어내 놓는 차림이 유행했고, 향수가 광범위하게 많이 사용되어 전 집안이 향수 냄새로 물들여질 정도였다. 현재까지도 당시부터 전해지는 가구에는 향수 냄새가 배어 있다는 사실에서 얼마나 많은 향수를 사용했는가를 알 수 있다. 이러한 상황에서 고급 창녀가 출현하는 일은 그리 이상한 일이 아니었다. 그녀들은 매력과 지성을 지녔고, 교육과 품성이 있었으며, 자신의 집에 거주하며 정계 예술계에 영향력을 가진 남자들을 친구로 하였는데, 베르니카 프랑코[28]가 그 대표적인 예이다.

이러한 사회적 열풍 속에서 대두하게 된 처녀 마리아에 대한 숭배 열기는 더욱 더 고조되어 북유럽의 대성당은 마리아를 섬기는 데로 헌납되었고, 교황들도 찬사를 통해 마리아 숭배를 예찬하였으며, 마리아를 숭배하는 새로운 축제일을 만들었다.[29] 나아가 마리아의 부모를 예찬하는 축일도 정했는데, 이러한 영향은 미술작품에도 그대로 반영되었다. 따라서 일반 민중들도 이런 그림을 좋아 했고, 이를 통해 마리아에 대한 숭배 열기는 더욱 퍼져나갔던 것이다.

르네상스의 자유방종이 빚어낸 빛과 그늘

그러는 한편 성적인 죄악감을 줄이기 위해 욕망을 억압하는 정신 에네

---

28) 베르니카 프랑코(Veronica Franco) : 베네치아가 낳은 여류 시인이며, 창녀였던 유명한 여인이었는데, 인간의 존엄성이 존중되어야 한다는 선진적인 생각을 하고 있었다.

29) 마리아 축제일 : '천주의 성모'라는 칭호는 4세기경에 생겨, 431년 에페소 공의회에서 공적으로 승인되었으며, 1970년 이래 1월 1일을 '천주의 성모 마리아 대축일'로 지낸다. 또한 1967년 12월 8일에, 교황 바오로 6세는 이날을 세계 평화를 위하여 기도하는 날로 제정하였다. 그러나 고대 축제일의 날짜는 각 나라마다 다르다.

르기를 쓰기 시작했는데, 이는 예술 작품의 창조성을 부각시켜 르네상스 시대의 예술작품을 탄생시키는 계기가 되었다. 프로이드는 순수한 두뇌 노동을 하는 지식인에 있어서는 성적 절제가 유리하다고 주장했지만, 그러나 창조적 예술가에게 만은 맞는 말이 아니었다.

이러한 현상과 더불어 반사회적 특징이 일어났는데 그것은 바로 양심 없는 폭력이 난무하게 되었다는 점이다. 이러한 르네상스의 폭력은 중세의 폭력과 달랐는데, 중세의 폭력은 망집(妄執)·새디즘 등을 통해 잔인함 그 자체에 대해 쾌감을 느끼는 것이었다. 그리고 잔학행위를 정당화시키기 위한 최고의 도덕적 이유를 만들어 두었던 것에 대해, 르네상스시대에는 개인적 목적을 달성하기 위해 우발적으로 일어나는 사건 가운데서 이들 폭력이 나타나 이를 정당화 시킬 필요조차도 없었다. 일정한 규정이 없어 사회 전체가 자행한 폭력은 신과 인간과의 관계를 부정하는 인간들의 모습으로, 오늘날의 범죄자 집단과도 같은 그런 참혹한 행동이었다.

예를 들면 수명의 젊은 귀족이 수도원에 침입하여 수도녀들을 강간한다거나, 남의 부인을 유혹하다가 남편들에게 죽임을 당하거나 하는 것이 당연한 정당한 권리로 인정되어 언제나 결투가 일어나곤 하였던 것이다.

이러한 결투는 굴욕을 참지 못하는 진정한 용기를 증명하는 직접적 방식으로 인식되어 1480년경부터는 무정부 상태로 들어서게 되었는데, 이 탈리아제국 지배자들에 의해 이런 사회적 분위기는 더욱 조장되어져 사회질서 유지가 어려울 정도였다. 그리하여 암살과 살인은 일상적으로 일어나는 행동이 되었고, 무장집단이 변장을 한 채 매일 저녁 출몰하여 많은 교회에서는 성찬식에 쓰는 성기(聖器)가 도둑을 맞게 되는 정도에까지 이르렀다. 이를 보면 어느 정도나 범죄가 설쳐댔는지를 암시해 준다고 하겠다.

그런데 더욱 큰 문제는 교황청까지도 이러한 상황에 말려들어 갔다는 점이다. 그리하여 모든 사람들이 쾌락에 물들어갔고 무자비하고 비양심적인 집단으로 변질되어 갔던 것이다. 잘 알려지지는 않고 있지만, 알렉산더 6세의 왕궁이 특히 음탕한 소굴이었다고 한다. 당시 교황사가인 버차드는 "1501년 알렉산델 6세 교황[30]이 50인의 매춘부를 자신의 집에 데려다 놓고 25세 아들과 21세 딸 앞에서 종복들과 함께 춤을 추었다"고 기록하였는데, 그 사실을 더욱 구체적으로 보면 "이들은 처음에는 옷을 입었지만 곧 나체로 됐고, 과일을 뿌리고 이를 많이 주운 매춘부야말로 육체적인 일에 대해 가장 많은 것을 안다고 여겨져 남자들에게 수여되었다"고 기술하고 있다. 또 교황으로 될 뻔했던 추기경 비에르네오네는 자신의 여동생에게서 아이를 낳았고, 여행을 할 때는 언제나 첩을 데리고 다니는 것이 통례였다고 했다.

종교개혁은 이러한 르네상스시대의 사회 풍조에 대한 반동적 형태에서 일어났다고 볼 수 있는데, 이런 방종이 특히 강했던 이탈리아에서 종교개혁이 일어나게 된 것은 그리 이상한 일이 아니었다.

그러나 한편으로 이러한 자유방종은 인간에 대한 새로운 깨달음을 가져다주어 인류역사 발전에 획기적인 계기를 마련해 주기도 했는데, 그것은 다음과 같은 것이었다.

첫째는 자유로운 학문에 대한 새로운 애정이 나타나 대학설립 및 연구

---

30) 알렉산델 6세(1492~1503) : 교황직의 절대적 최하점을 나타낸 그는 완전히 속화된 추기경단의 철면피한 성직매매 책동으로 선되었고, 역시 철면피하게 그의 교황직을 악용하였다. 그래서 동시대인들은 그를 "그리스도인이 아닌 '복면한 가면신자'"라는 생각까지 갖게 되었다. 그가 모든 것을 그의 정치적 목표와 그의 끝없는 족벌주의에 종속시켰고, 또한 그의 부도덕한 생활을 지속시켰다. 그는 그의 사생아들에게 군주령을 만들어 주기 위해 그 지위를 이용하기까지 하였다.

활동의 활발함을 가져왔다는 점이고, 둘째는 다른 사람에 대한 관심이 나타나 빈민구제법이 등장하는 등 사회개혁이 여러 면에서 이루어졌으며, 셋째는 성에 대한 억압이 늦춰져 창조적 에네르기가 홍수처럼 밀려나오기 시작하여 시·연극·회화·건축·음악 등 전 분야에서 급진적 발전을 가져왔다는 점이다.

그러나 지나친 자유방종으로 인해 부정적 현상도 일어났으니 그것은 다음과 같은 것들이었다. 첫째는 사회적 가치관이 미완성 되어 중세의 육체적 유혹과 이를 죄악시하는 가치관이 충돌되었다는 점이다. 이러한 혼란된 사회적 가치관에 대한 반동적 역할로 종교개혁이 대두하기는 했지만, 이를 둘러싸고 수많은 사람들이 피를 흘려야 했던 것은 비극이라고 하지 않을 수 없었던 것이다. 둘째는 성의 무질서가 더욱 팽배해져 더욱 도덕적 타락 및 근친상간 등에 대한 불안이 고조되었다는 점이다. 셋째는 교회 자체의 무질서로 인해 세속적 정치권이 도전하여 교회의 절대 권력을 빼앗기 시작함으로써 분쟁이 그치지 않았다는 점도 부정적 요소로 생각하지 않을 수 없다. 넷째는 개인적 자유의 확대가 자기 해석 및 이익을 둘러싸고 폭력을 동반해 왔는데, 이는 일정한 룰이나 통념 없이 즉흥적으로 나타남으로 해서 자신의 정당성을 입증할 수 있는 유일한 방법으로 결투가 대두하여 사회적 불안을 야기 시켰다는 점도 간과할 수 없는 부정적인 현상이었던 것이다.

22

조반나 보카치오(1313년~1375년)
『데카메론』
제프리 초서(1342~1400)
『캔터베리이야기』
자유분방한 '연애관'으로 포르노문학을 개척하다

횟수는 남자능력의 척도

전체적으로 볼 때, 르네상스에 여성의 지위
가 아무리 향상됐다 하더라도 역시 남성의 시
대였던 것은 분명했다. 다만 남성다움에 대한
시각과 표현이 다를 뿐이었다. 즉 기사와 음
유시인의 시대처럼 영웅적인 행위가 아니라
오로지 성적인 능력, 즉 포텐트(potent, 강력
함)에 의해서 남성의 모든 것이 평가되었다.
이런 점을 무엇보다 강조하고 있는 것이 아마

조반나 보카치오

도 르네상스 문학의 가장 큰 특징일 것이다. 그들은 여자를 성적으로 만
족하지 않는 인간으로 보았으며, 이런 여자를 만족시키지 못하는 남자는

무능한 인간으로 취급되었다. 따라서 성적인 능력이 남자다움의 확실한 기준이 되었다는 것만으로도 이미 젊은 사람은 노인보다 우월한 존재였다. 침대에서 강자라는 사실 때문에 젊은이는 언제나 정당한 자로 평가되었다. 그리하여 르네상스의 시인들은 남녀가 만나 행한 사랑의 횟수에 관하여 정확하고 자세하게 전하고 있는 것이다.

제프리 초서

그들의 말에 의하면 남편은 기껏해야 하룻밤에 세 번쯤 요구할 뿐이지만, 그의 아내를 가로챈 애인은 일곱 번씩이나, 또는 그 이상까지 할 수 있는 능력이 필요했다고 한다. 즉 "여자는 조금도 피로한 기색을 보이지 않고 차츰 차츰 애인을 소모시킨다. 더구나 아무리 뜨거운 하룻밤을 보낸 뒤라도 날이 새면 여자는 다시 아침이슬처럼 싱싱한 모습으로 다음 정사를 기다린다."고 했다.

이처럼 요구 횟수가 많은 여자들을 상대하려면, 남자는 가끔씩 자신의 성적 능력을 증진시켜 주는 약이라든가 기타 수단의 도움을 받지 않을 수 없었다. 따라서 희곡이나 소설에서도 영약(靈藥)과 주술 등에 관한 의사와 친구들의 조언 따위를 다른 내용이 큰 비중을 차지하였다. 또한 웃음의 효과를 높이기 위해 노인과 젊은 여자의 결혼을 자주 다루었으며, 노인이 어떻게 하면 여자의 요구를 채워줄 수 있는지 곰곰이 생각하는 것도 그 내용 중의 일부였다. 하지만 이런 약이라든가 다른 수단이 별로 효과가 없다는 것은 굳이 설명할 필요도 없을 것이다. 젊은 아내에게 유일한 피난처는 언제나 젊고 혈기 있는 남자였으니까 말이다.

영어를 토대로 한 포르노문학의 탄생

14세기 중엽, 완전히 성본능에만 기초하고 있던 근대 문학이 보카치오에 의하여 확립되었을 때, 그의 작품에는 아직도 중세와 이국적인 요소가 뒤엉켜 있었다. 나폴리 왕의 사생아 피안메타를 향한 보카치오의 열렬한 애정은 근본적으로 중세 기사들의 연정과 별로 다르지 않았던 것이다.

그러나 보카치오[31]는 포르노 문학의 마르코 폴로(『동방견문록』을 쓴 베네치아 공화국 출신의 상인)였다. 그가 나폴리 왕의 궁정에서 행복을 발견했을 때는 이미 과거에 기나긴 유랑생활을 거쳤을 뿐만 아니라(그는 피렌체 상인의 사생아였다), 그가 가진 연애에 관한 지식은 서양이 아니라 동양에서 얻은 것이기 때문이었다. 『데카메론』 속의 기지에 넘치는 수많은 일화는 대부분이 아라비아와 인도에서 배운 것들이다. 『데카메론』의 배경이 되고 있는 1348년의 페스트에 대한 묘사는 투키티데스 및 루크레티우스와 밀접한 관계를 가진 것으로 에로틱한 점에서도 마찬가지였지만, 그는 점차 이들로부터 자유로워지려고 했다. 그가 피렌체의 부유한 상인 집과 나폴리의 궁정사회에서 직접 보고 들은 모든 것들이 다른 나라와 고대의 연애이야기 속에, 또는 『다이아나의 사냥』과 『요정 피에소라노』처럼 독립된 단편 속에 변형된 형태로 삽입해 넣었던 것이다.

보카치오는 동시대인 중에서 이 분야의 대표적인 존재였다. 그가 묘사해서 보여준 수많은 정사 장면과 인간상 속에서 그는 그 시대의 전체적인 모습을 하나의 철학으로 이해하여 보여주었다. 당시의 인간들에게 가장 긴요했던 것은 특정한 한 여자에 대한 한 남자의 개인적인 연애가 아

---

31) 보카치오(Giovanni Boccaccio, 1313~1375) : 이탈리아 작가로 페트라르카와 함께 르네상스 인문주의의 토대를 마련했고, 속어인 이탈리아어 문학을 고대 고전문학의 지위와 수준으로 끌어올렸다.

데카메론과 여인들

니라 다른 성에 대한 애착이었다. 보카치오는 피에트로 알레티노(Pietro
Aretino, 이탈리아 풍자문학가. 1492~1556) 보다 2세기나 전에 이미 이
같은 자연관에 대하여 언급하였다.

> "자연이 만든 것 중에서 쓸모없는 것은 하나도 없다. 우리의 육체 중
> 에서 이렇게 훌륭한 일부분도 자연은 그것을 헛되이 놀려 두려고 만
> 든 것이 아니라, 될 수 있는 한 우리에게 그것을 이용하게 하려고 만
> 든 것이다"

라고 한 그의 말에서 알 수 있다.

　이러한 보카치오의 자유분방한 연애관은 40년 뒤에 출간된 초서
(Geoffrey Chaucer)의 『캔터베리 이야기』에서 피크를 이루었다. 이 소설
은 순례를 테마로 한 소설로서 영국문학 최초의 걸작으로 평가되고 있는

데, 이 이야기는 보카치오의 『데카메론』에서 힌트를 얻어서 구성된 것이었다. 『데카메론』10일 동안에 선정된 100인의 남녀가 한 가지씩 이야기를 하여 모두 100가지의 이야기로 이루어진 것을 정리하는 형식으로 쓰여졌던 것이다.

이 『캔터베리이야기』 내용도 『데카메론』처럼 에로티시즘이 넘치는 해학적인 이야기로 구성되어 있는데, 그 일부인 「밀가루 방앗간 이야기」의 줄거리를 소개하면 다음과 같다.

> '두 명의 젊은 청년이 캔터베리사원으로 순례 길을 떠났는데, 여행비가 다 떨어져 밀을 빻아 밀가루를 파는 방앗간에서 아르바이트를 하게 되었다. 그러나 주인이 이들 두 여행자에게 힘들고 고된 일만을 시키자, 밤에 몰래 방안에 들어가 부인과 딸을 욕보임으로서 복수한다는 이야기이다.'

이러한 이야기 속에는 종교적인 경건함도 있지만, 봉건적 속박 속에서 살아야만 했던 당시 서민들의 생애 중 유일하게 일상적인 고통 속에서 벗어나 자유를 만끽할 수 있는 기회를 이용하여 관광과 오락을 추구하며 욕망을 충족시키는 것을 그 주요 내용으로 하고 있다. 따라서 이 이야기 속에는 해방된 감정을 느낀 서민들의 기분으로 가득 찬 순례여행길의 모습이 반영되어 있는 것이고, 그런 가운데 에로티시즘적 요소를 많이 가미시켜 평민문학으로서의 기틀을 넓혀나갔던 것이다.

이러한 보카치오와 초서의 두 작품은 이러한 당시 평민문학의 시발점이라는 문학사적 평가 위에 또 하나 중요한 것은 이들 두 이야기 이전의 이야기가 모두 라틴어로 되어 있었던 데 대해, 이 책들은 서민들의 일상어인 영어로 쓰여져 근대 영어문학의 시초가 되면서, 문어체인 라틴어로

만 쓰여 지던 책들이 회화체인 영어로 쓰여 졌기에 영어의 세계화를 선도했다는 점에서도 높이 평가되고 있다. 어쨌건 이제는 에로티시즘을 일반 서민들도 만끽할 수 있는 그런 세계로 변화시켜 갔던 것이다.

사생아의 시대

이러한 사회적 배경 하에서 성적 자유방임을 더욱 부추겨 준 것은 전쟁과 전염병이었다. 이들 요소들은 많은 사람을 죽음으로 이끌었고, 나아가 많은 아이를 생산해 내야 하는 절박감을 가져왔던 것이다. 전　병은 그야말로 인간의 전체 숫자를 줄일 수 있을 정도로 많은 사람의 인명을 앗아 갔고, 당시의 전쟁은 살육이라는 효과에 있어서는 2차 대전보다도 훨씬 더 지독했다. 교황 레오 10세 치하에서 약 9만 명에 이르던 로마의 인구는 카를 5세의 용병들에게 공략을 당하자(1527년) 3만으로 격감해 버렸으며, 그로부터 50년 뒤에야 겨우 4만 5천으로 증가할 수가 있었다. 그러니까 만일 당시의 사람들이 후손을 만드는 일에 진력하지 않았다면 이탈리아는 텅 빈 광야와 같이 되어버렸을 것이다.

이 때문에 태어난 아이가 적출자인지 사생아인지 하는 따위는 전혀 문제가 되지 않았다. 모범적인 가장이라 할지라도 사생아를 한명도 만들지 않은 남자는 거의 없었다. 실제로 우리가 지금까지 이야기한 유명 인사들, 예를 들면 조르조네(Giorgione, 본명 조르지오 바바렐리, 1478~1510, 이탈리아의 화가), 피에트로 알레티노(Pietro Aretino, 이탈리아 풍자문학가. 1492~1556), 레오나르도 다 빈치, 보카치오 등도 모두 사생아였다. 그밖에도 이 시대에 나타난 위대한 화가와 시인들도 대부분이 사생아였던 것이다.

이처럼 천재적인 사생아들이 많이 배출되게 된 까닭이 그들에게 부친의 유산을 물려받을 자격이 없어 자유직업에 종사하지 않으면 살아갈 수가 없었고, 또 그 분야에서 두각을 나타내지 않으면 결과 또한 뻔한 것이었기에 치열하게 일하며 배우지 않으면 안 되었다는 우리들의 선입견과는 전연 달랐다.

그들은 대개 부친이나 다른 친척들로부터 적출자와 마찬가지로 지원과 대우를 받는데, 하였든 자신의 가문에서 태어난 사생아에 대해서는 그 가문에서 보살펴 주었고, 교육에 있어서도 아무런 차별을 두지 않았다. 그리고 그들이 사생아라고 해서 사교계에서 쫓겨나는 일도 없었으며, 부친이 자신의 적출자로 인정하지 않았다고 해서 궁정 출입에 제한을 받는 일도 없었다. 이 시대에는 사생아라는 것이 그다지 수치스런 일은 아니었기 때문이었다.

군주들 가운데도 서자 출신이 일반 시민들보다 더 많았다. 그러나 여기서도 출생이 비합법적이라는 이유로 차별대우를 받는 일은 거의 없었다. "애비 없는 놈"이라는 모멸적인 말은 거의 없었던 것이다. "아버지가 없는" 아들이나 딸도 어엿한 왕가의 일원이었으며, 왕자나 공주로 취급받았다. 다만 결혼식 때만은 그런 걸 따지는 사람들 때문에 종종 성가신 일들이 벌어지곤 했다. 즉 서자들도 물론 많은 지참금과 재산을 받기는 했지만, 왕위를 계승하는 일에서는 배제되었기 때문이다. 이 때문에 첩 소생의 서자들끼리 결혼하는 경우는 잦았다. 그래서 사생아들만의 독특한 귀족 계급이 형성되었는데, 이런 경우에도 지위와 칭호가 중시되었다. 영주의 서자는 다른 영주의 서녀(庶女)와 결혼했으며, 좀 더 신분이 낮은 자의 서녀와 결혼할 때는 어울리지 않는 결혼이라고 불렸다. 물론 사생아끼리의 결혼식도 친족들이 모두 모인 자리에서 성대하게 축하를 받았다. 르네상스기에서 가장 성대했던 결혼식은 교황 바오로 3세의 열세 살 난 아들과 카를 5세의 서녀가 결혼할 때였다고 하는데, 이 결혼식은 신부가 제단 앞에서 신랑에게 '네'라는 대답을 하지 않았기 때문에 마지막 순간에 깨지고 말았다. 그 이유는 사생아라는 신분 때문이 아니라, 이 어린 신랑의 크레틴병(cretin, 바보, 백치)이 너무나도 역력했기 때문에 도저히 시집가고픈 생각이 나질 않았기 때문이었다.

　이러한 일은 종교계도 마찬가지였고, 예술계도 마찬가지였다. 중국에서의 명나라나 우리의 조선시대와 비교하면 동서양의 차이가 얼마나 컸었나를 이해할 수 있을 것이다.

23

민중의 구비문학(13-15세기의 집대성)

『아라비안나이트』

육체적으로 예속되어 있는 남자는 여자를 이길 수 없다

여성들의 감옥 하렘

거세된 파수꾼(환관)이 부인을 감시하는 장소는 아라비아인의 경우에는 하렘, 터키인의 경우는 하렘무리크, 페르시아인의 경우는 엔데른, 인도인의 경우는 젠드나라고 불렀다. 발굴에 의하면 메소포타미아에는 이미 기원전 3000년 무렵에 하렘이 있었던 것으로 추정되며, 페르시아에서도 마호메트 이전 시대의 하렘유적이 발견된 적이 있다. 고대 오리엔트와 그리스에서 모든 왕후의 궁전 또는 부유층 시민의 저택에 특별한 아내의 방이 있었다는 사실에는 의문의 여지가 없다. 단지 문제는 외부로부터 얼마나 차단되어 있었는가 하는 점이다. 물론 이슬람교의 영향을 받기 전에는 그다지 엄중하게 시행되지 않았을 것으로 추측된다. 그러나 그 이후 이들의 차단성이 얼마나 엄했는지는 하렘의 속을 들여다보면 알 수 있다.

아라비아어의 「하람」 또는 「하렘」이라는 단어는 "금지된 것", "손이 닿지 않는 것", "신성하게 여겨서 상처를 내면 안 되는 것" 등의 의미를 내포하고 있다. 이슬람 사원의 내부에도 「알 하람」이라고 부르는 장소가 한

아라비안나이트

군데 있었다. 이 단어는 아내가 있는 가정에서 사용될 뿐만 아니라 거기서 살고 있는 아내에게도 사용된다. 그녀들은 「하림」으로 불리었다.

하렘은 일종의 신성한 장소였다. 따라서 문 앞에 두 세 명의 문지기를 세우는 것만으로는 충분하지 않았다. 하렘에 사는 여자들은 감금된 사치품이었으므로 남편이 왔을 때 즐길 수 있도록 신분에 상응하는 대접을 받아야 했다. 이를 위해서는 하녀라든가 의상을 담당하는 여자·기술자·보석상인·의사 등을 붙여 줄 필요가 있었다. 명문가의 하렘은 마치 궁전과도 같아서 외계와 완전히 차단할 수는 없었다. 사치품을 소유하려는 자에게는 다른 인간도 필요한 법이다. 가령 그것이 노예라는 이름으로 불리는 자라 할지라도 매일 매일을 함께 지내면 어느 정도 친근한 정이 생기게 마련인데, 바로 여기서 더 친밀하고도 직접적인 관계에 빠질 위험이 생겨나게 되는 것이다.

터키에서는 이러한 성적인 불안을 해결하기 위해 거대한 조직이 만들어져 이 힘으로 해결하려 했다. 즉 이스탄불에 있던 술탄의 궁정에서는 엄중한 위계질서에 따라 조직된 한 무리의 남녀가 하렘에서 일하고 있었다. 우두머리는 아프리카에서 징발된 「검은 환관」이었다. 이와 함께 인도에서 온 「갈색 환관」, 그리고 「백색 환관」도 있었으며, 이들은 궁정에서 별도의 목적으로 이용되었다. 백색 환관은 슐탄의 호위병이었다. 이들 환관은 사냥개처럼 훈련되었으며, 하렘 밖에서도 수상한 자를 추적할 때는 충실한 역할을 하였다. 특히 흑인 환관의 책임자는 경찰 이상의 존재였다. 그는 오스만터키 제국에서는 고위직 고관의 한 사람이었으며, 재상과 최고 사제직인 이슬람 사원의 책임자와 동등한 지위를 차지하고 있었다. 그는 하렘의 총감독이며 열쇠 보관자로서, 뭔가 의심스런 사항을 발견하면 언제든지 슐탄의 거소에 출입할 수 있었다. 애정문제는 물론이며, 때로는 정치적 책략에 관계된 문제까지도 다루었다. 당시 궁정에서 일어난 혁명적 사건의 대부분이 하렘에서 비롯된 것도 이런 배경이 있었기 때문이다.

하렘에서 사는 여성들의 생활

하렘에 사는 여성들의 검은 파수꾼은 그녀들이 외출을 허락받았을 때 이들을 호위하는 기사이기도 했다. 그녀들이 말을 타고 외출할 때는 그녀들뿐만 아니라, 말 역시 눈만 남기고 천으로 전부 덮어씌웠다. 가마를 타고 나갈 때는 네 명의 환관이 가마를 둘러멨는데, 가마는 마치 관처럼 꼭꼭 닫혀 있었다. 하렘 안에서의 각종 의식도 역시 엄격했다. 가끔씩 출입이 허용된 비단 장사와 보석상에 대하여는 특히 더 했다. 이들은 고객인 여성들의 모습을 볼 수 없고 다만 대기실 출입만이 허용될 뿐이었으며, 대기실에서는 하렘의 심부름꾼이 릴레이식으로 상인과 여성들의 의사를 전달했다.

슐탄 궁전의 하렘에서 여성은 다섯 그룹으로 구분되어 있었다. 가장 상위는 「카디네」라고 부르는 슐탄의 정식 아내였다. 다음은 「퀘디크리」로서 술탄이 하렘에서 식사할 때 시중을 드는 것이 임무였다. 하지만 이들은 가끔씩 술탄과 좀 더 친밀한 관계를 가질 수 있는 직책을 부여받기도 했는데, 술탄의 총애를 받는 자는 「이크부르」라고 불렀다. 이 말의 사전적인 뜻은 단순히 「시녀」라는 의미에 불과하지만 실제로는 술탄의 애첩인 셈이었다. 세 번째 그룹이 「우스타」 또는 「칼파」인데, 술탄과 아이들의 하녀였다. 그 다음 서열에 있는 그룹이 「콰지루드」이며, 상위 계급으로 올라갈 전망이 있는 신참 여성들이었다. 제일 아래가 다수의 「드쟈르」인데, 이들은 단순한 여자 노예였다.

하렘에는 한창 일할 나이에 있는 여성들 외에, 더 이상 일을 하지 않는 다수의 여성들도 있었다. 일단 술탄의 하렘에 들어오면 두 번 다시 밖으로 나갈 수 없는 것이 규칙이었기 때문이다. 하렘은 감옥과도 같은 곳이었지만 살아 있는 동안은 보살핌을 받았다. 그 결과 나이든 여자의 숫자가 점차로 늘어났다. 1909년 압둘 하미드가 실각한 후 하렘의 모든 여성들이 버스에 실려서 밖으로 끌려나왔을 때 외부 사람들은 경악을 금치 못했다. 목격자들의 증언에 따르면, 그것은 마치 할머니 수용소를 양도받는 듯한 광경이었다고 한다.

왕후의 대 하렘에는 몇 십 명, 때로는 몇 백 명의 여자가 숨겨져 있었는데, 이곳에서 가장 어려운 문제는 육체적·정신적인 성격의 문제였다. 이것은 일반적으로 감옥과 비슷한 문제이기도 했지만, 본질은 성적 욕망을 충족시키지 못하는 데 있었다. 하렘의 주인이 언제나 젊고 정열적인 애인이었던 것은 아니었기 때문이다. 하렘을 그저 하나의 살롱처럼 생각했던 노인이 주인이었던 경우도 많았다. 설사 여자의 매력에 반했다 해도 그 여자를 정복해 보겠다는 충동이 더 이상 생기지 않는 경우도 많았던 것이다. 많은 여자 중에서 누구든 자유롭게 선택할 수 있다면 오히려 일부일

하렘의 모습

처주의자가 되고 만다. 하렘을 소유하고 있던 자들도 마찬가지였다. 그들에게 있어서도 진정으로 마음에 드는 여자는 오직 한 명뿐이었기 때문이다. 이렇게 되면 다른 여자들은 많든 적든 혼자 살아갈 걱정을 하지 않으면 안 되었던 것이다.

오리엔트의 현명한 왕후들은 진지하게 이 문제를 검토한 끝에, 하렘의 여자들이 너무 성에 관한 문제만을 생각하지 않도록 함으로써 해결점을 찾으려 했다. 9세기 초엽 바그다드의 대 칼리프 하룬 알 라시드는 하렘에 400명의 첩을 두었다고 하는데, 그는 이 여자들 모두에게 기예를 익히도록 명했다고 한다. 성에 대한 갈망을 달래기 위해 음악을 듣게 하거나 시·그림·조각에 전념케 하는 등 무엇이든 마음에 드는 일을 하도록 했다. 그저 팔짱만 끼고 빈둥거리다가 칼리프가 국사를 끝내고 돌아와서 총애해 주기를 기다려서는 안 되는 것이었다.

하지만 이런 방법도 그다지 유용하지는 않았던 듯했다. 하룬 알 라시드의 하렘에서도 각종 음모가 끊이지 않았기 때문이다. 성에 대한 갈증을 만족시켜 주지 않으면 생기발랄했던 여자의 성격도 비꼬이게 되기 마련이다. 일부는 저능하거나 우둔한 여자가 되고, 일부는 극도로 신경질적이 되어 총애를 받는 듯이 보이는 여자를 병적으로 질투하고, 더러는 남자를 지나치게 밝히는 색마가 되어 새디즘적인 난폭한 성격으로 변하는 경우가 대부분이었다.

하렘의 진정한 주인은 노예

오리엔트의 문필가들, 특히 칼리프 시대의 하렘의 생활을 묘사했던 아라비아의 문필가들은 마지막 유형의 여자들을 소재로 글쓰기를 즐겼다. 여자는 언제나 자기 남편을 속이려 들고, 교활하고 음탕하며 잔인하게 묘사했다. 이들 여자들은 자신의 목적을 달성하기 위해 어떤 수단도 정당화시켰다. 처벌이 두려운 나머지 남편을 몰래 속이기도 하지만, 그녀들의 최고의 승리는 남편 외에도 자신의 갈망을 충족시켜 줄 남자가 있다는 사실을 남편에게 보여주는 것이었다. 남자는 원하는 만큼 많은 여자를 가져도 좋지만 여자는 오로지 남편 하나 뿐, 그런 남편도 경쟁 상대와 나눠 가져야 한다는 도덕률에 대한 반항심을 그녀들은 항상 가졌던 것이다. 충동은 끝까지 억제할 수 있는 것이 아니다. 그녀들 중에는 성에 굶주린 나머지 노예 중에서도 가장 추한 노예에 매달려 성적 충족을 만끽하는 일마저 일어났던 것이다.

입법자들이 하렘의 감시인들에게 한 것처럼, 하렘의 모든 노예들에게도 거세를 명하지 않았다는 것은 주목할 만한 사실이다. 분명히 그들은 자유인으로 태어난 여자가 노예를 상대할 만큼 함부로 처신하지는 않을 것으로 믿었음에 틀림없다. 그런데 성 충동은 이 같은 사회적 신분 격차를 무너뜨리고 말았다. 여자들이 외부와 완벽하게 차단되어 있고, 신분이 좋은 애인 따위는 출입할 수 없도록 만들어진 왕후의 궁정에서는 무어인(Moor, 이베리아반도나 북아프리카에 사는 검은 피부의 종족)이라든가, 후일 이집트 시대의 터키인 노예 등이 성의 만족을 위한 상대가 되었던 것이다. 노예들이 자신의 충동에 못 이겨 여자에게 접근하는 경우는 거의 없었다. 그런 짓을 하면 당장에 처형되었다. 여자 쪽에서 노예에게 자기 방으로 오도록 명령했던 것이다. 이렇게 해서 노예는 주인인 여자들이 만족할 수 있도록 관례대로 자신의 의무를 성실하게 이행했던 것이다. 그러나 방임된 여자들의 진정한 주인·지배자가 이 같은 부부애의 대용품마저 허용하지 않았다면 엄청난 일이 일어나곤 했으니, 하렘의 커다란 비극이 바로 여기에 있었던 것이다.

1000일 동안의 하렘이야기 『아라비안 나이트』의 탄생

『천일야화』라고 불리는 소설 『아라비안 나이트』의 발단이 된 것은 바로 이런 상황이 소재가 된 것이다. 사산 왕조의 왕중왕(샤한샤)에게는 두 아들 샤 리아르와 샤 자만이 있었는데, 이 형제는 사이가 매우 좋기로 유명했다. 샤한샤가 승하한 뒤, 형 샤 리아르는 법도에 따라 왕국을 완전히 손에 넣을 수 있었으나 동생을 매우 아꼈기 때문에 나라의 절반은 자신이, 절반인 사마르칸트는 동생에게 주어 다스리도록 했으며, 어진 두 형제는 나라의 백성들에게 매우 칭송받았다.

그러던 어느 날, 동생 샤 자만이 오랜만에 형의 초대를 받아 이에 응해 형을 방문하고자 자신이 자리를 비운 동안에 나라를 다스릴 사람들을 정한 다음에 사절단을 이끌고 나섰다. 그런데 자신이 형에게 개인적으로 주려 했던 선물(보석 목걸이)을 두고 왔음을 깨닫고는 중간에 혼자 귀환했다가 우연히 왕비가 주방의 노예와 성교하는 장면을 목격하고서 충격을 받았다. 샤 자만은 그들을 죽인 뒤 폐인이 된 채로 요양 차 형의 왕궁에서 머물렀다. 형은 자신을 찾아온 동생을 매우 환영했고 동생을 극진히 대접했다.

그러다가 형 샤 리아르가 사냥을 나간 어느 날, 샤 자만이 형수가 이보다 더 높은 레벨로 노예들과 집단으로 난교하는 광경을 목격했다. 샤 리아르는 동생 샤 자만에게서 왕비가 부정을 저질렀음을 듣고도 처음에는 동생이 잘못 봤으리라 생각했지만, 동생과 함께 같은 장소에 몰래 숨어 동생이 말한 대로인 광경을 목격했다. 형은 왕비와 노예들을 모두 죽인 뒤 "내가 만일 그런 일을 당했더라면 알라께 맹세하고서라도 계집 1천 명을 죽이지 않고선 직성이 풀리지 않았을 것이고 미치고 말았으리라!" 라고 한탄했다.

결국 상심한 형제는 정처 없이 방랑길에 올랐는데 우연히 마신과 마신에게 납치당한 미녀를 만났다. 이 여자는 사실 결혼식 날 그 여자를 넘보던 마신에게 납치당해 평상시엔 궤짝에 갇혀 잠들어 있다가 마신이 궤짝을 열어 줄 때만 깨어날 수 있는 상황이 되었다고 자기 처지를 설명했다. 그런데 이 여자가 자신과 성교하지 않으면 마신을 깨워 자신을 해치려 했다고 말할 것이라며 협박하는 통에 둘 다 성교하게 되고 성교를 마친 여자는 전리품(?)으로 두 형제의 반지를 가져간다. 놀랍게도 지금까지 다른 남자와 잘 때마다 반지 하나씩을 모아 반지가 엄청 많았다.

결국 형은 "마신조차 여자의 정절은 지킬 수 없다"고 결론짓고는 극심한 여성혐오와 트라우마에 시달려 매일 밤 처녀와 성교한 뒤 날이 밝으면 목을 치는 짓을 3년 동안이나 되풀이하였다. 당연히 이 짓거리를 1100일 가까이 한 만큼 나라의 처녀는 씨가 마를 지경이었고, 지금까지의 선정으로 좋았던 민심도 흉흉해져 온 백성이 알라에게 왕을 죽여 달라고 저주할 지경에 이르렀다. 그러자 어느 날 재상의 딸인 셰에라자드가 왕의 침실에 들어가겠다고 자진해서 나섰다. 당연히 처녀가 왕의 침소로 들어가고 살아서 나온 사례가 없으니 셰에라자드의 아버지인 재상은 자기 손으로 자신의 딸을 죽일 수는 없다며 어리석은 당나귀 이야기와 수탉이 암탉을 어떻게 다루는가 하는 이야기를 들려주며 극구 반대했으나, 딸의 고집에 못 이겨 허락하였다.

그렇게 왕의 침실에 든 첫날, 셰에라자드는 동생 두냐자드를 데려와 기다리게 했는데, 왕과 거사가 끝난 언니는 동생을 불러 왕에게 소개했을 때, 동생은 이제 언니와 함께하는 것도 마지막이라 생각하고는 한 가지 꾀를 생각해냈다. 그녀는 평소 듣던 언니의 이야기가 재미있다는 것을 알고 있었기에 왕도 언니의 이야기를 들으면 "쉽게 죽이지는 못할 것"이라고 생각했다. 그러자 두냐자드는 "언니 죽기 전에 얘기 한 토막만 해 주세요"라고 애원하면서 기나긴 여정을 시작한다. 옆에서 셰에라자드의 이야기에 취해 듣고 있던 왕은 그녀가 열심히 이야기를 하다가도 아침이 되면 이야기를 뚝 끊어 버리고, "지금까지 이야기도 재미있었지만 다음 이야기는 더욱 재미있답니다"라며 왕의 속을 애타게 하였다. 이렇게 지혜를 발휘해가며 처형당하지 않은 채 셰에라자드는 1000일을 버텨나갔다.

1000일이 지나 모든 이야기가 끝나자 왕은 이야기를 아주 재미있게 들었다며 칭찬하는 순간 셰에라자드는 그 사이에 자기가 왕과의 사이에서 낳은 세 아들을 보여주었다. 한 아이는 걸음마를 하고, 한 아이는 기어 다니며, 한 아이는 아직 유모 품에 있었다. 아이들의 귀여움에 빠져 있는 왕을 보면서 셰에라자드는 "자신을 살려주고 더 이상 이 나라의 처녀들을 죽이지 말아 달라"고 탄원했다. 그녀와 1000일을 함께하며 증오와 트라우마가 모두 가라앉은 왕은 이를 곧바로 받아들였다. 그리고 샤 리아르는 샤 자만에게도 자신이 들은 이야기를 들려주었고, 여기에 감동한 샤 자만도 두냐자드와 결혼하길 청해 형제자매가 한 날 한 시에 정식으로 결혼하여 겹사돈을 맺었다. 또한 이야기를 모두 기록해 왕궁의 보물로 간수토록 하였다.

동서양 사람 모두에게 만족을 준 책

이것은 아름다운 동화 같은 이야기 같지만, 실은 의미 깊은 재치가 번득이는 문학이었다. 요컨대 성애(性愛) 문학은 성애 행위 그 자체보다 사람의 마음을 사로잡을 수 있다는 사실을 말해주고 있다는 점이다.

최근 동양학자들은 이 발상이 아라비아에서 나온 것이 아니라 『아라비안나이트』 속의 많은 이야기처럼 인도에서 온 것이라고 주장하고 있다. 그러나 인도의 이야기에서는 아내의 간통을 막는다는 도덕 교화적 색채가 강하지만, 아라비아 작가에 의하여 매우 드라마틱하게 각색된 개정판의 특색은 아내 쪽이 우월한 인물로 묘사되고 있다는 점에서 다르다고 할수 있다. 즉 아내의 간통을 이유로 여자를 불신하는 잔인한 남자가 그녀를 죽이려고 했지만 세라자드는 이를 저지하는 식으로 달라졌던 것이다.

이 이야기에서처럼 "여자의 재치는 멍청한 남자를 이긴다"는 교훈을 남겨주었던 것이다. 즉 "여자쯤은 마음대로 할 수 있다고 생각할 때, 이미그 남자는 여자의 그물에 걸려 버리고 만다"는 경고를 세상에 해주었던 것이다. 이것은 남녀 간의 영원한 투쟁 속에서 일어난 하나의 에피소드라고도 할 수 있다. 여자에게 승리를 가져다주는 것은 정신적인 면에서만이아니라 육체적으로도 남자가 여자보다 더 많이 예속되어 있기 때문에 여자 쪽이 강하다는 진리를 말해준 것이다. 젊고 아름다운 여자에게는 아무리 강한 남자라도 버틸 재간이 없다는 것 이것이 바로 여자가 가지고 있는 힘의 비밀이라는 사실을 이 소설은 일깨워 주고 있는 것이다.

『아라비안 나이트(Arabian Nights)』라는 이름은 18세기 최초로 번역된 영문판에서 유래한 것이며, 페르시아어의 원 제목은 천일야화이다. 사산 왕조 이후에 페르시아를 비롯한 서아시아, 인도, 북아프리카(마그레브) 등지의 각종 민담과 전설 등을 한데 모아 만든 "천 가지 이야기"가 그 시초였다. 이슬람 정복 이후 문화가 본격으로 중흥하기 시작한 압바스 왕조 시대에 아랍어로 번역되면서 아랍 식으로 각색되고. 아랍 설화들도 추가되기 시작하여 지금과 같은 천일야화가 탄생한 것이다.

현존하는 가장 오래되고 형태를 갖춘 아라비안나이트는 14세기에서 15세기 맘루크 왕조 시대 시리아에서 만들어진 필사본이다. 그러나 이 사본도 제282 회째 밤에서 끊긴 불완전한 책이다. 이 외에도 16세기에서 17세기에 만들어진 아라비안나이트 사본이 여러 개 있지만 모두 중간에서 끊긴 불완전한 형태로 남아 있었다. 하지만 프랑스의 동양학자이자 작가였던 앙투안 갈랑(Antoine Galland)이 시리아 필사본을 바탕으로 이집트의 판본과 여러 아랍의 구전을 포함하고 특히 아라비아 나이트의 상당부를 스스로 창작해 1714년의 출판한 프랑스어판이 지금 우리들이 일고 있는 『아라비안 나이트』이다.

이 책을 프랑스어로 번역하여 유럽에 소개한 이래, 서양에서는 이 책의 문학적 가치를 매우 높게 평가하였다. 그러나 동양에서는 한 번도 이 책의 가치를 인정해 준 적이 없었다. 아라비아 각국에서는 이 책을 커피마시는 가게에서 읽는 대중문학 정도로 인식하였다. 하지만 누가 썼는지도 모르는 이 「가공소설」을 읽을 때 수많은 사람들은 다시 젊어지고 피가 끓는 것을 느낄 수 있었다. 세계문학 중에서 그 어떤 작품도 이 만큼 동서양 사람들에게 만족을 주고, 여성의 성생활에 대하여 깊이 있게 통찰한 것은 없을 것이다.

24

야곱 슈프렝거, 하인리히 크라머(15세기~16세기) 공저
『마녀의 망치』
사제들의 '독신주의' 확립을 위한 마녀사냥을 종식시키다

늙은 마녀와 젊은 마녀들의 세상

카톨릭 교회에서 그렇게 성욕을 죄악시 했지만, 성욕에 대한 미련은 일반인들은 물론이고 성직자들까지도 억제할 수 없는 수준에 도달해 있었다. 사제들이 독신주의를 확립하기 위해 1천년이나 싸움을 계속해 왔지만, 결국 억제할 수 없는 문제에 이르고 말았다. 그러자 지금까지처럼 주변 사람들에 의해서 지탄 받고 판결하는 것이 아니라 이제는 관공서에서 본격적으로 이에 대한 제재를 가하기 시작했던 것이니 이제 성범죄를 일으킨 사람들은 엄청난 고문을 받은 후에 장작더미 위에 세워져 불에 타죽지 않으면 안 되게 되었다.

그 중에서도 표적은 여자들이었다. 성욕이라는 악마의 요술에 걸린 여자, 즉 악마라는 남자와 부도덕한 행동을 한 여자는 여러 종류가 있었는데, 그 중에는 늙은 마녀와 젊은 마녀도 있었다. 자상하게 생긴 백발의 노파라도 자신은 성적인 피해를 입지 않았지만 다른 사람에게는 얼마든지 피해를 줄 수 있게 되었던 것이다. 이들 노파들은 대개 숫처녀와 유부남

에게 먹이는 미약(媚藥)과 남자를 임포
텐스로 만드는 향유(香油)를 만들어 그
들의 고민을 옆에서 보고 즐거워하기도
하였으며, 미혼 여성에게 파렴치한 남
자를 만나게 해 놓고, 이 죄 많은 남녀
사이에서 생긴 아이를 낙태로 이끌기도
했다. 이처럼 당시 사회에서 허용되지
않는 일을 젊은 남녀들에게 시켜 놓고

마녀로 붙잡힌 여성을 고문하는 장면

그들이 화형에 처해지는 것을 보며 즐거워하는 그런 마녀들이 판을 치는
세상이 됐던 것이다.

그러나 이들 보다 더 위험했던 존재는 젊은 마녀들이었다. 그녀들은 자
신을 유혹하는 악마 같은 남자들 하고만 관계를 하는 것이 아니라 아주
평탄한 가정의 남자들을 유혹하여 그들 집안을 풍지 박산으로 만들었기
때문이다. 이렇게 마녀에게 걸려든 세상 사람들은 엄청난 고통을 받아야
했는데, 그 고통은 재판소에서부터 시작되었다. 당시에는 자신의 입으로
성행위가 이루어진 현장을 설명하는 것조차 용납되지 않았기 때문에, 언
제나 고문과 겁을 줌으로 해서 터무니없는 자백을 받아내게까지 되었다.

악마에 대한 해부와 생리적 특성

1275년에 열린 투르 지방(파리 남서쪽에 위치. 중세 종교문화 중심도시)
의 어떤 마녀재판에서는, 고소당한 앙셀 드 라팔이라는 여자가 다음과 같
이 자백하였다. "저는 사람의 모습을 한 악마와 성교를 했습니다, 그리고
늑대 머리에 뱀 꼬리가 달린 도깨비 같은 아들을 낳았습니다. 이 아이는 어
린이 고기를 먹었으므로, 저는 다른 아이를 죽이지 않을 수 없었습니다."

당시 재판관들은 이런 식으로의 자백을 유도하기 위해서 암시적인 질문을 자주하여 대개는 이와 비슷한 대답을 이끌어 냈다. 이런 자백을 통해 중세에는 악마에 대한 해부와 생리적 특성이 만들어졌다. 이 당시 여자들이 고백한 악마의 특징은 한결같이 "악마가 기분 나쁠 정도로 크고 돌처럼 단단한 성기를 가지고 있어서 성교 시 매우 고통스러웠다"고 말했다. 또 악마의 남근(男根)은 "쇠로 고정시켜져 있던지, 아니면 물고기 비늘로 덮여 있었다"고 했다. 그리고 "정액은 얼음처럼 차가웠다"는 등이었다. 이 같은 기록에서 볼 때 악마는 당연히 여자의 몸을 찢어놓은 것처럼 상상되지만 이와 반대의 경우도 있었다. 즉 어린 숫처녀가 마녀라는 누명을 쓰고 밀고 당했는데, 여자는 처녀성을 잃지 않고도 악마와 교접할 수 있었다고 설명했다. 명성이 자자한 신학자도 있을 수 있는 일이라며 도장을 찍었던 것이다.

이처럼 근거도 없는 마녀재판이 성행하던 시기였는데, 아무리 엉터리 재판이라 해도 증거물이 필요했지만, 그 증거물이 확실하지 않은 경우도 충분하다고 보는 경우가 종종 있었다. 따라서 악마와 교접을 한 자는 항상 신체의 어딘가에 흔적을 남기게 마련이라는 인식이 팽배해 있었다. 그러한 명백한 흔적의 하나로 어느 신체 한 부분의 감각이 상실된다는 것이었다. 즉 마녀라는 혐의를 받은 자의 몸을 바늘로 찌르면 어딘가 한 군데라도 통증을 느끼지 않는 곳이 있으며, 바로 그곳이 마녀가 만진 부분이라고 보았던 것이다. 마녀의 손길이 닿지 않았다면 바늘에 찔렸을 때 아프지 않을 리가 없다는 것이 그들의 논리였다. 때로는 주근깨라든가 사마귀 등 그밖에 대수롭지 않은 피부의 이상 증세도 악마의 손가락이 닿은 증거로 취급되었다. 하루나 이틀쯤 지나면 저절로 사라지는 다래끼마저도 악마의 소행으로 간주되어 봉변을 당하기도 했다.

사실 전성기의 중세교회가 그렇게 어둡고 변태적이며 신비에 가득 찬 권력으로만 이루어진 것은 아니었지만, 이러한 마녀 식 재판은 계속해서 이루어져 나갔다. 파델포른의 종교회의에서는 "이교도처럼 악마에게 현혹된 사람을 마녀라고 믿고 사람을 불태워 죽이거나 하는 자는 사형에 처한다"고 하는 결정까지 했지만, 이러한 미신적 요소가 점점 더 팽배해져 갔다. 알베르투스 마그누스(Albertus Magnus, 1193~1280, 독일의 신학자·철학자·자연과학자)와 토마스 아퀴나스[32]는 13세기의 가장 중요한 신학자들이었으면서도 이들조차도 마녀의 존재를 믿어 의심치 않았던 것이다. 이들을 반대하는 신학자는 오히려 이단 심판소의 재판에 회부까지 했다.

무지한 마녀재판의 근절 노력

14세기에서 15세기로 넘어갈 무렵에는 다시 새로운 마녀 소동이 전염병처럼 발생했다. 이 소동은 요원의 불꽃처럼 알프스 지방에서 독일·프랑스·이탈리아로 퍼져나갔으며, 30년 뒤에는 유럽의 절반이 이 같은 사고에 감염되고 말았다. 대부분의 경우에 마녀라는 죄상은 자기에게 방해가 되는 자를 모조리 처치하기 위한 구실에 지나지 않았다. 마녀 환상의 이데올로기에는 언제나 성적인 관념이 붙어 다녔다. 그러나 「마녀 잔 다르크」라는 미명 하에 그녀를 화형에 처한 경우처럼 성적인 관념과는 전혀 관계가 없는 데도 화형에 처해지는 경우가 있었다.

마녀 식 재판을 근절시켜야 하는 심판관은 전력을 다하여 분투했지만 마녀는 끊임없이 나타났다. 지금까지의 방법으로는 도저히 어쩔 수가 없었

---

32) 토마스 아퀴나스(Thomas Aquinas, 1224? ~ 1274) : 서방교회의 저명한 신학자이자 스콜라 철학이다. 또한 자연신학의 으뜸가는 선구자이며 서방교회에서 오랫동안 주요 철학적 전통으로 자리잡고 있는 토마스 학파의 아버지이다.

다. 그래서 이노센트 8세는 마녀 사냥에 노련한 북독일의 심판관 야콥 슈프랭거[33]와 남독일의 심판관 하인리히 인스티토르[34] 두 사람에게, 마녀를 식별하여 확증을 잡을 수 있는 최상의 방법에 대하여 알고 있는 모든 것을 한데 모아 정리하라고 명을 내렸다. 이들 두 명의 전문가는 열심히 일에 매달렸고, 2년 뒤에는 대작 『마녀의 망치』를 교황에게 헌납할 수 있었다. 이 책은 1487년에 비로소 인쇄에 들어갔는데, 지금까지도 조금씩 개정되면서 계속해서 출판되고 있다.

이 책의 설명에 의하면, 조사에 임하는 재판관은 혐의자에게 서른다섯 가지나 되는 질문을 해야 한다고 못 박고 있다. 하지만 실제로는 첫 번째 질문만으로도 마녀를 화형장으로 보내기에 충분했다. 그 첫 번째는, "너는 마녀를 믿는가?" 하는 질문이었다. 만일 "네, 믿습니다" 라고 대답하면 이 여자는 마녀의 술수를 잘 알고 있다는 증거가 되었고, 만약에 "아니오, 믿지 않습니다" 라고 대답했다면, 이 여자는 이단(異端) 죄를 범한 것이 된다. 계속되는 심문에서도 여전히 마녀라는 사실을 부인하면 여자를 고문하기 시작했으며, 다른 마녀, 특히 이 여자와 반목하고 있는 자를 증인

---

33) 야콥 슈프랭거(Jacob Sprenger, 1436?~1495) : 라인펠덴(Rheinfelden)에서 태어난 독일 성직자로 1452년에 도미니크 수도원 수련 수사가 된 후 도미니크 수도회 내에서 열렬한 종교 개혁가로 활동하였다. 후일 신학 석사학위를 취득하였으며 쾰른대학 신학부 학장을 지냈다. 1481년 마인츠 주, 트리어 주, 쾰른 주를 관할하는 종교 재판관에 임명되었다.

34) 하인리히 크라머 : 독일 도미니크 교단의 가톨릭 사제였던 헨리쿠스 인스티토르 Henricus Institor의 라틴어화된 이름이다. 그가 주 저자였는데, 이 책의 공신력을 더하기 위해 야콥 슈프랭거를 공저자로 끼워 넣었을 뿐이라는 설이 유력하지만, 슈프랭거가 집필한 부분이 상당히 많다는 주장도 없지는 않다. 이 책은 1486년 독일 남서부의 도시 슈파이어에서 출판되었다. 슈파이어는 유네스코 세계문화유산으로 선정된 대성당이 지금도 풍광을 지배할 정도로 종교적 색채가 강한 도시였다.

으로 소환하지 않으면 안 되었다. 그래도 여전히 유죄 여부에 대하여 의혹이 있는 경우에는 신의 심판으로 돌렸다. 이 신의 심판이라는 것은 고대 바빌로니아에서 간통한 아내를 강물 속에 집어넣고 검증하던 것과 아주 유사한 방법이었다. 우선 여자의 손발을 묶어서 강물 속으로 집어던졌는데, 만일 물에 잠기면 이 여자는 마녀였다. 반대로 수면 위로 떠오른다면, 그것은 강물이 침례(浸禮)를 거부한 것이므로 역시 마녀가 되는 것이었다. 1836년 단치히의 헤라 반도에서도 이와 같은 방법에 의해 여자 한 명이 마녀라는 누명을 쓰고 익사했던 점을 보면 이때까지도 이런 식의 재판이 계속 이어져 내려왔음을 볼 수 있다.

『마녀의 망치』는 인쇄가 되자마자 즉시 각국에서 널리 환영을 받았고, 국제적인 법률서적 가운데서 가장 중요한 지위를 차지하게 되었다. 르네상스기의 위대한 교황들, 즉 알렉산더 6세, 율리우스 2세, 레오 10세와 같은 인물들도 이 책의 유효성을 인정했다. 이때가 되면 심판관들은 활개를 치면서 활동하게 되는데, 전혀 양심의 가책을 느끼지 않은 채 재산까지 거머쥘 수 있게 되었다. 이 말은 마녀로 판결이 내린 자의 재산이 몰수되면, 그 일부가 심판관의 보수로 지급되었기 때문이다.

그러나 이러한 마녀 재판은 카톨릭 세계에만 머물지 않았다. 종교개혁에 의하여 신구교 양쪽으로부터 새로운 바람이 몰아쳤기 때문이다. 영국에서는 엘리자베스여왕 시대에 마녀사냥이 최고조에 달했고, 다음 세기에는 북아메리카에서 마녀사냥이 횡행했다. 그러나 유럽에서도 갈릴레이와 데카르트의 시대는 마녀 환상의 전성기였다. 이때에는 개개인이 당한 케이스보다 대량 학살이 문제시 되었다. 작센지방의 어떤 재판관은 자신이 53회나 성서를 읽었으며, 그 사이에 2만 명의 마녀를 단죄했다고 득의양양하게 큰소리를 치는 얼간이 재판관도 있었던 것이다.

25

피에트로 아레티노(1492~1556)

『음락(淫樂)의 14행시』, 『시론집(詩論集)』

르네상스 사람들을 환락의 세계로 이끌다

인간의 덮개를 치워버린 르네상스

르네상스 시대는 진정한 의미에서
인간을 나체화 시켰다. 즉 신체의 덮개
를 치워 버렸던 것이다. 수세기 이래
인간은 비로소 있는 그대로의 자신을
다시 볼 수 있게 되었다. 이들이 처음
으로 보았던 벌거숭이는 거울에 비친
자신의 모습이 아니라, 땅 속에서 파
낸 고대의 대리석상을 통해서 그와 같
은 발견을 한 것이다. 로마의 폐허에서
나온 이 연인들에게 반한 건축가와 조

피에트로 아레티노

각가들은 처음에는 자신들의 이미지를 제대로 떠올리지도 못했고, 그나마
떠올린 이미지를 제대로 표현하지도 못했다. 그것은 그들이 보아온 동상
이나 조각들이 그저 초라한 신들의 것 외에는 보지를 못했기 때문이었다.

그런데 어느 날 알바니아의 어떤 촌락에서(이탈리아의 안디오 남쪽이라는 설도 있음) 젊은 남자의 대리석상이 발견되었는데, 그 석상은 그리스의 신 아폴로를 표현한 것이었다. 이 석상은 전사다운 분위기가 전혀 없었으며, 성스러운 모습에도 불구하고 분명히 인간적인 냄새를 풍기고 있었던 것이다. 이러한 이 아폴로신의 남성적인 아름다움과 발랄한 젊음은, 빙켈만의 말처럼 마치 "영원한 봄의 화신"처럼 보였던 것이다.

이 아폴로상은 뒷날 교황 율리우스 2세가 되었던 추기경 줄리아노 델라 로베레 (Giuliano della Rovere, 1443~1513, 제노바 출생, 216대 교황)에게 보관되어 오다가, 그 자신이 예술에 깊은 이해를 가진 사람이었으므로 바티칸궁의 디 베르베델레관(館)에 이 석상을 위한 특별 장소를 만들어 주었다. 그 때문에 그 후부터 이 석상은 「베르베델레의 아폴로」라고 부르게 되었다. 베르베델레의 아폴로는 젊은 예술가들 사이에서 엄청난 정신혁명을 촉발시켰다. 그들은 여기서 인간 나신(裸身)의 이상적인 모습을 발견했던 것이다. 그때까지도 아폴로상과 같은 이미지를 그들의 머릿속에 그려보기는 했지만, 누구도 감히 그것을 그대로 표현하지를 못했기 때문이었다. 당시의 벌거벗은 모습은 아직까지도 중세와 마찬가지로 보는 사람에게 성적인 욕망을 불러일으키지 않도록 비틀어지고 왜곡되게 그려야 했으며, 특히 어떤 형태로든 죄악과 결부시켜야 했다. 물론 벽화에 악마를 묘사하는 경우에는 벌거벗은 남녀 죄인들의 추한 모습을 덧붙여 그려도 무방했으며, 이와 마찬가지로 아담과 이브는 나체로 그려도 상관없었다. 그러나 이런 경우에도 역시 성과 관련이 있는 부분은 모두 머리카락이나 손 또는 나뭇잎으로 가릴 필요가 있었다. 그러던 화가와 조각가들이 이 대리석상을 보고는 비로소 이 같은 모든 제약에서 해방된 것처럼 느끼게 됐던 것이다. 이로부터는 수치심으로 얼굴을 붉히지 않아도 되어 이제는 성자들마저 옷을 벗어 버리는 등 인간화 되어 갔던 것이다. 루브르 박물관에 있는 레오나르도 다 빈치가 그린 「들판 속에 있는 세례 요한의 바커스(Bacchus)[35]」의 상은 이러한 이미지를 충분히 살려낸 작품으로 쌍둥이라고 해도 좋을 정도로 빼 닮은 것도 이런 정서를 반영했기 때문이었다.

이러한 현상은 여자들의 옷차림에도 조금씩 반영되기 시작했다. 처음에는 여자들의 목을 죄고 있던 천 조각이 없어졌다. 그리고 목과 등이 자유로워지자, 점차 밑으로 내려가서 목덜미와 어깨가 드러난 데콜테(decollete : 가슴과 어깨를 드러낸 야회복) 차림이 되었으며, 마침내는 유방 윗부분까지 드러나게 되는 옷을 입게 되었다. 피렌체와 펠라라에서 유행에 민감했던 여자들의 복장이나 수도원의 성녀들의 복장에도 차이가 없어졌고, 더불어 숙녀와 창녀와의 구별도 없어지게 됐다.

이를 반영이라도 하듯이 사람들은 성모상을 좀 더 대담하게 묘사했다. 이제 성모는 그저 젖먹이를 가슴에 안고 있는 것이 아니라 유방을 드러내기 위해 젖을 물리는 형상을 조각하고 그리기 시작했던 것이다. 볼트라피오[36]·솔라리오[37]·안드레아 델 사르트[38] 등 많은 화가들이 이런 가정적인 주제를 가지고 그림을 그렸는데, 그들의 그림에서는 모성적·여성적인 것이 점차 강조 되었고, 종교적인 면은 점차 없어지게 되었다.

몇몇 화가들은 신화에서 테-마를 가져와 전라(全裸)의 여성을 그려 보

---

35) 바커스 : 로마 신화 속의 주신(酒神)
36) 조반니 안토니오 볼트라피오(Giovanni Antonio Boltraffio, 1466~1516) : 이탈리아 화가
37) 안드레아 솔라리오(1465년경~1524) : 이탈리아 조각가 크리스토포로 솔라리오 (Cristoforo Solario)의 동생으로 베네치아, 밀라노 등에서 활약한 화가
38) 안드레아 델 사르트 : 이탈리아 화가

겠다는 대담한 생각마저 하기 시작했다. 그러나 피렌체의 화가들은 스스로 용감성을 발휘하지는 못하였다. 여전히 사회적 분위기에 억압을 받고 있는 듯한 그런 상황이었다. 피렌체의 우피치 미술관에 있는 보티첼리[39]의 「비너스의 탄생」은 마치 조개 속에서 나온 것처럼 부끄러워하면서 유방과 치부를 가리고 있는데, 이는 당시의 분위기를 잘 반영시킨 그림이라고 하겠다.

관능적 예술의 탄생

그러다가 진정한 나체의 관능적인 예술은 베니스에서 일어나기 시작했다. 동양이 가까웠던 탓인지, 아니면 기후나 상인들의 부유함 탓이었는지는 몰라도, 어느 쪽이든 베니스에서의 예술은 관능을 자극하면 할수록 흥미를 불러일으켰다.

카스텔프랑코 베네트 지방에서 태어난 젊은 화가 지오르지오 바르발레리[40]가 베니스인들의 관능의 즐거움과 고대의 형태 감각을 결합시키는 작업에 성공했다. 그는 어느 베니스 귀족의 사생아로 태어나 시의 외곽에서 어린 시절을 보냈는데, 그가 성장하면서 어느 땐가 키프러스 섬의 왕비였던 카타리나 코르나로의 호화로운 저택에 출입할 수 있도록 허락받게 되었다. 그리고 베니스에서 지오반니 베를리니의 화실에 드나들기 시작하면서 그의 천재성은 급속하게 나타나기 시작했고, 그의 우아한 아름다움은 기사정신을 모범적으로 나타낸 그림으로 인정받게 되었다. 모든

---

39) 산드로 보티첼리(Sandro Botticelli, 1444년경~1510) : 15~16세기 이탈리아 피렌체의 주요 교회와 예배당에 종교화를 그린 화가
40) 지오르지오 바르발레리 : 육체의 균형미가 거의 완벽에 가까운 여성상을 그린, 그림 같은 <잠자는 비너스>로 이름을 날렸다.

여자들은 이런 그에게 구애를 폈지만 그는 누구에게도 자신의 감정을 드러내놓지를 않다가 유일하게 숨겨둔 애인에게만 정절을 바쳤다. 그의 죽음에 관해서도 다음과 같은 러브스토리가 전해지고 있다. 그는 사랑하는 애인이 페스트에 걸려서 죽자 그녀의 입술에 입을 맞추었는데, 이것이 그가 요절하게 된 원인이 되었다고 한다.

전설이야 그렇다 치고, 확실한 것은 그가 서른 두 살의 젊은 나이로 페스트에 걸려 죽었다는 사실이다. 하지만 이 짧은 생애는 그를 르네상스에서 가장 위대한, 그리고 가장 영향력 있는 화가가 되는 데는 충분한 시간이었다. 그가 남긴 몇 안 되는 작품 중에서 가장 유명한 것은, 현재 드레스덴 미술관에 보관되어 있는데, 전라로 누워 있는 여자를 그린 「잠자는 비너스」가 그것이다. 이 작품은 육체의 균형미가 거의 완벽에 가까우며, 고대의 가장 아름다운 조각품처럼 윤곽이 매우 고귀하고 잘 조화된 비너스상이다. 특히 붉은 색을 띤 브론드의 머리카락과 황색 피부는 고대의 대리석상에서 볼 수 없는 어떤 직접적인 생명감을 전하고 있다. 루브르 박물관에 있는 「전원(田園)의 연주」에서 지오르지오는 옷을 입은 두 명의 남자를 곁들임으로써 벌거벗은 여체를 한층 더 매력적으로 만들고 있다. 이 화법은 마네의 「올림피아」와 「초원에서의 오찬」에 이르기까지 그 후 오래도록 화가들이 애호했던 화법이 되었는데, 당시 상황에서는 매우 참신하고 놀라운 화법이었다. 여자는 나체로, 남자는 옷을 입고 있는 이러한 구도는 중세의 예술과 정반대였다. 중세에는 남자가 고뇌에 찬 듯이 보이게 할 때는 나체를 그릴 수 있었지만, 여자의 몸은 반드시 옷으로 감싸야 했던 것이다.

이와 같은 이탈리아의 회화는 당시를 풍미했다. 알프스 이북에서도 귀부인들은 곧잘 나체로 초상화를 그리게 했다. 독일에서는 루카스 크라나

하가 이 새로운 예술의 선구적 거장이 되었다. 그는 이 그림들을 가능한 한 성적인 냄새가 풍기도록 만들려고 노력했다. 그가 그린 나체의 귀부인들은 마치 창녀촌의 여자처럼 음탕하게 그려졌다. 나체성을 더욱 강조하기 위해 크라나하는 그녀들에게 새털 모자를 씌우기도 했다.

이러한 이탈리아의 상황과는 달리 성적인 내용이라면 언제나 주도권을 쥐고 있던 프랑스가 이 시대에는 가장 후진국이 되어 있었다. 프랑스 회화가 이러한 나체파에 가담한 것은 훨씬 뒤의 일이었는데, 예를 들면 루브르에 있는 무명 화가가 그린 「데스토레의 자매」가 그것이다.

화가들은 어떤 일화를 소재로 한 그림의 중심에 나체의 여자를 앉히고, 여기에 육체적인 움직임을 줌으로서 한층 더 성적 매력을 높이는데 주력했다. 성서·신화·역사 등에서 따온 각양각색의 테마가 그려졌으며, 그 가운데 가장 호평을 받았던 것은『목욕하는 수잔나』였다. 이 점에서도 베니스의 화가들이 가장 뛰어났다. 베니스 화가들의 걸작은 현재 오스트리아 빈의 예술역사박물관에 보관되어 있다.

당시 사람들은 여자의 나체화를 보는 일에 익숙해져 있었기 때문에, 아무리 방자하고 음탕한 자태의 여자를 그렸다 해도 그것만으로 자신의 욕망을 충족시키지는 못했던 것 같았다. 따라서 이제는 성행위 중인 여자를 그리는 그림들이 나타나게 되었다. 천제(天帝) 「제우스의 정사」라는 테마는 성적으로 황홀경의 정점에 빠진 여자의 반응과 얼굴 표정, 자세 등을 표현하기 위한 구실을 주는데 충분했다. 백조와 노는 레다(Leda, 제우스가 백조의 모습을 하고 사랑을 나누었던 그리스 여신), 다나에의 황금의 비(雨), 이오(제우스의 사랑을 받았으나 헤라의 미움을 받아 흰 암소로 변함)와 구름 등의 테마는 티치아노와 코레지오, 미켈란젤로 등의 거장이 붓을 들었던 소재였다.

포르노 문학이 포르노 미술의 소재가 되다

하지만 이것을 더욱 발전시켜서 신화나 역사에 근거하지 않고 자연현상 적으로 남녀가 섹스를 하는 모습을 그린 그림이 나타나게 되었다. 이러한 그림을 그린 화가들은 명성도 있고 지위도 있는 세 명의 예술가에 의해 시도되었다. 그런데 이 작업은 자유로운 베니스가 아니었고, 많은 것이 허용되었던 피렌체도 아니었다. 바로 교황이 기거하는 로마에서 시도되었던 것이다. 이 계획을 최초로 구상했던 화가는 라파엘로의 후계자로 지목받고 있었던 스물다섯의 지울리오 로마노였다. 그는 라파엘로가 아끼는 제자였는데, 그는 스승을 따라서 바티칸궁의 정원과 각 방의 장식을 그렸으며, 라파엘로가 죽은 뒤에는 교황청의 많은 고위 인사들로부터 각종 지시를 받고 있었다. 란테 별궁의 장식을 그릴 때 비로소 에로틱한 분야에 발을 디뎠지만, 그때는 아직 자신의 모든 계획을 감추고 있었다. 그가 진정으로 그리려고 했던 것은 16장의 그림에 각기 다른 성교 자세를 그리는 것이었다. 로마노 이전에도 젊은 화가들 중에는 연습 삼아 이런 그림을 그린 사람이 있었는데, 물론 그들은 이런 그림을 남의 눈에 띄지 않도록 조심해야만 했다.

로마노가 이런 테-마에 열중했던 이유는 아마도 그것이 새로운 소재였기 때문이라고 생각된다. 폼페이의 벽화는 당시에 아직 알려지지 않았으며, 인도와 페르시아에 있는 이런 종류의 그림도 아직은 서양으로 전해지지 않았던 때였기에 그런 추측이 더욱 가능하다.

1524년 지울리오 로마노가 가까스로 16장의 그림을 완성했을 때, 그는 자신의 그림을 매우 만족스럽게 생각했기 때문에, 로마에서 가장 탁월한 동판화가 마르칸토니오 라이몬디에게 이 그림을 동판으로 제작해 달라고 부탁했다. 물론 그림은 가까운 친구들끼리 나누어 가졌지만, 그래도 몇몇 작품은 상인의 손으로 넘어가고 말았다. 르네상스가 전성기였던 이때 로마는 아무런 비밀도 없는 도시였다. 2, 3일이 지나자 이 사건은 바티칸에도 알려졌고, 어느 이중적 성격의 성직자가 교황에게 이 사실을 고해 바쳤다. 메디치 가문 출신의 클레멘스 7세는 예술의 옹호자였지만 로마에서, 게다가 바티칸 궁에서 근무하는 예술가가 그와 같은 그림을 그렸다는 사실에 매우 분개했다. 더구나 그림보다도 더욱 교황을 화나게 만든 것은 이 그림들의 제목이었다. 『비천한 남자들은 얼마나 다양한 방법과 자세와 체위를 가지고 여자와 교접하는가?』하는 것이 그 제목이었던 것이다.

교황은 두 사람을 즉시 체포하여 재판에 회부하려 했지만, 교황의 조언자로서 시인이며 특무대사였던 피에트로 바티 아레티노가 이들을 위해 중재에 나섰다. 아레티노는 명예를 중시여기는 사람으로 알려져 있었는데, 그 무렵에는 마침 교황에게 바치는 송시(頌詩)를 지어서 연금을 받고 있던 시절이었다. 그런데 그로부터 2, 3주가 지난 후에 아레티노 자신도 지울리오 로마노의 그림과 관련이 있을 뿐만 아니라, 문제가 된 각 그림마다 지독하게 외설스러운 해설(sonnet, 14행시)을 썼다는 사실까지 밝혀졌으니 교황입장에서 보면 참으로 기가 막힌 사건이었다. 교황은 즉시 입수 가능한대로 원판과 판화를 회수하여 태워 버리고, 모든 관계자를 투옥하라고 명했다. 하지만 그때 지울리오 로마노는 교황청에 와 있던 만토바 대사 바르닷살레 카스틸리오네 백작의 도움을 받아 이미 만토바로 피신한 뒤였다. 피에트로 바티 아레티노도 교황의 측근 가운데 하나인 용병 지휘관 지오반니 데 메디치에 의해 밀라노로 달아나 버린 뒤였다. 셋 가운데 가장 죄가 가벼운 동판화가 라이몬디만이 붙잡혀서 투옥되었지만, 그도 얼마 지나지 않아 고관들의 주선으로 석방되었다.

하지만 교황의 명령은 적어도 지울리오 로마노의 그림 전부를 흔적도 없이 사라지게 했으며, 판화 역시 단 한 점만을 남기고 모두 없애버리는 슬픈 업적을 이룩케 했다. 유일하게 남은 그 판화는 현재 로마의 코르시니아나 도서관 깊숙한 곳에 보관되어 있다. 최근에 가끔씩 프랑스의 사가판(私家版) 등으로 나오는 『지울리오 로마노 작(作)』이라는 스케치는 피에트로 바티 아레티노[41]의 14행시의 묘사에 따라 그려진 것들이다. 지울리오 로마노보다 빈틈이 없고 훨씬 더 대담했던 아레티노는 『모디』에 쓴 자신의 소네트(Sonnet)[42]를 소중히 간직하여 후세에 남겨 주었다. 그가 쓴 이 『음락(淫樂) 14행시』는 아마도 세상에서 가장 유명하고 입수하기 어려운 것 중의 하나이지만, 그럼에도 불구하고 포르노 문학이라는 입장에서 보면 이렇게 가치가 없는 것도 드물 것이다. 아레티노만큼 재능이 뛰어나고 교양도 있던 인물이 위대한 화가의 그림을 보고 이처럼 단조롭고 외설적인 시밖에 쓰지 못했다니 그저 놀라울 뿐이다. 이 시에는 앞에서 예로 든 폼페이의 『각종 체위』와 같은 기지도 없으며, 『카마수트라』와 후기 인도의 『아낭가랑가』[43]에서 느낄 수 있는 시다운 맛도 전혀 없다. 굳이 말하자면 아레티노는 각각의 그림에 역학적인 설명만을 붙였을 뿐이다. 그는 각 체위의 모든 과정을 묘사하고 있지만, 두세 개의 신화적인 암

---

41) 피에트로 아레티노 : 르네상스 시기 이탈리아에서 활동한 예술가로 당시 주류 예술가들이 플라톤이나 아레스토 텔레스 등 옛 성현의 말만 앵무새처럼 따라하는걸 못마땅해 하던 그는 그것을 포르노로 풍자하면서 중세 외설 문학계의 거장으로 거듭난 대단한 인물이다. 그는 죽을 때까지 당대의 지식인이라면 필수요소인 라틴어를 하나도 몰랐다고 한다.
42) 소네트(Sonnet) : 유럽 정형시의 한 가지. 단어 자체의 의미는 '작은 노래'라는 뜻으로 오크어 단어 sonet 와 이탈리아어 sonetto에서 유래했다. 13세기경까지 엄격한 형태와 특정 구조를 갖춘 14줄로 구성된 시를 의미하는 말
43) 아낭가랑가(Ananga Ranga) : 15세기에 Kalyana malla가 작성한 인도 섹스 매뉴얼이다.

시를 제외하고는 그저 성기와 성행위를 의미하는 지극히 비속한 표현만을 나열했을 뿐이다.

1527년 베니스에서 문학공장을 열었을 때 다수의 하청을 받아서 일하던 아레티노의 성적 상상력은 보다 더 자유롭게 날개를 펼칠 수가 있었다. 베니스에서는 검열이 없었기 때문이다. 이 공화도시의 안전을 직접 위협하는 것이 아닌 한, 여기서는 무엇을 쓰든 인쇄하든 상관이 없었다. 이런 사실만으로도 16세기의 베니스는 포르노 문학의 본산지가 될 자격이 충분했던 것이다. 아레티노는 이런 자유를 마음껏 이용했다. 유부녀의 불륜과 여자 수도승의 관능적인 생활, 한 소녀가 완전한 고등 매춘부로 변해 가는 과정을 쓴 그의 저서 『시론집(詩論集)』에는 노골적인 면에서 『음락(淫樂) 14행시』에 뒤지지 않을 만한 부분도 얼마든지 있었다. 루키아노스의 『헤타이라 이야기』를 좀 더 거친 방법으로 모방한 그의 『막달레나와 율리아의 대화』는 아주 외설적이라 할 수 있다. 이 작품들은 지금도 몇몇 도서관의 깊숙한 곳에 보관되어 있는데, 그와 동시대에 살았던 사람들은 그것을 그렇게 외설적인 작품이라고는 보지 않았었을 것이다. 그들은 아레티노를 그가 살아 있는 동안 그에게 "일 디비노" 즉 "신 같은 사람"이라는 찬사를 보낼 정도였다.

아레티노의 죽음에 대해서는 다음과 같은 일화가 전해지고 있다. 즉 친구들이 그에게 베니스에서 화류계 생활을 하는 그의 누이들에 대한 비밀스런 이야기를 들려주었는데, 이미 65세의 아레티노는 그 이야기를 너무 재미있게 들은 나머지 웃다가 숨이 멎어 의자에서 떨어져 죽었다는 것이다. 그의 인생만큼이나 회화적인 죽임이었다고 하겠다.

26

지롤라모 프라카스토로(Girolamo Fracastoro, 1476~1533)
『프랑스인의 병에 관하여』
'매독'을 시적(詩的)으로 표현하여 세상에 알리다

매독 기원의 논쟁

르네상스기에 일어난 일로서 이후 인류의 성생활에 중대한 결과를 초 래하게 되었던 것은 갑작스런 매독 의 등장이었다. 1494년 12월 콜럼버 스와 그의 선원들이 최초로 아메리 카 항해에서 돌아온 지 21개월 만에 나폴리에는 새로운 질병이 나돌았 다. 이 병의 특징은 먼저 외성기(外

지롤라모 프라카스토로

性器)에 궤양이 생기지만, 통증을 느낄 새도 없이 금세 없어진다는 것이 었다. 그리고 나서 환자의 입 안에 부스럼이 생기고, 마지막에는 발과 온 몸에 도려낸 듯한 흉칙한 궤양 자국이 생기는 것이었다. 이 병은 처음에 그 당시 나폴리에 주둔하고 있던 프랑스군 병사들에게서 발견되었으므로 '프랑스인의 병'이라고 불렸다. 그러나 얼마 지나지 않아 의사들은 이 병이 프랑스에서 온 것이 아니라 대양 저쪽의 새로 발견된 영토에서 스페인을 거쳐 들어온 것이라고 판단하게 되었다. 이전에는 유럽대륙에 이런 병이 없었기 때문이었다.

당시 나폴리는 스페인의 세력권에 있었으며 스페인과의 교통이 아주 빈번했으므로, 콜럼버스의 최초의 탐험 때 선원들이 서인도에서 이 병을 직접 가지고 들어왔다는 것도 충분히 있을 수 있는 일이었다. 하지만 콜럼버스와 그의 부하들은 이미 또 다른 신세계를 향하여 제2차 항해를 떠난 뒤였으므로, 과연 이 추측이 맞는지 어떤지는 속단할 수가 없었다.

몇 년 후 스페인 의사 로드리고 디아스 디 리스라가 이 병에 관하여 다시 새로운 의견을 발표했는데, 그의 말에 따르면, 이 병은 콜럼버스가 하이티섬(당시 이 섬은 「히스파뇰라」라고 불렀다)을 발견하고 돌아올 때 핀손이라는 선원의 몸에서 처음으로 발견되었다는 것이었다. 스페인의 문필가인 오비에드는 이 학설을 지지하면서, 자신은 이 사실을 1493년 이래 바르셀로나에서 알게 된 콜럼버스로부터 직접 들었다고 덧붙였다. 이 말은 중요한 증언이었지만 이에 대한 반증도 있었다. 즉 이 전염병은 이전부터 유럽에 존재했으며, 콜럼버스의 부하는 아메리카로 출발할 때 이미 이 병에 걸려 있었다는 견해였다.

매독의 기원에 관한 논쟁은 성의 역사에서 해결되지 않은 수수께끼 가운데 하나이다. 근래에 들어서 이 방면의 우수한 전문가들이 진상을 밝히려고 노력했지만, 역시 절대적으로 확실한 결과는 나오지 않고 있다.

어쨌든 확실한 것은 이 병이 설사 이전부터 유럽에 있던 병이라 해도, 15세기가 끝나 갈 무렵, 새로운 전염병이 항상 그렇듯이 엄청난 기세로 지중해 연안지방에서 맹위를 떨치다가, 빠른 속도로 알프스 이북까지 퍼져나갔다는 것이다. 이 병 앞에서는 적도 아군도 없었다. 어제 프랑스 병사들에게 매독을 옮겨 준 매춘부와 술집 아가씨들이 오늘은 독일 용병들을 감염시키고 있었다. 처음 얼마 동안은 이 병을 병사들만의 질병으로 보았으나 얼마 지나지 않아 일반 시민들도 차례차례 감염되기 시작했으며, 그 기세가 얼마나 엄청났던지 통치자들이 이에 대한 경고를 내려야 했을 정도였다. 1495년 8월 7일에 맥시밀리언 황제는 포고령을 발하여, 이 전대미문의 새로운 질병에 대하여 사람들의 주의를 환기시켰다.

맥시밀리언 황제는 이 새로운 질병이 전에 창궐했던 전염병처럼 굶주림과 지진에서 유래하는 병이 아니라, 신앙을 저버린 형벌로서 신이 내리는 질병이라고 인식하게 될 정도였다. 성이라는 악마가 만연되어 있는 곳을 제외하고는 일반 사람들은 비교적 이 병에 걸리지 않고 지낼 수 있었기 때문이었다. 마치 오늘날의 에이즈에 대한 인식과 같은 것이었다. 그러나 당시는 위생관념과 지식이 부족했으므로 아무런 책임도 없는 소녀와 젖먹이 아이까지 감염되는 경우가 있었으며, 이윽고 가족 모두에게 매독의 징후인 부스럼이 생기기도 했던 것이다. 그러나 이와 같은 일이 일어나고, 또 황제의 경고가 있었다 해도 일반적인 습관을 바꾸는 데는 별다른 역할을 하지 못했다. 그러나 최소한 의사들로 하여금 이 병에 대하여 전보다 더 적극적으로 관심을 갖게 한 것은 사실이었다.

그리하여 알프스 이남에서든 이북에서든 이 병에 관한 많은 문헌이 쏟아졌는데, 1495년에서 1498년 사이에 만들어진 10편 정도의 문헌이 오늘날까지 전해지고 있다는 사실에서 알 수 있다. 그 중에서 가장 치밀한 문헌은, 알렉산더 6세의 주치의로서 바티칸에서 근무했으며, 1497년 9월과 10월 두 달 동안에 17가지 증세를 살필 수 있을 정도로 많은 관찰 기회를 가졌던 스페인 의사 카스파레 토레라의 논문이다.

매독의 역사적 공과

어쨌든 이 병은 이제 병사(兵士)에서 일반 서민으로, 그리고 교황까지 걸리게 되었다. 교황의 의전담당관이었던 파리드 데 그랏시의 증언에 의하면 교황 율리우스 2세도 이 병에 걸렸다고 하고 있다. 또 1506년에는 크레타의 대사교(大司敎)가 매독으로 숨지기까지 했다. 이런 형편이었으므로 '프랑스인의 병'라는 명칭은 점차 의미를 상실하게 되었다. 이제는 어떤 방법으로라도 이 병의 원천을 찾아내어 이 병의 내력을 밝히고, 동시에 이에 대한 치료법을 찾아내야 했던 것이다. 그래서 의사들은 고대문헌을 뒤진 끝에 마침내 히포크라테스가 이미 이 병을 알고 있었을지도 모른다고 생각되는 몇몇 증거를 입수하게 되었다. 르네상스기에서 가장 천재적인 학자 중의 한 사람인 베로나의 의사 지롤라모 프라카스트로는 이 병의 기원을 아메리카에 두었다.

프라카스트로는 베니스 공화국 베로나에서 태어나 파도바에서 교육을 받았으며, 19세에 대학 교수로 임명되었다. 뛰어난 의학 실력으로 인해 그는 트렌트 공의회의 의사로 선출되었다. 파도바 시민들은 그를 기리기 위해 동상을 세웠고, 그의 고향 도시에서는 대리석 조각상으로 그의 위대성을 기념했다. 그는 고향에서 살면서 활동했는데, 1546년에 그는 전염병이 직접적·간접적 접촉 없이 감염을 전파할 수 있는 작은 이동 입자 또는 '포자'에 의해 발생한다고 제안했다. 그의 저서에서 질병의 '포자'는 살아있는 유기체가 아닌 화학물질을 의미하였다. 그는 1546년에 출판된 전염병에 관한 논문 "De Contagione et Contagione Morbis"에서 전염병을 지칭하기 위해 라틴어로 'Tinder'라는 단어인 'his fomes'를 처음 사용했다. 그의 이론은 완전히 발전된 세균 이론으로 대체될 때까지 거의 3세기 동안 영향력을 유지했다.

그는 1530년 베로나에서 발표한 「프랑스인의 병에 관하여」라는 의학적인 교훈시 속에서, "하이티 섬에서 무서운 가뭄이 발생하자 양치기 소년 시필루스가 태양신에게 반항하였다"는 이야기로 그 유래를 설명   다. 그리고 덧붙여서 "태양신은 이 섬에 새로운 전염병을, 즉 시필리스(syphilis, 매독)를 보내 반항자에게 벌을 내렸으며, 그리하여 양치기는 매독에 걸린 최초의 인간이 되었다"고 하였다. 시필리스라는 이름은 그리스·로마신화에 나오는 시필루스, 즉 어머니 니오베의 반항 때문에 아폴로에게 벌을 받은 아들의 이름에서 따온 것으로 보여 지며, 이후부터 이 병은 일반 사람들에게 '시필리스'로 불려 지게 되었다.

이러한 매독의 최대 피해자는 영국의 헨리 8세였을 것이다. 그는 모든 전쟁에서 이겼고, 종교개혁을 주도했으며, 그로 인해 종교계와 정계를 아우르는 당대 최고의 권력을 장악하게 되었다. 그러나 이러한 역사적 결과는 그의 삐뚤어진 성격에서 비롯된 결과였다. 그런데 이처럼 그의 성격이 삐뚤어지고 변덕스럽게 되기 시작한 것은 그가 매독에 걸리면서부터였다고 한다. 특히 이러한 그의 성격은 성생활에서 뚜렷하게 나타났다. 그는 왕실 간의 밀약을 통해 결혼을 했는데 초기의 결혼생활에는 전혀 문제가 없었다. 그러나 매독에 걸리면서 생각이 변하여 10년 간 5회나 처를 바꿨고, 또한 왕궁에다 왕 전용의 창부(娼婦)집을 만들기도 했다. 그러나 자신 이외의 사람들에게는 성적 구속력을 과도하게 집행시켜 매춘이 쇠퇴하는 지경에까지 이끌었으니 그의 행동과 공과는 완전 반대로 나타났다고 할 수 있다. 당시 런던에 12채 남아 있던 여랑옥(女廊屋)을 폐쇄시켰는데, 이런 모든 것들은 그의 매독에 대한 공포에서 비롯된 것이라고 할 수 있다.

매독의 치료방법으로서 콘돔의 발명

르네상스의 의사들이 시필리스에 대한 연구와 진단 및 치료법이라는 점에서 큰 업적을 남겼다는 것은 의심의 여지가 없다. 매독이라는 새로운 전염병이 발견된 지 2, 30년쯤 지나자 벌써 이탈리아 의사 지오반니 데 비고는 수은요법(水銀療法)[44]을 개발하였다. 수은요법은 이후 400년 동안 매독을 치료하는 가장 효과적인 방법이 되었지만, 한 가지 치명적인 오류를 범하게 되었다. 즉 성병은 한 가지 종류밖에 없는 것으로 보고, 이미 고대부터 알려져 있던 임질(淋疾) 마저도 시필리스의 초기 증상의 하나로 판단해 버린 것이다. 그러다 보니 환자 대부분이 동시에 임질과 매독에 걸리게 되었는데, 그것은 이미 임질에 걸린 환자가 다시 매독에 감염되는 경우가 대부분이었다. 이것은 일찍이 의학이 저지른 가장 끔찍한, 그리고 용서할 수 없는 오류의 하나였다. 이러한 오류로 인해 아라비아의 의사들이 이전부터 임질 환자에게 시술하던 매우 효과적인 치료법마저도 점차 무시되고 말았다. 임질 증세를 보이는 환자에게는 그것이 매독의 징후라는 단정 아래 즉시 수은 요법을 받게 했던 것이다. 많은 사람들이 이같은 잘못된 치료 덕분에 그 후 일생 동안 불치의 후유증으로 고통을 받았다는 것은 인류의 불행 중의 불행이었다.

후에 유럽에서 임질이 광범위하게 만연된 것은 주로 잘못된 치료법 때문이라는 것을 알게 됐고, 19세기 후반이 되어 나이서라는 의사가 임질균을 현미경으로 포착하고 나서야 이 병에 대한 인식이 새로워졌던 것이다.

한편 이러한 매독의 위험으로부터 벗어나 안전하게 섹스를 해야겠다는

---

44) 수은요법 : 수은제로 매독을 치료하는 방법을 말하는데, 약을 바르거나 먹거나 주사로 맞거나 연기를 쐬는 방법이 있다.

생각아래 발견된 것이 콘돔이었다. 이 콘돔은 1560년 호로피우스라는 사람이 발명한 것인데, 감염방지를 위해 아마(亞麻)나 소의 내장 막을 이용하여 얇은 막으로 만들었다. 이는 초기에는 피임이라는 개념이 없었기에 그렇게 만들었다고 생각되어진다. 하여튼 이 콘돔의 발명으로 오늘날까지 인류는 많은 혜택을 받고 있다고 하겠다.

그럼에도 불구하고 매독은 전 세계적으로 전염되기 시작했는데, 지금까지 알려진 그 경로를 살펴보면 다음과 같다. 1494년 콜럼부스 선원들이 포루투칼에 매독을 전한 이래 유럽에 매독이 침입하기 시작하여, 1495년에는 프랑스·독일·스위스에, 1497에는 스코틀랜드에, 그리고 1499년에는 헝가리·러시아에, 1498년에는 바스코타가마가 인도에 상륙함으로써 인도에 매독을 전하게 됐고, 1505년에는 결국 중국에까지 매독이 전해지게 됐다는 것이다.

현대 의학의 발달로 이제는 거의 없어진 매독이지만, 인류의 가장 불행한 일면을 초래케 한 매독은 성애의 역사에서 빼놓을 수 없는 커다란 사건을 몰고 왔던 인류 최대의 병이었다고 하겠다.

27

마르틴 루터(1483~1546)

『95개조 반박문』

'면죄부' 판매 반대와 성직자의 '독신법' 폐지를 실천하다

교황직 보호수단이 된 결혼금지법

르네상스는 법률의 개혁 없이 행해진 거
대한 혁명이었다. 로마는 전통의 파괴로 여
겨지는 모든 것을 피하려고 노력했지만, 삼
라만상이 변하고 있다는 것은 누구의 눈에
도 명백하게 보이고 있었다. 그러자 법과 현
실 사이에는 어떤 형태로든 다리를 놓아야
할 만큼 깊은 골이 생겼다. 법을 바꾸든지,
아니면 풍속을 바꾸든지, 가능하다면 양자
를 함께 바꿔야 했다. 이런 변혁을 목적으로

마르틴 루터

한 운동을 일반적으로 종교개혁이라고 부른다.

로마에서는 종교 개혁가들의 의견을 들어주지 않았기 때문에 그들은
스스로 법을 바꾸고 교황과 결별했다. 이 일은 교황청의 사고를 더욱 경
화(硬化)시켜, 이때 이후의 모든 종교개혁은 반도(反徒)들에 대한 굴복으

로 간주하게 되었다. 따라서 교황청에게 남은 유일한 길은 예부터 있어 온 교회법을 한층 더 강화하고, 이것을 통용시키게 하는 길밖에는 없었다. 이러한 반동적 움직임을 일반적으로 '반동종교개혁운동'이라고 부른다.

이 두 가지 운동 속에서 성에 관한 문제는 커다란 역할을 하였다. 성직자의 독신문제와 이혼 금지는 기독교 교회의 출발점부터 거듭해 온 해묵은 논쟁거리였기 때문이다. 하지만 그밖에도 문제는 있었다. 위의 문제에 뒤지지 않을 만큼 골칫거리가 된 것은, 교회가 부정한 돈을 받아도 되는가 하는 문제였다. 성 피에트로 성당의 바실리카 회관을 건립하기 위해 교황청은 전례에 따라 부부에 대한 특별 세금을 걷어 들였다. 이 특별세는 교황청 금고에 2만 도카틴을 가져다주었다. 레오 10세가 면죄부[45] 판매로 독일에서 벌어들이려던 액수의 4배가 넘는 돈으로, 당시로서는 참으로 막대한 금액이었다. 따라서 레오 10세가 만일 창녀들로부터 좀 더 많은 돈을 긁어내는 일에 성공했다면, 그처럼 악명 높은 면죄부 판매는 하지 않아도 되었을 것이라고 역사가들은 비꼬아 말하기도 한다.

교황청이 이렇게 돈을 모으는 것은 서약에 따라 순결과 빈궁 속에서 어쩔 수 없이 살아가는 하급 성직자들의 분노를 사게 하였다. 아우구스티누

---

45) 면죄부 : 가톨릭 교회의 대사(大赦, Indulgentia)를 일컫는 관습적인 용어이다. 대사의 신학적 근거는 죄는 언제나 사악한 것이며, 범죄와 영원한 형벌은 그리스도의 속죄를 통해 고해성사 때 용서받는다 하더라도, 하느님의 자비와 정의는 죄인이 자신의 죄에 대해 죄 값을 치르도록 요구한다는 데서 비롯된 관념이다. 과거에는 대사를 남용하는 사례가 많아 그것을 시정하기 위한 조치가 이루어졌다. 그러나 14세기에 들어와 대사받기 위한 행위들, 특히 성당과 대학 건축을 위한 기부를 대중화하기 위해 재무관을 두자 기금을 잘못 운용한다거나 설교단을 지나치게 사치스럽게 꾸미는 등 남용하는 일이 많아졌다. 프로테스탄트 및 로마 가톨릭 교회 개혁자들은 이러한 현실을 개탄했으며, 트리엔트 공의회(1562)는 대사를 남용하는 관행을 금지했다.

스파의 마르틴 루터[46]는 교황청의 이런 행태를 보면서 분노를 참을 수 없자 면죄부 판매에 반대하기 위해 「95개조 반박문」[47]을 발표하였다. 성직자의 '독신 서약'을 중하게 여긴 그는 상급 성직자들의 타락이 면죄부 판매로부터 나온다는 것을 알고 이에 반대했던 것이다. 마침 그가 로마를 방문했을 때 자신의 눈으로 고위 성직자들이 얼마나 주색에 빠져 있는지를 똑똑히 보고서 독신 서약은 하급 성직자와 수도승에게만 요구되는 것이었고, 교회의 고위 성직자들은 이 서약을 지키지 않아도 되는 것처럼 보였던 것이다. 고위 성직자들이 모두 첩을 두거나 창녀촌에 출입한다는 것은 아니었지만, 그런 짓을 하는 자들이 질책을 받거나 처벌되는 일이 거의 없었던 것이다. 여기에는 극소수의 고위직에게만 유리하도록 만들어진 이중적이 도덕이 마련되어 있었기 때문이었다.

루터는 그들과 한패가 되어 똑같이 행동하고 싶은 생각이 없었다. 그는 이미 좋은 지위에 있는 대학교수였지만, 마음은 여전히 수도승과 같았다. 그러니까 만일 독신 서약이 신앙으로 살아가는 모든 자들에게 동등하게 지켜지고 요구되었다면, 루터도 이들을 따라 극도의 절약과 성적인 금욕 생활을 할 각오가 되어 있었다. 하지만 사정은 그렇지 않았다. 로마에서는 모든 것이 두 가지 잣대로 측정되고 있었던 것이었다. 이런 것들이 그의

---

46) 루터 : 독일의 신학자, 종교개혁가. 본래 로마 가톨릭 수도회인 아우구스티노회 소속 수도사제였으나, 가톨릭 교리에 반발하여 끝내 파문당하고 독자적인 노선에 투신한 인물이다. 현존하는 모든 개신교 교파들이 루터의 영향을 받았으며, 특히 루터의 가르침을 직접적으로 계승하는 교파로는 루터교회가 있다.

47) 「95개조 반박문」 : 마르틴 루터가 비텐베르크 대학교 교회의 정문에 내붙인 것으로 교황에 대한 반박문을 말한다. 성 베드로 대성당의 신축 비용 등을 확보하기 위해 로마 가톨릭 교황이 면죄부 발행을 남발하자 당시 작센 선제후국 비텐베르크 대학의 도덕신학 교수 마르틴 루터가 이에 항의하여 붙인 것이다. 종교개혁의 신호탄이자 개신교의 시발점으로 여겨진다.

정의감에 불을 질렀던 것이다.

여성과의 성적 교섭이 성직자에게는 금지되어야 하는 것이 독신 서약의 중요 내용이었으므로 누구보다도 먼저 고위 성직자들이 규칙에 따르는 것이 당연한 이치였다. 오리엔트의 교회에서는 그렇게 하고 있었다. 결혼을 할 수 있는 하급 성직자와 결혼이 금지된 고위 성직자 사이에는 엄격한 구분이 있었던 것이다. 그러나 로마에서는 사정이 정반대였다. 성직자의 지위가 높아질수록 독신이라는 규칙은 점점 더 지켜지지 않고 있었다. 고위 성직자들에게는 그런 규칙이 부과되지 않은 것처럼 생각될 정도였다. 그래서 자녀가 아주 많았던 교황 알렉산더 6세가 교황령을 바꿔 세습 독재국가로 만들려는 야심을 가질 수 있었던 것도 그다지 이상한 일은 아니었다. 비록 그의 계획은 실패했지만 도덕적인 반대에 부딪친 것이 아니라 로마의 유력 귀족들, 즉 오르시니 가문·코로나 가문·사베르니 가문 등에서 자기 일족이 교황 직에 오르지 못하게 될 것을 우려하여 맹렬하게 반대했기 때문에 나타난 결과였다. 따라서 성직자의 결혼을 금지하는 법령은 창안자가 애초에 예상했던 것과는 달리 전혀 다른 목적으로 이용되고 있었던 것이다. 즉 성직자 결혼 금지법은 죄스러운 육욕을 막기 위한 것이 아니라 선거에 의한 교황 직의 보호수단이 되고 있었던 것이었다. 그러나 이러한 예방조치도 극소수의 최고 귀족들만이 교황 직에 앉는 것을 막을 수는 없었다. 루터가 반기를 들었을 무렵의 교황 레오 10세는 선출 당시에 성직자 신분도 아니었다. 하지만 그는 메디치 가문의 일원이었으며, 교황이 되기에는 그것만으로도 충분했던 것이다.

쯔빙글리, 루터, 칼뱅의 독신법 폐지 실천

종교 개혁가들은 결혼보다 동정을 칭송한다거나 독신생활을 지나치게 칭송한다거나, 원죄와 육체의 죄를 밀착시킨다든가 하는 일은 하지 않았다. 오히려 종교개혁의 의지를 갖고 있었던 사람들은 독신 규칙이 적어도 지금과 같은 상태로는 교회를 파멸시킬 것이라는 점에서 의견이 일치되고 있었다. 그들은 성직에 있는 모든 사람이 성적으로 평등하기를 희망했지만, 이러한 목표는 독신 법을 강요하는 것이 아니라 성직자의 결혼을 허락함으로써 달성할 수 있다고 생각했다. 그렇게 하는 것만이 상층계급 성직자의 유곽 출입과 하위 성직자의 로마에 대한 증오심을 불식시키는 길이었다.

성직자의 결혼문제를 다시 거론한 최초의 인물은 필립 멜란히톤이었다. 그러나 그의 최초의 주장은 아주 미약했다. 그는 그저 일시적으로 독신제를 폐지하고, 최종 결정은 교회의 공회의에 따라야 한다는 주장만을 했을 뿐이었다. 멜란히톤은 스물 네 살이었으며, 그 자신은 성직에 있지도 않았다. 그러니까 그의 조숙한 학문적 견해에는 이 같은 문제에 대하여 판단을 내리기에 충분한 권위가 결여되어 있었던 것이다. 그러나 이것이 계기가 되어 얼마 지나지 않아서 좀 더 비중 있는 발언이 나왔다. 쮜리히 대성당의 교구장이었던 울리히 쯔빙글리(Ulrich Zwingli, 1484 1531, 스위스 종교개혁 운동가)[48)]가 일체의 타협을 배제하고 독신법을 폐지하자고 주장했던 것이다. 그리고 쯔빙글리는 성직자 계급에 속하는 종교개혁가 중에서 최초로 결혼한 인물이 되었다. 1524년 4월에 그는 마흔이었고, 어느 법관의 미망인인 안나 마이야(처녀 시절의 성은 라인하르트)와 결혼했다. 실로 500년 만에 로마교회에 소속된 성직자 중에서 이렇게 대담한 일을

---

48) 쯔빙글리 신학의 핵심은, 성경은 하나님의 영감 된 말씀이며, 그 권위는 어떠한 종교회의나 교부들의 주장보다도 더 높다는 것이었다.

해치운 것은 그가 처음이었다.

1년 후 루터가 쯔빙글리의 뒤를 이었다. 그의 이단적 경향은 더욱 노골적이었다. 로마에서 파문당한 이 수도승은 자신이 쓴 저술을 읽은 뒤에 동료와 함께 수도원에서 빠져 나온 여자 수도승 카타리나 폰 폴라와 결혼했던 것이다. 그녀는 갖은 고생을 한 끝에 루터가 머물던 비텐베르크로 도망쳐 왔다. 그녀는 젊고 아름다웠으며, 지성미 또한 갖추고 있어서 새로운 교리와 그 창시자인 남편에게 심취해 있었다. 루터가 결혼을 결심했을 때는 42살이었고, 아내보다 15년이나 연상이었다. 하지만 이 결혼은 남들보다 더 행복했으며, 두 사람 사이에서는 여섯 명의 아이들이 태어났다. 루터가 죽은 후(1546년) 카타리나에게는 끼니를 걱정해야 할 만큼 고통스런 나날이 시작되었는데, 그것은 독일에서의 종교개혁이 그곳의 걸식 수도승처럼 가난 속에서 끝났기 때문이었다.

16세기의 위대한 종교개혁가 중에서 세 번째 인물은 북프랑스에서 재판소 직원의 아들로 태어난 쟝 칼뱅이었다. 서른 살에 가정을 꾸민 그는 수도승도 사제도 아니었으므로, 그에게 있어서 결혼은 양심의 문제가 아니었다. 하지만 그의 인생 전체로 볼 때 결혼은 아주 짧은 단막극에 지나지 않았다. 그의 아내와 하나 뿐인 아들은 모두 젊어서 죽고 말았기 때문이었다. 그는 사실 육체적으로도 허약하고 병치레가 잦았으며, 그런 이유 때문인지 여자에게 등을 돌린 청춘기를 보낸 듯한데, 이런 태도는 칼뱅이 제네바의 지배자로서 발표한 성에 관한 극도로 엄격한 법률 속에 반영되었다.

그는 불법적인 성행위를 용서할 수 없는 적으로 간주했고, 나라의 치욕으로 간주했다. 젊은 남녀는 죄와는 거리가 먼 오락마저 단념해야 했으며, 춤을 춘 자는 감옥에 집어넣어야 한다고 했을 정도였다. 그가 그려내는 가족은 개인의 순결이나 부부간의 존중함이나 인류의 도덕적 건전함을 같은 것으로 보았고, 이를 통해 사회가 유지될 수 있다고 보았다. 따라서 그는 부정이나 단정치 못한 품행을 조장하는 오락(연회, 구경거리 등)을 그들의 적인 로마 카톨릭과 같이 격렬하게 비난했다. 나아가 부부간의 행위도 위험을 내포하고 있다고 하여 신자들에게 과도한 쾌락에 빠지지말고 조심스럽게 억제하면서 부부관계를 행하라고 가르쳤다. 그렇지 않으면 격정에 빠져 이성을 잃게 된 부부의 음란한 욕망이 그들을 야수 같은 교접이나 성서가 굳게 금지하는 비도덕적인 성의 유희로 이끌게 된다고 생각했다. 이러한 것은 생식을 직접적인 목적으로 하지 않는 모든 성교섭을 일종의 매춘으로 간주했음을 보여준다.

그러나 루터는 이런 점에서 관대했는데, 비텐베르크에서 약재상을 했고, 나중에 책방을 열기도 했던 루카스 크라나하가[49] 루터가 보는 앞에서 여자의 나체화를 그려도 별로 책망을 받지 않았다. 만일 그가 칼뱅이 있던 제네바에서 그런 그림을 그렸다면 즉시 화형에 처해졌을 것이다. 그래도 칼뱅은 자신이 시범을 보였던 터였으므로, 새로운 신앙의 신봉자는 결혼해도 좋다는 견해를 가지고 있었다.

에라스무스[50]의 종교개혁가에 대한 비판

이 같은 종교계 지도자들의 선구적인 행동은 종교개혁에 가담한 젊은 성직자들 사이에서 당연히 성의 혁명을 야기 시켰다. 한 세대 동안에 대

---

49) 루카스 크라나흐(Lucas Cranach, 1472년~1553년) : 독일의 화가
50) 데시데리위스 에라스뮈스(네덜란드어: Desiderius Erasmus, 1466~1536) : 일반적으로 에라스무스로 부르는데 네덜란드 태생의 서방교회 성직자이자 인문주의자이다. 서방교회의 종교개혁 운동에 영향을 준 기독교 신학자이다.

륙의 개신교 국가에서는 독신제가 완전히 소멸해 버렸으며, 복음교회에서는 성직자 아내의 모습을 볼 수가 있었다. 많은 사제와 남녀 수도승들은 아주 젊은 시절에, 그것도 대부분은 세상 물정도 모르는 어린 나이에 순결 서약을 해야 했으므로, 그들이 새로운 종교운동에 가담한 이유 중의 하나는 말할 것도 없이 성적 금욕을 팽개칠 수 있다는 점에 있었을 것이다. 하지만 모든 이들이 결혼이라는 항구에 상륙할 수 있었던 것은 아니었다.

한편 신교도 중에는 교황이 있는 로마와 비교하여 조금도 뒤지지 않을 만큼 스캔들을 일으키고 다니는 자들이 있었다. 이 때문에 종교개혁을 반대하는 자들은 성이라는 악마 덕분에 개혁운동이 성공하지 못할 것이라고 호언장담할 정도가 되었다. 이와 같은 비난을 퍼부은 사람은 인문주의자 에라스무스였다. 당시 그는 세계적인 예언자였는데, 그는 아주 세련된 방법으로 로마 교황청과 개혁자들 사이에서 처신을 잘함으로써 서방 진영에서 높은 존경을 받고 있었다. 그런 만큼 종교개혁이라는 거대한 드라마는 결혼 속으로 사라져버리고, 수도승이 자신의 신분을 버리고 여자 수도승과 부부가 되는 희극으로 끝날 것이라는 그의 예언은 한층 더 무게를 가졌던 것이다.

이런 비난은 실은 루터를 향한 것이었기에, 이 기회를 틈탄 칼뱅이 자신의 덕성을 더욱 알리고 동시에 자기는 루터와 다르다는 것을 세상에 보여 주어 자신만이 유일한 종교개혁가로 평가되도록 노력했다. 그는 어떤 사람이 쓴 「추문에 관하여」라는 제목의 글 속에서, "그리스인이 아름다운 헬레나 때문에 전쟁을 시작했던 것처럼, 이제 종교개혁운동의 지도자들은 여자 때문에 새로운 트로이전쟁을 시작하게 될 것이다"라고 한 것에 대해 칼뱅은 거세게 항의하였다. 칼뱅 자기 자신은 그와 같은 유혹에서 완전히 벗어났으니 이를 인정해 주어야 한다고 주장하였던 것이다. 실제로도 그는 유혹에 견딜 수 있는 강한 인물이었다. 또 종군사제(從軍司祭)로서 신앙을 위해 전쟁터에서 죽은 쯔빙글리에 대해서도 비난하는 사람은 아무도 없었다. 그러나 마르틴 루터의 적들 중에는 그가 살아 있을 때나 죽어서나 "성애라는 악마의 화신"이라고 매도하는 사람들이 있었다. 그가 죽었을 때 사람들은 그의 무덤이 텅 비어 있으며, 그곳에서 지독한 악취가 났다는 등의 소문을 퍼뜨리기도 했다. 이와 같은 소문을 믿지 않는 사람들이라도 루터는 독신법을 폐지하기 위해 로마에 대항했던 큰 죄인이라고 믿었던 것이다.

루터의 성생활 규칙

만일 성이 그 정도로 루터에게 위력을 발휘했다면, 그렇게도 오랫동안 그가 성 문제를 억제할 수 있었다는 것은 참으로 이해하기 힘든 일이라고 말하지 않을 수 없을 것이다. 루터는 언제나 자신이 동정으로 결혼했다는 것을 강조했으며, 마흔이 넘을 때까지 그의 성적인 순결을 의심할 만한 증거는 단 하나도 없다. 그는 사실 육체적으로나 정신적으로 아주 건강하여 늠름하고 아주 남성적인 사람이었다. 젊었을 때는 가끔씩 불안증에 시달리기도 했지만, 이것은 그가 성적으로 부자연스런 억압을 지속해야 했던 것이 원인이었는지도 모른다. 그가 이런 억압에서 완전히 해방되었을 때는 더 이상 어떠한 성적 폭발도 일어나지 않을 나이였다. 정상적인 성생활로 돌아간 것은 분명히 그에게 좋은 영향을 끼쳤던 것으로 보이며, 결혼 후 최초의 몇 년 동안 그는 육체적으로도 정신적으로도 지극히 안정적이었다고 후세 사람들은 전하고 있다.

루터는 이런 점에서 진정한 르네상스 인이었다고 할 수 있다. 그는 나이가 들어서도 성 문제에 관하여 솔직하게 말하는 것을 단 한 번도 부끄러워한 적이 없었다고 한다. 지금이라면 전문의가 담당할 영역에 속하는 성에 관한 미묘한 문제를 말할 때조차도 그것을 경솔하다거나 부끄러운 일로 생각하지 않았던 것이다. 그래서 그가 했다는 성생활에 관한 유명한 조언으로 다음과 같은 말이 전해지고 있다.

> "일주일에 두 번이 여자에 대한 의무이고,
> 나이가 들면 많아도 네 번인데,
> 이 정도라면 내게도 너에게도 해가 되지 않는다."

이 격언은 대개 두 번째 행을 빼고 인용되는 것이 보통이지만, 두 번째 행도 결코 중요하지 않은 것은 아니다. '두 번'이라는 것은 아내에 대한 고려에서 말하자면, 최소한의 횟수를 뜻하는 것이기 때문이다. 하지만 만약에 루터가 마흔 두 살이 아니라 스물 둘에 결혼했다면 이와 같은 루터의 잠자리 규칙도 많이 달라졌을 것이다. 좌우간 루터는 부부간의 성교에서 쌍방의 권리와 의무를 간파하고 있던 셈이다. 루터의 견해에 따르면 아내도 남편과 동일한 요구를 할 수 있었다. 그러니까 부부간에 아이가 없는 경우에도 부부 모두에게 동일한 권리를 인정했는데, 남편의 임포텐스가 불임의 원인이면 아내는 다른 남편을 찾을 권리를 가지며, 마찬가지로 아내가 불임이라면 남편도 다른 아내를 찾을 권리를 갖는다는 것이다. 이와 같은 구약성서적 결혼법으로의 복귀는 설사 간통이 행해지지 않은 경우에도 이혼을 인정하는 것이 전제가 되었던 것이다.

루터는 적어도 몇몇 예외적인 케이스에서는 이혼문제에 대하여 너그러웠다. 이런 사실은 그의 신앙 동료 필립 폰 헷센 백작이 다른 여자와 결혼하기 위해 그의 아내 크리스티네 폰 작센과 헤어지려 했을 때 보여준 태도에서 잘 나타나 있다. 루터는 그의 제혼에 동의했던 것이다. 물론 그의 승인으로 대단한 파문이 일어났다. 그러나 이혼법을 도입하는 과정에서 생긴 심각한 의견 분열에도 불구하고, 얼마 지나지 않아 종교개혁은 결혼 제도를 전보다 확고하게 만들었다는 것은 누가 보더라도 명백해졌다. 한마디로 결혼은 전보다 더 청결하고 순수해졌던 것이다.

28

토머스 모어(1478~1535)
『유토피아』
종교만이 도덕적 사회를 구축할 수 있다

교황의 결혼 무효 선언권

유럽대륙에서는 종교개혁의 결과 이
혼문제가 별다른 마찰 없이 도입되었는
데, 이에 비해 영국에서는 이혼문제가
종교개혁의 직접적인 발단이 되었다. 물
론 이곳에서도 이혼 이외에 종교적·세
속적인 동기, 국내외의 정치적인 요소,
권력과 경제적인 이해관계 등이 복잡하
게 얽혀 여러 문제가 태동하였지만, 역
시 이혼문제는 로마와 분규를 일으키는

토머스 모어

중요 원인이 되었다. 즉 군주는 마음 내키는 대로 몇 번씩 결혼할 수 있는
지, 그리고 교황은 이 문제에 대하여 결정권을 가지고 있는지, 이와 같은
성에 관련된 법률해석 문제를 둘러싸고 로마와 갈등을 빚게 됨으로써 야
기됐던 것이다.

일반적인 이혼 금지는 중세 교황권에서 가장 중요한 권력의 원동력이었다. 물론 교황이라 할지라도 강제로 이혼을 시킬 수는 없었다. 그러나 그만은 결혼의 무효를 선언하고, 그렇게 함으로써 남편에게 다시 결혼할 기회를 제공할 수 있는 권한이 있었던 것이다. 교황의 이 특권은 로마 카톨릭에 소속된 모든 영주들의 승인을 얻은 것이기 때문에, 교황청은 세속 군주들에 대하여 언제라도 써먹을 수 있는 마지막 카드를 갖고 있던 셈이었다.

가장 강력한 군주조차도 아내와 이혼하고 다른 여자와 재혼하려 할 때는 로마에 청원을 해야 했다. 결혼 무효선언은 대개 정치적인 이유, 즉 군주들의 재혼은 많은 경우에 새로운 영토를 얻거나 동맹을 체결하기 위한 수단이었으므로 로마에서도 군주의 이혼 문제는 고도의 정치적인 사건으로 취급했으며, 교황청은 종종 여기서 막대한 이익을 우려낼 수 있었다.

무효선언의 취급은 자주 변했는데, 이 문제에 대하여 관대한 교황도 있었고, 엄격한 교황도 있었다. 그러나 어느 쪽이든 로마는 이렇게 큰 돈벌이가 되는 특권을 매우 중요하게 여겼으며, 너무 남용하여 그 가치를 떨어뜨리지 않도록 세심한 주의를 기울였다. 청원자에게 있어서 사건이 간단하게 해결되는 경우란 거의 없었으며, 무효선언 재판은 종종 몇 년씩 끌기도 했다. 그러므로 군주들이 새로운 결혼에 대하여 그만큼 열의를 갖고 있지 않는 한, 무효선언을 청원하는 것은 수지 맞는 사업이 아니었다. 만일 지금까지의 아내와 헤어지는 것만이 문제라면, 군주들에게는 목적을 달성할 수 있는 간단한 방법이 있었다. 따라서 결혼 무효선언 청구를 근대적인 민법용어로 번역하자면, 이것은 이혼청구가 아니라 새로운 결혼을 허가해 달라는 그런 문제였던 셈이다. 더구나 무효선언의 재판이 진행되는 도중에, 해당 군주가 어떤 여자를 미래의 아내로 선택했는지는 자연히 세간에 알려졌던 것이다.

15세기가 끝날 무렵, 프랑스 왕 루이 12세가 선왕(先王)의 미망인과 결혼하기 위해 선선왕(先先王)의 딸과의 결혼에 대한 무효선언을 요청했던 것도, 역시 그와 같은 사례의 하나였다. 가족법의 입장에서 볼 때 이 문제는 아주 복잡하게 뒤얽힌 사건이었지만 정치적으로는 지극히 간단명료한 문제였다. 루이 12세가 갈망했던 미망인은 바로 브류타뉴 공의 비(妃)였는데, 루이 12세는 브류타뉴가 프랑스의 손아귀에서 벗어나는 것을 방지하려 했던 것이다. 자기 자식들이 결혼할 때 이미 교회법 문제에서 지극히 관대한 모습을 보여주었던 교황 알렉산더 6세는, 이때도 프랑스왕의 정치적인 필요에 대하여 충분히 이해하고 있었으므로, 양쪽 모두에게 유리한 계약이 체결되도록 한 후 교황의 아들 체자레 보르지아가 직접 왕에게 결혼 허가증을 주었고, 그 결과 브류타뉴 지방은 프랑스의 영토로 남게 되었다.

헨리 8세의 이혼문제와 로마교황의 반대

프랑스왕의 이 같은 선례에 용기를 얻어서 1528년 영국 왕 헨리 8세는 궁녀 앤 블린(Anne Boleyn)과 결혼하기 위해 로마에 사신을 파견해서 스페인 왕녀인 캐더린 왕비(Catherine; 아라곤 가문)와의 결혼 무효선언을 요청했다. 로마에서는 런던에서 오는 모든 사람을 환대하고 있었기 때문이었다.

헨리 8세는 로마교회의 경건한 신자로, 자신이 직접 루터를 공격하는 글을 쓸 정도로 종교개혁에 반대하는 유력한 군주였다. 당시 헨리 8세는 캐더린과 결혼한 지 벌써 24년이나 됐으며, 둘 사이에서는 여섯 명의 자녀가 태어났다. 이들 중에서 딸 하나만이 살아남았는데, 당시 의료수준에서 유아 사망률이 높았기 때문인지, 헨리 8세의 매독 때문인지는 불분명했다.

일찍부터 헨리 8세는 여섯 살이나 연상인 스페인 왕녀와의 결합을 지긋지긋해 하고 있었다. 헨리가 어렸을 때 이미 결정된 정략결혼이었기 때문에 행복할 리가 없는 결혼생활을 해야 했기 때문이었다. 헨리 8세는 앤 블린의 미모에 반하기 전에도 엘리자베드 프룬트라는 다른 궁녀와 관계를 가진 적이 있었는데, 여기서 아들 하나를 얻었다. 헨리는 서자인 이 아들을 무척이나 자랑스럽게 여겼다. 여자 쪽만 이상 없다면 자기에게도 훌륭한 왕위 계승자를 만들 수 있는 능력이 있다는 증거를 보였기 때문이다. 왕의 입장에서 이것은 중요한 논거였는지 모르지만, 교황은 다른 요인도 고려하지 않을 수 없었다.

캐더린 왕비는 세상에서 가장 강력한 가문 출신이었다. 그녀는 아라곤 왕 페르디난드 2세와 카스틸리아 여왕 이사벨 사이에서 태어난 딸이었으며, 따라서 가장 중요한 사실은 교황이 종교개혁가들과 싸울 때 반드시 힘을 빌려야 하는 신성 로마제국의 황제 카를 5세의 이모가 된다는 점이었다. 게다가 헨리가 왕비 자리에 앉히려는 앤 블린은 영국의 소 귀족 가문에서 태어난 하찮은 여자에 불과했다. 내일이면 다른 여자에게 눈길을 돌릴 지도 모를 호색한 신사의 변덕을 만족시켜 주기 위해 교회의 최대의 이익을 위태롭게 할 수는 없었다. 그러자 고지직한 교황 클레멘스 7세는 단호하게 영국왕 헨리 8세의 요청을 거절했다.

헨리 8세는 교황의 거절 통지에 몹시 격분했다. 게다가 앤 블린마저 왕의 첩이 되기는 싫다면서 헨리의 노여움을 한층 더 부채질했다. 그녀는 영국의 왕비가 되기 전에는 왕에게 자신의 처녀성을 바치지 않겠다고 굳게 결심했던 것이다.

이와 같은 성적 분규에서 최초의 희생자가 된 인물은 당시의 수상이었던 울세이(Wolsey)였다. 그는 파면되었고, 런던탑에 갇힌 채 살아서는 두 번 다시 나오지 못했다. 하지만 이런 일은 아무런 도움이 되지 못했다. 중요한 것은 교황의 마음을 바꾸는 일이었다. 헨리는 이 목적을 위해 전 유럽의 법학자들을 동원했다. 이들 법학자들은 그에게 새로운 논거를 제시했다. 캐더린이 헨리와 결혼할 당시에 그녀는 이미 헨리 형의 미망인이었으므로, 두 사람의 결혼은 법적으로 유효하지 않다는 것이었다. 물론 구약성서의 어떤 부분에는 미망인이 된 형수를 동생이 데리고 살아야 한다는 기록이 있지만, 다른 부분에서는 몇 명이 되었든 형수나 형부와 결혼해서는 안 된다고 명시되어 있었다. 말할 필요도 없이 법학자들이 근거로 삼은 것은 성서의 뒷부분에 나오는 이 구절 즉 "미망인이 된 형수와 결혼해서는 안 된다"는 내용이었다.

옥스퍼드·캠브리지·파리·볼로냐 등의 각 대학이 이 해석에 찬성의 뜻을 밝혔고, 로마에 있는 프랑스 대사는 헨리를 위해 중재에 나섰다. 하지만 교황은 그 무렵 카를 황제의 눈치를 더욱 더 살펴야 할 입장이었다. 그는 메디치 가문의 일원이었으며, 이제는 피렌체에서 주권을 상실한 메디치 가문이 전처럼 다시 번영을 누릴 수 있는지 여부는 오로지 카를 5세의 뜻에 달렸기 때문이었다.

수장령의 반포

1530년 9월에 교황의 두 번째 판결이 내렸다. 아라곤의 캐더린과 헨리 8세의 결혼은 적법한 것이며, 파기할 수 없다고 거듭 언명했다. 만일 이런 판결이 다른 상황 아래서 내려진 것이라면 앤 블린에 대한 헨리의 애착은 식어 버렸을지도 모른다. 그녀는 물론 요염하고 매력적이었지만 특별히 미인이라고는 할 수 없었으며, 헨리왕 역시 정열적인 인간이기는 했지만 지속적으로 누구를 사랑할 만큼의 정감 있는 사람은 절대로 아니었기 때문이었다. 하지만 이제는 여자 하나를 얻으려는 문제가 아니었다. 그는 자신이 영국의 군주이며, 자신의 의지는 무엇이든 실현할 수 있다는 것을 자기 스스로에게, 그의 신하들에게, 그리고 세상 사람들에게 보여주어야 한다고 생각하게 됐던 것이다.

그래서 그는 자신이 신임하고 있던 대법관이었던 토머스 모어에게 도움을 요청하게 되었던 것이다. 그의 저서 『유토피아』[51]에서 볼 수 있는 것처럼 그는 자신이 생각하는 이상국가를 실현하기 위해서는 도덕적 사회를 구축해야 하고, 그러기 위해서는 종교의 중요성을 강조했다. 종교의 원래 의미는 인간의 삶에 자유와 행복을 안겨주는 것이라 생각했기 때문이었다. 이념과 현실, 이론과 행위가 일치하려면 현실생활에서 종교의 역할이 크다고 여겼던 것이다. 이러한 생각을 가지고 있던 그에게 아무리 절대군주인 헨리 8세가 비도덕적인 일을 부탁해왔지만, 그는 자신의 신앙과 기독교 사회주의 신념에 의해 거절해버렸던 것이다. 결국 그는 헨리 8세에 의해 대역 죄인으로 몰려 단두대에서 처형당하는 것으로서 일생을 마쳐야 했다. 그는 단두대에서 다음과 같이 광장에 모인 대중에게 외쳤다.

> "여러분! 성스러운 교회에 대한 신앙을 갖고, 또 그 신앙을 위해 여기
> 서 사형 당했다는 이 사실의 증인이 되어 주십시오"

이처럼 로마 교황청이 자신의 의지에 따르려 하지 않고, 또 자신이 믿

---

51) 토머스 모어의 《유토피아》 : 현재 '유토피아'는 '이상향'의 대명사로 쓰이고 있는데, 토머스 모어가 1516년에 라틴어로 쓴 소설의 제목이자 소설 내에 등장하는 가상의 섬나라 이름이다. 원제목은 『최상의 공화국 형태와 유토피아라는 새로운 섬에 관한 재미있으면서도 유익한 대단히 훌륭한 소책자 (Libellus vere aureus, nec minus salutaris quam festivus, de optimo rei publicae statu deque nova insula Utopia)』이다.

었던 토머스 모어마저 반대하면서 그가 외쳐 댄 '유토피아'로 떠나자, 남은 해결책은 단 하나 그가 교황으로부터 독립하여 스스로의 손으로 이혼하는 것뿐이었다. 그리하여 그는 영국 왕이 영국 교회의 최고 권위자라는 사실을 선포하게 되었던 것이니, 소위 「수장령」[52]이라는 것이 바로 그것이었다.

기독교적 도덕성으로 미화된 영국의 종교개혁

그리하여 그는 기독교사상 세속권력과 종교권력을 동시에 가지는 인물이 되었고, 당시 400만의 영국이 주변 대국에 도전할 수 있는 내적 통일을 가져왔던 것이다. 또 이 결과 세속재판과 교회재판이 통일되어 이전처럼 서로 다른 판결이 없어지게 되었다. 그리하여 교회가 세속적 일에 대한 재판권을 실질적으로 잃게 하는 계기를 가져오게 했는데, 이 당시까지 교회가 관할하던 성범죄도 이제는 관할할 수 없게 되었고, 교회재판에서 형사재판권도 영구히 없어지게 되었다.

그러나 이러한 헨리 8세의 종교개혁은 교회의 재판권을 대신하려는 정치권력의 갈망에서인지 정부를 도덕화 방향으로 이끌었다. 그 결과 모든 계층의 영국인에게는 성관계가 평상적인 것이 아니라는 이유만으로도 극형을 부과하는 지경에 이르렀다. 물론 이러한 극형을 적용하는 데에는 여러 가지 이유로 드물기는 했지만, 불법적인 성행위에 대한 예로부터의 기독교적 도덕성이 근세 개혁 정신이 진전됨과 동시에 강화되어 가는 계기

---

52) 수장령 : 1534년 영국 의회에서 제정한 법률로, 영국 국왕이 영국 교회에 대해 우위권을 갖는다고 규정한 것을 말한다. 이로써 로마 교황의 우위권이 부정되고, 로마 교황청과 영국 교회의 관계도 단절되었다. 이때 영국의 모든 성직자와 관리는 영국 왕의 수장권을 인정한다는 선서를 해야 했으며, 이를 거부한 자는 처형되었다.

를 만들어 주었던 것이다.

그 결과 영국에서는 헨리 8세의 치하 아래 템즈강 우측 연안에 남아 있던 16개의 공인 사창가가 폐쇄되었고, 게다가 사창가의 여자들은 기독교식의 매장을 금지 당했으며, 묘지에서 떨어진 좁은 전용토지에 매장되어야 했다. 쫓겨나게 된 창녀들은 술집 등에서 일하다 체포되어 태형을 당하거나, 짐마차에 묶여 거리를 끌려 다녀야 했다. 또 영국의 사직당국은 성의 혼란을 방지하기 위해 불법적인 남녀관계를 고발하고 애매한 성격의 숙박소를 없애버렸다. 공중도덕질서를 세우기 위한 방탕에 대한 이러한 공개적인 단속조치가 대중으로부터 조롱을 받는 것은 당연한 일이었다.

이처럼 완전한 권력을 장악하고 있는 헨리 8세에게 신학자들은 집단적으로 그와 캐더린의 결혼이 무효라는 성명을 발표하지 않을 수 없었다. 이렇게 되어 앤 블린은 가벼운 마음으로 교회에서 결혼식을 올리고 왕비의 자리를 차지할 수 있었다. 그러나 그녀가 왕비라는 이름을 들을 수 있었던 것은 고작 3년 동안이었다. 이 사이에 그녀는 뒷날 엘리자베스 여왕이 되는 딸 하나를 낳고는 유산이 한 번, 사산이 한 번 있었다. 하지만 왕을 위해 아들을 낳지는 못했다. 그러자 헨리의 마음속에서 의혹의 고개가 쳐들기 시작했다. 어쩌면 앤 왕비 쪽에 결함이 있어서 후계자를 만들지 못하는 것이라고 생각했던 것이다. 헨리는 그녀의 결함을 찾기 시작했다.

그러자 즉시 앤 블린은 왕과 결혼하기 전에 다른 남자와 몰래 결혼한 적이 있다든가, 오빠와 근친상간을 한 적이 있다든가, 남편인 왕을 여러 번 속였다는 등의 이야기가 들려 왔다. 이를 근거로 앤 왕비에 대한 재판이 이루어졌는데, 그녀의 백부를 책임자로 하고, 26인의 최고 귀족으로 구성된 법정은 그녀에게 유죄를 선고했다. 나머지는 사형 집행인이 뒷일을 처리하는 일만 남았던 것이다. 그러나 항상 여자에게 친절했던 헨리

8세는 앤 블린의 죽음을 편하게 해주기 위해 일부러 칼레(Calais, 프랑스 북부의 항구도시)에서 그 방면의 전문가를 불러왔으며, 검으로 그녀의 목을 떨어뜨리게 했다니 친절치고는 너무 악랄한 친절이었다.

이 탐욕스런 왕 헨리는 앤 블린에 이어서 7년 동안 네 번이나 결혼식을 올렸는데, 그 중 한 번은 앤 블린처럼 사형으로, 한 번은 이혼으로, 한 번은 산욕(産褥)[53]의 후유증으로 인한 죽음으로 끝을 맺었다. 헨리가 쉰 살이 넘어서 맞아들인 여섯 번째 아내는 세상 물정을 훤히 아는 미망인이었는데, 그녀가 비로소 왕비의 자리를 끝까지 지킬 수 있었고, 남편보다 오래 살았다.

많은 르네상스 군주 중에서 가장 자유분방했던 이 인물은 여러 가지 이중적인 면을 가지고 있었다. 즉 헨리 8세는 포악한 피와 성의 도취에 한창 빠져 있을 때도 궁정에서는 경건함을 매우 중요시했으며, 자신이 거느리고 있던 수도승들에게는 순결을 요구했고, 그가 임명한 주교들에게는 여자를 멀리하라고 명했다. 그러나 그가 치렀던 전쟁은 언제나 이겼으므로 역사에서는 그를 위대한 주권자로 보고 있으며, 20세기에 들어서는 어떤 영화사가 그를 매력적인 바람둥이로 꾸미기까지 했다.

---

53) 산욕 : 출산 후 약 6주 동안의 기간으로 자궁의 모양과 크기가 원래로 복구되는 시기를 말하는데, 이때 산모의 체력이 몹시 피곤하므로 주의해야 하는 시기이다.

29

피에르 드 부르데유 브랑톰(Pierre de Bourdeilles Brantome, 1540~1614)

『염부전(艶婦伝)』

궁정 사회의 성도착(paraphilia 혹은 Sexual perversion, 性倒錯)을
고발하다

빗나간 풍속 정화운동

반동종교개혁의 일환으로 당연히 나타나는 풍속 정화운동은 항상 그렇
듯이 "관능의 본질은 어디에 있는지, 진실한 문학과 외설을 구분하는 기
준은 무엇인지?" 등에 대해서는 진지하게 생각하지를 않고, 대신 나체는
부도덕한 것이며, 따라서 말살하든가 은폐해야 한다는 성급한 결론만을
내렸다. 결과적으로 이러한 운동은 인간의 원초적 욕망을 제어하고 방지
하기보다는 인간을 이상한 쪽으로 유도해 갔다.

바로 정상적인 성을 추구하기보다는 새디즘 같
은 정신분열적 성생활로 유도해 갔던 것이다.

이러한 풍속 정화운동의 새로운 도덕적 가식
은 먼저 바티칸 궁에서 시작되었고, 최초로 표
적이 되었던 사람은 미켈란젤로였다. 그가 시스
티나 성당의 천장 벽화를 완성한 지 25년째 되

피에르 드 부르데유 브랑톰

는 해에 교황 클레멘스 7세는 제단 뒤쪽에도 벽화를 그려 달라고 위촉하였다. 당시 교황은 직접 이 거장에게 그림 제목을 붙여주었는데, 그것은 「반항하는 천사의 추락과 최후의 심판」이었다. 미켈란젤로는 클레멘스 7세의 후계자인 바울 3세에게 다시 부탁을 받고 이 제의에 따르기로 했다. 이 테마는 시대의 정신이기도 했고, 자신이 추구하는 예술과도 잘 부합했기 때문이었다.

그는 「최후의 심판」을 「요한계시록」의 정신에 따라 신과 거인의 싸움으로 그릴 작정이었다. 그림에 등장하는 인물은 그리스도이든 천사이든, 나아가 성모 마리아까지도 모두 나체로 그릴 생각이었다. 그의 계획은 참으로 위험하고 대담무쌍한 것이었지만 수정할 생각은 조금도 없었다. 그의 계획에 반대했던 교황 다음으로 높은 의전(儀典) 담당관 비아지오 다 체제나(Biagio da Cesena) 추기경은 미켈란젤로가 「최후의 심판」을 그릴 때 지옥의 가장 밑바닥에 저주받은 자들 속에 그의 초상을 그려 넣음으로써 처벌을 받았다.

7년간의 고생 끝에 이 위대한 걸작이 완성되었을 때, 바티칸시 전체는 알 수 없는 불안감에 휩싸여 있었지만, 누구도 감히 미켈란젤로를 비난하지 못했다. 그러나 바티칸에 있던 미켈란젤로의 적들은 뒤에서 남몰래 수근거리며, 그의 그림을 시스티나 성당에서 제거하는 쪽으로 입을 맞추기 시작했다. 하지만 르네상스의 마지막 교황이었던 바울 3세가 살아 있는 한 그들은 속수무책이었다. 그러나 종교재판의 지도자 장 피에트로 칼라파 추기경이 1555년 바울 4세라는 이름으로 교황에 취임하자 그의 최초의 관심사는 미켈란젤로가 그린 「최후의 심판」을 바티칸 성당에서 추방하는 것이었다. 그 그림은 벽화였으므로 교황은 결국 벽을 허물어 버리려고까지 했다.

그러자 로마의 예술가들 사이에서 맹렬한 항의가 일어났고, 아직도 르네상스 정신이 면면히 살아 있던 고위 성직자들도 바티칸 궁에서 그와 같은 예술 파괴행위를 저지르지 않아야 한다고 교황을 설득했다. 그러자 여든 살의 교황은 자신이 너무 종교재판에 열중한 나머지 다소 도에 지나쳤다는 점을 시인했다. 그러나 교황이 자신의 계획을 완전히 포기한 것은 아니었다. 그는 미켈란젤로의 그림 속에서 천상의 군세(軍勢)에 옷을 입히도록 명했다. 그리하여 마리아와 천사들은 옷을 입게 되었고, 그리스도와 성자들도 최소한 속옷이라도 입게 되었다. 미켈란젤로의 제자 가운데 하나인 다니엘 다 볼테라가 이 쓰라린 작업을 맡게 되었다. 스승이 피에트로 성당을 건축하고 있는 동안에 다니엘 다 볼테라(뛰어난 화가이며 조각가였고, 현재 남아 있는 미켈란젤로의 초상 중에서 가장 우수한 작품은 그의 손으로 그린 것임)는 지시받은 각각의 인물들에게 옷을 입히고 있었다. 그러자 다른 화가들은 그를 「속옷 제작자」라고 조롱했다. 그러나 속옷 제작자는 다니엘 하나가 아니었다. 왜냐 하면 그 후 다니엘의 작업이 너무 소극적이라고 하여 지롤라모 다 파노·스테파노 보티와 그 밖의 무명 화가들도 참가하여 속옷 입히는 일을 계속했기 때문이다. 그리하여 그 후 200년 동안 미켈란젤로의 걸작은 무참하게 덧칠이 반복되었고, 마침내 지옥의 흉악범마저 허리에 속옷을 걸치게 되었던 것이다. 그러나 반동종교개혁의 희생이 된 그림의 수는 희생된 사람의 숫자보다 훨씬 적었다.

궁실의 성도착(性倒錯)[54] 증세

이러한 겉치레적인 풍속 정화운동과는 달리 반동 종교개혁시대의 현

---

54) 성도착 : 심리학 및 성 과학 용어로 인간 이외의 대상이나, 자신이나 상대방이 느끼는 고통이나 굴욕감, 어린이나 기타 관계에 동의하지 않는 이들에 대한 다양한 종류의 지속적이고 강렬한 성적 환상·욕구·행동(성적 흥분을 포함)을 가리키는 말이다.

실적인 성생활에서 특징적인 현상은 이상한 것을 좋아하는 경향과 성도
착을 애호하게 되었다는 점일 것이다. 특히 이 무렵 로마 상류층의 생활
을 잘 알려주는 것은 1599년 부친 프란체스코 첸치를 살해한 혐의로 엥
겔스부르크 시에서 열린 그의 딸 베아트리체 첸치에 대한 소송이었다. 이
아버지는 딸을 강간하고 가두어 버린 아버지였는데, 베아트리체도 쉴러
와 스땅달이 소설에서 쓴 것처럼 순진무구한 처녀는 아니었다. 그녀는 로
마에서 보통 양가집 자녀에게 허락된 것보다 훨씬 더 자유분방한 생활을
했으며, 애인들과 마음껏 즐기던 여자였다. 당시는 남녀 간의 애정 생활
을 전보다 더욱 엄격하게 통제하던 시기였고, 애정 생활에는 상당한 위험
이 따랐으므로 동성애 특히 여자끼리의 동성애가 성행하고 있었다. 이 시
대의 풍속을 가장 상세하게 기록한 브랑톰은 그의 사후 50년째 되는 해에
출판된 회상록인『염부전(艶婦伝)』에서 성생활의 이런 측면에 대해 상세
하게 기술한 것을 남겼다.

  브랑톰은 자신의 생활과 그 시대에 대해 많은 정보를 알려주는 귀중
한 기록을 남겼다. 솔직하고 소박한 것이 특징인 그의 작품은 주로 전투
에 대한 기술이나 기사도 이야기로 이루어져 있다. 그는 대체로 믿을 만
한 역사가로는 여겨지지 않지만, 대담하고 변덕스러운 성격은 16세기의
연대기작가가 되기에 적합하였다. 1549년에 파리로 가서 공부를 계속했
고, 1555년 푸아티에대학교에서 공부를 마쳤다. 그 후 그는 앙리 2세의 궁
정을 찾아가 브랑톰 수도원에서 일자리를 얻었다. 그러나 다른 성직도 여

성도착은 상호간의 애정에 기반한 성 활동에 지장을 주기도 한다. 또한 꼭 장애나 이
상이 있지 않은 경우에도 일반적인 의미에서 비주류적인 성애활동을 성도착이라고
부르기도 한다. 또한 대체로 성의 대상으로 여겨지지 않는 물건에 대한 성애도 포함
될 수 있다. 일반적으로 변태성욕으로 알려져 있다.

러 개 갖고 있었지만, 성직에서 나오는 수입을 누릴 뿐 종교적 생활과는 거리가 멀었다. 궁정 신하이자 군인으로서 이탈리아·스페인·포르투갈·영국을 여행하며 모험으로 가득 찬 생애를 보냈다. 나중에 말에서 떨어져 불구가 되었기 때문에 비로소 글을 쓸 여가를 얻게 되었다. 그의 작품은 『피에르 드 부르데유 씨의 회고록 Mémoires de Messire Pierre de Bourdeilles』(1665~66)이라는 제목으로 사후 출판되었다. 이 회고록은 「유명한 여성들의 생활(Les Vies des dames illustres)」·「숙녀들의 생활(Les Vies des dames galantes)」·「프랑스의 유명인물 및 위대한 지도자들의 생활(Les Vies des hommes illustres et grands capitaines franais)」·「외국의 유명인물 및 위대한 지도자들의 생활(Les Vies des hommes illustres et des grands capitaines étrangers)」 등으로 이루어져 있다.

그가 활약할 당시에는 이미 「여자 대 여자」라는 표현이 일반적으로 사용되었는데, 이는 여자끼리의 동성애가 특히 이탈리아에서 성행했다는 것을 의미한다. 그러나 이탈리아뿐만이 아니라 스페인에서도, 그리고 다른 시대에는 이처럼 변태적인 애정행각이 거의 없었던 프랑스에서도 많은 여자들이 동성애에 열중하고 있었다. 브랑톰은 프랑스 여자들 사이의 이런 풍습은 새로운 것이며, 「과거의 귀부인」에 의해 이탈리아에서 수입된 것이라고 밝혔다.

가장 간계에 능했던 여성 새디스트 카트린

브랑톰이 이름을 밝히지 않은 이 '과거의 귀부인'은, 아마도 세 명의 프랑스 왕의 어머니이며 사실상 30년간에 걸쳐서 프랑스를 지배했던 카트린 드 메디시스(Catherine de' Medeci)였던 것으로 추측된다. 1572년

8월 24일 산 바돌로뮤에서 5만 명의 신교도를 학살했던 원흉 카트린은 근대사에서 가장 간계가 뛰어났던 여성 새디스트 중의 하나였다. 아마도 그녀가 저지른 악행은 어떤 방법으로도 속죄할 수 없을 것이다. 그녀를 변호하기 위해 여러 가지 변명이 동원되었으며, 그녀는 자신의 삐뚤어진 성생활 때문에 잔인한 길을 가지 않으면 안 되었던 것으로 알려져 있다.

그녀는 백부인 교황 클레멘스 7세가 양육하고 로마에서 성장했으며, 열네 살 되던 해에 프랑소아 1세의 차남과 결혼하기 위해 프랑스로 갔다. 물론 이것은 정략결혼이었다. 그러나 프랑스 궁정에서는 기대했던 것만큼 많은 지참금을 가져오지 않았고, 작아서 타인의 눈에 잘 뜨이지도 않는 이 피렌체 여자에 대해 아무도 신경 쓰지 않았다. 그녀는 다른 여자들, 이를테면 권세를 자랑하는 에탕프 공비(公妃), 프랑소아 1세의 첩인 아름다운 디아누 드 보와티에 등의 그늘 속에 묻혀 있던 것이다.

카트린의 처지는 남편이 형의 죽음으로 왕위에 올랐을 때 한층 더 귀찮은 존재가 되었다. 앙리 2세(그녀의 남편)는 여자의 뜻에 잘 따르는 인물이었지만 아내가 하는 말만은 듣지 않았다. 디아누 드 보와티에는 자신의 상대가 아버지에서 아들로 바꾸었고, 그녀 쪽이 18세나 연상이었지만 성적으로도 앙리 2세를 장악했다. 앙리와 카트린 사이에 10년 동안이나 아이가 없자, 항간에는 카트린이 불임이라서 이혼당할 것이라는 소문이 나돌았다. 그때 갑자기 그녀가 임신을 했고, 짧은 기간 동안 연속해서 일곱 명의 아이를 출산했다. 그렇지만 그녀는 남편이 1559년 마상에서 창 시합을 하다가 뜻하지 않은 죽음을 당할 때까지 그늘 속의 왕비에 지나지 않았다. 그러나 남편이 죽자 이제 그녀는 오랜 숙적이었던 디아누를 몰아낼 수 있었다. 그러는 동안 그녀는 남자에게 아무런 흥미를 갖지 못하는 성격으로 바뀌었다. 권력 이외에 그녀의 흥미를 끄는 것은 아무 것도 없었다.

카트린은 프로테스탄트를 근절시키고 카톨릭·유럽의 성모가 되기를 원했다. 그녀는 스코틀란드의 여왕 마리아 스튜어트와 자기 아들을 결혼시켰으며, 다른 아들에게는 폴란드의 왕위를 물려주었고, 딸 하나는 스페인 필립 2세의 왕비로 만들었다. 하지만 그녀의 자녀들은 타락했고, 몇몇은 성도착자였다. 그녀가 가장 아꼈던 아들 앙리 3세는 첩에게 정신이 팔려서 국무를 등한히 할 정도의 호색한이었다. 또한 카트린의 딸, 나중에 프랑스의 앙리 4세가 되는 나발왕과 결혼한 마가레트는 남자를 지독하게 밝히는 여자였다. 그녀의 남편은 이런 점에서도 아주 관대한 인간이었지만, 그런 남편조차도 그녀와 헤어질 수밖에 없었을 정도로 그녀의 남성 편력은 대단했다.

스페인 궁정의 이상한 광기

그러나 이들보다 성적 혼란이 더 심했던 곳은 모든 나라들 중에서 가장 경건하다는 스페인의 궁정이었다. 필립 2세의 아들 돈 카를로스가 쉴러의 희곡에 나오는 주인공 돈 카를로스와 닮은 것은 단지 이름뿐이었다. 그가 카트린의 딸인 자신의 계모를 열애했다는 것은 그의 성생활 전체에서 볼 때 하찮은 에피소드에 불과하다. 그는 어릴 적부터 육체적으로 기형이었으며, 정신적으로는 특히 여자와 동물을 노리는 새디스트였다. 열 살이 되었을 때 이미 그의 잔인함은 차마 눈 뜨고 볼 수가 없을 정도였으므로, 조부 카를 5세는 그의 곁에서 여자를 멀리하도록 명을 내렸다. 돈 카를로스는 어린 소녀를 채찍으로 때리거나, 밤에 마굿간에 틀어박혀서 말에게 상처를 입혔다. 그는 언제나 단도 한 자루를 주머니 속에 감추고 다녔다. 그가 사춘기를 지날 나이가 되었어도 여자는 그의 장난에서 면할 길이 없었다. 게다가 그는 성불구자였으며, 갖은 수단을 다 써보았지만 아무런 소용도 없었다. 그가 임포텐스라는 사실은 유럽의 모든 궁정으로 퍼졌으므로, 불구자에게 딸을 주겠다는 왕은 아무도 없었다. 나중에 그가 정치적 음모를 꾀했을 때 필립은 그를 감금시켰다. 다행스럽게도 그가 일찍 죽어 준 덕분에 스페인은 이 괴물의 지배를 받지 않을 수 있었다.

그를 대신하여 스페인의 왕위에 오른 이복동생 필립 3세는 신하들의 풍기문제에 관하여 극도의 주의를 기울였지만, 궁정은 일찍이 없었을 정도로 사치와 향락에 빠져 있었다. 정사에 관해서 그는 민주주의자였고, 귀부인들에게도 물론 사랑을 주었지만 흔해 빠진 창부들도 잊지 않고 귀여워했다. 그에게는 서른두 명이나 되는 사생아가 있었다고 한다. 참으로 아라비아의 족장에 뒤지지 않는 출산량이라고 하지 않을 수 없었다.

1621년 그의 아들 필립 4세가 왕위에 올랐을 때, 스페인은 바야흐로 검은색 천지의 나라가 되었다. 이 젊은 국왕이 대 귀족과 성직자들의 사치를 단속하는 엄격한 법령을 제정했기 때문이다. 온 나라의 사창가가 폐지되고 폭음 폭식도 금지되었으며, 연회에서의 식사 코스마저 엄격하게 제한했다. 게다가 이 국왕은 각별한 열정을 가지고 복장에 관한 규정을 마련했다. 스페인 궁정의 복장은 필립 2세의 치하에서 이미 검은색 일색이 되어있었다. 그런데 여기에다 여성은 자신의 매력을 노골적으로 드러내서는 안 되며, 남성도 육체를 드러낸 복장을 하지 못하도록 규정한 것이다. 그리고 국왕 자신도 침실로 들 때까지 엄격하게 규정을 지켰다. 밤이 이슥해서 왕비에게 갈 때는 물론 슬리퍼를 신기도 했지만, 침실 문 앞까지 시녀가 촛불을 들고 그를 안내하는 동안에는 어깨에 검은 외투를 걸치고, 팔에는 행운을 가져다준다는 창을 쥐고, 손에는 검이 들려져 있어야했다. 이와 같은 스페인 궁정의 의식에 익숙하지 않았던 그의 아내 오스트리아의 마리아 안나는 어느 편지에서 이렇게 푸념을 늘어놓았다.

"이런 꼴을 당하는 것보다 차라리 수도원의 가장 낮은 수녀가 되는
편이 더 나을 것이다."

그러나 마드리드의 궁정도 다시 떠들썩하게 변했다. 필립 4세의 궁정
에서의 사치는 선왕의 사치에 비하여 뒤지지 않아 차츰 연회가 잦아졌고,
가슴 언저리까지 드러나는 복장으로 돌아갔으니 아무리 결벽주의자라 해
도 성적 매력에는 무너질 수밖에 없었던 것이다.

30

티르소 데 몰리나(Tirso de molina, 1579~1648)
『트레드의 별장』, 『세 명의 바람둥이』
포르노문학의 전성기를 이끌다

트렌트 종교회의에서 결정된 결혼의 신성함과 부자 간 종속관계의 회복

종교개혁이라는 홍수가 이미 유럽의 절반을 휩쓸고 지나간 뒤에 로마에
서는 황제 카를 5세의 재촉으로 그제 서야 이에 대비하는 제방을 쌓기 시
작했다. 종교회의를 개최하여 사람들에게, 특히 성직자들에게 이전의 교리
를 다시 한번 상기시키고, 현재의 사태에 대처하기 위해 어떤 기준이 필요
한지를 검토하게 하였다. 물론 회의가 중단된 기간도 있었지만, 1545년부터
1563년에 이르는 18년 동안 트렌트(Trent)와 볼로냐에서 열렸던 이 종교회
의[55]의 결정 사항 중에는 당연히 성생활에 관한 것도 포함되어 있었다.

---

55) 트렌트 종교회의 : 1545~1563년에 걸쳐 교황주의 진영에서 이탈리아 북부 트렌트에
    서 열린 공의회(혹은 교회회의, 종교회의)를 말한다. 개혁파 교회에서는 이를 '반동
    종교개혁'이라고 한다. 트렌트 공의회가 갖는 의미는 성당 신부였던 마르틴 루터에
    의해 기존 로마 카톨릭의 여러 기준(성경해석과 전례)들이 비 성경적이라는 비판을
    포함한 종교개혁의 흐름이 성도들에게 펴져나가고 있는 와중에 기존 카톨릭의 입장
    을 정리하는 대체 회의 성격과 스스로의 점검을 통해 내부적인 개혁을 이뤄 이탈자
    를 줄이려는 목적으로 열렸다는 데 있다.

종교회의에서 결정된 교회법의 내용을 보면, 간통을 범하게 되면 자신의 도시에서 추방되었고, 거주지 추방령을 어기면 투옥되었다. 그리하여 당시 사법과 관계된 고문서를 보면 성범죄자에 대해 갤리선(노예나 죄수들을 실어 노역을 시키거나 노를 젓게 하였던 범선)으로 추방한다는 판결이 흘러넘치게 되었다. 지방에 따

티르소 데 몰리나

라서 간통한 여성은 6개월간 투옥당하거나 상반신을 발가벗겨 태형을 가하도록 명하였다. 근친상간과 유괴에 대해서는 사형을 선고했다. 부정한 여자의 머리를 자르는 곳도 있었고, 자신이 집에서 남편을 배반하는 행위를 한 여성에게는 사형이 처해 지기도 했다. 한 가지 재미있는 것은 이탈리아의 경우 유괴보다도 키스를 더 엄하게 처벌하여 유부녀나 정숙한 미망인에게 키스를 하게 되면 막대한 벌금형이 부과되었다는 사실이다. 더 나아가 이것이 체형이나 금고형으로 변하는 적도 있고, 종국에는 사형으로까지 이어지기도 했다. 상대가 매춘부일 경우에는 그녀와 결혼을 해야 했다. 이처럼 법률은 프랑스혁명 때까지 엄격주의 일변도로 변해갔다.

그리고 이미 백 년 전에 피렌체 종교회의에서 결정된 사항이지만, 그 후 오랫동안 거의 유명무실한 조항이 되었던 혼인에 관한 규정도 다시 격상되어 누구를 막론하고 혼인은 취소하지 못하게 되었다. 그리고 결혼이라는 인연을 더욱 견고하게 하기 위해서는 혼인을 공적이고 엄숙하게 체결토록 하고, 이런 것들을 교회의 지배 아래 둘 필요가 있다고 생각했다. 이 때문에 결혼하는 것이 다소 곤란해져도, 이렇게 함으로써 이혼이나 중혼,

부부간의 별거 등 경박한 결혼을 조금이라도 막을 수 있다면 오히려 그쪽이 더 낫다고 여겼다.

트렌트 종교회의는 두 가지 방법으로 결혼의 신성함을 확립시키고자 했다. 첫째는 일정한 형식을 거치지 않고 체결된 결혼, 즉 비밀결혼은 절대로 승인될 수 없도록 하였다. 혼례식을 올리기 위해서는 사전에 교회에 세 번 알릴 필요가 있었고, 결혼식에는 세 명의 증인이 참석해야 했으며, 그중에는 신랑이나 신부 어느 쪽이든 알고 있는 성직자가 포함되어야 했다. 둘째로, 신랑 신부가 결혼식 전에 각각 양쪽 부모의 동의를 얻어야 결혼을 할 수 있다는 규정이었다. 이미 종교회의에서도 여러 차례 토론했던 것처럼, 이 규정을 완전히 이행하기란 매우 어려운 일이었으며, 대부분의 나라에서는 그다지 엄격하게 적용하지 않았다.

그럼에도 불구하고 결혼을 위해 이 조건이 교회법 속에 편입되어 후세에 미치는 영향은 엄청났다. 왜냐하면, 이 규정 때문에 부모는 성장한 자녀들에 대하여 수 세기 이래 상실했던 권리를 다시 얻게 되었기 때문이다. 특히 아버지와 아들은 이로 인하여 고대와 유사한 종속관계를 갖게 되었다. 몇몇 나라에서는 이와 같은 교회법을 신속하게 일반 법령 속에 집어넣었다. 프랑스에서는 이러한 목적을 위해 1556년부터 1639년 사이에 약간의 칙령이 차례로 반포되었다. 아버지의 동의를 얻지 않고 결혼한 아들과 딸은 자동적으로 상속권과 적자의 신분을 상실했으며, 그래도 모자라는 경우에는 부녀 약탈과 마찬가지로 취급하여 사형으로 다스렸다.

트렌트 종교회의에서 결의한 또 다른 사항은 성직자의 결혼에 관한 문제였으며, 여기서도 보수적인 결론이 내려졌다. 카를 5세는 이 문제에 관하여 독일에서 일고 있던 심각한 의견대립을 고려하여 벌써부터 독신법의 폐지를 명하고 있었지만, 종교회의에서는 순결 서약을 다시 새롭게, 그리고 아주 엄격한 형식을 갖춰야 하는 것을 성직자의 의무로 삼게 했다. 또한 음란한 문학도 여기서 검토를 받았는데, 이탈리아에서는 진작부터 고전으로 취급되고 있던 보카치오의 『데카메론』조차 금서 목록 속에 들어갔다. 그림에서 나체를 묘사하는 것 역시 엄격히 단속되었다.

바람둥이 돈 주앙의 탄생과 포르노문학의 전성기

그러나 반동종교개혁은 문학의 영역에서 성 문제를 진압시키는 데는 그다지 큰 역할을 하지 못했다. 소설과 서정시에서는 그 정도의 표현에 머물지 않았으며, 극히 은밀한 성적인 행위도 르네상스 시대와 마찬가지로 세밀하게 묘사했다. 보카치오의 『데카메론』은 신학자위원회에서 두세 군데를 삭제당한 뒤에 다시 허가를 받았지만, 도처에서 이를 모방하는 자들이 나타났다. 스페인처럼 도덕적으로 완고한 나라조차도 티르소 데 몰리나[56]가 『트레드의 별장』과 『세 명의 바람둥이』라는 책에서 트렌트 종교

---

56) 티르소 데 몰리나(Tirso de Molina)v: 1600년대 스페인 극문학을 대표하는 극작가이다. 몰리나의 본명은 가브리엘레 텔레즈(Gabriele Téllez)이고, 알칼라(Alcalá) 대학교에서 수학했으며, 1601년에 메르세데 수도회(L'ordine della Mercede)에 들어가 수도사가 되었다가 1616년부터 1618년까지 서인도 제도(산토 도밍고)에 파견되어 교사로 근무하기도 하였다. 몰리나는 일찍이 뛰어난 재능을 인정받으며 티르소 데 몰리나(Tirso de Molina)라는 필명으로 활동하기 시작했는데, 몰리나는 자유로운 극작법과 풍부한 소재의 작품으로 데 베가와 함께 당대 최고의 극작가로 전 유럽에 알려지게 되었다. 시와 민담, 그리고 3편의 희곡과 비평으로 구성된 『톨레도의 별장들(Los cigarrales de Toledo)』(1621)을 집필하는 등 왕성한 활동을 하던 몰리나는 1625년, 가톨릭 교단으로부터 희곡 쓰는 것을 금지 당하였음에도 불구하고 1627년 자신의 다섯 권의 희곡 작품집 가운데 첫 권을 출간하였다. 1636년까지 출간된 나머지 네 권은 그의 조카에 의해 출간된 것이다. 몰리나는 등장인물의 심리적 갈등이나 모순을 묘사하는 데 탁월한 재능을 발휘했다. 그의 가장 유명한 작품은 1630년에 발표한 『세빌리아의 난봉꾼과 석상의 초대(El burlador de Sevilla y convidado de piedra)』으로 후에 모차르트의 오페라 『돈 죠반니(Don Giovanni)』(1787)의 원전이 되었다.

회의의 결정에도 불구하고 부부간의 도덕은 별로 변하지 않았다는 것을 보여주었다.

이 중에서 몰리나는 후세에 누구 하나 아는 사람이 없는 문학적 인간상, 즉 만족할 줄 모르는 탕아로서 성에 끌려다닌 끝에 마침내 그 죄값으로 파멸하는 모험가 '돈 쥬앙'을 만들어낸 창조자였다. 400편이 넘는 희곡을 쓴 몰리나는 1630년에 그의 『세빌리아의 바람둥이와 돌 같은 손님』이 처음으로 상연되었을 때, 자기가 어떤 일을 해냈는지 아마 몰리나 자신도 알지 못했을 것이다. 이것은 당시 수없이 많이 나온 로맨틱한 공포극, 즉 열혈 기사가 한 여자를 얻기 위해 결투를 하고, 살인을 저지르고, 그 대가로 자신도 고통스런 죽음을 맞이한다는 『외투와 검』 같은 연극들 중의 하나에 불과했을 정도로 많은 이런 류의 창작물을 잉태케 하는데 도화선이 되었기 때문이었다.

몰리나에 창조된 『돈 쥬앙』의 무대는 중세인데, 음란한 주인공 돈 쥬앙 티놀리오의 이야기 속의 성 편력은 "세빌리아 뿐만 아니라 나폴리에서도 비행을 저지르며 돌아다니는 것을 보면, 그는 이미 사교계의 귀부인 한 명과 여염집 처녀 두 명을 유혹한 뒤였으며, 이제 네 번째 희생자를 물색하고 있는 중"이라는 점에서 알 수 있듯이 난봉꾼이었다. 그러나 이처럼 많은 정사 횟수에 그의 특별한 악성이 있는 것이 아니라, 이것들을 다루는 냉소적인 태도에 이 연극의 특징이 있는 것이다. 그 내용의 주류는 "그가 정숙한 돈나 안나의 부친을 살해한 뒤에 혐의를 다른 기사에게 덮어씌웠으며, 더욱 잔인한 것은 자신이 죽인 존경받는 돈 곤잘레스 데 우료아의 석상을 비웃었다는 점이다. 그래서 돈 곤잘레스의 영혼은 이 사악한 인간의 손을 잡고 지옥으로 끌고 간다."는 내용이다.

즉 이것은 성의 난폭자에 대한 징벌을 주제로 한 것으로, 밤의 결투라든가 무덤의 귀신이라든가 지옥의 마술 따위에 등장하는 극악무도한 살인극을 주 내용으로 한 것이다. 하지만 『돈 쥬앙』의 관람객들은 지금 눈앞에서 연기하고 있는 인물이 자기들 모두가 잘 알고 있는 존재라는 것을 느끼게 된다. 즉 그 인물은 양심도 없고 범죄자가 될 수밖에 없는 인간, 또 성적으로 한없이 탐욕스런 그런 인간이라는 사실이고, 그럼에도 불구하고 관람자들은 자신이 작은 돈 쥬앙의 요소를 갖추고 있다고 생각하게 되었다는 점이다. 예를 들면 악독한 인간에게 애인을 탈취당하는 청년으로서, 엄격한 가장으로서, 유혹에 넘어가는 딸로서, 남몰래 돈 쥬앙이 찾아오기를 기다리는 순진한 처녀들로서 자신을 되돌아보게 되었다는 것이다. 이런 것들을 보면 누구라도 제2막의 끝부분에서는 악마가 이런 악한들을 모두 휩쓸어갈 것이라고 생각하게 된다. 제3막의 끝에서는 일체의 선악이 구별되어 청산되고, 경찰의 손이 아니라 초 지성적인 재판관에 의하여 승리의 여신이 정의의 편으로 찾아온다는 그런 내용이었다.

이 드라마는 곧 커다란 성공을 거두었고, 첫 공연 후 즉시 책으로 출판되었다. 이탈리아 사람들은 이 소재를 모조리 베껴서 공연했고, 몰리에르도 이 테마를 차용했으며, 다 폰테는 모짜르트를 위해 이것을 오페라 각본으로 꾸몄다. 바이런은 풍자극을 만들었고, 레나우는 이것을 우수에 찬 연극으로 만드는 등 수 많은 인간들이 여기에 매달렸으며, 그때마다 돈 쥬앙에 새로운 색깔이 칠해졌다.

돈 쥬앙의 모델 찾기 해프닝

돈 쥬앙이 전 세계를 정복하고 난 뒤부터 문헌학자들은 이 극이 무엇을 원본으로 삼은 것인지 탐색하기 시작했다. 이 작품 이외에는 별로 독창적이지 않은 티루소 데 몰리나 같은 문학가가 그처럼 독창적인 인물을 기본

텍스트도 없이 창작할 수 있을까 하고 그들은 의심했던 것이다. 어떤 이탈리아의 문학사가는 돈 쥬앙의 전설이 스페인적인 산물이 아니며, 세계 도처에서, 특히 이탈리아에서 많이 발견된다는 것을 증명했다. 이런 견해는 당연히 세빌리아가 돈 쥬앙의 출생지라는 자부심을 갖고 있던 스페인 사람들의 반발을 불러일으켰다. 그리하여 몰리나가 쓴 연극의 주인공 돈 쥬앙 티뇰리오가 진짜 세빌리아 사람이라는 사실을 증명하기 위해 스페인 사람들은 세빌리아시의 연대기 속에서 그 원형을 찾아냈다. 즉 방탕한 생활 끝에 재산을 칼리다드 수도원에 기부했던 미구엘 데 마날라라는 이름의 부호 시민이 바로 그였다는 것이었다.

마날라가 지난날의 죄악을 뉘우치고 착한 사람이 되기 전에는 매우 사악한 사람이었다는 사실도 그의 유서를 통해서 알 수 있었다. "나 미구엘 데 마날라는…"이라고 시작하는 유서에서는 "무수한 악행, 교만, 간통, 신의 모독, 절도 등을 통해 오로지 바빌론과 그 왕들을 위해 봉사했다. 나의 죄와 파렴치한 행위는 헤아릴 수 없을 만큼 많으며, 아마도 신의 위대한 지혜만이 이것을 헤아릴 수 있겠지요."라고 적혀 있었다. 그의 신원을 좀 더 조사했더니 마날라는 물론 세빌리아 출신이었지만 코르시카계의 집안에서 태어났으며, 빈센테로 데 레카가 그의 본명이라는 사실도 밝혀졌다. 코르시카는 그 당시 이탈리아령이었으므로 돈 쥬앙의 출생지는 몇몇 나라가 공유해야 할 형편이 되었다.

그러나 그의 출생과 성장에 대해 자세히 살펴보면, 미구엘 데 마날라는 1627년 3월 3일 세빌리아에서 태어났지만, 몰리나의 연극에 등장하는 주인공으로 처음 세상의 빛을 본 때는 그의 나이 세 살에 불과했기에 그가 아무리 천성적인 「돈 쥬앙」이었다 해도 불과 세 살이라는 나이로 탕아로서 명성을 얻는다는 것은 불가능한 일이었으므로 문학상의 돈 쥬앙은 이 모델이 아니라는 것을 알 수 있다.

　그러나 한편으로는 이 원형이 그저 문학가의 자의적인 공상에서 태어난 것이 아니라는 점도 확실하다. 이 같은 유형의 인간이 무대 위에서 활약하던 시대에는 스페인이나 다른 나라의 영주들 중에서 실제로도 무수한 돈 쥬앙이 존재했기 때문에, 실제로 돈 쥬앙의 모델은 누구나 될 수 있었던 것이다.

31

한스 그리멜스하우젠
(Hans Jakob Christoffel von Grimmelshausen, 1621~ 1676)

『방랑의 여자 크라쉐』

'30년 전쟁'이 첩들의 전성기를 도래케 하다

왕(王)의 여자들

한스 그리멜스하우젠

30년 전쟁(1618~1648년)[57]에서부터 프랑스 대혁명(1789년)까지의 1세기 반은 왕과 귀족이 거느린 첩들의 전성기였다. 궁정이나 혹은 정치에서도 정식 부인보다 권세가 높았던 첩들은 아득한 옛날부터 왕과 귀족들의 성생활에 당연히 따르는 부속물 중의 하나였으며, 첩이 전혀 존재하지 않았던 시대는 없었다. 그러한 첩들이 이제 허울의 시대인 바로크·로코코시대에 들어오면서 명실공히 하나의 제도로써 공인되어 정착하게 된 것이다. 정식

---

57) 30년 전쟁 : 1618~1648년 사이 지금의 독일, 오스트리아, 체코, 프랑스 동부지방, 네덜란드, 덴마크 등을 무대로 하여 벌어졌던 종교전쟁이다. 1517년 마르틴 루터가 불을 붙인 종교개혁은 유럽 기독교 문명을 구교(舊敎) 대 개신교(改新敎) 진영으로 분열시켜 일어난 30년 동안의 정변, 내전, 혁명을 말한다.

아내 외에 한 명쯤 첩을 가지지 않은 지배자는 이상한 사람처럼 보이거나 아예 야만인 취급을 당해야 했다. 이 시기의 동서양은 이 문제만큼은 동일했음을 알 수 있을 것이다.

덴마크 왕은 깔보는 투로 당시의 강대국이었던 러시아의 피요트르 1세(연해주의 개척자)[58]에게 이렇게 말했다. "듣자 하니 친애하는 폐하께서도 첩을 두셨다지요?". 그러자 노련한 피요트르는 "우리나라 여자들은 폐하의 첩처럼 돈이 별로 들지 않으니까요"라고 응수했다.

피요트르 대제의 대답은 무뚝뚝하기 그지없었다. 아직 자신이 서구화되지 않았다는 것을 보여준 것이다. 능력 있는 왕으로 통하려면 베르사이유 궁보다 더 화려한 궁전을 지어도 소용이 없었고, 오직 성적인 면에서 여유가 있어야만 했던 것이 당시의 능력 있는 군주였던 것이다.

이런 점에서 피요트르는 충실하고 바쁜 성생활을 보내는 군주이기는 했으나 다만 그 방법이 참으로 후진국의 군주처럼 가까이 하고 있는 여자들에게 중세의 영주와 가티 지나치게 잔혹한 태도를 취하고 있었던 것이다. 그는 지방의 소 귀족 출신인 첫 번째 아내를 수도원으로 보내 버렸다. 그러다가 스웨덴과 전쟁을 치르면서 그는 리투아니아 농부의 딸 마더 스

---

58) 피요트르 1세(1672~1725) : 러시아 제국의 초대황제. 스웨덴 제국과의 대북방전쟁에서 승리하고 급진적인 서구화를 밀어붙여 개혁을 감행한 지도자로, 전 러시아의 황제를 칭하며 루스 차르국을 러시아제국으로 탄생시켰다. 정치적으로 러시아를 강국으로 만들었는데, 발트해의 점령으로 발트함대를 창설하여 러시아 해군의 토대를 마련했다. 서구화를 통해 변방의 러시아를 행정적, 상업적으로 발전시키는 큰 업적을 일궈냈다. 한마디로 러시아의 발전을 바닥부터 굳힌 군주라고 할 수 있다. 물론 높은 세금과 상트페테르부르크 건설 등의 대규모 건축 사업으로 백성들에게 반발을 샀고, 귀족들에게 능력주의 관료제를 강행해 많은 불만을 샀지만, 모두 피의 숙청으로 정리하고 많은 전쟁에서 성공적인 대승을 거두어, 러시아는 유럽의 주요 정치 중심지로 역사책에 등장토록 했다.

카브론스키(후에 예카테리나[59])를 막사에 두고 시중을 들게 했다. 스카브론스키는 일찍이 발틱해 근처에 살던 개신교 목사의 집에서 일하던 하녀였는데, 당시는 러시아군 진영에서 여러 가지 잡무를 거들고 있었다. 그녀는 그리멜스하우젠[60]이 『방랑의 여자 크라쉐』(1670년)에서 묘사한 것처럼 종군 세탁부 타입의 여자였다. 그녀는 고집은 셌지만 선하고 술을 즐겼으며, 자발적으로 무슨 일이든 남들을 도왔고, 짚단 위든 맨땅이든 가리

---

59) 예카테리나 : 표트르 1세의 두 번째 부인으로, 쿠를란트-젬갈레 연합국의 지배를 받고 있던 야콥슈타트(Jakobstadt, 현재의 라트비아 예캅필스) 출신이다. 거기에다 그녀는 귀족 출신이 아닌 평범한 농민 출신이었다. 1698년에 당시 예카테리나와 사랑에 빠진 표트르 1세는 본부인인 황후 예브도키야 로푸히나가 성정이 너그럽지 못하다는 이유로 황후의 자리에서 폐위시키고 정교회 수녀원으로 강제 추방시켰다. 그리고 예카테리나는 1712년에 정식으로 황후로 책봉되었다. 1725년 표트르 1세가 요로결석으로 서거했으나, 표트르 1세의 아들인 황태자 알렉세이 페트로비치 황태자가 1718년에 반란에 가담하여 황태자 직분을 박탈당한 뒤 고문 후유증으로 죽고, 그 아들인 표트르 2세도 아직 너무 어렸기 때문에 표트르 1세의 측근들과 황제 근위대가 황후인 예카테리나를 황제로 추대, 제위에 올랐다. 그러나 2년간의 짧은 치세로 남편처럼 큰 업적을 이루지 못하고 1727년 5월 17일 43세의 나이로 서거했다.

60) 한스 그리멜스하우젠 : 독일의 민중소설가. 귀족적·학자적 교양 취미가 강조되던 풍조 밑에서 그의 오락적인 교훈소설(教訓小說) 『바보 이야기』는 이색적인 것으로 전(前)세기의 유산에 줄이 닿아 있는 보수적 문학 경향을 대표한, 교묘한 요설(饒舌)과 풍자, 그리고 30년 전쟁의 혼란기 속 특유의 생활감각을 소설 속에 수록하고 있다. 그는 1621년 루터교의 도시 겔른하우젠에서 출생했다. 30년 전쟁 시기에 태어난 탓에 그의 유년 시절은 평탄치 못했다. 12세에 집이 파괴되고 군인들에게 납치되어 하나우로 갔다. 전쟁 중 스웨덴 군대와 괴츠 장군의 군대 등에서 포로가 되거나 군 복무를 하면서 여러 도시를 계속 전전했다. 1639년부터 1648년까지는 바덴 지역 오픈부르크 샤우엔 성의 행정을 맡았고 1643년부터는 연대 서기관을 지내기도 했다. 종전 후 가톨릭교에 귀의했으며 1649년 카타리나 해닝거와 결혼했다. 그 후 샤우엔 성의 백작의 토지 관리인을 지냈고, 1656년에서 1658년까지 가이스바흐에서 '은별' 여인숙을 경영했다. 1662년에서 1665년까지는 올렌부르크 성의 성주였으며, 1667년부터는 렌헨의 시장으로 일했다. 작가의 이런 다양한 사회 경험과 군부대를 전전한 전력이 작품 속 주인공의 삶에도 간간이 반영되어 있다.

지 않고 잠을 잤다고 한다. 그녀가 10년가량 피요트르 곁에서 지낸 뒤에 황제는 그녀의 재촉으로 인해 결혼식까지 올렸다.

유럽의 궁정에서는 어울리지 않는 이 결혼식이 적지 않은 웃음거리가 되었다. 그러자 피요트르는 그 후부터 예카테리나를 전쟁터에 데리고 다녔는데, 서유럽으로 공식 여행을 떠날 때만 그녀를 두고 갔다. 하지만 그녀도 손해를 보지 않고 행동하는 방법을 터득하고 있었으니, 피요트르의 애첩 오빠인 윌리암 몬스와 눈이 맞아서 황제를 속이며 그와 놀아났던 것이다. 이 사실을 안 피요트르는 윌리암 몬스를 처형하면서 그녀에게 형장에 입회하도록 했다. 그녀는 눈 하나 깜박이지 않고 계속 시치미를 떼면서 결백을 주장했다. 황제는 그녀 애인의 머리를 자른 후 알코올에 담가서 그녀의 침실에 두게 했다. 예카테리나의 신경은 이 같은 충격에도 끄떡없이 견딜 수 있는 강철 같은 체질이었다. 그녀의 완강한 저항 앞에서 결국은 황제도 손을 들고 말았으며, 다시 그녀와 화해했다. 그리고 나서 두세 달 뒤에 성병으로 황제가 죽자 이 리투아니아의 하녀는 제위에 오르게 되었다. 그녀는 비록 2년 통치하는 동안 통치능력이 없다는 것을 세상에 드러냈지만, 그 대신 성적인 갈증은 충분히 만족시킬 수 있었다.

에카테리나가 제위에 오른 것은 그 당시뿐만 아니라 다른 시대의 첩들에게도 흔히 있는 일은 아니었다. 아마 세계사 전체를 둘러보아도 사회의 최하층 출신인 여자가 군주의 변덕과 개인적인 취향 덕분에 거대한 제국의 황제가 된 사례는 찾아보기 힘들 것이다. 동시대 사람들의 기록에 의하면 그녀는 결코 미인이 아니었으며, 비잔틴 제국의 왕비 테오도라[61]처

---

61) 테오도라 : 나이가 너무 어려 여자로서 남자와 동침하거나 교접할 수 없을 때 테오도라는 마치 남창처럼 행동하면서 그 인간쓰레기들을 만족시켜 주었다…. 테오도라는 그들에게 신체의 부자연스러운 통로(항문)를 내주면서 오랫동안 매음굴에서 지냈

럼 지성미를 갖춘 여자도 아니었다.

첩을 선택하는 일은 매우 복잡했다

서유럽에서 왕과 귀족의 첩들은 17, 18세기이든 그 이전이든 왕비나 여왕이 될 가망은 거의 없었다. 매우 탁월한 정신의 소유자였으며 야심만만한 드 폼파드루 후작 부인, 즉 루이 15세의 첩조차도 여왕이 되려는 목적을 이루지 못했던 것이다. 사람들은 그녀를 비록 '마담 15세'라고까지 부르며 추종했지만 '프랑스의 통치자'가 되지는 못했다. 루이 14세와 비밀결혼을 한 드 만토논 후작 부인도 마찬가지로 왕비의 지위를 얻지는 못했다. 이처럼 궁정에서는 성이 문란하고 무제한의 위력을 발휘하던 시대이긴 했지만, 왕위계승 문제에 있어서만큼은 세심한 배려 아래 전통적인 틀을 벗어나려 하지 않았기 때문이었다.

따라서 첩이 될 수 있는 대상을 선택하는 일은 그처럼 간단하지는 않았다. 그러나 전제군주들이 첩을 선택하는데 있어서 가문을 특히 중시했기 때문에 그런 것이 아니라, 선택 그 자체가 지극히 번거로웠기 때문이었다. 통치자인 왕과 귀족들에게는 서민 출신의 여자와 함께 할 기회가 거의 없었다. 이러한 「앙샹레짐」체제 아래서는 훗날 나폴레옹이 했던 것처럼 마음에

다…. 그녀는 옷을 벗어 던지고 남들이 눈에 보여서는 안 될 곳을 손님들에게 앞뒤로 몸을 돌리며 모두 보여주었다. 당시 황실 사관이던 프로코피우스가 쓴 『비잔틴제국비사(秘史)』에 나오는 테오도라라는 창녀 이야기의 일부이다. 그런 테오도라가 비잔틴제국의 판도를 최대로 넓힌 유스티니아누스 황제(483~565)의 황후가 되었다. 유스티니아누스가 처음 18살 연하의 테오도라를 보았을 때 테오도라는 30대 중반의 나이였는데도, 유스티니아누는 테오도라를 보자마자 첫눈에 사로잡혔다고 한다. 왕비가 된 그녀는 권력만 누리지 않고 여성의 권리를 신장하고 창녀들을 보호하는 법을 제정하는 등 약자를 위한 통치를 하여 테오도라는 황제에 준하는 '아우구스타'라는 칭호까지 받았다.

드는 여성을 간단하게 거리에서 성안으로 데려올 수가 없었다. 왕과 귀족의 세계는 궁정이었으며, 왕이나 귀족의 첩이 되기 위해서는 모든 절차를 거쳐서 궁정에 소개되어야 했기 때문이었다. 부호 지주의 딸이였으며, 지방의 지주 귀족과 결혼한 적이 있는 퐁파드루조차도 규칙에 따라 왕 앞에 나서서 루이 14세를 차지하려고 온갖 수단을 다 동원해야 했다. 듀 발리도 화려했던 생애의 첫출발은 시녀였으므로, 먼저 정식으로 임명된 백작 부인이 되지 않고서는 환갑이 다 된 전제군주의 마음을 사로잡을 수가 없었던 것이다.

메트레스(情婦, 아내 있는 남자가 몰래 정을 통하는 여인)의 대부분은 궁정의 부인들 속에서 선발되었다. 전제군주의 눈에 띈 것은 어느 때는 왕비의 시녀였고, 어느 때는 왕가의 다른 일족에게 봉사하고 있던 미녀였다. 루이 14세 때는 왕녀와 왕의 인척 자매의 시녀 중에서 가장 유명한 메트레스 몇 명이 나왔다. 라 발리에르와 몬테스판 뿐만이 아니라, 쾌활한 영국왕 찰스 2세의 정부(메트레스) 앙 티 토르가 되었던 루이즈 르네 드 케르알 등이 그런 여성이었는데, 케르알은 당시 영불동맹에서 큰 역할을 했고, 나중에 포츠머드 공작의 부인이 되었다.

세 가지로 분류될 수 있던 첩의 성격

이러한 측면에서 왕(王)과 성 교섭을 가진 여자들, 또는 지배자인 왕비와 침실을 함께 쓰던 남자들은 세 가지 범주로 분류될 수 있었다. 즉 결혼의 반려자, 사랑의 반려자, 그리고 쾌락의 반려자가 그것이었다.

왕의 아내 또는 여왕의 남편은 현재 지배자이든지 아니면 과거에 지배자였던 가문, 즉 왕족이나 귀족 출신이어야 했다. 그러한 결합에서 태어난 자손만이 정식 왕위 계승자가 될 수 있었고, 인정되어 졌다. 왕에게 아이를 안겨 줄 수가 없어도 왕비는 일반적으로 이혼당하지 않았다. 아이가 없다는 이유로 왕가의 결혼이 취소되거나 파탄에 이른 사례는 16세기보다 훨씬 적었다. 그러니까 이런 관점에서 볼 때, 이 시대의 결혼은 그만큼 성적으로 방종했음에도 불구하고 확고하게 유지되고 있었던 것이다.

성의 위계제도에서 두 번째 지위를 차지하는 것은 '메트레스' 내지는 총신(寵臣), 요컨대 지배자의 공식적인 정부(情婦) 또는 정부(情夫)였다. '메트레스'는 대체로 고대 오리엔트의 측실(側室)과 비슷한 성격이었지만 본질적으로는 달랐다. 이러한 지위를 얻는 것은 오직 한 여자뿐이었지, 바빌로니아처럼 동시에 여러 명의 측실이 존재하는 경우는 없었다. 사교계에서 메트레스 앙 티토르는 매우 높은 지위를 차지했고, 때로는 놀라울 정도로 정치적인 권세를 누렸다. 정신(廷臣)·대신·외국대사들은 공적인 알현 석상에서 얻을 수 없었던 것을 침실을 장악한 '메트레스'들을 통해서 얻으려 했으므로 그녀들 주변으로 몰려들었다.

국사에 전혀 흥미가 없는 첩이라도 성은 다른 어떤 문서보다 많은 것을 성사시킬 수 있었기 때문에 국내 및 국제정치의 중요한 변수가 되었다. 그 가장 좋은 예가 듀 발리라는 여자가 루이 15세에 미친 영향력을 들 수 있다. 그녀는 루이 15세의 마지막 첩이었는데, 외국대사들은 의지가 박약한 국왕에게 무언가 결행시킬 일이 있으면 전적으로 이 첩을 이용했던 것이다. 하지만 가장 권세 있는 첩이라 할지라도 오로지 지배자의 총애와 변덕에만 의존해야 했다. 그녀들은 어떠한 법적 보증도 받지 못했으며, 언제 왕의 총애를 잃고 궁정 사교계에서 쫓겨날지 모르는 처지였기 때문이었다. 일단 왕의 총애를 잃은 첩에게 남은 유일한 길은 수도원으로 들어가는 길뿐이었다. 하지만 지난날 왕이나 귀족의 첩이었던 여자가 활발하고 유쾌하게 정사 생활을 계속하거나 훌륭하게 결혼한 예도 약간은 있었다.

생애의 마지막까지 그녀들의 보호자인 왕의 총애를 받는데 성공한 메트레스는 극소수에 불과했다. 대개는 몇 년 정도만 왕과의 관계를 유지할 수 있었으며, 그 동안에는 보통의 결혼생활 형태를 취하고 있었다. 이런 관계에서 종종 많은 자녀가 생기기도 했는데, 예를 들어 루이 14세는 라 팔리에르와의 사이에서 네 명의 아이를 얻었으며, 몬테스판에게서는 여덟 명의 아이를 얻었다. 어머니와 마찬가지로 이 아이들은 모두 귀족의 칭호를 얻을 수 있었다. 이럴 때 첩들은 노골적으로 집안끼리 감싸주는 태도를 보였는데, 형제는 물론 먼 친척까지도 중요한 자리와 좋은 작위를 얻어 주었던 것이다.

유럽의 궁정에는 결국 이와 같은, 전제군주의 성적 욕구 덕택에 영향력 있는 이름과 막대한 재산을 얻은 백작·후작·공작들이 우글거리게 되었다. 옛날부터 있던 무공에 의한 귀족, 지주 귀족, 신흥 금전 귀족 등과 함께 첩의 몸에서 나온 침대 귀족들이 생겨난 셈이다. 가장 유명한 상층 귀족조차도 첩을 조상으로 둔 가문이 있었다.

동서양을 막론하고 이 점에서는 조금도 차이가 없었다. 다른 점이 있다면 동유럽의 침대 귀족 중 대다수는 조상 중에 남자 첩이 있었다는 것 정도였다. 피요트르 대제 사후 70년 동안은 거의 여제(女帝)가 통치했는데, 즉 18세기에 페테르부르크에서 궁정을 다스렸던 네 명의 여제인 에카테리나 1세·안나 이바노브나·엘리자베타 페트로브나·에카테리나 2세는 모두 남자 첩을 두었던 여제들이었다. 침실에서 특히 유능한 행동을 보인 그 여자들의 정부(情夫)는 근위 사관이든 단순한 백성이든 상관이 없었으며, 일단 그녀들의 눈에 들면 빠른 시일 내에 백작이나 공작의 신분으로 올라갔다. 에카테리나 2세는 여든 두 명의 남자들을 총애했는데, 그 중에서 빈손으로 남첩(男妾)의 역할을 그만둔 사람은 한 명도 없었다고 한다.

32

새뮤얼 리처드슨(Samuel Richardson, 1689~1761)
『파멜라(Pamela)[62)]』
순결은 보답을 받는다

계몽주의 도덕성의 모순

'허물의 시대'라는 이름이 붙은 바로크·로코코[63)] 시대도 다른 시대처럼 권력자들의 시대였다. 여성의 힘이 일어나기는 했지만 역시 한계가 있었고, 성에 대한 자유로움도 일부 나타났지만 거짓이라는 위선이 어느 정도

---

62) 파멜라 : 필립 시드니가 1590년대에 출판한 '아르카디아'에서 처음 만들어낸 여성의 이름으로, 그리스어 pan-(모든) + meli(꿀)로부터 만들어졌으며, 이름의 뜻은 '모두의 달콤함'인 것으로 추정되나 추측임.

63) 바로크 (the Baroque) : 새로운 기독교 운동으로 가톨릭 예술가들의 리엑션으로 모습을 드러냈다. 17세기초 이탈리아에서 처음 시작되었지만 빠르게 유럽으로 퍼져나갔다. 바로크 운동의 전반적인 특징은 지식적, 복잡성, 공식적인 성향의 후기 르네상스 성향보다는 감각성에 호소하였다. 전반적으로 남성적이고 간결하고 웅장, 장엄한 스타일이 특징이다.
로코코 (Rococo) : 몇몇 역사학자들에 따르면 바로크 양식의 경솔한 연장선 혹은 마지막 서곡정도로 평가된다. 로코코 운동은 로마지역과 이탈리아 북부 건축에서 시작되었다고 추정된다. 바로크 양식보다는 좀 더 장난기 많은 접근성을 가지고 있는 게 특징이다. 로코코는 18세기 중반 네오클래식 양식에 대체되기까지 유럽전역에 영향을 끼쳤다. 특징으로는 여성적이고 장식적, 화려함, 섬세함에 중점을 두었다.

작용하고 있었다. 그런 가운데서도 자유로움을 만끽할 수 있는 사람들은 역시 극소수의 상류계층 뿐이었다. 대부분의 사람들은 그처럼 열렬하고 폭넓은 재정생활에 탐닉할 수 없었다. 그러나 상류계층도 조금씩 불어 닥치는 자유분위기적 경행에서 살아나기 시작한 여성들의 힘 앞에서 자기마음대로 행동하는 데는 한계가 있었다. 즉 부인이 지켜보는 앞에서 자신의 욕망을 채우는 데

새뮤얼 리처드슨

는 한계가 있었다는 말이다. 가진 자들의 성적 방탕함은 없는 자들 입장에서는 선망이라는 말이 포함되기도 하겠지만, 그것이 전혀 불가능했던 그들을 격분으로 이끌었다.

분노를 부채질 한 것은 기존의 법률과 사회질서에 대한 투쟁의 도화선이 되었던 계몽철학가와 문인들이었다. 물론 그들은 자신의 신념에 따라 살아가는 이들은 아니었다. 그렇게 살아가기에는 지배계급에 너무 가까이 접근해 있었고, 물질적으로도 귀족에게 의존하고 있었다. 따라서 이러한 생활은 인텔리를 혁명가로 이끄는 데는 아주 부적합했다.

더구나 지도자의 위치에 있는 사람들에게는 혁명가적 기질이 없었다. 그들은 교육이나 설득을 통해 혹은 문학적 감동을 동원하는 계몽적인 방법을 사용하여 평화적으로 사회의 해악을 제거하고 사회구조를 개선하는데 노력할 뿐이었다. 그러나 이 방법이 비효율적인 것만은 아니었다. 그것은 혁명의 회오리바람이 불어 닥치기 전까지 유럽사회가 조금씩 변하고 있었다는 사실에서 알 수 있다. 그 때문에 젊은 귀족들 중에는 계몽철학을 신봉하는 자도 있었고, 이들은 혁명초기에 사회개혁에 많은 노력을 기울였다.

그럼에도 불구하고 계몽주의는 통일적인 도덕을 세상에 보급하려는 목적을 달성할 수 없었다. 그것은 지배계급 자신들의 도덕을 결코 다른 계급에 속하는 이들에게 강요하고 싶지 않았을 뿐만 아니라 특권을 상실할 염려가 있었기 때문이었다. 당시 지배계급은 하층민들이 스스로의 도덕을 지키도록 유도하는 데만 애를 썼던 것이다. 물론 18세기에도 악덕과 성적 폭행, 유괴, 성도착 등에 대한 각종 법률이 만들어지기는 했지만, 상류계급은 그 법률에 따를 필요가 없었다.

하지만 성의 세계에서만큼은 계급의 구별이 있을 수 없었다. 성은 어떤 틀이라도 뛰어넘을 수 있었으며, 나아가 사회적 지위를 회복한 시민계급이 이 문제에 대해서도 관심을 가지기에 이르렀다. 특히 이 계층 출신의 문인들은 자신들의 상상력을 동원하여 상류계층이 향유하는 특권을 무너뜨리려는 월경(越境) 행위에 기름을 부었다. 물론 이들은 첩을 고르는 것에 대해 정면으로 반대하지는 않았다. 그것은 자신의 목숨을 담보로 하는 것이었기 때문이고, 동시에 그런 여자들을 동정해 봤자 시민들의 호응을 얻을 수도 없었기 때문이었다. 하지만 그것 말고도 관심을 가질 수 있는 분야는 얼마든지 있었고, 그것을 타파해야 한다는 사명감도 불타오르고 있었다.

이 같은 주제를 다룬 통속소설은 대부분 줄거리가 비슷했다. 사랑하는 남자는 여자보다 신분이 높고, 남자가 여자를 유혹하고 여자는 유혹을 당하는 쪽인데 한때의 방심으로 몸을 더럽히고 만다는 이야기가 그것이었다. 다만 당시 이들 성애를 다룬 문학은 이전보다 여자를 많이 아꼈다는 점이 다를 뿐이었다. 그래서 모든 죄는 남자에게 덮어 씌어졌다. 성이라는 악마의 주인공이 여자에서 남자로 옮겨갔던 것이다.

하류층 여성이 온갖 고난을 겪지만 결국에는 백마 타고 오는 귀공자의 도움으로 행복하게 산다는 해피엔딩의 형식으로 끝맺는 것이 일관된 결론이었는데, 이런 식의 결론은 당시 사회에서 많은 호평을 받았다. 물론 때로는 비극적인 삶을 조명한 글도 있지만, 그것은 그녀를 괴롭히는 상류층의 부도덕한 행동을 비판하는 시각에서 만들어졌기 때문에, 시민들의 가슴에 혁명의 불을 지르는 효과를 불러일으켰다.

이런 여성상을 최초로 그린 것은 프레보 데그질(Antoine Francois Prevost d'Exiles)[64]이었다. 그가 1731년 『마농 레스코(원제목: 슈발리에 데 그리외와 마농 레스코의 이야기)』를 발표했을 때 그는 이미 수도사와 병사로서의 경험을 겪은 뒤였다. 그는 당시 영국에서 지냈는데, 영국은 프랑스보다 계급 대립이 뚜렷한 나라였으므로 이를 꼬집었던 것이다. 후에 사람들은 『마농 레스코』를 포르노문학의 걸작으로 꼽지만, 동시대에는 새뮤얼 리처드슨(Samuel Richardson)의 『파멜라(Pamela)』를 더 우수한 작품으로 보았다.

---

64) 프레보 데그질 : 사랑의 열정을 노래한 최고의 소설 중 하나로 꼽히는 『마농 레스코』의 저자로 본명은 앙투안 프랑수아 프레보 데그질(Antoine Francois Prevost d'Exiles)로 프랑스 북부 에댕에서 태어났다. 아버지는 에댕의 대법원 재판소 왕실 법률 대리인 겸 고문이었다. 예수회 학교에서 공부한 뒤, 1713년 파리의 예수회 수사(修士)가 되었으며 콜레주 루아얄 앙리르그랑에서 철학을 공부했다. 1716년 군인이 되었으나 군 생활에 싫증을 느껴 곧 제대한 뒤 베네딕트회 수도사가 되었다. 그 후 한곳에 머물지 않고 네덜란드, 영국 등으로 돌아다녔다. 1921년 첫 작품 『로마 기사 폼포니우스의 모험』을 써서 1724년 네덜란드 암스테르담에서 출간했다. 이어서 1728년부터 1731년까지 『어느 고귀한 사람의 모험과 회고』라는 제목으로 20권짜리 소설을 썼다. 그리고 34세 때인 1731년, 그중 일곱 번째 소설로 그에게 명성을 가져다준 유일한 작품이라 할 수 있는 『마농 레스코』를 파리에서 출간했다. 『마농 레스코』를 발표하자 아베 프레보는 숙명적인 사랑, 숙명적인 정열을 웅변적이지 않은 소박한 문체로 보여준 최초의 작가로 인정받았다.
1734년 프랑스로 귀국한 아베 프레보는 다시 베네딕트회로 돌아가 일하며, 계속해서 여러 편의 소설을 발표했다. 노년에는 대부분 프랑스 북부 도시 샹티이에서 보냈는데, 1763년 겨울 어느 날 숲 속을 산책하다가 갑작스럽게 죽음을 맞았다.

새뮤엘 리처드슨의 등장과 근대소설의 시작

새뮤얼 리처드슨[65]은 영국의 소설가이며 화가였는데, 청년시절에 런던으로 나와 인쇄 출판업자의 조수가 되어 출판업자 조합장의 직까지 맡을 정도로 성공했다.[66] 권유에 의해『모범 서간집』을 집필하던 중 우연한 계기에 쓴 최초의 소설이『파멜라』였는데, 그의 나이 50이 되었을 때의 작품이었다. 이 책은 절대로 유혹에 넘어가지 않는 하녀에 관한 이야기인데, 소설 전체가 건실한 여주인공의 수기형식으로 구성되어 있다. 즉『보상받은 미덕(Virtue Rewarded)』이라는 이 책의 부제에서 알 수 있는 것처럼 순결은 보답을 받게 되어 있어서 파멜라는 결국 젊은 백작의 아내가 된다는 이야기인데, 독자들이 이 이야기에 매료되어 출판과 동시에 큰 호평을 받았다. 아베 프레보는 이 책을 프랑스어로 번역함으로서 유럽대륙 전체에서 호평을 받았다. 볼테르(Voltaire)[67]는 이 책을 희곡으로 꾸몄고, 카를로 골도니(Carlo Osvaldo Goldoni)[68]는 이 책을 모본으로 하여 두 작품을 만들었으며, 그 외에도 13명의 작가가 이 책을 무대에 올렸다.

그러자 리처드슨은 연속적으로 이듬해에는 속편『고귀한 사람이 될 수 있는 파멜라』를 썼으나 다른 소설인『클라리사 할로』(1747-1748)가 더 호평을 받았다.『클라리사 할로』는 단어 수가 100만 개나 되어 영국소설 중

---

65) 새뮤엘 치처드슨 : 그의 소설은 도덕적·종교적인 의도를 각별히 강조하면서도 그 주제·구성·서술, 특히 심리묘사의 면에서 현저하게 근대소설의 특색을 보여주고 있으며 소설이라는 문학형식을 형성하는 데에 큰 영향을 끼쳐 영국소설은 리처드슨에서 시작된다는 견해가 지배적이다.

66) 그는 1761년 7월 4일 71세의 나이로 사망하였는데, 그의 첫 번째 아내 Martha 가까이에 위치한 플리트 스트리트의 세인트 브라이드 교회에 묻혔다.

67) 볼테르 : 프랑스의 대표적인 계몽주의 작가.《샤를 12세의 역사》,《루이 14세의 시대》,《각 국민의 풍습·정신론》,《캉디드》등이 대표작이다.

68) 카를로 골도니(Carlo Osvaldo Goldoni , 1707~1793) : 이탈리아의 극작가

에서는 가장 장대한 작품이며, 부모가 강요하는 결혼을 반대하여 집을 뛰쳐나온 후에 방탕한 청년의 손에 떨어져 끝내 오욕(汚辱)을 당하며 죽는 박명(薄命)한 미녀의 생애를 주고받는 서간형식으로 엮은 것이었다. 이 작품은 루소와 레싱(Gotthold Ephraim Lessng), 그리고 괴테에까지 많은 영향을 줄 정도로 문학사에 길이 남을 작품으로 평가되고 있다.

이어서 쓴 『그랜디슨』(1753-54)에서도 작자가 상상한 이상적인 남성상을 묘사하였는데 또한 모두의 호평을 받았다. 이들 소설이 성공을 거두게 되면서 리처드슨은 존슨 박사를 비롯하여 문단의 명사들에게 대우를 받게 되었다.

리차드슨의 소설은 도덕적·종교적인 의도를 각별히 강조하면서도 그 주제·구성·서술, 특히 심리묘사 면에서 현저하게 근대소설의 특색을 보여주었을 뿐만이 아니라, 소설이라는 문학형식을 형성하는 데에 큰 영향을 끼침으로서 영국소설은 리처드슨에서 시작된다는 견해가 지배적일 정도로까지 되었다.

도덕적 변화의 한계

그러나 이런 종류의 책이 아무리 나온다 해도 변화가 금방 오는 것은 아니었다. 소설과 드라마는 독자에게 도덕적으로 영향을 준 적이 한 번도 없었던 것이다. 사람들이 책을 읽는 이유는 단지 그렇게 함으로써 두세 시간이라도 벌 받지 않고 사악한 지옥을 들여다 볼 수 있었기 때문이었다. 시대의 성 도덕에 영향을 주려면 좀 더 분명한 태도로 보다 명료하게 개혁안을 제시해야 했는데 그러지를 못했던 것이다. 당시의 청교도들은 자기만의 도덕성에 빠져 스스로를 구속했을 뿐 사회의 진정한 개혁으로까지는 손길을 뻗치지는 못했다. 예를 들어 영국의 청교도들은 부패한 궁정에 대하여 충격적인 제시를 하지 못하고 오히려 그들에게 절대 복종해야 한다는 뉘앙스가 풍기는 식의 도덕만을 강조했던 것이다. 이러한 행동은 상당히 편협된 것이었고, 또 고루한 것이었다. 즉 주부는 가족을 돌보기 위해 남편에게 절대 복종해야 하며, 딸은 아버지가 신랑감을 골라주는 날까지 얌전하게 바느질이나 하면서 집 안에 있어야 한다는 식이었다.

바로 이것이 도덕을 부르짖던 계몽가들이 영국의 가장에게 들려주던 조언이었으며, 일반 시민계급의 여자들이 따라야 하는 지침이었다. 영국의 한 사회학자는 1750년 무렵의 실정에 대하여 다음과 같이 썼다.

> "여자는 굴종의 밑바닥에 있었다. 여자들은 쓸모없는 존재였으며, 교육을 받지 못했고, 자유스럽지 못했다. 그들 계몽주의자들의 도덕과 순종은 허위였다."

이 같은 상황은 프리드리히의 독일 베를린이나 마리아 테레지아의 오스트리아 빈, 심지어 파리에서 조차도 예외는 아니었다. 궁정사람들이 웃고 떠드는 성이나 정원 옆에는 부유한 시민들이 살았고, 그곳에서는 가장의 독선적인 규칙이 엄격하게 시행되고 있었다. 즉 잘못을 범한 딸은 용서 없이 가두는 규칙밖에는 없었던 것이다. 이러한 사회에서 존재하는 것은 엄격한 가정과 멸시당하기는 했지만 관대하게 취급되는 매춘만이 횡행할 뿐이었다.

33

볼테르(1694~1778)

『루이14세의 시대(Age of Louis ⅩⅣ)』

특별한 창녀들의 영화와 몰락을 고발하다

특별한 창녀들의 등장

진정한 의미에서 「여주인」이었던 로코코 시대의 위대한 첩들과는 하늘과 땅만큼이나 차이가 있는 곳에 왕과 귀족들이 가끔씩 애정을 주었던 제3의 범주에 속하는 여자들이 있었다. 이들은 하룻밤 내지는 짧은 기간 동안 왕과 귀족을 상대했던 여자들이었다. 사람들은 이런 여자들에게도 첩의 의미인 '메트

볼테르

레스'라고 불렀지만, 그녀들의 역할은 창부나 다름이 없었다. 이들은 샛길을 통해서 왕의 침실로 숨어들었던 여자들이며, 그것도 왕비 몰래 즐길 수 있는 밀실로 들어갈 수 있을 뿐이었다. 그녀들은 하루의 피로에서 벗어나 기분전환을 하는 소란스런 파티의 여주인이었다. 또한 그녀들은 루이 15세가 사슴 정원에서 개최한 철야 가든파티의 암사슴에 지나지 않았다. 그녀들 중에는 훌륭한 가문 출신도 있었지만, 백년 뒤에 붙여진 말을

빌려 표현하면 그녀들은 궁정연회의 드미몽덴('반 사교계 여자', 즉 '고급 매춘부'이나 '고급 매춘부'와의 차이는 어떤 구애도 받지 않고 자유롭게 다니고 행동하면서 소비와 사치·향락을 즐겼지만, 드미몽덴으로 인정받기 위해서는 자신의 라이프 전반을 예술의 경지까지 끌어올려야 했다)이었던 것이다.

이들 특별한 종류의 창녀들이 되는 범주에는 무희·가수·여배우 등 무대의 여자들이 대다수를 차지하고 있었다. 궁정 극장에서 일하는 한 그녀들은 물론 고용인이며 궁정의 일원이었다. 그리고 사립극장에서 일하는 그녀의 친구들도 궁정 사교계의 야간 파티를 위해 출입이 허락되었다. 그녀들이 궁정 사람들, 즉 왕이나 귀족은 아니라도 조정의 신하들 중에서 최상층의 인물에게 마법과도 같은 견인력을 발휘했던 것은, 무엇보다도 그녀들이 유별나게 아름다운 육체적 매력을 가지고 있다든가 특별한 지성미를 보여준 것뿐만이 아니라, 알 수 없는 신기한 존재였기 때문이었다.

남자 배역은 여성이 모든 종류의 성적인 변장을 각별히 즐겼던 순수한 시대의 흔적이었다. 물론 여성이 그와 같은 복장을 하고 무대에 나설 수 있기까지는 매우 오랜 시간이 필요했다. 무대를 정복하는 일은 여성에게 있어서 고난의 길이었던 것이다. 사회의 최하층과 최상층 두 곳에서 먼저 여성의 무대를 향한 출구가 만들어졌다. 최하층의 경우는 마을마다 돌아다니면서 광대놀음을 하는 유랑극단에서 나타났다. 공연을 위해 유랑극단 단장의 아내와 딸들도 공연에 나서지 않을 수 없었다. 그렇게 하지 않으면 연극을 할 수 있는 단원이 부족했기 때문이었다. 최상층의 경우, 즉 궁정 극장으로의 여성 진출은 매우 조심스러운 형태로 진행되었다. 최초의 돌파구는 무용이었다. 여자들은 언제나 궁정에서 춤을 출 수가 있었다. 그러니까 춤추는 여자들이 각양각색으로 치장한 무대 위에서 자신의 기량을 발레라는 형태로 보여 주었던 것이다. 그녀들은 시대의 영웅과 신들의 역할을 연기하면서 현존하는 인물을 고상하게 풍자하는 우화풍의 발레를 통해 궁정의 사교계 사람들을 매료시켰다. 왕이나 귀족들도 이와 같은 작품에 직접 출연하면서 즐겼을 정도였다. 그들은 연극을 아주 좋아하였다. 연극은 실생활에서 왕이나 귀족들도 신하가 되어야 하는 직업이었다. 루이 14세가 「태양왕」이라는 별명을 얻은 것은, 열다섯 살 때 「밤의 발레」라는 연극에서 그와 같은 배역을 맡았기 때문이었다. 발레를 했던 왕은 그가 처음이 아니었다. 그의 부친인 잔소리꾼 루이13세도 무대에 서서 발레를 한 적이 있었다. 루이 13세는 익살꾼 역을 즐겨 맡았다고 한다. 그의 부친인 앙리 4세도 훌륭한 발레 광이었다. 무엇보다도 앙리 4세는 자신은 춤을 추지 않고 무희들을 곁에서 볼 수 있도록 무대 양 끝에 앉기를 즐겼다고 한다.

이성(異性) 교환이 만들어 낸 성적 매력

프랑스 궁정의 풍습으로는 아무리 절친한 사이라도 너무 가까이 접근하지 않는 것이 예의였다. 그래서 왕비나 왕녀가 발레 무대에 나올 때는 남자 무용수들의 출연이 금지되었으며, 왕이 춤출 때는 여성이 무대에 나올 수 없었다. 아주 드문 예외로서 왕녀들과 함께, 물론 최상류 계급 출신의 귀족이어야 하지만, 남자 무용수의 출연이 허락되는 '혼합 발레'가 있을 때뿐이었다. 이와 같은 의례상의 필요성 때문이라도 궁정의 발레에서는 이성의 옷을 입는 것이 유행했다. 발레는 언제나 남자, 또는 여자들만의 공연이었으며, 그렇기 때문에 때로는 이성의 역할도 해야 했던 것이다.

그러나 한편 이와 같은 이성 교환은 무대에 일종의 성적 매력을 만들어 내는 역할을 했다. 출신이 아무리 순결해도, 또한 연기가 아무리 고상해도 연극, 특히 발레에서는 어떤 에로틱한 분위기가 흘러 나와 노소를 불문하고 매료시켰다. 성품이 좋은 앙리 4세는 유복한 귀족들에게 어떻게 하면 무대 위의 숙녀들과 가까워질 수 있는가를 가르쳐 주었다. 사립 극장에서는 또한 예술을 직업으로 하는 여자들의 출연이 허용된 뒤부터는 궁정 극장에서도 무대 뒤로 가면 그런 일을 손쉽게 할 수 있었던 것이다. 멋쟁이 귀족들은 무희나 여가수와 여배우들의 대기실에 출입하기를 즐겼으며, 자신의 관람석에 휴식중인 여자들을 초대하기도 했는데, 그 관람석이라는 곳은 누구의 눈에도 띄지 않고 마음 내키는 대로 수다를 떠는 것 이상의 행위도 할 수 있도록 제작된 곳이었다. 이런 관람석이 있는 극장은 사람들이 흔히 말하듯이 사교적인 기능뿐만 아니라 특별히 에로틱한 기능을 가지고 있었던 곳이었다. 18세기 파리의 극장에는 커튼으로 가려진 그늘에 안락한 침대가 놓인 관람석도 있었다.

'오페라의 딸들' 즉 합창대원과 이름 없는 무희들은 단순히 춤을 추거나 노래를 부르는 것만이 아니라, 극장의 단골손님과 관람석 예약자들에 대해서는 싫은 내색을 하지 않고 춤과 노래 이외의 매력도 보여주어야 했다. 발레의 스타가 되면 물론 목표도 높아 졌다. 루이 14세 시절에 세 명의 유명 발레리나 중 두 명은, 명성의 대부분을 자신들의 염문 덕택에 얻은 것이었다. 다만 세 명 가운데 예술적으로 가장 뛰어났던 여자 마리 살레(Mari Sallé)[69]만은 남자의 손에서 놀아나지 않았다. 그녀는 동성애 쪽을 즐겼기 때문이었다. 그녀의 경쟁 상대인 스페인 귀족 출신의 마리 카

---

69) 마리 살레 : 프랑스의 발레리나(1707~1756). 자신이 출연한 발레를 직접 안무하였으며, <피그말리온>에 출연하여 춤을 추었을 때 그리스풍의 옷을 입어 의상을 개혁하였다.

마르고(Mari Camargo)[70]는 아주 어릴 때 드 무랑 백작의 유혹에 넘어갔었지만, 그 후 그녀의 연인들을 기록한 방대한 리스트에는 리슐리외 공작과 클레르몽 백작 등의 이름이 들어 있었다.

출세한 여성 예술인들의 영화와 몰락

가장 화려했던 것은 이들 세 명의 로코코 미녀들 중 세 번째인 바르베리나가 정사의 경력이 있었다는 것이었다. 그녀의 본명은 바바라 캄파니니였다. 아주 어릴 때 고향 이탈리아를 떠났고, 파리에서 기괴한 춤으로 평판을 얻었다. 하지만 그녀의 미모가 세인들의 눈에 띄지 않을 리가 없었다. 프랑스 귀족과 영국의 영주들이 그녀 주변으로 무리를 지어 몰려들었다. 프리드리히 대왕은 그녀에게 베를린 오페라 극장으로 올 것을 명했으나 당시 그녀는 한창 사랑에 빠져 있던 때라서 이 초빙을 그다지 신중하게 받아들이지 않고 한동안 베니스에 머물렀다. 그러자 이 프러시아 왕은 베니스시 참사회에 그녀의 신병 인도를 요구했다. 믿기 힘든 일이 일어나자 바르베리나도 할 수 없이 베를린으로 가게 되었다. 하지만 이런 해프닝도 금세 잊혀졌다. 그녀는 포츠담과 베를린에서 그녀 이전이나 이후의 여성 예술인이 얻지 못한 높은 사회적 지위를 손에 넣었기 때문이었다. 프리드리히 대왕은 결코 열렬한 여성 보호자라고는 할 수 없었지만, 그녀의 집에 자주 들르는 단골손님 중의 하나였으며, 나중에 그녀가 관방장관 코크체이의 아들과 결혼하여 남편과 함께 슐레지엔에 은거했을 때는 대왕이 매우 섭섭해 하는 모습을 보였다고 한다. 그녀의 결혼생활은 오래가지 않았는데, 바르베리나의 화려한 생애는 이것으로 종말을 고했

---

70) 마리 카마르고(1710~1770) : 루이 15세 시대의 프랑스 여성 무용수이다

다. 카마르고와 마찬가지로 그녀도 만년을 종교 사업에 종사하며 지냈다. 그녀는 귀족 가문의 자녀들을 위해 회색 참회복(懺悔服)을 입고 다녀야 하는 엄격한 학교를 설립하고 직접 운영했다. 프리드리히 빌헬름 2세는 이러한 공적을 치하하여 그녀에게 바르샤바 백작 부인이라는 칭호를 내렸다.

그 사이에 파리의 오페라계에서는 새로운 무용 스타가 등장했다. 이 여자는 예술상의 탁월한 재능이 아니라 그녀와 관계된 수많은 분홍빛 사건 때문에 그녀의 모든 선배들을 능가하게 되었던 것이다. 그녀의 이름은 마리 마들렌 기마르(Marie-Madeleine Guimard)[71]였는데, 그녀는 지금까지 누구도 하지 못했던 사치스런 생활을 했다. 자신의 예술적 재능과 정사로 벌어들인 돈이 너무 많아서 주체를 못할 지경이었던 것이다. 그러나 대혁명이 그녀의 화려한 시대에 종지부를 찍었고, 그녀는 극도로 비참한 처지에 빠졌다가 죽었다. 에드몽 드 공쿠르(Edmond de Goncourt)는 그녀를 위해 심혈을 기울여 전기를 썼다. 하지만 그녀와 같은 시대를 살았던 대부분의 사람들은 그녀를 별로 좋게 생각하지 않았다. 그녀는 왕자와 공작 등 신분이 높은 인물들을 포함하여 몇몇 애인에게 매독이라는 결코 잊을 수 없는 선물을 남겨 주었기 때문이었다.

이렇게 무희들이 쉬운 길을 통하여 상류계급으로 파고 들어갔는데, 그런가 하면 가수나 여배우들도 염문이라는 점에서는 결코 무희들에게 뒤

---

71) 마리 마들렌 기마르(Marie-Madeleine Guimard, 1743~1816) : 루이 16세 통치 기간 동안 파리 무대를 장악한 프랑스의 발레리나. 25년 동안 파리 오페라의 스타로 수비스 왕자와의 오랜 관계를 통해 자신을 더욱 유명하게 만들었다. 에드몽 드 공쿠르(Edmond de Goncourt)에 따르면 달랑베르는 왜 라 기마르 같은 무용가들은 그렇게 많은 부를 축적했지만 가수들은 그렇지 못한 이유를 물었을 때 "그것은 운동법칙의 불가피한 결과입니다."라고 대답했다

지지 않았다. 섭정을 했던 오를레앙공의 밤 상대였던 여자 중에서, 지금은 플로렌스라는 이름밖에 알 수 없는 여배우가 한 명 있었다. 그녀와 오를 레앙공 사이에서 아이가 태어났고, 그 아이는 공작 칭호를 받았지만 그는 좀 더 높은 "프랑스의 왕족"이 되고 싶어 했다. 하지만 그 자리는 오를 수 없었다. 그는 그럴만한 그릇이 아니었고, 또 오를레앙공은 그를 적출자로 인정하지 않았기 때문이었다. 그 대신 그는 오를레앙 공으로부터 캄브레 대 사교직을 받았다. 역시 오를레앙공의 놀이 친구 중 하나였던 여배우 키노르는 누베르 공작과 비밀결혼을 하는데 성공했다. 또한 여배우 듀크 로는 일찍이 볼테르도 연정을 품었던 여자였는데, 유제스 백작의 첩이 되 었다. 볼테르의 연극에 나오는 비극배우 클레롱 양은 아주 화려한 사생활 을 보냈다. 그녀의 연인 명부 속에는 스피즈 공과 룩셈부르크 공, 비시 후 작 등 쟁쟁한 인물이 들어 있었다. 또한 라모와 구르크의 오페라에서 멋 진 연기를 보여준 유명한 가수 소피아 아르누르는 브랑카 백작과 정렬적 인 관계에 있었다.

이러한 루이14세 시대를 칭송하며 당시의 사회풍속을 높이 평가한 볼 테르는 『루이 14세의 시대(Le Siècle de Louis XIV』(1751)라는 역사서를 남겼다. 그는 이 책을 쓰기 위해 루이 14세의 만년을 목격했고, 수많은 사 람들의 의견을 물었으며, 미간행 수기들을 조사했고, 인쇄된 2백 권의 회 상록을 읽었으며, 사료 편찬관의 직책으로 국가의 고문서 보관소에서 많 은 자료를 바탕으로 하여 썼기 때문에 신빙성 있는 책으로 평가되고 있다.

그는 이 책에서 루이 14세가 프랑스를 유럽에서 돋보이게 하여 전 유럽 에 문화적·언어적으로 대단한 영향력을 끼쳤다고 평가했다. 특히 그 시 대의 문화·양식·생활방식 등에 찬사를 던지며 계몽주의의 유럽은 루이 14세의 통치를 계몽된 규칙의 본보기로 보고, 가능한한 그를 닮기 위해 노력하려 했다고 평하였다. 나아가 그는 루이 14세를 아우구스투스와 비교하여 그의 통치를 "영원히 기억에 남는 시대"로 불러 위대한 세기로 규정하기까지 했다.

계급의 틀을 부수기 위한 '한시적 결혼'의 제안과 한계

하지만 당시에도 여전히 배우는 천한 계층으로서 업신여김을 받고 있었다. 교회는 그들에게 비적(秘蹟, 신의 은총을 받기 위한 기독교의 의식으로 가톨릭교회에서는 '신의 은총'이 이것을 통하여 수여된다) 의식을 거부했으며, 교회 묘지에 매장하는 것도 허락하지 않았다. 따라서 배우들은 도시 외곽에 있는 죄인 묘지에 매장할 수밖에 없었다. 작센의 모리츠 백작의 첩으로서, 모든 연극배우들 중에서 가장 경건하고 덕행이 높았던 아드리안느 루크부르 조차도 예외가 아니었다.

사실상 이 순수한 시대에 성은 다른 어떤 시대보다 계급간의 틀을 부수는 힘이 적었다. 침실이라는 통로를 통하여 사회의 최상층으로 올라가도 그녀들은 결국 이방인이었다. 극히 드물게 꽃가마를 타는데 성공해도 신분의 차이로 인해 어울리지 않는 결혼으로 보여 졌으며, 여자와 아이들에게 어느 정도는 법적인 권리가 주어졌지만, 사교계에서는 역시 인정을 받지 못했다.

이와 같은 현실에 대하여 상류계급의 몇몇 사람들은 양심의 가책을 느끼기도 했다. 아우구스토와 쾨니히스마르크의 오로라 백작 부인 사이에서 사생아로 태어난 작센의 모리츠(morits) 공작은 결혼문제에 관하여 한 가지 해결책을 생각해 냈다. 즉 결혼에 관한 책을 써서 한시적인 결혼을 권장했던 것이다. 즉 "결혼생활은 2, 3년으로 반드시 끝내야 한다. 당사자들의 의견이 일치하면 결혼계약을 좀 더 연장할 수는 있지만, 평생에 걸친 결혼은 자기기만이며, 자연에 반하는 강제"라고 했다. 당시로서는 지나치게 대담했던 이 제안은 사람들에게 심한 조롱거리가 되었고, 유럽에서 가장 유력한 가문 출신임에도 불구하고 궁정에서는 그의 의견을 진지하게 받아들이지 않았다. 루이 15세에게 봉사하고 있던 이 '작센 원수'의 혁명적인 생각은 결국 그의 출신이 사생아라는 것을 증명한 것으로 끝나고 말았다.

34

장 자크 루소(Jean Jacques Rousseau, 1712 – 1778)
『고백록』
"학문과 예술의 발달은 타락의 세계를 이끈다"고 말하면서 스스로 빠져들다

성도덕을 바탕으로 사회제도의 개혁을 주창

이러한 시대착오적이며 가장에게 독선적인 권한을 주는 가족법을 자유로운 법으로 바꾸려 했던 이가 바로 계몽주의자였던 장 자크 루소였다. 이것은 대담한 모험이었는데, 그러나 어찌 보면 당시의 시대적 상황에서 지나칠 정도로 단순한 일이기도 했다.

루소는 스위스 제네바에서 가난한 시계공의 아들로 태어났는데, 어머니가 그를 낳고 며칠 만에 죽는 바람에 일찍부터 친척집 등

장 자크 루소

을 전전하며 자랐다. 16세 때 모험가의 삶을 꿈꾸며 제네바를 떠나 강력한 후원자인 바랑 남작부인을 만나 사교계와 학계 사람들과의 교류를 시작했다. 그는 거의 독학으로 철학과 문학, 음악을 공부했으며 백과전서파

인 디드로를 비롯해 개혁적인 철학자들과 사상적 교류를 나누었다.

방랑 생활을 하는 동안 루소는 작가 지망생, 수공업자, 신부의 조수, 음악 교사, 시종, 비서, 유랑 악단 단원, 토지 등기소 직원 등 참으로 많은 직업을 경험했던 루소는 파리에서 새로운 악보의 표기법을 만들기도 했지만 성공을 거두지는 못했다. 그러나 그 과정에서 당시 백과사전의 편집위원인 디드로에게 음악에 대한 집필을 의뢰받고 기고하면서 백과전서파 계몽주의 철학자들과 친구가 됐다.

음악 관련 일로 생계를 이어가던 루소는 37세가 되는 1750년에 「학예론(학문과 예술에 대한 담론)」으로 단번에 사상계의 스타가 되었다. 이처럼 루소를 단번에 스타로 만든 「학예론」은 어떤 논문이었을까? 루소는 신을 무시하는 글을 쓴 죄로 뱅센의 감옥에 갇힌 친구 디도를 걸어서 면회 가던 중에 더위에 지쳐 그늘에 앉아 잠시 쉬며, 손에 들고 있던 잡지를 읽기 시작했다. 그러다가 우연히 디종(Dijon)⁷²⁾에 있는 아카데미에서 현상금을 걸고 논문을 모집한다는 기사를 보게 되었다. 논문의 제목은 "학문과 예술의 부흥은 인간을 도덕적으로 만드는 데 도움을 주었는가?"였다. 그 순간 루소는 수천 개의 등불이 동시에 정신을 밝히는 것 같은 영감을 받았다. 루소는 그 자리에서 정신없이 글을 써 내려 갔는데, 이렇게 쓰여진 글에서 그는 "본래 선하게 태어난 인간이 사회와 문명 때문에 타락했다"고 주장했다. 학문과 예술이 자연 속에서 꾸밈없고 순수하게 살아가던 인간을 본래의 자연스러움에서 벗어나 사치와 무절제로 몰아넣었다는 것

---

72) 디종(Dijon) : 프랑스 동부에 있는 도시로 코트도르주의 주도이다. 파리에서 남동쪽으로 310km, 스위스 제네바에서 북서쪽으로 190km 떨어진 곳에 위치하고 있는 유명한 포도주 산지이다. 이 도시의 역사적 중심지는 2015년 7월 4일 유네스코 세계문화유산으로 등재되었다.

이었다. 학자들과 예술가들이 작품을 통해서 이를 정당화시켰다는 것이다. 따라서 학문과 예술이 발달할수록 인류는 점점 더 사치와 방탕이라는 타락의 세계로 이끌려 갈 뿐이라고 주장했다.

루소의 이 충격적인 논문은 대단한 인기를 누리게 되었다. 이렇게 1750년 디종의 아카데미 현상 논문에 「학예론」이라는 글이 당선되면서부터 그는 사상가로서 이름을 알리게 되었다. 다시 말해 그는 "인간은 본래 선하지만 사회와 문명 때문에 타락해 간다"는 "성선설(性善說)"을 주장했던 것이다. 이후 그는 『인간불평등기원론』, 『사회계약론』을 발표하면서 사상 체계를 굳건히 하게 되었다. 그리고 『정치 경제론』, 『언어기원론』 등을 발표하면서부터는 당대의 지식인들과 분명한 견해 차이를 보이기 시작했다.

1762년에 출간된 『에밀』이 소르본 대학 신학부의 고발로 유죄선고를 받게 되자, 프랑스를 떠나 스위스와 영국을 전전하며 자신을 옹호하는 글인 『고백록』과 『루소는 장 자크를 심판한다』를 발표하여 1778년 프랑스 파리 북쪽의 지라르댕 후작의 영지인 에르므농빌로 피신했다가 그곳에서 일생을 마쳤다.

루소는 자유로운 감정 표현을 강조하여 낭만주의를 탄생시켰는데, 루소의 사상은 여러 분야의 예술에 혁신을 가져왔으며, 당시 생활 및 교육방식에도 변화를 일으키는 등 18세기 계몽사상에 큰 영향을 주었던 인물이었다.

장 자크 루소의 시대적 관념은 다음과 같은 것이었다.

"사랑으로 두 사람이 결합하는 것, 그리고 함께 가정을 꾸려가는 것은 자연의 이치이다. 그런데 소유권을 기초로 만들어진 사회질서는 이처럼 선하기 그지없고 순수한 인간의 생활을 그대로 두려고 하지 않는다. 즉 소유욕을 통해 사랑의 결합을 대립시켜 결혼을 상품화 시

킨다. 하지만 자연은 이런 것을 반성케 한다. 그 결과가 간통이며 가
정 파괴이다. 만일 가정이라는 틀을 좀 더 견고하게 다지고 싶다면,
결혼을 외적인 강제가 아니라 오로지 자연의 기초 위로 되돌리는 것
에 의해서만 가능할 것이다."

    시대의 유행에 따라 루소는 사랑과 결혼에 대한 자신의 견해를 편지 형
식으로 발표했다. 루소는 『신(新) 엘로이즈』[73]에서 다른 남자를 사랑하면
서도 마음에 없는 결혼을 한다. 그녀의 남편은 분별없이 그녀의 옛 애인
을 집으로 초대하는데, 여기서 일이 벌어지고 만다. 두 연인은 심각한 번
민에 빠지는데, 마치 자연스런 애정이 결혼이라는 인습보다 강하다는 듯
이들의 관계는 뜨겁게 달아오른다. 하지만 그녀 쪽에서 간통이라도 하겠
다는 생각을 할 때 불행이 일어나면서 그녀는 구제 받는다. 즉 물에 빠진
아이를 구하러 물에 들어간다면 그녀는 아이를 구한 후 자신은 익사한 것
이나 다름없었던 것이다.

    이러한 이야기는 지나치게 감상적이었다. 등장인물은 고상하게 행동하
지만 파국을 피할 수 없는데, 이는 사회적 시스템이 잘못되어 있기 때문이
라고 피력하였다. 그러면서도 지배계급을 격분시킬만한 말은 삼갔다. 즉
사유재산의 폐지라든가, 이혼, 그리고 간통의 권리에 대해서는 입을 다물
었던 것이다. 그는 『신(新) 엘로이즈』 서두에서 "만일 일반 풍습가운데 개

---

73) 『신(新) 엘로이즈』: 소설가이자 철학자로 유명한 장 자크 루소가 1761년에 쓴 첫 소
    설로서 서간체 연애소설이다. 당시 소설은 천박한 문학으로 분류되었으므로, 루소는
    이 소설을 쓸 때 자신은 순전히 편지를 편집한 편집자이며, 이야기들은 모두 실화라
    고 밝혀두었다. 루소의 이 소설은 당대 귀족층 부인은 물론이고, 하층에까지 널리 읽
    혀 큰 반향을 불러일으켰는데, 괴테의 『젊은 베르테르의 슬픔』 등 후대의 소설들에
    까지 끼친 영향이 지대하다.

량해야 할 것이 있다면, 개량은 먼저 가정 내에서 시작되어야 할 것이다. 그리고 이것은 전적으로 부모의 태도 여하에 따라 결정된다"고 하여 상류계층의 문제점을 제기하는 대신 시민계층에 대한 집안 단속을 내세우고 있다는 점에서 그때까지는 사회 전반에 대한 개량을 제창하지는 않았다.

그러다가 1762년 교육소설 『에밀』을 내놓으면서 현존하는 각종 사회제도를 바꾸지 않고서는 개혁이 불가능하다는 사실을 깨닫는다. 즉 기구를 바꾸려면 인간을 바꿔야 하고, 이를 위해서는 교육이 필요하다는 처음의 주장에서 상류계층만을 위해 존재하는 각종 사회제도를 바꿔야 한다는 주장으로 나아가게 되었다. 그는 상류계층의 반발을 위해 검열이 없는 암스테르담에서 출판했는데도 그의 책은 소르본에서 승인을 얻지 못했고, 프랑스 최고 재판소는 금서로 지정해 버렸다. 루소 자신은 체포를 면했지만, 고향인 스위스와 비교적 자유스러운 네덜란드에서 조차도 그에게 사형판결을 내릴 정도로 그 충격은 컸다.

가슴이 크고 튼튼한 어머니 같은 여자를 좋아했던 루소

사실 루소는 새로운 성 도덕을 보급할 처지는 아니었다. 그는 중년이 되기까지 방랑생활을 했다는 점에서 동시대 인물이었던 카사노바와 비슷한 신세였다. 말년에 그가 남긴 기록을 보면 이런 면들을 알 수 있다. 그의 『고백』과 『고독한 산책가의 몽상』은 가장 재미있는 성문학 중의 하나로 평가되고 있다.

루소는 프로이트가 오이디푸스 콤플렉스(oedipus complex)[74]라고 이

---

74) 오이디푸스 콤플렉스 : 정신분석 이론에서 이성 부모에 대한 성적 접촉욕구나 동성 부모에 대한 경쟁의식을 가리키는 말로 정상적인 발달과정에서 매우 중요한 단계이다

름 붙인 심각한 모자(母子) 콤플렉스 때문에 고민했다. 자신이 태어난 이삼 일 후에 어머니가 세상을 떠났기 때문에 그는 어머니의 존재를 전혀 몰랐다. 그는 평생 어머니와 같은 따뜻한 마음씨를 가졌거나 어린 시절에 경험하지 못한 부드러운 여성을 찾아 헤맸다. 제네바에서 시계 제조업을 하던 아버지는 그를 큰아버지에게 맡겼고, 큰아버지는 약간의 돈과 함께 그를 목사에게 맡겼다. 목사관의 살림을 꾸려가던 사람은 람베르세라는 노처녀였는데 그녀가 루소를 돌보았다. 이 때는 루소가 어느 정도 자란 시기였기 때문에 그의 눈에는 그녀가 마치 어머니처럼 느껴졌던 것이다. 어린 루소는 그녀의 침대로 기어가 응석을 부렸고, 그녀가 자기 몸을 어루만져주면 설사 그것이 자기를 집어던지는 것이라 할지라도 좋아했다. 루소의 버릇없는 행동이 사람들의 입방아에 오르내리자 목사는 이 어린 하숙생을 내쫓아 버렸다.

이렇게 해서 루소의 방랑은 시작되었다. 그는 잘생긴 젊은이였으므로 마음만 먹으면 어떤 여자라도 손에 넣을 수 있었다. 하지만 소녀들은 어머니와 같은 모습이 아니었기 때문에 그의 마음을 끌지 못했다. 청년이 되면서 그의 성욕은 자위행위로 처리되었고, 그때마다 떠올린 사람은 올드미스인 람베르세였다. 물론 여자와의 교섭도 있었지만 대개 연상의 여자들이었다. 이 또한 람베르세에 대한 그리움 때문이었다. 스물한 살 때 마담 드 바랑이라는 서른다섯 살의 여자가 처음으로 그를 이성간의 사랑으로 이끌어주었다. 그러나 『고백』에서 그는 이 최초의 사랑을 가장 두려웠던 체험 중의 하나였다고 썼다. 즉 "나는 마치 근친상간이라도 한 듯한 기분이 들었다."고 썼던 것이다. 그는 오늘날의 '제비족'처럼 그녀의 도움을 받으며 살았다. 그렇지만 루소에게는 그녀 역시 '어머니'와 같은 존재였기에 가능했다. 두 번째 파트너였던 마담 드 라르나주도 비슷한 여자였지만 마담 드 바랑보다는 훨씬 만족을 느낄 수 있었다, 하지만 침대로 끌어들이는 것은 거의 여자 쪽이었다.

베네치아의 프랑스대사관에서 서기로 일할 때 그는 지저분한 여자들이 술을 파는 주점에 출입한 적이 있었다. 하지만 그는 바탕이 나쁜 기질을 타고난 사람은 아니었다. 친구에게 이끌려 간 집에서 만난 최초의 창녀는 자존심이 강한 여자였기에 그의 흥미를 완전히 잃게 만들었다. 병에 걸리지나 않을까 하는 불안감 때문에 도망치려 했지만, 여자는 오히려 그에게 한 푼의 돈도 받지 않겠다면서 정열을 불태웠다. 결국 루소는 자신의 남자를 바치고 말았다. 그는 나오자마자 병원으로 달려가 진찰을 받았고, 안심해도 된다는 의사의 말을 듣기까지 3주 동안은 제정신이 아닐 정도로 멍하니 지내야 했다.

후에 루소는 파리에 사는 친구 크림 남작과 코부르크 고타 공이 고용한 목사의 손에 이끌려 매춘 굴에 다녀온 후 심한 자책감에 시달려야 했다. 그러다가 상류계습의 여자를 만나면서 약간의 위안을 찾을 수 있었는데, 그것은 성적인 만족감이라기보다는 상류계층에 자신이 속해 있다는 착각이었는지도 모른다. 그들은 육체적으로 아주 빈약하여 그가 당시까지 보아왔던 하류계층 여자들 보다는 성적으로 매력 없는 여자들이었다. 루소가 좋아했던 타이프는 가슴이 크고 튼튼한 여자들이었다.

루소가 사귀었던 여자들은 몬모랑시의 여자 성주(城主)와 마담 네피네 등이었는데, 그녀들은 너무나 야윈 상대였다. 데피네와 의자매인 도디트 백작 부인과의 우정은 플라토닉한 관계로 끝났다. 물론 루소는 이 재능 있는 여자가 정절 따위에 신경 쓰지 않는다는 것을 알고 있으면서도 그녀가 시를 쓰는 어느 후작의 정부였고, 그녀의 얼굴이 곰보자국으로 가득했으며, 몸매 역시 너무 야위었다는 이유로 그녀를 취하지 않았던 것이다.

고아원으로 버려지는 아이들

33세가 된 루소가 진심으로 사랑한 점이 없었음에도 불구하고 수십 년 동안 루소를 따라다닌 여자는 테레즈 르바쇠르였는데, 그녀는 그가 거주하던 파리 여인숙의 세탁부였다. 그녀는 루소의 살림을 돌봐주었는데 조금씩 신변 잡화를 날라다 주곤 했다. 그녀의 몸을 알고 난 뒤 루소는 너를 버리지 않겠지만 결혼은 하지 않겠다고 선언했고, 그대로 실행했다. 당시 위인들 중에서 이러한 입장에 있던 사람은 루소 하나가 아니었다.

테레즈 르바쇠르는 아이 다섯을 낳았는데 다섯 모두 고아원으로 보냈다. 루소는 아이들 얼굴을 쳐다보지도 않았다. 하지만 이 같은 행동은 그 시대에 루소와 같은 신분의, 그리고 경제적으로 불안정한 상태에 있던 남자에게는 별로 이상한 일이 아니었다. 실제로 그의 친구들이나 그의 적들도 이 점에 대해서는 비난하지 않았다. 그러나 루소는 이 일을 평생을 두고 후회했다.

사생아든 아니든 태어난 지 얼마 안 되는 어린아이를 고아원에 버리는 일은 18세기의 프랑스에서는 흔한 일이었다. 뷔퐁에 의하면 1745년에서 1766년까지 해마다 파리에서 18,713명의 어린이가 태어났고, 동시에 1,766명의 어린 생명이 고아원으로 갔다. 파리에서 태어난 어린이의 3분의 1이 부모에게 버림받고 공공시설에 맡겨진 것이었다.

고아원의 입구에 있는 '토르' 즉 회전식 서랍에 갓난아이를 넣어두면 아이는 즉시 보호되었다. 루소의 아이들도 같은 방법으로 버렸다. '토르'를 이용하지 않고 건네주는 경우에도 부모의 이름을 적을 필요는 없었다. 분별없는 부모나 불안감에 떠는 부모 중에는 중세의 야만스런 방법으로 아이들을 추운 밤 교회나 병원 문 앞에 버렸는데 대부분 다른 사람이 손을 쓰기 전에 죽고 말았다. 그중 하나였던 백과전서파 달랑베르(Jean Le

Rond d' Alembert)[75]는 다행히 노트르담 성당 앞에서 구조되었다.

루소가 살던 시대에 가난하고 양심도 없는 부모들이 오늘날 우리가 차마 기록하기도 끔찍한 방법으로 아이들을 처리했다는 사실은 오늘날 입장에서 볼 때 비인간적인 처사라고 할 수 있을지 모르지만, 당시에는 오히려 부모의 자비로 간주되는 실정이었다.

---

75) 달랑베르 : 프랑스의 물리학자·수학자·철학자로 뉴턴의 역학(力學)을 강체(剛体)에 확장하여 달랑베르의 원리를 수립하였다. 그리고 적분(積分)의 원리, 현(弦)·공기의 진동, 천문학에 관한 이론 등을 발표하였고, 철학에서는 감각론(感覺論)·상대주의(相對主義)의 입장을 취하고, 부가지론(不可知論)을 주장하였다. D.디드로와 함께 「백과전서(百科全書)」를 간행했다.

35

카사노바(Giovanni Giacomo Casanova, 1725~1798)
『자서전』
계몽시대의 방탕모습과 쾌락방법의 진면목을 알려주다

거세된 여장 남자로 위장했던 순수시대의 예술계

2000년 동안 극장의 배우는 남자만의 직업이었다. 고대 극장에서 여자가 등장했던 예는 없었다. 여자가 나오는 것은 「소극(笑劇)」, 즉 심벌즈와 피리, 북 등의 음악과 함께 연기자가 조금씩 옷을 벗는 일종의 모방 연극, 즉 지금의 스트립쇼 비슷한 것뿐이었으나, 지금의 스트립쇼와 다른 점은, 옷을 벗을 때 그리스와 로마에서는 지금보다 더 아슬아슬한 장면까지 갔다는 것이다. 물론 이런 연

카사노바

극에 나오는 여자들은 사적인 연회에서 춤을 추거나 아크로바트(서커스)를 하거나 피리를 불면서 관객을 즐겁게 하는 여자들과 마찬가지로, 항간에서는 좋지 않은 눈으로 보았다. 말하자면 이들은 일종의 위장된 창녀였으며, 이들 중 두세 명의 스타는 아주 고액의 수입을 벌어들이고 있었다.

로마 공화국의 술라 시대에도 디오니시아라는 무희는 1년 수입이 20만 세스테르시우스(고대 로마의 화폐), 즉 지금의 시세로 환산하면 수백만 달러나 되었다. 그러나 비극과 문학적 희극에서 여자 역할은 모두 남자들이, 그것도 아직 연기력이 모자라는 젊은 배우가 맡았다.

그러니까 극장은 처음부터 일종의 이성모방(異性模倣)이었던 셈이다. 르네상스기에 고대의 극장을 복원해서 새로운 예술형식을 만들려고 했을 때도 우선 그리스·로마 이래의 전통을 고수했다. 세익스피어의 무대에서도 여자 역할은 모두 젊은 남자들이 연기했다. 17세기 초엽 이래 이탈리아에서부터 각국의 궁정으로 퍼진 오페라에서도 남자가 여자 역할을 맡았으며, 가성(假聲)으로 여자 목소리를 흉내 냈다. 그러나 음악 애호가들은 이처럼 즉흥적인 수단에 만족하지 않았고, 다른 해결책을 고안해 냈다. 이탈리아의 교회에서는 오래 전부터 소프라노 가수 역할을 하는 거세된 남자들이 있었는데, 이들을 전 유럽으로 보냈던 것이다. 1562년 무렵부터 히에로니무스 롯시누스라는 거세 가수가 바티칸의 교황 예배당에서 봉사하고 있었는데, 그가 대표적인 예이다.

대 작곡가 요셉 하이든도 소년 시절에 자칫하면 거세 수술을 받을 뻔했다. 그는 비엔나 슈테판스돔의 소년합창 대원이었는데, 합창대의 악장은 그의 목소리를 언제까지나 아름다운 소년의 목소리로 묶어 두고 싶었으며, 또한 하이든에게 빛나는 예술가의 생애를 열어주려고 생각했다. 그래서 이 소년을 거세하려고, 당시의 표현으로는 소프라노화(化)시키려고 했다. 그래서 악장은 먼저 하이든의 아버지와 상담했다. 그러자 아버지는 깜짝 놀라서 빈으로 달려왔으며, 벌써 수술을 끝낸 것이 아닌가 하는 염려에서 아들의 얼굴을 보자마자 이렇게 물었다.

"제페루루야, 아프지 않았니? 걸을 수 있니?"

그러나 제페루루는 아직 무사했다. 그래서 아버지는 필사적으로 설득하여 거세수술을 받지 않도록 했고, 그래서야 겨우 하이든이 정상적인 성생활을 보낼 수 있게 해 주었다.

거세 가수들은 19세기 초엽까지 각국의 궁정과 음악 애호가들의 비호를 받으면서 존속했다. 나폴레옹도 모스크바를 불 지른 후 이탈리아의 거세 가수에게 아리아를 부르도록 했으며, 롯시니도 1825년 런던에서 대성공을 거둔 베르디에게 감탄하였음을 알 수 있다. 물론 그 무렵에는 거세 가수가 특수한 전문가적 존재로 인식되었으며, 더 이상 여성 가수의 대역이 아니었다. 여성 가수는 이미 무대에, 특히 오페라에 진출했을 뿐만 아니라, 한 걸음 더 나아가 무대에서 남자들을 추방할만한 세력이 되었기 때문이었다. 여자가 젊은 남자 역을 맡는 남역(男役) 배우와, 여자가 남자 옷을 입는 진정한 의미의 변장은 현대에 이르기까지 오페라에서 변함없는 부속물이 되고 있다. 특히 독일의 오페라에는 이런 것이 많다. 예를 들면 「피가로의 결혼」에 등장하는 시동(侍童) 케르비노, 베토벤의 유일한 작곡인 오페라 피델리오(Fidelio)[76]의 레어노레[77], 그리고 휴고 폰 오프만스탈의 대본을 토대로 리하르트 슈트라우스가 만든 남장 여자가 주인공인 밝고 가벼운 오페라 「장미와 기사」 등이 그것이다.

---

76) 피델리오 : 베토벤의 하나뿐인 오페라다. 1805년에 처음 완성됐고, 1806년 1차 수정본을 거쳐 1814년에 2차 최종 수정본이 완성됐다. 한국에서는 1962년 제 1회 서울국제음악제에서 초연됐다.

77) 레오노레 : 이 오페라의 주인공인 소프라노. 남편인 플로레스탄이 무고한 죄목으로 옥살이를 하게 되자 남장을 하고 교도소에서 교도관 조수로 일하고 있다. 남장 배역이고 다른 여성 배역보다 훨씬 드센 영웅형 성격이라 드라마틱 소프라노가 흔히 섭외된다.

순수시대 이면의 쾌락주의

이처럼 남장 여자 가수들이 예술계를 지배하기 시작하는 것은 19세기에 들어서면서부터였다. 그 이전까지는 여성에 대한 남자들의 편견이 지배하던 시대였다. 실제로 여자들을 성적 대상으로만 보았고, 그럼으로써 여성들의 예술 활동은 억제시켜 왔던 것이다. 그렇지만 모든 시대와 마찬가지로 남성이건 여성이건 성애에 대한 관심은 모두에게 중대한 관심사였다. 다만 어느 정도 다른 시대하고 비교해서 성애를 갈망했는지, 구애 형태, 혹은 성행위에 대한 사람들의 시각, 그리고 그것을 공개적으로 했는가, 비밀리에 했는가에 따라 약간 그 모습을 달리했을 뿐이었다.

그러나 약간의 차이는 있었을는지는 몰라도 순수의 시대에도 또한 어떤 식으로의 성애가 로맨틱하고 보다 성적으로 쾌감을 갖느냐 하는 쪽에 대한 관심은 그 어느 시기보다 강했다. 물론 이전보다는 훨씬 자유스런 분위기 속에서 자신이 원하는 상대를 찾을 수 있고, 그와의 달콤한 연애를 즐길 수는 있었지만, 그러기 위해서는 좀 더 새로운 방법을 찾아야 했다. 그리하여 상대방의 만족을 좀 더 높이기 위해 갖가지 놀이기구를 설치하고 술래잡기를 하는 등의 놀이가 유행했다.

그러나 이것도 얼마 지나면 곧바로 유치하게 느껴져 지루하게 됐으므로 또 다른 상대에 대한 공격과 기습 방법을 찾아냈던 것이다. 그런데 이와 같은 방법도 사실은 남녀 양쪽에서 미리 마음의 준비가 되어 있는 경우가 많아 그다지 원초적인 야릇한 맛은 느끼게 하지는 못했다. 그러다 보니 18세기의 애욕생활은 다른 시대보다 더 무분별해질 수밖에 없었다. 이것은 시대가 발전하면서 동반되는 인간본성에 따르는 어쩔 수 없는 현상이기도 했지만, 그렇다고 이 의미는 아무나 강간하고 정사의 이상한 형태를 취하는 그런 따위의 일을 말하는 것이 아니라, 쉽게 자신이 의도를 표현해 낼 수 있었고, 쉽게 동의했다는 말이 더 맞는 말일 것이다.

루소의 보호자였던 마담 디피네의 여동생은 자기를 숭배하는 가수와 최초의 밀회를 약속했는데, 그 장소가 바로 침대였다는 사실에서도 이 시대의 성에 대한 관념이 비교적 헤펐다는 것을 짐작할 수 있을 것이다. 어쩌면 이러한 행동은 오늘날 성에 대한 관념의 시초가 아닐까 한다.

더구나 좁은 사회에서는 조그마한 일도 금세 부풀려져서 엄청난 이야기로 바뀌곤 하였으니, 궁정 같은 데서의 이런 소문은 이미 더 이상의 관심을 끌지 못하는 케이스가 됐다. 예를 들어 베르사이유 궁전에만 1만 명 정도가 모여들어 이러한 잡담을 늘어놓았는데, 이러한 이야기는 하도 흔해 빠져 더 이상의 흥미를 끌지 못했다. 오히려 이런 장소에서 어울리는 이야기는 오로지 섹스 그 자체에 관한 것이 지루함을 쫓아 주는 역할을 했던 것이다.

거짓으로 치장된 광대 같았던 카사노바의 일생

이러한 이야기가 오늘날까지 전해져 우리에게 알려주는 것은 이 시대에 쓰여 진 『회상록』이라든가, 편지, 경찰이나 외교관의 비밀문서 등이 남아 있기 때문이다. 그러한 것 중 가장 유명한 두 권의 『회상록』이 있는데, 즉 루이 14세의 마지막 십여 년과 섭정시대를 포함하는 기간에 걸쳐 쓴 생 시몽 공작[78]의 『회고록(자서전)』과 루이 15세와 16세 시대의 유럽을 무

---

78) 생 시몽 : 7월 왕정과 프랑스 제2공화국의 사회주의 사상가이자 백과사전 작가로 생 시몽주의의 창시자이다. 그는 자신의 실패 경험을 세상에 대한 모든 한을 실어서 기록으로 남겼고, 이것이 그가 평생토록 애증했던 위대해 보였던 군주의 가면을 벗기고 후세의 사람들이 보다 복합적인 시각으로 바라볼 수 있게 함으로써 후대에 이름을 남기게 되었다.

대로 하는 카사노바[79]의 자서전이 그것이다. 그 중에서 카사노바의 『자서전』은 1820년과 1830년 사이를 풍미했던 유명한 책이 되었다.

카사노바의 『자서전』은 일부 탈선행위를 과장하기는 했지만, 18세기 유럽 대도시의 상류사회를 훌륭하게 묘사한 작품이다. 배우의 아들로 태어난 카사노바는 젊은 시절 추문을 일으켜 성 치프리아누스 신학교에서 쫓겨나 화려하고 방종한 생활을 시작했다. 잠시 로마 가톨릭 추기경 밑에서 일하다가 베네치아로 가서 바이올린을 연주하고, 리옹에서 프리메이슨 결사에 가입한 뒤, 파리·드레스덴·프라하·빈을 여행했다. 1755년 베네치아로 돌아온 카사노바는 마법사로 고발되어 5년 동안 총독 관저에 있는 감옥에 감금한다는 선고를 받았다. 1756년 10월 31일 그는 극적으로 탈옥해 파리로 가서 1757년 파리에 복권을 처음 소개해 명성을 얻고 귀족들 사이에 이름이 알려졌다. 1760년 파리의 빚쟁이들한테서 도망쳐, '생갈의 기사(Chevalier de Seingalt)'라는 가명(그는 이 가명을 죽을 때까지 사용했음)으로 독일 남부와 스위스(이곳에서 그는 볼테르를 만났음), 사보이[80], 프랑스 남부, 피렌체(그는 이곳에서 추방되었음) 및 로마를 여행했다. 그는 런던에서도 얼마 동안 지냈다. 베를린에서는 프리드리히 2세한테서 관직을 받았다(1764). 카사노바는 여행을 계속해 리가와 상트페테르부르크 및 바르샤바를 방문했다. 그러나 추문과 그에 따른 결투 때문에 도망칠 수밖에 없었고, 결국 스페인에서 피신처를 찾아냈다. 1774~82년에 베네치아 당국

---

79) 카사노바 : 이탈리아 베네치아의 모험가이자 작가, 시인, 소설가이다. 카사노바는 이름을 '난봉꾼'과 동의어로 만든 인물이다. 그는 이탈리아 출신의 모험가들 가운데 제1인자로 손꼽히고 있다.

80) 사보이 : 역사상 이탈리아의 전신이 되는 국가로, 이탈리아어 발음대로는 '사보이아 공국'이 정상이나 영어 명칭으로는 '사보이 공국'이다.

의 허락을 받고 베네치아 영토로 돌아간 그는 베네치아 종교 재판관들을 위한 첩자 노릇을 했다. 그는 보헤미아의 둑스 성에서 발트슈타인 백작의 도서관 사서로 일하면서 말년(1785~98)을 보내다 사망했다.

이 저술은 생생하고 박진감 넘치는 자서전으로 그가 죽은 뒤에 12권의 『생갈의 J. 카사노바 회고록 Mémoires de J. Casanova de Seingalt (1826~38)』이라는 이름으로 처음 출판되었으며, 원래의 원고에 바탕을 둔 결정판은 1960~62년에 『나의 인생 이야기(Histoire de ma vie)』라는 제목으로 출판되었다.

생시몽과 카사노바의 『회상록(자서전)』 두 권은 모두가 당시의 성애생활 모습을 그대로 전해주어 자신의 청춘을 되살려 보려는 두 노인의 손에 의해 기록된 것이다. 생시몽의 『회상록』은 루이 14세 시대조차도 "비속한 부르주아의 지배"라고 평가될 만큼 평가절하 되었고, 카사노바의 『자서전』도 평생에 단 한 번도 진지한 일을 해 보지 않은 인간의 내면적인 우울만으로 가득 채워져 있는 평범한 회고록에 불과한데, 카사노바라는 이름이 어째서 돈 쥬앙과 거의 비슷한 의미를 갖게 되었고, 오히려 그보다 훨씬 더 멋쟁이이고 매력적인 개념이 되었는가는 수수께끼이다. 후세에 전해진 그의 명성은 순전히 문학적인 측면에서의 평가였다. 그러나 비록 그가 빛나는 문학가의 하나였지만, 동시대의 인간들은 그의 재능을 평가절하 했다. 당시 세계에서 가장 무시무시했던 감방인 베니스의 납방(鉛房)에서 탈옥한 기록을 제외하면, 그가 했던 엄청난 일은 어느 것 하나 생존 중에 사람들로부터 인정받지 못했던 것이다. 다만 그는 탁월한 관찰자였으며, 선천적으로 비상한 기억력을 가지고 있었다. 그 시대의 위인들에 대하여 70세의 그가 기록한 내용은 모두 다른 사실(史實)로 입증되었다. 따라서 그는 19세기라는 시대적 흐름을 타고 자신의 명성을 거짓으로 치장한 광대에 지나지 않았으며, 기상천외한 그의 운명도 결국은 오늘날 신문 지상에서 매일 볼 수 있는 일반적인 사건과 그다지 차이가 없는 것이다.

마찬가지로 그의 정사 또한 대단한 것은 아니었다. 그의 대부분의 정사는 극장과 관계된 정사였다. 때로는 여염집 처녀와 거리낌 없이 놀아난 적도 있고, 돈이 몹시 필요하면 나이든 여자에게 접근하는 일도 마다하지 않았다. 그는 외모가 말쑥하고 잘생긴 남자였고, 여자의 마음을 금세 사로잡았지만, 특별한 사랑의 기교를 가진 귀부인들에게는 거의 접근하지를 못했다. 그가 했던 가장 모험적인 사랑은 쾰른 시장의 부인을 정복했던 일이며, 그 이상으로 화려한 연애담은 없었다.

계몽시대의 진면목을 알려준 완벽한 기록

다만 그의 회고록이 갖는 역사적 가치를 굳이 말한다면, 계몽기 유럽의 난행에 대해 완벽한 기록을 남기고 있다는 점일 것이다. 대체로 이런 종류의 책에서 보여 지는 과장이나 윤색을 감안하더라도, 그 기록은 당시대의 현실을 사실 그대로 썼다는 점이다.

예를 들면, 베네치아 출신의 이 호색가는 매우 좋아하는 어린 아가씨들의 마음을 끌려면 두 사람을 상대로 동시에 자야 한다고 했다. 이탈리아에서 시작된 이런 세 사람의 사랑 행위는 나체로 잠자리에 들고서는 누군가가 두 사람의 행위를 엿보던가, 혹은 여자끼리의 희롱을 즐긴다든가 하는 식의 성애를 의미하는 것이었다.

이러한 난행은 이후 스위스 베른이나 제네바의 목욕탕에서 발전해 가는 것을 볼 수 있었다. 물론 이러한 행위가 술주정뱅이나 나이든 창녀들과 행할 경우 추악스러운 면도 있겠지만, 마음에 드는 젊은 아가씨들과 이런 행위를 하는 것은 아주 매력적인 행위라고 평가 되었다. 그리고 이런 행위는 근친상간의 경우에까지 이용되었다고 카사노바는 전해주고 있다.

이러한 경향은 당시의 사회상황을 그대로 전해주는 것으로, 당시 그는 여공·수녀·하녀·상인의 아내·여배우·신학연수생 등 모든 여성들에게 자신의 쾌락 방법을 전수해 주었던 것이다. 그러나 그는 일반 다른 귀족들이 베푸는 광란의 향연에는 침석하지 않았다고 한다. 그것은 자신의 고귀함을 나타내려는 것이 아니라, 허구로 가득 찬 그들의 난교 장소에서 쾌락을 느낄 수 없었기 때문이라고 회고하고 있다.

그러나 이러한 회고는 당대의 방탕과 그에 대한 갈망을 상상력을 동원하여 아주 자세하게 묘사했다는 점에서 사회사적 연구에 있어서는 어느 정도 가치가 있다고 할 수 있겠지만, 당시 귀족계급들의 허구적인 측면을 전해주고 있기 때문에 "역사적 사실"에 가깝다는 영역까지로의 확대 해석은 할 수 없는 것이다.

기나긴 방랑생활에 권태를 느낀 그는 마지막으로 보헤미아의 어느 성주에게 도서관원으로 고용되었고, 그곳에서 안주할 땅을 찾았다. 그 시대의 모든 호사가들이 그랬던 것처럼, 그도 만년에는 갖가지 회한에 시달리며 자신을 자학했는데, 이러한 자신의 어리석음을 후회하는 것으로 자신의 죄악을 반성했으나 이미 구원을 받기에는 한계가 있었다.

그가 마지막으로 한 말은, "나는 철학자로서 살았고, 크리스챤으로서 죽는다."는 것이었다. 역사 이래 최대의 색남으로 알려진 그의 말년치고는 좀 색다른 감이 있지만, 결국 그러한 자평은 자신이 일생을 통해 추구해왔던 죄악에 대한 마지막 바람이 아니었을까 한다.

36

피에르오귀스탱 카롱 드 보마르셰
(Pierre-Augustin Caron de Beaumarchais, 1732~1799)

『피가로의 결혼(Le Mariage de Figaro)』

프랑스혁명 공약에 없던 여성문제에 대해 관심을 불러일으키다

사회적 봉건풍조는 타파되나 여자권리는 제자리걸음

루이 15세 치하의 프랑스에서는 프랑스혁명 전까지의 수십 년 동안 영아 살해라든가 미혼모의 자살이라든가 하는 이야기가 거의 들리지 않았다. 그러나 동시대의 독일문학은 이런 문제로 가득했다. 괴테의 청년시절 친구인 렌츠(Jakob Michael Reanhold Lenz)는 『가정교사』(1774)와 『병사들』(1776) 등의 희곡에서 이 문제를 다루었다. 괴테 자신도 『파우스트』에서 그 시대의 문제를 묘사했었다.

혁명 전야의 프랑스에서는 귀족들의 악행을 예리하게 풍자한 드라마가 등장했는데, 보마르셰[81]의 『피가로의 결혼』이 그것이었다. 무대는 세빌리

---

81) 피에르오귀스탱 카롱 드 보마르셰(Pierre-Augustin Caron de Beaumarchais, 1732~1799) 프랑스의 극작가가 쓴 희곡이다. 파리에서 출생한 보나르세는 궁정 감독관·궁정악사·작가·출판업자 등 여러 직업을 거치는 복잡한 생애를 보냈다. 이론 면에서 디드로의 계승자인 그는 오늘날에 와서는, 스페인 시민 계급을 주제로 당시의

였지만 사실은 마리 앙투어네트[82]가 살고 있는 파리였으며, 여기서 카론은 귀족들의 악행 목록을 그들에게 내보였던 것이다. '유혹과 무죄'라는 테마에 관하여 18세기에 나온 무수한 작품 중에서 『피가로의 결혼』은 내용적으로 가장 허위적인 작품이라고 할 수 있지만, 무대에서 귀족들에게 이만큼 날카롭게 진실을 알린 작품은 없었다. 이 작품이야말로 프랑스 혁명에 불을 붙인 걸작이었던 것이다.

피에르오귀스탱 카롱 드 보마르셰

　『피가로의 결혼(Le Mariage de Figaro)』은 프랑스의 극작가 보마르셰의 5막 사회 풍자 희극으로 1784년 극장 코메디 프랑세즈에서 초연되었다. 이는 『세빌리아의 이발사』(1775)의 속편으로 등장인물도 같았는데, 갈등희극(葛藤喜劇)에 정치풍자와 심리묘사를 가미한 시민극이었다. 작가는 서문에서 "사회의 불균형에서 생긴 강렬한 시추에이션 없이는…훌륭하고 참다운 희극성을 연극에서 얻을 수는 없다"고 말했다. 그 전에는 이발사였지만 지금은 알마비바 백작의 하인이 된 피가로와 백작의 시녀(侍女) 수산나와의 결혼이 주제였다. 백작과 부인(로진) 사이는 애정이 식어

　특권 계급을 풍자한 2대 희곡 《세비야의 이발사》, 《피가로의 결혼》으로서 유명하다.

82)　마리 앙투아네트(Marie Antoinette d'Autriche, 1755일 ~ 1793) : 프랑스의 왕 루이 16세의 왕비이다. 신성로마제국 황제 프란츠 1세와 오스트리아 제국의 여제 마리아 테레지아 사이에서 막내딸로 태어났으며, 마리 앙투아네트는 결혼 후의 이름이다. 오스트리아와 오랜 숙적이었던 프랑스와의 동맹을 위해 루이 16세와 정략결혼을 했으나 왕비로 재위하는 동안 프랑스 혁명이 일어나 38살 생일을 2주 앞두고 단두대에서 처형되었다.

서먹서먹해지고 백작은 시녀 수산나를 짝사랑하여 밀회를 요구했다. 서로 사랑하는 사이인 수산나와 피가로는 부인을 자기편으로 만들어 갖가지 재치 넘치는 술책을 써서, 백작의 바람기를 물리치고 혼내주며 순조롭게 부부가 된다는 진정한 사랑의 모습과 계급에 대한 통찰을 보여주는 내용이었다. 5막 3장에 등장하는 피가로의 긴 독백은 프랑스혁명 직전 당시의 구제도에 대한 비판으로 유명했다.

『피가로의 결혼』이 공연된 지 5년째가 되던 해에 농담은 진실이 되었다. 한꺼번에 적어도 문서상으로는 모든 봉건적 법률이 폐지되고 말았던 것이다. 제아무리 권세 있는 자들도 자신이 데리고 있는 하인의 결혼을 막을 수 없게 되었던 것이다. 그것은 프랑스혁명이 가져다 준 결과였다. 프랑스대혁명은 목적에 있어서는 지극히 도덕적이었다. 혁명에서는 무엇보다도 미덕이 존중되어져야 했기 때문이었다. 이는 봉건사회를 쓰러뜨렸고, 그 순간부터 사람이 태어나면서 가지고 있는 조국애·이웃사랑 등의 미덕이 저절로 회복되었다.

그러나 혁명을 통해 남녀관계는 얼마나 변화되었을까 하는 것은 분명치가 않았다. 바스티유감옥을 공격한 날 많은 여자들이 활약했고, 열광적인 혁명의 선봉자라는 것을 드러냈지만 그들은 그다지 환영받지를 못했다. 왜냐하면 그들이 갖고 있던 관념은 풍속소설에 나오는 개념과 별다르지 않았는데, 즉 그들은 여자가 공적인 생활 속에서 지위를 갖는다는 것을 부정했던 루소의 원칙을 따랐기 때문이었다.

대혁명 초기의 공약문에는 여성에 관한 조항이 없었다. 바스티유감옥 공격 후 3주가 지난 뒤에 발표한 「인간과 시민의 권리(Droits de l'homme et citoyen)」는 여성 대부분이 정치적인 권리로부터 배척당했기 때문이었다. 따라서 이 선언은 「남성과 시민의 권리」라고 번역하는 것이 더 정확하다고 할 수 있었다. 그 내용을 좀 더 구체적으로 보면, 여성에게는 선거권과 피선거권이 없고, 고위직에 취임하는 것도 불가능하다는 내용이 들어 있었다. 이로부터 집회와 의회, 혹은 법정에서 방청석을 가득 메운 채 뜨개질 도구를 들고 격렬하게 야유를 퍼부으며 자신의 존재를 알리던 여자들('뜨개질하는 여인들'이라 불림)은 경찰에게는 탐탁지 않은 구경꾼일 뿐이었다.

그러나 이들 '뜨개질꾼들' 중에서 남자들에게 좀 더 많은 의견을 피력하기 위한 최초의 여성단체가 만들어졌다. 그것은 '양성동포협회(兩性同胞協會)'였다. 이 협회는 시골 여배우가 주체가 되어 만들어진 단체였는데, 마치 지방을 순회하는 극단에서 활동하는 배우들의 모임 비슷한 색채를 띠고 있었다. 그들은 긴 남자바지를 입고 다녔고, 몇몇은 허리에 권총을 차고 다니기까지 했다. 시위과정에서 그들은 매우 과격한 행동을 했다. 하지만 혁명정부의 남자들은 이들을 자신들의 대열에 끼워주지를 않았다. 아마도 그 무렵 정치에 개입하려는 움직임을 보였던 시민계급과 귀족 출신의 여자들 대부분이 점차 반동세력으로 변해가는 때였기에 그랬을 것으로 추정된다. 예를 들어 마담 롤랑(Geanne-Marie Roland)[83]은 당시 혁명세력의 반대파인 지롱드당과 가깝게 지냈고, 또 열렬한 혁명 지지자였던 샤흘로데 코르데(Charlotte Corday)[84]는 자코뱅당이 지롱드당

---

[83] 마담 롤랑(드 라 플라티에르) : 프랑스 대혁명의 소용돌이 속에서 '지롱드당'파의 대표자 중 한 명으로 활동하다가 단두대의 이슬로 사라진, 18세기 말의 정치가로 그녀가 남긴 『회상록』은 당시를 증언하는 사학적인 가치를 지닌 자료로 평가되고 있다.

[84] 샤흘로데 코르데(Charlotte de corday) : 프랑스 혁명기 공포정치의 3인방에 속하는 인민의 벗 마라 Jena-Paul Marat를 암살한 여성이다. 결국 단두대의 이슬로 사라지게 되었는데 사형 집행인이 그녀의 손을 뒤로 묶으려고 하자 그녀가 "손에 상처가 날 것 같은데 장갑을 껴도 될까요?" 라고 물었다고 한다. 그러자 집행인이 전혀 아프지 않게 묶어주겠다고 하자 미소를 지으며 얌전히 포승줄을 받았다고 한다. 집행인은 후에 회고록에서 죽음을 앞둔 그녀의 의연한 자세에 매료되었다고 썼다.

을 공격하자 그에 대한 복수로 자코뱅당의 당수 마리를 살해하는 일이 벌어져 이들 두 여자는 1793년에 단두대에서 죽게 되었던 것이다.

이혼법을 제정한 프랑스대혁명의 명과 암

그럼에도 불구하고 프랑스혁명은 성에 관한 입법으로서 후세에 남는 법률도 만들었다. 시작된 지 얼마 되지는 않지만 결혼은 호적 담당 관청에 등록되기만 하면 인정되게 되었다. 이것이 1792년 9월 20일 법률형식으로 만들어졌으니 이전 보다는 훨씬 격상된 것이라 할 수 있다. 이 법률속에는 이혼도 법적 합의가 이루어질 수 있는 조항이 들어 있었다. 물론이혼은 혁명이 내세운 슬로건 중 하나는 아니었으나 이 문제에 관심이 많았던 인물 오를레앙 공(Philippe I, Duc d'Orléans)[85]이 이 문제의 중요성을 알고 1789년 공개적으로 이 문제를 거론하여 법률 속에 끼워 넣었던것이다. 하지만 혁명의회의 시민계급 출신들은 이 문제에 거의 관심을 보이지 않았기 때문에 몇 번이고 토의를 거듭해야만 했다.

하지만 이혼법이 성립되자 그 영향은 아주 컸다. 프랑스의 경우에는 프로스텐트가 침투하지 못하고 있던 나라였기 때문에 이혼문제는 생각도 못하고 있던 처지였는데, 이들 신교 국가보다 훨씬 더 앞서게 되었던 것이다. 왜냐하면 신교 국가에서는 종교개혁 무렵부터 이혼을 인정하고 있었지만좀처럼 실행되지 않았고, 특히 영국에서의 이혼은 부자들의 특권처럼 변질되어 엄청난 시간과 돈이 드는 소송을 해야 겨우 의회의 허가를 받을 수있었다. 게다가 이혼사유로 인정되는 것은 간통과 임포텐츠뿐이었다. 하지

---

85) 오를레앙 공 : 루이 143세의 차남이자 루이 14세의 동생이며, 부르봉-오를레앙 가문의 시조이다. 어릴 때 앙주 공작이었는데 그의 숙부인 전임 오를레앙 공작 가스통이후사 없이 죽자 오를레앙 공작 지위를 승계했다.

만 프랑스의 새로운 이혼법에서는 더 이상 생활하기 곤란한 부부들이 아주 간단한 절차로 이혼할 수 있었다. 부부가 함께 의사를 발표하기만 하면 이혼이 성립되었고, 당국에 이혼의 이유를 밝힐 필요도 없었다.

매사 걱정이 많은 사람들은 엄청난 이혼 전성기 시대가 시작될 것이라고 야단이었지만, 그런 일은 일어나지 않았다. 새 법률이 시행된 지 15개월 동안 파리에서는 6천 건의 이혼이 등록되었을 뿐이었다. 당시 파리에는 70만의 인구에 10만 이상의 부부가 있었으니까 이혼율은 아주 미미했다고 볼 수 있다. 이처럼 이혼율이 적은 것은 전통 때문만은 아니었다. 파리 검찰 총장이던 쇼메트는 이혼법에 대해 "일체의 명예와 모든 사슬이 사라진 셈인데도 사람들은 이혼에 관심이 없다"고 말했다. 이는 이혼을 부추기고자 하는 말이 아니라 혁명정부가 이전보다 더 결혼공동체를 중요시했기 때문이었다. 가정은 국가의 기초이기 때문에 어차피 이혼해야 할 필요가 있는 가정은 가능한 빨리 다른 가정을 꾸미는 것이 혁명진영에 이득이었고, 또 인구증가에 도움이 되었기 때문이었다. 혁명진영의 지도자들은 나라의 발전을 위해 인구증가를 중시했다.

따라서 혁명세력 하에서 아이를 낳고 키우는 일은 국민의 의무가 되었다. "시민들이여! 조국에 아이를 선사하자! 아이들의 행복은 보장되어 있다." 이렇게 적힌 깃발을 든 여자들이 파리의 대로변을 활보하고 다녔다. 이 점은 지난 시대보다 혁명정부가 훌륭했다. 고아원은 개량되었고, 이전보다 견실한 사회시설이 만들어졌다. 아이를 자신의 손으로 키울 수 없는 상태에 있는 자들은 국가의 비용으로 키울 수 있고, 교육시설인 '유아보호국'에 아이를 맡길 수 있었으며, 맡겼다고 해서 부모와 아이의 인연이 끊어지는 것도 아니었다. 때문에 버려지는 아이들의 수도 격감되었다. 혁명기의 파리에서는 한 해에 버려지는 아이가 4천 명 정도였는데, 이 숫자는 20년 전과 비교해 볼 때 절반 수준이었다.

　이 같은 긍정적인 측면 외에 한편에서는 어두운 현상과 개혁이 이루어졌는데, 그것은 새로운 결혼정책을 교묘하게 이용한 '신용사무소'라는 결혼 소개소의 등장이었다. 요즘도 성행하고 있는 이 직업은 파리에 사는 리알드라는 남자가 최초로 차렸다. 계획은 잘 들어맞아 리알드는 유명인사가 됐고 돈도 꽤 벌어들였다. 얼마 후에는 '결혼 안내'라는 신문을 매주 2회 발행할 만큼 주가를 높였다. 그런데 문제는 이 직업이 다른 사회문제를 일으키는데 있었다. 춤을 추거나 놀러 다니는 등 결혼할 생각이 없어도 여자들과 어울릴 수 있는 오락장소와 시설이 점차 늘어나 사회적으로 악영향을 미쳤던 것이다. 리알드의 아이디어는 오늘날까지도 여전히 성행하고 있는데, 이것이 성생활에 미치는 영향은 대단히 컸다.

37

피에르 쇼 데를로 드 라클로(Pierre Choderlos de Laclos, 1741~1803)
『위험한 관계』
18세기 귀족사회의 퇴폐풍조를 폭로하다

중세와는 다른 여성 숭배 풍조의 대두

피에르 쇼 데를로 드 라클로

순수한 로코코의 세계 속에서 행해졌던 '성의 혁명'은 순수와는 다른 방향으로 흘러갔다. 그것은 오히려 「자연으로 돌아가라」고 주장하는 방향 속에서 진행되었다. 나중에 장 쟈크 루소가 대혁명의 슬로건으로 내걸어서 유명해지기 훨씬 전부터 귀족들은 '성의 혁명'을 자신들의 전유물로 삼고 살아갔다.

이러한 '성의 혁명'은 여성 숭배로 이어졌고, 성에 대한 나름대로의 해석을 동시에 해나갔다. 즉

> "성본능은 자연스러운 것이며, 이것을 부끄러워 할 필요는 없다. 여자들은 사랑을 위해 창조되었지만, 위안거리로 존재하는 것은 아니다. 여자도 사랑에 대하여 적극적인 권리를 가지며, 애인을 고르거나 다

른 남자가 마음에 들면 애인을 바꿀 권리가 있다. 만일 이 시대에 남녀 간에 우열이 있다면 여자가 남자보다 우월하다는 생각이 든다. 여자는 사생활의, 또한 공적인 생활의 중심점에 있기 때문이다."

이처럼 모든 것이 여자를 중심으로 움직이고, 예의범절을 잘 배운 남자들은 모두 여자의 인생을 될 수 있는 대로 쾌적하게 만들어 주려고 노력했다.

하지만 이 새로운 여성 숭배는 중세의 여성 숭배와는 근본적으로 차이가 있었다. 로코코 시대의 기사들은 음유시인이 살던 시대의 기사들과 아무런 공통점이 없었다. 중세의 기사는 그들의 간통을 가능한 한 로맨틱하게, 또한 형이상학적으로 장식해야 한다고 믿었지만, 이 시대는 좀 더 자연스럽게 일이 진행되기를 바랐다. 이제는 설득하는데 시간과 노력을 별로 들이지 않아도 됐다. 자신들의 사랑을 수난극(受難劇)으로 꾸미는 일 따위는 하지 않았던 것이다. 비록 다른 시대와 마찬가지로 비참한 결과로 끝나는 질투 사건도 있었지만, 이제는 그 누구도 한 여자를 위해 다른 남자를 죽이거나 자기 목숨을 위태롭게 하는 것을 영웅적인 행위라고 생각하지 않았다. 그리하여 이 시대에는 여자가 원인이 된 결투가 19세기보다 훨씬 더 적어졌다. 이런 종류의 기사 정신은 후일 낭만주의 시대에 비로소 부활되어 유행했으며, 여자는 남자의 소유물이라는 자본주의적인 소유권 개념에서 출발된 것이다. 이 시대에는 여자가 물질적인 이유로 남자에게 몸을 바치는 경우에도 그녀가 남자의 소유물이라고 생각하지는 않았다. 그녀는 다른 즐거움과 교환으로 자신이 줄 수 있는 것을 건네준 것뿐이지 자기의 모든 것을 판 것은 아니며, 남자가 멋대로 할 수 있는 소유물이 된 것도 아니었다.

이처럼 로코코시대에 여성의 성생활을 예리하게 관찰하여 모사한 소설로서는 쇼 데를로 드 라클로[86]의 『위험한 관계』 이상으로 잘 쓰여 진 것은 없었다. 『위험한 관계』의 주요 내용은 악마적인 간계와 매력의 후작 부인 메르테유와 시대의 뛰어난 바람둥이 자작 발몽이 주인공으로, 자작은 후작 부인의 부추김을 받아, 지체 높은 귀족의 영애(令愛) 세실을 유혹하는 데 성공하며, 후작 부인은 세실이 남몰래 사모하는 당스니를 유혹하는 데 성공한다. 또 발몽은 정숙한 법원장 부인인 투르벨 부인의 마음을 빼앗는 데, 그 과정에서 발몽 역시 그녀에 대한 진심을 발견하지만 결국엔 메르테유 부인과의 밀약과 허영으로 가득 한 승부욕으로 그녀를 죽게 한다. 남녀의 난삽한 관계 속에서 어린 양 세실은 사건의 전말을 모른 채 절망과 슬픔을 안고 수도원에 들어간다. 발몽은 결국 기사 당스니와의 결투에서 죽음을 맞고, 메르테유 후작부인은 그간의 추잡한 일들이 낱낱이 밝혀져(정작 당사자들은 그 사실을 모른 채) 피소되고 파산하여 결국 병까지 얻어 야반도주를 하는 것이 주요 내용이다.

---

86) 피에르 쇼 데를로 드 라클로 : 프랑스의 아미앵에서 태어났다. 1760년 신흥 귀족 집안의 아들로서 군인의 길을 걷기로 하고, 라페르 왕립포병학교에 입학한다. 이후 스트라스부르, 그르노블, 브장송 등 포병대에 근무하면서 틈틈이 희곡 작품을 쓰기 시작하여, 1770년에 『마르고에게 보내는 편지 Epitre a Margot』를, 1773년에 『추억, 에글레에게 보내는 편지 Les Souvenirs, epitre a Eglee』를 발표했다. 1777년 리코보니 부인(Marie-Jeanne Riccoboni)의 소설을 각색한 오페라 코미크 「에르네스틴 Ernestine」 발표하나, 이 작품은 파리의 이탈리아 극장 무대에서 단 한 번 공연한 후 막을 내렸다. 1782년에 5년에 걸친 집필 끝에 『위험한 관계(Les liaisons dangereuses)』를 출간하고, 이것이 사흘 만에 초판 2천부가 모두 판매되는 기록을 세운다. 1783년 사회개혁을 통해 여성을 노예 상태에서 벗어나게 해야 한다는 논문 「여성의 교육에 대하여(De l'education des femmes)」를 쓰기도 했다. 1788년 군대생활을 청산하고 왕가의 일원이면서 혁명정신을 지지하던 오를레앙 공의 비서관이 되어 자코뱅파 일원으로 공화정 설립에 적극 참여한다. 그러나 1793년 로베스피에르가 집권하면서 투옥되었다가 1800년 같은 포병장교 출신인 나폴레옹이 정권을 장악하면서 다시 군에 복귀한다. 3년 뒤 이탈리아의 타란토에서 병으로 사망했다.

여성 숭배에 반발한 남성 동성애자들의 대두와 수난

남색(男色)은 엄격히 금지되어 있었지만, 루이 14세 치하의 베르사이유 궁전에서는 그래도 많은 동성애 스캔들이 일어났다. 최고 귀족계급의 신사들, 예를 들면 그라몽 공과 콘티 공, 베란 후작 등은 비밀스런 모임을 만들었다. 여기에 가입한 사람은 여자와 어떤 관계도 가지지 말아야 하는 것이 의무로 되어 있었다. 그들은 웃옷 속에 남자가 여자를 짓밟고 있는 무늬가 새겨진 금십자가를 지니고 있었다. 궁정 발레의 지휘자이며 대작곡가인 쟝 밥티스트 륄리(Jean-Baptiste Lully, 1632년 11월 28일~1687년 3월 22일)도 회원이었다. 사람들은 그를 「소돔의 왕」이라고 불렀으며, 이 모임의 신사들을 소돔(a sodomite, 남색가, 호모)사람이라고 했다. 이들의 세력이 강하게 되자 루이14세는 전력을 기울여 그들을 처단하려 했기에, 그 후 오랫동안 남색가는 자취를 감추게 되었다.

하지만 그것으로 동성애가 이 세상에서 사라진 것은 아니었다. 선천적인 동성애자는 여자가 지배하던 이 시대에도 다른 시대와 마찬가지로 많은 숫자가 있었다. 다만 이 시대의 남성 동성애자들은 다른 시대보다 훨씬 더 은밀하게 교제해야 했다. 동성애의 경향이 있는 자는 왕이라 할지라도, 예를 들자면 프리드리히 대왕 같은 사람도 그 사실을 드러낼 수가 없었다. 동성애는 부자연스런 것, 즉 순수하지 못한 것으로 간주되었기 때문이다. 설사 동성애가 아무리 선천적이라 해도 순수한 시대에는 그와 같은 성도착을 이해하려 하지 않았던 것이다. 예외는 대륙의 생활과 차이가 있던 영국이었는데, 18세기 무렵의 영국에서 동성애는 "시대의 풍습"으로 인식되고 있었다.

여성이 사교계에서 차지하고 있던 극히 지배적인 지위는 이 시대의 남성들을 종종 여성화하고, 나약하게 만들었다고 생각되는데, 그러나 실제로 로코코 시대의 멋쟁이들은 결코 마누라의 엉덩이 밑에 깔려서 지내지 않았으며, 육체적으로도 허약하지 않았다. 다만 이제 성적 능력은 르네상스 무렵처럼 절대적인 가치의 기준이 아니었으며, 남자는 여자의 마음에 들기 위해 숫소처럼 성적으로 강력할 필요가 없었다. 그렇기는 하지만 이점에서도 물론 멋쟁이들은 상대방 여자를 만족시킬 수는 있어야 했다. 그리고 실제로 이 시대의 남자들은 성적인 능력에서도 전 시대의 남자들에 비해 결코 뒤지지 않았다는 것을 증명하는 많은 일화가 전해 오고 있다.

루이 15세의 결혼식이 끝나고, 당시 수상이었던 부르봉 공은 옛 부터의 관례에 따라 젊은 왕비의 부친인 폴란드왕 스타니스라프 레스틴스키 앞으로 만사가 순조롭게 진행되었음을 전했다.

> "왕께서는 왕비 곁으로 취침하러 가셨고, 하룻밤 동안에 일곱 번이나 사랑의 증거를 보이셨습니다. 왕께서는 시종 한 명을 저에게 보내 그런 사실을 알리셨고, 나중에 다시 몸소 저에게 그 일을 말씀해 주셨습니다."

마리아 레스틴스키는 열 명의 아이를 낳았다. 그밖에도 루이 왕의 사생아는 대단히 많았다. 루이 15세는 그처럼 격심한 성생활 때문에 육체적·정신적으로 황폐해졌다는 말을 들을 정도였다. 어쨌든 그는 64세까지 살았고, 최후까지 인생을 충분히 즐겼던 것이다.

목가적 사랑을 위한 옷의 변화

루이 15세 시대의 성생활은 많은 점에서 위대했던 선왕 시대보다 자연스러워졌다. 그 증거의 하나가 당시 유행하기 시작했던, 그리고 프랑수아 부셰(François Boucher, 1703년 9월 29일~1770년 5월 30일)의 화필에 의하여 정점에 달했던 목가적인 그림과 서정시가 그것이다. 전원적인 것에 대한 열광은 로코코 시대의 발명은 아니었다. 이것은 멀리 16세기 이탈리아에서 시작된 것인데, 옛 부터 매우 도덕적인 것으로 간주되었고, 제수이스트 교단에 의하여 보호됐던 것이다. 프랑스의 로코코 회화는 단지 여기에 형태를 부여하고, 양을 치는 장면에 다시 애로틱한 색조를 강조한 것뿐이었다. 자연 속에서의 밀회, 목장과 나무 그늘 아래서 지내는 한때는 이제 취미생활처럼 인식되었고, 상류계급의 신사 숙녀는 자신들의 연정을 불태우기 위해 사냥터의 별장이나 침실로 숨어 들 필요가 없어졌다.

설사 양치는 광경 그대로는 아니라 하더라도 문 밖 공원의 나무 그늘 아래서 벌여야 하는 사랑 행각을 위해서는 루이 15세 시대의 장중한 옷차림으로는 불가능한 일이었다. 대대적인 복장 개혁은 이미 루이 14세 시대부터 시작되었다. 그리고 유행의 결정적인 개혁이 이루어진 것은 다른 면에서도 극히 자유주의적이었던 섭정시대였다. 그 연대는 아주 정확하게 알려져 있는데, 1718년이 그해이다. 이해부터 복장과 풍습의 대대적인 개혁이 이루어졌던 것이다.

경건한 마담 드 만토논의 영향으로 인해 규칙에 매우 까다로웠던 루이 14세가 죽자 세상 사람들은 안도의 한숨을 쉬었다. 이제 모든 것이 내면적으로나 외면적으로 자유로워졌기 때문이다. 귀부인들의 무겁고 장중한 예복(robe)은 가벼운 천으로 만든 옷으로 바뀌었다. 여자들은 신체의 곡선을 그대로 보여주는 모슬린이나 무명옷을 입게 되었다. 앞가슴은 전보다 깊게 파여서 속살이 보일 정도가 되었으며, 집안에서는 '네글리제(négligée, 속이 비치면서 길이는 긴 드레스 가운)'를 평상복으로 입었다. 치마는 풍성하게 되었고, 여자들은 이제 전처럼 끈으로 온 몸을 졸라맬 필요가 없어졌다. 남자들의 복장도 이와 같은 신경향에 보조를 함께 했다. 1716년에 완성된 화가 와트의 「안디페란」에서는 아직도 스페인풍의 옷깃 장식을 달고, 몸에 꼭 달라붙는 비단 옷을 입은 남자가 그려져 있다. 하지만 2, 3년 뒤에는 신사들도 넥타이를 매지 않고 다소 헐렁한 웃옷 차림으로 지낼 수 있었다. 신사들의 목 언저리는 점차 자유로워졌으며, 단 한 장의 천으로 가리는 정도가 되었다.

그러나 가장 두드러진 것은 머리 형태의 변화였다. 어깨 위까지 늘어뜨렸던 종래의 가발은 자취를 감추었고, 신사들은 이제 짧고 세련되게 깎은 평평한 가발을 쓸 뿐이었다. 가발 따위는 모두 버린 채 자신의 머리카락에 땀띠약만을 뿌리고 지내는 자들도 적지 않았다. 한편, 여자들도 작게 말아 올린 짧은 머리를 하기 시작했는데, 이것은 로마 제정 이래 일찍이 볼 수 없었던 대담한 변혁이었다.

넓어진 스커트 아래 감춰진 남자들

이런 것들이야말로 유행의 변화라고 할 수 있는데, 그런 만큼 영원히 계속될 수 있는 것은 아니었다. 18세기 중엽 시민계급이 궁정복을 모방하여 입기 쉬운 평상복을 만들었을 때, 유행의 본산인 베르사이유 궁전의 귀부인들은 다시 받침대로 지탱하는 높다란 헤어스타일을 채용했으며, 마리 앙뜨와네뜨 시대에는 「탑」이라고 해도 좋을 만큼 높아졌다. 폭이 넓은 스커트도 고래뼈와 갈대로 만든 테를 치마 아랫 쪽에 달았는데, 프랑스풍의 둥근 테가 달린 스커트는 이제 전 유럽 사교계의 정장이 되었다. 그러나 이것은 고대 스페인의 유산이었으며, 반동종교 개혁기에 만들어진 것이었다.

귀부인들의 스커트는 결코 난공불락의 요새가 아니었다. 두어 번 손짓

하는 것만으로도 그녀들의 스커트를 들어 올릴 수 있었으며, 남자들은 금세 이런 기술을 터득했다. "스커트 밑에 감춰지는 남자"라는 주제는 이 시대의 풍자 화가들이 가장 즐겨서 취급하던 소재의 하나였다.

연애는 술래잡기와 비슷한 놀이다. 너무 오랫동안 술래를 시키면 남자는 초조해서 안달이 나고, 좀 더 손에 넣기 쉬운 여자를 골라서 떠나 버린다. 구하는 것과 찾는 것, 거부하는 것과 주는 것 사이의 균형을 유지하는 것, 모든 시대가 다 그렇듯이 바로 여기에 진정한 연애 기술이 있으며, 18세기의 포르노 문학은 사랑의 기술이 가진 다양한 자극과 황홀감을 묘사하는 것만으로는 만족하지 않았다.

시대는 계몽 교화로 기울고 있었지만, 문학가들은 오로지 연애생활에 관한 것 전부를 우아한 탄식으로 포장하는 일에만 열중하고 있었다. 성에 관한 무미건조한 논문은 써봐야 각광을 받지 못했으며, 남겨진 유일한 형태는 연애소설이었다. 따라서 이 시대의 소설에는 심리상태의 가장 미묘한 움직임과, 동시에 육체상의 모든 변화과정도 아주 상세하게 묘사되어 있었다. 클로드 크레비용(1707~1777)과 레티프 드 라 브르통느(Restif de la Bretonne, Nicolas-Edme Rétif, 1734년 10월 23일~1806년 1월 3일) 등의 작가가 묘사하지 않은 애욕의 정경은 거의 없었으며, 그런 만큼 로코코 문학은 특히 외설적이었다는 평판을 듣고 있는 것이다. 하지만 그들의 훌륭한 심리 분석은 지금도 변하지 않는 가치를 지니고 있다. 오늘날까지도 쇼데클로 드 라클로의 『위험한 관계』 이상으로 당시 여성들의 성생활을 예리하게 관찰하여 묘사한 소설이 안 보이는 것도 이러한 시대상황과 무관하지 않은 것이다.

38

도나시앵 알퐁스 프랑수아 드 사드
(Donatien Alphonse François, marquis de Sade, 1740 ~ 1814)

『소돔의 120일』
변태성욕자로서 '새디즘'을 출현시키다

매춘 소탕작전의 한계

혁명시대에는 어디나 그렇지만 파리에
서도 돈으로 매매되는 사랑의 시장이 크
게 번창하였다. 더구나 혁명기의 프랑스에
서는 출판과 신문이 무제한의 자유를 누리
고 있었으므로, 이들의 매춘에 대한 선전
은 그 상황을 독자들에게 상세하게 알려주
었다. 그 효과는 엄청났다. 그러한 사회적
영향아래서 열린 제1회 축제 때에는 기묘
한 광고가 나붙었다. 그것은 "파리 여자들
의 이름 및 주소와 가격표"라는 제목의 광

도나시앵 알퐁스 프랑수아 드 사드

고였는데, 유곽과 사창가, 화류계 여자들의 화대 따위를 조사하여 발표한
광고였다. 이는 엄청난 파문을 몰고 왔다. 신문 발행자는 머리말에서 "자

신이 명단을 발표하는 것은 애국의 발로에서 일어난 것인데, 이는 7월 14일 국민 축제 때 파리에 오는 많은 사람들"과 "자유에 대한 사랑 때문에 매일같이 모여드는 사람들에게 도움을 주려는 것일 뿐이다."라고 자랑스럽게 떠벌리기까지 했다.

그 자유가 어떤 자유였는지는 별도로 논하더라도 그 광고에 나오는 리스트는 방대했으며 시사하는 바가 매우 컸다. 이 리스트를 보면 마담 뒤 페론과 그곳에 있는 4명의 젊은 아가씨들을 방문하려면 25파운드가 필요하다는 것을 알 수 있었고, 파리의 팔레 로마이알에 있던 대표적 명소인 빅토린과 페이잔의 집에서는 6파운드와 한 잔의 폰스(pons)[87]로 사랑을 살 수 있음을 알 수 있었다.

특히 '라 바캉트(모텔)'는 여러 단계가 있었는데, 젊은 손님은 6파운드 노인은 12파운드였다. 물론 그 밖에도 자신의 집과 특별한 사교적 재능을 가진 화류계 여자도 있었으며, 여행자의 희망에 따라 파리에 머무는 동안 시중을 들어주는 여자도 있었다. 당시는 파운드와 프랑이 같은 가치로 쓰였는데, 가격은 좀 비싼 편이었다.

경찰은 이들에게 어느 정도 활동의 자유를 묵인해 주었지만, 혁명정부에서 국회의원이 된 사람들은 미풍양속을 해친다는 이유로 엄격한 태도를 보였다. 그리고 1791년 7월 입법위원회는 매춘부를 체포하는 법을 결의 하여 공공질서를 어지럽히고 수치심을 해치는 매춘부를 체포하겠다고 위협했다.

2년 후 자코뱅당은 파리 시의회에서 주도권을 장악하자 매춘부에 대한

---

87) 폰스 : 포도주나 화주[火酒]에 우유·물 따위를 섞고 설탕·레몬·향료 따위와 혼합하여 맛을 낸 음료. 보통 펀치 볼로 혼합하여 뜨거운 것을 마신다.

일대 소탕을 시작했다. 1793년 7월의 어느 날 오후 사창가의 중심지인 파리의 팔레 로마이알은 신속하게 봉쇄되었다. 당시 그곳에 있던 손님과 여자들은 최악의 사태를 맞았으나 다행히 처음이라 조서를 쓰는 정도로 풀려날 수 있었다. 그러나 2, 3개월 뒤에는 다시 소탕령이 내려졌다. 검찰총장 쇼메트가 직접 지휘봉을 잡고 이 문제를 해결하려고 나서는 바람에 파리 거리에서는 매춘부들이 완전히 자취를 감추게 되었다. 하지만 일시적인 단속으로 이 문제가 해결될 수 있다고 생각했던 것은 오산이었다. 그들의 생명력은 끈질겼다. 매춘부 소탕의 진두 지휘자들이 하나둘씩 사라지자 매춘부들은 옛집으로 돌아왔고, 파리는 다시 이전처럼 화려한 시대로 접어들게 되었던 것이다.

이러한 세태는 곧바로 주변국으로 이어졌으며, 자유롭게 변한 성도덕은 일반 시민에게도 전파되었다. 당시 프랑스를 비롯한 유럽은 혁명의 열기에 휩싸여 사회의 제반 상황이 변화하고 있던 시대였으므로 경제적으로는 엄청난 시련을 겪고 있었다. 당시의 시민계급은 혁명의 성공을 축하할 겨를도 없이 일찍이 경험하지 못한 심한 인플레이션 때문에 곤궁함이 극에 이르고 있었다. 이러한 상황에서 의지할 수 있는 것은 성에 대한 탐닉뿐이었다. 악화된 경제상황에서 살아 갈 수 있는 방법은 매춘뿐이었다. 시민계급의 아내와 딸들은 몰래 매춘행위를 하지 않으면 안 되었다. 또 다른 현상은 이혼이 급증했다는 사실이다. 경제가 악화되면 가정불화가 자주 일어나는 것은 오늘날과 마찬가지로 곧바로 이혼으로 이어졌던 것이다. 그러나 이혼한 남녀는 즉시 재혼하지는 않았다. 그러다 보니 매춘이 아닌 매춘이 보편화 되어 이들 사이에 탄생하는 사생아가 증가하는 바람에 프랑스의 인구는 줄어들 염려가 없었다.

이기적 욕구와 불행의 순간을 최대로 만끽한 사디즘의 태동

이러한 시대에 이르면 기회를 이용하여 자신의 모든 성적 욕망을 최대한 발휘하는 자들이 있게 마련이었다. 욕망을 채우기 위해 그들은 어떠한 짓도 서슴지 않았는데, 그 대표적인 이가 지금도 역사의 지탄을 받고 있는 사드 후작이었다.

그는 유서 깊은 귀족 가문인 사드 가(家)의 출신이며, 장바티스트 프랑수아 조제프의 장남으로 파리에서 태어나 군직에 있으면서 '7년 전쟁'[88]에도 참가했었다. 1763년에 결혼한 후 겨우 5개월 만에 방탕과 '신성 모독죄'로 투옥되었으며, 이후 열손가락으로도 다 헤아릴 수 없는 수많은 감옥을 전전하면서 보내게 되었다.

그는 감옥에서 방대한 소설·콩트·희곡을 썼는데, 『쥐스틴(미덕의 패배)』(Justine ou les Malheurs de la vertu, 1791), 『쥘리에트 이야기(악덕의 승리)』(Histoire de Juliette, ou les Prospérités du vice, 1797), 『신(新)쥐스틴』(La Nouvelle Justine, 1799), 『알린과 발쿠르』(Aline et Valcour, 1795), 『소돔의 120일』(Les Cent Vingt Journées de Sodome) 등이 알려져 있다.

---

88) 7년 전쟁 : 프랑스·오스트리아·작센·스웨덴·러시아가 동맹을 맺어 프로이센·하노버·영국에 맞선 전쟁으로 영국과 프랑스의 대립의 지리적 영역이 확대되는 계기가 되었다. 1756년 오스트리아가 슐레지엔 지방을 프로이센으로부터 회복하려는 데서 시작되었다. 프로이센이 연전연승을 거두었으나 1759년 오스트리아와 러시아의 연합군에 참패를 당한 후 영국의 재정적 지원을 받게 됨으로써 전투를 지속하여 슐레지엔에서 오스트리아군을 몰아냈으며, 프랑스군을 격파하였다. 1763년 프랑스와 영국 사이의 파리조약으로 영국은 해외 식민지 경영에서 선두주자가 되었고, 후베르투스부르크 조약에서 프리드리히는 프로이센의 영유권과 유럽 강대국으로서의 지위를 확정했다.

특히 『소돔의 120일』은 바스티유 습격과정에서 실종되었다가 1904년에 다시 발견되어 1931~1935에 걸쳐 출판되었는데, 노골적인 성묘사와 가톨릭교회에 대한 공격으로 2세기 가량 교황청 금서로 묶여 있었다가 1957년에 족쇄가 풀렸고, 한국 내에선 1990년, 2000년에 각각 출판됐지만 금서로 지정되며 절판됐다. 2012년 재출간했는데 이 책도 유통이 금지되는 '유해간행물'이 될 위기에 처했다가 독자들의 항의로 '청소년 유해매체물'로 분류돼 시중에 풀렸다.

사드 후작은 오랫동안 변태성욕의 대명사로서 또한 터무니없는 성 묘사 때문에 스캔들과 검열의 표적이 되어왔기에 일부는 익명으로 출판되었으며, 본인은 생전에 그러한 작품들에 대해 자신의 작품임을 완강히 부정했다. 하지만 기욤 아폴리네르[89]가 그의 작품들을 재평가한 이래 문학성과 사상성이 인정되었다. 물론 그의 성격이 이상(異常)하다는 것에는 틀림없으나 성을 통하여 기성의 종교·사회·도덕에 철저한 비판을 가한 유물론자이며 개인주의자로서 재평가되었던 것이다.

사드 후작은 사디즘의 어원이 된 인물로, 변태적 성욕과 동의어로 취급받는 인물이다. 그는 성애와 철학 관련 저작들을 통해 인간 본성의 어두운 면과 도덕성의 근원을 탐구한 문학가이기도 한데, 그의 작품은 그가 살았던 시대부터 약 200여 년간 금기시되다가 20세기에 들어서면서 재

---

89) 기욤 아폴리네르 : 아폴리네르는 프랑스의 시인이자 비평가로, 현대시의 두 주류인 상징주의와 초현실주의 사이의 가교 역할을 하면서 20세기 초의 시대정신을 가장 충실하게 구현한 예술가로 일컬어진다. 시인으로서는 현대시의 모든 개념과 방법, 형식을 갖추었다고 평가되며, 미술 평론가로서도 입체파, 아프리카 미술, 초현실주의 등 20세기 초 모든 전위 미술 이론을 확립하는 데 큰 영향을 끼쳤다. 제1차 세계대전 전후 프랑스 문단 및 예술계에서 모더니즘 운동의 선구자로 일컬어지며, 초현실주의라는 말 역시 1917년 아폴리네르가 사용하면서 시작되었다.

평가되어 문학의 한자리를 당당히 차지하게 되었다. 오늘날에는 유럽을 중심으로 많은 위대한 문인, 철학자, 학자들이 그를 인간 본성의 탐구자로, 자유주의적 사상가로 평가하고 있다.

그러나 그에 대한 평가는 극과 극을 이룬다고 할 수 있다. 즉 미치광이·변태 성도착자라는 평가에서부터 성본능에 대한 날카로운 관찰로 인간의 자유와 악의 문제를 철저하게 추구한 뛰어난 작가로, 또는 로마 가톨릭교회 고위 성직자들과 귀족들의 위선을 까밝힌 폭로자라고 평가될 정도로 다양한 평가를 받고 있다.

시몬 드 보부아르[90]는 「우리는 꼭 사드를 화형 시켜야만 할까?(MUST WE BURN SADE)」라는 글에서 이렇게 말했다.

> "사드에 대한 일화는 얼토당토않은 전설로 왜곡되었다. 그의 이름마저도 사디즘, 사디스트 따위의 엉뚱한 말로 변질되어 버렸기 때문이다…… 사드는 이기적 욕구와 불의와 불행의 순간을 철저히 만끽했으며, 그것의 진실성을 주장했다. 그의 주장의 가장 큰 가치는 우리에게 혼란을 준다는 데 있다. 그는 우리로 하여금, 우리 시대에 다양한 형태로 나타나는 하나의 본질적인 문제인 인간과 인간사이의 관계를 철저히 재점검할 수밖에 없도록 만들었다."

90) 시몬 드 보부아르([프] Simone de Beauvoir, 1908 - 1986)는 프랑스의 작가이자 철학자이다. 그녀는 소설 뿐 아니라 철학, 정치, 사회 이슈 등에 대한 논문과 에세이, 전기, 자서전을 썼다. 그녀는 『초대받은 여자』(L'Invitée)와 『레 망다랭』(Les Manda-rins) 등의 형이상학적인 소설을 쓴 것으로 알려져 있으며, 1949년에 여성의 억압에 대한 분석과 현대 여성주의의 초석이 된 글 『제2의 성』(Le Deuxième Sexe)을 썼다.

롤랑 바르트[91]는 "사드의 성적인 단어들은 사전의 순수한 단어들처럼 순수하다. (사전이란 우리가 그 너머로 거슬러 올라갈 수는 없으며, 오로지 내려올 수만 있는 것 아닌가? 사전은 언어의 한계와 같다. 이 한계에 이르려는 것은 그것을 넘어서는 데로 이끄는 그 용기가 주관한다. 야한 단어와 새로운 단어 사이에는 상황 상 유추관계가 존재한다. 신조어란 외설이다 그리고 성적인 단어가 직설적으로 발화된다면 그것은 언제나 결코 읽어 본 적이 없었던 것처럼 받아들여진다."고 사드후작의 작품을 높이 평가했다.

사실 사드 후작은 모든 사람을 괴롭히고 겁을 준 인물이었지만, 결국은 정신병원에서 죽고 말았다. 그 전후 과정을 보면 평범한 우리의 눈으로는 믿을 수 없는 일들로 꽉 차 있었다. 즉 그는 비록 단두대의 이슬로 사라지지지는 않았지만, 단두대에 올라서게 되는 판결까지 받게 되기까지의 그의 행동은 너무나 기괴했던 것이다.

그가 단두대에 서게 되었던 직접적인 이유는 미약(媚藥)을 사용하여 여성을 괴롭혔다는 데 있었다. 하지만 그런 일은 당시 일부 귀족들 사이에서는 보편적으로 사용되던 성적 유희였다. 미식가였던 그리몬드르 라 레니엘은 1795년 팔레 로마이얼의 한 식당에서 '장난스런 저녁'이라는 이름을 가진 클럽을 만들었는데, 그곳에서는 범죄가 되지 않는 한도에서 미약으로 사람을 속이는 놀이를 벌였던 것이다.

---

91) 롤랑 바르트(1915-1980) : 상징과 기호에 관한 연구 분야인 기호론에 큰 공헌을 했다. 1976년 콜레주 드 프랑스에서 처음으로 문학적 기호학 강좌를 맡았다. 파리대학교에서 공부하던 중 폐결핵에 걸려 수년 간 고생했지만 회복기를 이용해 공부를 계속했으며 여러 학교에서 강의를 맡기도 했다. 1939년 고전문학으로 학사학위를 받았고, 1943년에는 문법과 언어학 분야에서도 학위를 받았다. 1952~59년 국립과학연구소에서 일한 뒤 에콜 프라티크의 교수로 임명되었다.

"그러나 사드 후작보다 능숙한 사람은 없었다. 그는 25년 동안 이런 짓만 하면서 지냈다. 마르세이유의 한 유곽에서는 창녀들에게 포도 주를 먹이고 이어 위스키나 브랜디 등을 넣은 시럽을 설탕이나 초콜 릿으로 싼 과자를 주곤 했는데, 이 과자에 '칸타리스(cantharis, 최음 제)'[92]라는 미약(媚藥)을 넣었던 것이다. 이것은 얼룩고양이에게 얻는 것으로 예부터 남자를 위한 성적 자극제로 이용되어 왔다. 지금도 인 체에 해를 주는 약으로 그 시대에는 아주 치명적인 효과를 발휘했다. 사드 후작의 행위에 대해 법정에서 처음 증언한 사람에 의하면 약을 먹은 여자들이 너무 고통스런 나머지 데굴데굴 구르면서 비명을 질 러대는 바람에 사람들이 달려올 정도였고, 어떤 여자는 고통을 참지 못하고 창문에서 떨어져 중상을 입었으며, 다른 두 사람은 내장에 화 상을 입기도 했다고 말했다. 때문에 사드 후작은 법원에서 궐석 재판 에 회부되어 독살혐의로 사형판결을 받았던 것이다."

지금의 법률 지식에 비추어보면 자신의 성적 욕구를 채우기 위해 한 것 이었으므로 사형은 문제가 있지만, 당시에는 독극물에 대한 판결이 엄격 했으므로 그런 판결이 내려진 것이었다.

특히 사드 후작을 그 지경으로까지 몰고 간 것은 그가 이미 성범죄로 여러 번 조사를 받았기 때문이었다. 4년 전 그는 파리에서 구걸하는 어린 소녀를 별장으로 유인해 밧줄로 묶고 칼로 위협하면서 상처를 낸 일이 있 었다. 이 사건도 그의 주장에 따르면 사소한 장난에 불과한 짓이라고 했 지만 사건이 불러일으킨 소동은 매우 컸다. 때문에 소송을 취하하고 단기 구금으로 끝내기 위해 엄청난 화해금을 준비하지 않으면 안 되었다.

---

92) 칸타리스 : 항생제 치료 보조제로서 요로 초기 급성 염증 정제, 일광 화상 및 알레르 기, 화상 및 화상 등에 사용함.

새다즘을 탄생시킨 사드 후작의 비참한 운명

이런 경력의 그였지만 이번에는 더 큰 문제를 저질렀으므로 집안에서는 그의 목숨과 자유를 구하기 위해 온갖 수단을 동원해야 했다. 사드 후작의 집안은 프로방스지방에서 가장 지체 높은 가문 중 하나였는데, 그의 부친은 일찍이 러시아 주재 프랑스대사를 지낸 인물이었다. 아버지 덕분에 사드는 프로방스 지방의 총독이라는 칭호를 물려받았고, 왕은 그가 전과자임에도 불구하고 기병대장으로 임명했던 것이다.

집안의 노력 끝에 사드 후작의 사형 선고는 겨우 파기될 수 있었다. 검사가 그를 비난한 것은 '과도한 음식'을 먹었다는 것과 재판에 출석하지 않았다는 것뿐이었다. 때문에 사드는 빈민구제 자금으로 50파운드를 지불해야 했다. 최초의 판결이 지나치게 엄정했다면 무죄판결이나 마찬가지인 두 번째 판결은 명백히 대 귀족을 위한 호의적인 판결이었던 것이다.

사드는 1779년 5월에 석방될 예정이었다. 그러나 실제로 감옥 문이 열린 것은 1790년 국민의회가 정식 재판 없이 투옥된 사람들 모두를 사면시켰을 때였다.

17년간의 감옥 생활은 사드의 신경을 엉망으로 만들었지만, 살고자 하는 의지는 대단했다. 자유의 몸이 되자 그는 건강도 다시 회복하고 가학적인 성격도 치유된 듯이 보였다. 그는 옛날의 여자 친구와 동거생활에 들어갔는데, 모든 것이 달라진 세상에 적응하려고 노력했다. 혁명가들이 자신의 성(城)을 불태워버린 일에 대해서도 평평 한마디 하지 않았다. 앙시앵 레짐(ancien regime)에서는 더 지독한 꼴을 당하기도 했다. 어쨌든 그는 50세가 되어서야 처음으로 살기 위해 일해야 하는 처지가 되었던 것이다.

그는 바스티유감옥의 죄수로 있을 무렵 성도착자들을 묘사한 소설을 쓰기 시작한 것이 계기가 되어 많은 희곡을 썼는데, 그 중 한 편은 프랑세즈 극장에서 공연되기도 했지만, 호평 받지는 못했다. 그 와중에 그는 다시 성에 대한 강렬한 욕구가 일어났다. 그러한 성적 욕구가 실생활에서 행해지지는 않았지만, 적어도 종이 위에서는 다시 시작된 것이다. 그의 상상력은 언제나 성과 폭력으로 둘러싸여 있었다. 그의 정신적 움직임이 글로 나타난 것이 소설 『쥐스틴(미덕의 패배)』(1791)[93]이었다. 발표 당시 그는 익명으로 했는데 자신의 작품에 대한 불만에서였던지 아니면 자신의 이름이 알려지는 것이 두려워서였는지는 알 수 없다. 그러나 지금의 시각에서 보면 이렇게 조잡한 작품이 어떻게 명성을 얻을 수 있었는지 이해하기 어려울 정도였다. 결론적으로 이 소설은 18세기 무렵에 홍수를 이루었던 윤락녀를 다룬 통속소설에 불과했다.

사드의 소설은 16년 전 발표되어 세상을 풍미했던 『마농 레스코』의 줄거리와는 전혀 다른 반대적 입장에서 썼다는 것이 하나의 특징이라면 특징이었다. 즉 악덕은 보답을 받고 미덕은 능욕 당하고 멸시받는다는 것이었으며, 그것이 시대의 변화라는 것이었다.

사드 후작은 파리 은행가의 두 딸이 아버지가 죽은 후 스스로의 힘으로 인생을 개척해 나가는 운명을 묘사했다. 양심도 없고 교양도 없는 언니 쥘리에트는 고급 윤락녀로 전락하였다가 손님 중 하나인 백작과 결혼했는데, 자기에게 모든 재산을 물려준다는 유언장을 쓰게 한 뒤 남편을 독

---

93) 『쥐스틴』: 여주인공 쥐스틴은 착하고, 착하기 때문에 구원받지 못하는 인물이다. 사드 후작의 소설들에서 인간의 육체는 성교를 위한 기계 그 이상도 그 이하도 아니며, 쥐스틴의 경우에는 선을 고통으로 바꾸는 수학적 도구일 뿐이다. 쥐스틴은 그녀의 양심을 천명하고, 유혹을 피하며, 타인의 삶을 위해 탄원하고, 신앙을 꿋꿋이 지키지만, 그 대가로 돌아오는 것은 채찍질과 구타, 변태적인 성적 학대일 뿐이다(난폭한 에로티시즘=사디즘).

살했다. 그리고 수많은 남자들을 파멸시키면서 마침내 프랑스 최고 고관의 첩이 되었다는 내용으로 앙시엥 레짐 당시의 세계를 무대로 하였던 것이다.

우아하고 내성적인 동생 쥐스틴은 폭행을 당하고 엉뚱한 혐의를 받아 감옥에 갇혔다가 한 죄수가 감옥에 불을 지른 틈을 타 밖으로 빠져나오게 되었다. 감옥에서 나와 거리를 전전하며 생활하고 있었는데, 어느 날 백작과 그의 하인이 그녀를 납치하여 네 기둥에 그녀의 손과 발을 묶은 뒤 맹견에게 덤벼들도록 하게 하는 위협을 가하며 성적 희열을 느꼈다. 그녀는 겨우 도망쳐 나와 병원에 갔는데, 병원의 외과의사는 그녀를 산 채로 해부하려 했다. 그래서 다시 도망쳐 나온 그녀는 수도원으로 갔지만 거기서도 안심할 수 없었다. 수도승들이 달려들었던 것이다. 그러다가 마지막으로 만난 것이 살인마였다. 그는 칼로 여자들의 목을 쳐서 떨어뜨리는 것이 유일한 취미를 가진 자였다. 물론 쥐스틴은 목이 떨어지는 신세를 면할 수 있었지만 살인마의 손에서 도망칠 수 있었다는 사실 때문에 공범일지도 모른다는 누명을 쓰고 사형판결을 받는다는 내용이다.

사드 후작은 두 번째 소설 『쥘리에트(일명 악덕의 변용)』에서 언니에 대해 두세 가지를 덧붙였다. 그녀는 유럽의 귀족들 사이를 오가며 더욱 잘 살았다는 이야기로 여기에는 교황이라든가 나폴리 왕, 나중에는 넬슨 제독의 연인이 된 해밀턴 부인 등이 등장하고 있다. 이 책은 정치적인 풍자소설적 경향을 강하게 띠고 있었는데, 집정관 시대의 사람들은 이처럼 소름끼치는 소설을 좋아하지 않았다.

사드는 당시의 세태 풍자소설 『조르베(일명 두 명의 시녀)』를 써서 집정관 나폴레옹에게 선물하였다가 『조르메』를 출판한 사람의 집에서 체포되었다. 전에 쓴 『쥘리에트』 때문이었다. 그는 재판도 받지 못한 채 이 감옥 저 감옥으로 끌려 다녔다. 석방시켜 달라는 편지를 끝없이 보냈지만 그 결과 얻은 것은 정신병원에 입원당하는 것이었다, 결국 정신병원에서 1814년 74세의 나이로 숨을 거두게 되었다.

사드 후작은 기인한 인물로 전해지고 있지만, 그의 일생을 돌이켜 보면 어째서 그가 성범죄자 속에 포함되어야 하는지 납득할 수가 없다. 젊은 시절에 저질렀던 두 건의 악질적인 장난을 빼면 우리가 알고 있는 한 그는 한 번도 새디스틱한 행위를 한 적이 없었기 때문이다.

39

나폴레옹 보나파르트(Napoléon Bonaparte, 1769-1821)

『나폴레옹 법전』

'여성인권'을 100년 퇴보시키다

남녀 간의 위계질서를 법제화한 나폴레옹 민법전

군사전략의 천재라는 나폴레옹이 스스로 뽑은 최고 업적은 민법전이라고 했을 만큼『나폴레옹 법전(Code Napoleon)』이라 불린다.

나폴레옹의 말대로『나폴레옹 법전』의 생명력은 오늘날까지 이어지고 있다. 프랑스 대혁명으로 촉발된 전쟁을 경험한 유럽 국가들은 물론 근대화에 나서는 국가들 모두가 나폴레옹 법전을 모범으로 삼았고, 19세기 초반부터 독립운동을 펼친 중남미 국가들과 서구를 따라 가려는 중동국가들도 나폴레옹 법전을 모태로 국가의 틀을 짰기 때문이다.

『나폴레옹 법전』을 제정하기 직전 프랑스의 민법 체계는 전국에 걸쳐 약 300여

나폴레옹 보나파르트

개의 민법이 통용되고 있어서 우후죽순에 뒤죽박죽이었다. 북부는 고대 게르만족과 프랑크족으로부터 내려오는 관습법에 의존한 반면 이탈리아와 국경을 맞댄 남부는 로마법을 따랐고, 특히 결혼과 가정생활은 로마교황청의 통제 속에서 교회법을 준용하고 있었던 것이다.

1789년의 프랑스혁명 직후 권력을 잡은 나폴레옹은 개선문을 건설할 것을 명령하였다. 그 뜻은 파리를 중앙의 개선문을 중심으로 모든 큰 도로가 방사형으로 뻗어나게 하였던 것인데, 이는 다시 말해서 모든 길이 개선문으로 향하게 했던 것이다. 즉 모든 권력이 하나의 정점으로 모이는 중앙집권식으로 통치하려는 의도에서 발로되었던 것이다. 그리고 이렇게 통치하기 위해서는 국가 전체에 적용되는 통일된 법률, 특히 민법전이 필요했던 것이다.

그러나 당시의 프랑스 상황은 정치·경제·사회적으로 수없이 분열되어 있었기에 사회통합을 위해서는 단일 법률이 필요하다는 견해가 진작부터 있었지만, 이를 위해서는 강력한 실행력을 가진 권력자가 없었던 것이다. 그런 상황에서 1799년 쿠데타로 정권을 잡은 나폴레옹 통령이 4명의 민법 전문가에게 이미 시행중이던 36개 법률을 합치는 작업을 맡긴 뒤 민법, 형법, 상업, 민사소송법, 형사소송법 등 다섯 개 분야로 분류하여 1804년 3월 21일 ‘프랑스 민법전’이라는 이름으로 발표하게 되었던 것이다.

이 법전의 특징은 세 가지였는데, 소유권의 절대성과 계약의 자유, 과실책임주의를 표방한 것이었다. 그중에서도 최대로 중요시했던 것은 관습법을 폐지했다는 점이었다. 특히 성직자와 귀족의 특권을 인정하는 관습법을 아예 금지시켜 버렸다.

소유권을 인정했던 것은 근대 시민사회의 정착과 사유권 제도의 인정,

자본주의의 발달로 이어졌다. 나폴레옹 실각 후 봉건제로 회귀하려는 옛 토지귀족층의 집요한 노력이 실패한 것도 이 민법전이 뿌리내렸기 때문이었다.

1804년 제정된 『프랑스 민법전(Code Civils des Francais)』은 일명 『나폴레옹 법전』이라고도 하는데, 이 법전에 대한 나폴레옹 1세의 자긍심은 대단했다. 그는 "나의 명예는 전승보다 법전에 있다"고 말했을 정도였다.

흥미 있는 것은 법률가가 아니라 군인이었던 그가 민법전의 제정에 깊숙이 관여해 그 내용에 있어서까지 커다란 영향을 미쳤다는 점이다. 편찬위원회에서 마련된 초안은 국무원에서 총 102회기에 걸쳐서 심의되었는데, 그 중 57회의 회기에 그가 직접 의장으로서 심의에 참여해 논의를 유발하고 활기차게 하는 데 결정적 역할을 하였다.

그의 핵심을 파악하는 능력, 착상의 탁월함, 표현의 독창성, 추리력 그리고 훌륭한 말솜씨는 다른 어느 위원에게도 뒤지지 않았다. 특히 법률적으로 어렵게 표현된 문장들을 보면 단순명료한 질문으로 그 취지를 묻고, 더욱 명쾌하고 알기 쉬운 용어로 같은 의미를 표현할 수 있는 대안을 제시했다(티보도의 『회고록』). 프랑스어를 이해하는 사람들은 민법전의 도처에서 이러한 표현들을 발견하고 감탄을 금치 못한다. '적과 흑'의 저자 스탕달은 문장연습을 위해 소설을 쓰기 전 매일 민법전을 읽었다고 할 정도였다.

그의 『민법전』에 대한 애착과 자부심은, 수년이 지나 세인트 헬레나의 유배지에서 그의 심복이었던 몬토론에게 한 말에 잘 드러나 있다. "내 진정한 영광은 40회의 전투에서 승리한 것이 아니다. 워털루 전투는 많은 승리의 기억을 말살할 것이다. 아무도 말살할 수 없는 것, 영원히 살아있는 것은 나의 민법전일 뿐이다."

이렇게 만들어진 『프랑스민법전』은 『독일민법전』과 더불어 대륙법계 민법의 2대 지주 중의 하나를 구성하고 있다. 『프랑스민법전』은 『독일민법전』보다도 그 제정에 있어서 1세기를 앞서는 세계 최초의 근대적 민법전으로 근대 민법학의 형성과 발전에 선도적 역할을 하였다. 그리고 그것은 세계 각국 특히 대륙법계 국가의 민법전제정에 지대한 영향을 미쳤다. 그리하여 낡은 관습이나 군주적 온정주의가 아닌 이성의 명령에 터 잡은 세계 최초의 『민법전』 『나폴레옹 법전』은 『함무라비 법전』 및 『유스티니아누스 법전』과 더불어 '세계 3대 법전'의 하나로 꼽히고 있는 것이다.

이처럼 근대시민사회의 법적 기초를 형성한 『프랑스민법전』의 이러한 사상은 오늘날 시민사회에서도 여전히 그 본질을 간직한 채 커다란 영향을 미치고 있다.

그런데 이 법전의 옥의 티라고 할 수 있는 내용이 있으니 바로 "남녀 간 위계적 질서를 법적으로 명문화했다"는 점이다.

그 원인은 나폴레옹의 여성관이 기존의 남성 우월주의를 버리지 못했다는데 있었다고 생각한다. 그가 황제라는 자리에서 세운 제도들은 사랑보다는 소유라는 개념으로 여성들을 대했다. 민법 중 "아내는 남성과 함께 살아야 하며, 거주하기에 적당하다고 판단되는 곳이라면 어디든지 따라가야 할 의무가 있다"거나 "남편은 아내를 보호하고 아내는 남편에게 복종할 의무가 있다"고 규정한 것이 대표적인 내용이다.

즉 이 법전은 프랑스 남성과 여성의 위계질서를 법적으로 굳혀놓았던 것인데, 여성들은 남편 또는 아버지와 같은 남성 후견인의 허락 없이는 가정 외부에서 직업을 얻어 경제활동을 할 수 없었음을 암시하고 있는 것이다.

한국 불어불문학회는 "프랑스 노동시장에서의 성적 불평등 요소와 그 영향은 1804년 『나폴레옹 민법전』에서 시민으로서 여성의 권리를 축소시킨 반면 남성에게는 강력한 부권을 인정해 줌으로써 남녀 간 위계질서를 법적으로 명문화시킨 데서 시작되었다."고 했다. 이는 결국 "남녀 역할 분리의 이데올로기를 극대화 한 것으로 여성의 역할을 주부와 어머니라는 범위로 미화했다."고 비평했던 것이다.

톨스토이도 『전쟁과 평화』라는 대작에서 인류의 운명을 지배할 수 있다고 믿는 '오만한 인격'의 나폴레옹을 부정하였던 것도 여성의 지위를 무시한 그의 여성관을 비평한데서 비롯된 것이었다.

병영국가를 통솔하는 방법으로 성을 활용

나폴레옹은 그가 지배했던 유럽의 성 풍속을 포함한 모든 사회풍속을 포함해 계몽주의 시대를 마감하고 낭만주의 시대로 넘어가는 전환기를 이끌었다고 할 수 있다.

나폴레옹은 프랑스와 서유럽 여러 나라 제도에 오래도록 영향을 끼친 많은 개혁을 이루어냈고, 프랑스의 군사적 팽창에 가장 큰 열정을 쏟은 인물이었다. 그가 몰락했을 때 프랑스 영토는 1789년 혁명 때보다 줄어들었지만, 그가 살아 있는 동안, 그리고 조카인 나폴레옹 3세가 다스린 제 2 제정이 막을 내릴 때까지 그는 거의 모든 사람에게 역사상 가장 위대한 영웅으로서 존경받았다.

제노바공화국 코르시카 출신인 그는 프랑스로 건너간 뒤 한동안 스스로를 외국인으로 생각했다. 그는 9세 때부터 프랑스에서 교육받았으나 코르시카 기질을 그대로 지니고 있었으며, 교육과 독서를 통해 확실한 18세기 사람이 되었다. 군 입대 후 자코뱅 클럽의 회장이 되었으며, 영국군과의 전투에서 공을 세워 장군이 되었다. 주변국과 전투가 지속되는 와중에 쿠데타로 집권하고, 통령정부를 세워 실권을 장악했다. 이후 오스트리아·독일·영국군과 싸워 승리하면서 유럽에 평화를 가져다주었다. 이후 종신 통령제를 거쳐 제정을 수립하고 황제가 되었지만 러시아 원정에서 참패하고, 동맹국들에 의해 공격받으면서 퇴위해야 했다. 엘바 섬으로 귀양을 간 뒤 1815년 3월 20일 엘바섬을 탈출한 나폴레옹이 파리에 들어가 제정(帝政)을 부활시키는데 성공했지만, 약 100일 후에 있었던 워털루 전투에서 패배하자 파리로 돌아와 퇴위를 선언하고 미국으로 망명을 떠나려 했지만 영국해군의 해안봉쇄로 단념하고 영국군함에 항복하였다. 영국정부는 웰링턴 장군의 제안대로 그를 대서양의 세인트헬레나 섬으로 유배시켰는데, 여기서 그는 지병이 악화되어 사망했다.

이렇게 영웅의 길을 걸은 나폴레옹이지만 성 생활에 대해서는 다른 남자들에 못지않았다, 사드 후작도 만일 국사(國事)에 관한 문제에 참여하지 않았다면, 나폴레옹은 그를 그처럼 가혹하게 처벌하지는 않았을 것이다. 왜냐하면 이 새로운 지배자는 자신의 나라를 수도원처럼 만들 생각이 없었기에 성생활에 관해서는 거의 간섭하지 않았고, 신하들이 성적인 책을 읽어도 전혀 문제를 삼지 않았다.

나폴레옹 치하의 프랑스는 경찰국가였지만, 경찰조직은 부패 때문에 유약해 있었다. 파리의 경찰장관 뒤부아는 매춘부를 정기적으로 검진한다는 개혁을 단행했는데, 그들은 검진 때마다 일정액의 세금을 경찰에 내야 했고, 그중의 일부는 뒤부아 장관이 착복했다. 이러한 관행은 어느 분야든 마찬가지였다. 돈과 뒤 배경만 있으면 이미 결정된 판결도 자신에게 유리하도록 뒤집는 일조차 가능했던 시기였다. 더구나 여자들의 경우에는 일이 생겼을 때 몸으로 지불하면 되었다.

나폴레옹 제국은 누가 뭐래도 병영국가였으며, 군인들의 행동은 일반인들이 보아도 못 본 척하는 것을 황제 자신도 당연한 일로 여겼다. 따라서 군인들이 시민의 아내와 딸들에게 무슨 짓을 해도 문제가 되지 않았다. 군인은 이런 점에서는 특권계급이었다. 나폴레옹은 성적으로 자유로운 행동이야말로 군의 통제 아래에 있는 젊은이들을 묶어두는 최상의 방법이라고 생각했다. 때문에 병사들이 저지른 성범죄, 즉 전선에서 뿐만 아니라 후방 수비대가 자국민에 대해 행한 범죄까지도 모두 관대하게 처리했던 것이다.

군대가 혁혁한 전과를 올리고 있을 때도 프랑스인들은 코르시카 출신의 정복자 나폴레옹을 위해 목숨을 거는 일을 달갑게 여기지 않았다. 프랑스에서는 1810년에 이미 도망병 내지 징집 기피자로 판결 받은 자가 16만 명에 이르고 있었다. 하지만 대부분 체포가 불가능했으므로 친척들이 대신 벌금을 내야 했는데, 그 금액이 금화로 무려 7천만 프랑이나 되었다. 그런 만큼 군인들에게 잘해주어야겠다는 생각이 나폴레옹에게는 항상 잠재의식으로 남아 있었다. 그래서 일반인들이 어렵게 생활할 때도 병사들에게는 남아돌 정도의 술과 빵을 지급했다. 하지만 병사들의 마음은 좀처럼 풀어지지가 않았다.

결과적으로 나폴레옹 군대는 성적으로 만족하는 길을 택했던 것이다. 당시의 기록은 병사들이 대낮에 파리 시내에서 저지른 성폭행사건과 변태적인 범행으로 가득했다. 예를 들면 병사 여섯이 처음 보는 부인에게 성폭행을 가하고 센강에 던져버렸다. 이는 병사들이 저지른 강간사건 중 극히 일부에 불과한 것이었지만, 장교라고 해서 다를 것은 없었다. 그들은 진정한 전사는 '플레이보이'가 아니면 안 된다고 생각할 정도였다. 이 말은 만일 거리에서 마음에 드는 아가씨와 마주쳤을 때 그녀를 놓아주면 안 된다는 의미였다. 만일 자신의 육체를 제공하지 않으면 그녀는 '군대식'으로 정복당해야 했던 것이다.

나폴레옹의 정열적인 성생활

이 점에 대해서는 나폴레옹 자신이 솔선하여 장교들에게 모범을 보였다. 그는 내성적이어서 처음 얼마동안은 여자를 상대로 하여 성공을 거둔 일은 거의 없었다. 그러나 권좌에 앉고 난 뒤부터는 전에 얻을 수 없었던 것들을 충분히 가질 수 있었다. 나폴레옹은 여자들에게도 부하를 다루는 것처럼 행동했다. 그는 명령으로 여자들을 불렀고, 여자가 저항하면 체포했다. 그는 하룻밤을 위해 혹은 2, 3주를 위해 여자들을 가까이 두었고, 즐긴 뒤에는 내쫓았다. 여자의 남편이 근위대의 상급 장교라 해도 이전에 네로가 했던 것처럼 먼 곳으로 근무지를 바꿔 쫓아버린 뒤 불러들였다.

그로 인해 이익을 본 남편도 있었지만, 전체적으로 볼 때 나폴레옹은 자신의 연적들에게 그다지 관대하지는 않았다. 이집트 원정 때에는 부관에게 명하여 산책 도중 알게 된 중위의 아내를 데려오도록 했다. 하지만 그녀는 총사령관의 말에 따르지 않았다. 결국 중위는 작은 배를 타고 영국군의 봉쇄선을 돌파하여 마르타 섬에 상륙하라는 명을 받아야 했다. 결국 중위는 영국군의 포로가 되었으며, 나폴레옹은 누구의 방해도 받지 않고 중위의 아내를 농락할 수 있었다.

물론 절대적인 권력자가 된 후로는 폭력을 사용할 필요가 없었다. 오히려 여자들이 다투어 그의 소유가 되려고 했다. 여배우, 무용수, 신흥 귀족의 사모님들에게 이 전지전능한 남자와 하룻밤을 함께 지낼 수 있다는 것은 그녀들의 최대 목표가 되었던 것이다. 하지만 이 시기에도 나폴레옹은 가끔 거리에서 마주친 처녀를 붙잡아 오는 일에 묘한 만족감을 느끼고 있었다. 메를린 처녀가 들어온 것도 그 방법을 통해서였다.

베를린 진주 후 열병식을 가질 때였다. 경비가 엄중했지만 어머니를 따라 나선 처녀가 탄원서를 제출하려고 화제에게 접근하는 데 성공했다. 나폴레옹은 그녀를 흘끗 보았다. 그것만으로도 그녀는 시종장 콘스탄에 의해 그날 밤 샤를로텐부르크성에 있는 본영으로 초대 받게 되었다. 어머니는 대기실에서 기다려야 했고 딸만 황제의 방으로 들어갔다. 초대는 다음날 아침까지 계속되었으며, 나폴레옹이 금화 2백 닢을 주는 것으로 끝났다.

나폴레옹이 정을 주었던 여자는 아주 많았다. 이는 나폴레옹 자신이 여자문제를 비밀로 하지 않았기 때문에 알려지게 되었다. 그는 새로운 여자를 만날 때마다 측근들에게 솔직하게 털어놓았으며, 어떤 때는 이동 중에 일어났던 일에 대해 보고서를 쓰기도 했다. 그가 노린 여자 중에서 빠져나간 사람은 하나도 없었다. 그가 육체적으로 특별히 매력이 있었던 것은 아니었다. 여자들은 불안이나 허영심 때문에, 또 다른 여자들은 유럽의 최고 권력자와 관계를 맺음으로써 이익을 볼 수 있을지도 모른다는 기대감을 가지고 그의 소유가 되었던 것이다.

나폴레옹은 정열적인 남자였다. 새로운 여자가 눈앞에 나타나면 저돌적으로 돌진했다. 하지만 여자들을 들뜨게 만드는 방법도 터득하고 있었다. 애인에게 열렬한 사랑의 편지를 보낸다거나, 몸이 불편할 때는 걱정하는 모습을 보여줌으로써 외견상으로는 그녀에게 친밀한 관심을 가지고 있는 듯 행동했다. 다만 그들이 귀찮게 할 때는 잔인할 만큼 태도가 돌변했다. 그럴 때는 부하를 다루듯 여자들을 대했다. 여자 문제에서도 그를 즐겁게 했던 것은 정복하고 지배하는 일이었다.

나폴레옹은 가학적인 취미와는 거리가 멀었다. 다른 사람이 괴로워하는 모습을 보는 것은 그에게는 즐거운 일이 아니었다. 그를 상대했던 여자들이 자기처럼 즐거운 추억을 가져주기를 원했다. 그는 위대했지만 잔인하지는 않았다. 그는 돈 후안이[94] 되고 싶었지만, 결국 나폴레옹일 뿐이었으며, 그가 여자를 차지한 것은 권력에 의해서였다.

선천적으로 그는 여자들이 좋아할 만한 남자로 태어나지 못했기 때문에 언제나 여성들에 대한 콤플렉스가 있었다. 때문에 여자들에 대하여 자신이 남자다움을 증명하고 싶어 했던 것이다. 그는 앙시앵레짐(ancien regime, 프랑스혁명 이전의 왕국체제, 즉 구체제) 무렵이나 집정관 시대에 권력자들 사이에서 유행하던 파티를 싫어했다. 대신 함께 있는 여자에게는 자신이 완전한 남자라는 것을 보여주려고 했다.

이처럼 특이한 성생활을 하면서도 군사령관으로서, 정치가로서, 상대국의 지배자로서의 역할을 충실히 해나갔다. 하지만 그가 특성을 가졌다고 해서 모든 일을 완벽하게 처리해 나갈 수는 없었다. 다시 말해 왕성한 정신력과 체력이 뒷받침되지 않으면 안 되었다. 따라서 그의 힘의 원천은 잠에서 오지 않았나 생각된다. 그것은 옆에서 지켜본 사람들의 말을 통해 알 수 있다.

다른 여자들보다 훨씬 더 오랫동안 그의 애인이었던 코메디 프랑세즈 극장의 조르주는 나폴레옹과 동침했던 밤에 대하여 상세한 기록을 남겼는데, 기록에 따르면 나폴레옹은 성을 만족시킨 뒤 그녀의 가슴에 머리를 얹고 '아기처럼' 잤으며, 다음날 아침에는 개운한 얼굴로 일어났다고 했다. 이러한 기록은 그리 많지는 않지만 그의 건강비결을 알려주는 근거가 되지 않을까 생각된다.

---

94) 돈 후안 : 파우스트 등과 같이 유럽의 전설상의 인물로, 호색한 또는 난봉꾼의 대명사로 알려져 있다.

나폴레옹의 사랑과 심장

나폴레옹은 종종 이전의 애인 집으로 가서 이틀이나 사흘 밤 정도를 지내고 왔는데, 이 같은 기분 전환은 그에게 있어서는 절대적으로 필요한 것이었다. 그는 몇 년 동안 세 명의 여자 즉 조세핀[95], 폴란드 백작부인인

---

95) 조세핀(1763~1814) : 프랑스 황제 나폴레옹 1세의 첫 황후. 나폴레옹 3세의 외할머니 이기도 하다. 한 때는 루이 보나파르트의 형수이자 장모였다. 자녀로는 아들 외젠 드 보아르네와 딸 오르탕스 드 보아르네가 있었지만, 나폴레옹과의 사이에서는 아이가 없었다. 나폴레옹은 그와 결혼하기 전에 파리 사교계에서도 손꼽히는 미녀인 조세핀 에게 푹 빠져 열렬히 구애하게 되었다. 그러나 상류 사교계의 여왕이었던 조세핀은 볼품없는 외모의 군인 나폴레옹에게 크게 애정을 보이지 않았다. 그래도 나폴레옹과 결혼하게 된 이유는 조세핀의 애인이자, 당대의 권력자였던 바라스가 나폴레옹의 장 래가 유망하다며 설득했기 때문이다. 나폴레옹은 훗날 "내가 여자의 매력에 무관심 한 건 아니지만 나는 여자 때문에 정신을 놓아 본 적이 없었다. 나는 여자와 함께 있 으면 수줍어지고 불편하다. 그러나 조세핀은 나에게 자신감을 준 최초의 여자였다" 라고 회상했다. 나폴레옹을 별로 사랑하지 않았고 마지못해 결혼한 조세핀은 나중에 쉽게 헤어질 생각으로 이런 결혼식을 올렸으나 이는 나중에 결정적으로 그녀의 발목 을 잡게 된다. 이런 생각을 가지고 결혼했으니 조세핀이 나폴레옹을 사랑할 리가 없 었고, 나폴레옹이 결혼 이틀 만에 이탈리아 원정을 떠나자 조세핀은 미모의 연하 남 이폴리트 샤를을 불러들여 거의 대놓고 애정행각을 벌였다. 아무것도 모르는 나폴레 옹은 신혼의 아내가 보고 싶다며 아내를 보내주지 않으면 파리로 철군해 버리겠다고 바라스에게 징징대자, 바라스와 총재 정부는 조세핀의 등을 떠밀어 반강제로 원정지 까지 보내는데, 그 때도 그녀는 연인 샤를을 데려갔다고 한다. 나폴레옹이 이집트로 원정을 갔을 때, 그녀는 파리 근교의 저택에서 연인과 밀회를 즐기고 있다는 사실이 귀환한 나폴레옹이 듣게 되자 분노한 나머지 이혼까지 생각하게 되었다. 그러나 당 시 정치적 상황도 복잡했고, 조세핀도 울면서 사죄한 데다, 나폴레옹과 사이가 좋던 그녀의 아이들까지 눈물을 흘리며 간곡히 만류하는 바람에 결국 화해했다. 이후 조 세핀은 자신의 불륜을 반성하고 정숙한 아내로 살게 된 반면에, 나폴레옹은 더 이상 조세핀에게 열중하지 않고 유명 여배우나 귀부인들을 총애하게 된다. 그러나 조세핀 의 낭비벽이 심한데다가 후사마저 없었던 관계로 나폴레옹은 결국 1810년에 이혼하 게 되었다. 자신의 무수한 바람과 냉담함에도 자신을 기다려주는 나폴레옹에게 감동 한 조세핀이 마침내 진심으로 나폴레옹을 사랑하게 되었을 때, 정작 나폴레옹은 이 미 조세핀에 대한 애정이 식은 데다 자신의 합법적인 후계자를 얻는 동시에 정치적

마리아 발레우스카. 합스브르크 가문의 마리 루이즈를 별다른 방해 없이 사랑할 수 있었다. 조세핀은 여섯 살 연상이었는데, 조세핀이 첫 결혼으로 얻은 딸 오르탕스는 엄마를 꼭 닮은 미인이었다. 나폴레옹은 의붓딸인 그녀와도 플라토닉한 관계 이상으로 발전하곤 했다. 그녀는 나폴레옹보다 열한 살 아래였고, 그가 몹시 좋아했던 누이동생 폴린에 대해서도 사정은 마찬가지였다. 근친상간이라는 사실도 그를 불안하게 만들지는 못했다. 그의 이름을 딴 「형법전」에는 근친상간을 처벌하는 규정이 있었지만, 그에게는 적용되지 않았던 것이다.

폴란드의 애국자 마리아 발레우스카는 나폴레옹에게 숙명적인 여성이었으며, 그가 정치적으로 영향을 받았던 유일한 여자였다. 그녀 때문에 나폴레옹은 "폴란드를 러시아의 멍에에서 해방시키라!"는 슬로건 아래 모스크바로 출발하였던 것이나 결국 파멸로 끝나고 말았다. 그가 그녀에게 집착했던 이유는 육체적 매력 때문만은 아니었다. 그녀를 통해 나폴레옹은 자신도 아이를 가질 수 있다는 힘이 있다는 증거를 얻었던 것이다. 그녀는 나폴레옹의 아이를 하나 낳았다. 그 전에 많은 첩들 중 하나가 그의 아들로 추정되는 아이를 출산했지만, 그녀는 몸가짐이 너무 가벼웠고, 게다가 사기죄로 2년 형을 살고 나온 남자의 첩이었다는 점이 마음에 들지

입지를 위해서 오스트리아의 황녀 마리 루이즈와 결혼하고자 했다. 조세핀은 나폴레옹에게 이혼을 통보받았을 때 충격을 받아, 눈물을 흘리고 졸도까지 했으며 이혼하지 않겠다고 버텼다고 한다. 나중에 상황이 돌이킬 수 없음을 안 아들 외젠의 설득으로 이혼에 동의했다고 하는데 주변 사람들의 증언에 의하면 졸도한 건 완전히 쇼였다고 한다. 젊어서부터 많은 시련을 겪었던 경험이 있어 그 정도 일로 졸도할 만큼 심약한 성격이 아니었다. 그러나 당시의 사교계 여인들의 필수 스킬에는 '기절하기'가 있었다. 남자들이 결투 등 남성스러움을 과시하는 문화가 있듯이 여자들은 충격을 받으면 기절하는 여성스러움을 과시하는 문화가 있었던 것이다.

않았었다. 그러나 그 아들에게도 백작 칭호를 주었으며 유언장에 재산의 일부를 준다고까지 적기도 했다. 하지만 공개적으로 아버지라는 사실을 인정하지는 않았다.

그러나 발레우스카의 경우는 의심이 필요 없었다. 그녀가 낳은 아이는 확실히 나폴레옹의 핏줄임을 알았던 것이다. 조세핀과의 12년에 걸친 결혼생활에서는 아이가 전혀 없었지만, 그녀는 첫 번째 결혼에서 생긴 아이들이 있었으므로 아이가 생기지 않는 원인은 나폴레옹에게 있는 것으로 간주되었다. 그렇기 때문에 언제나 그의 마음을 아프게 했던 비난을 이제는 부정할 수 있었던 것이다. 이후 그는 제위 계승자를 얻기 위해 조세핀과 이혼하고 왕녀와 결혼할 생각을 품게 되었다. 외교관들은 러시아 알렉산더 황제의 열여섯 난 누이동생을 떠올렸다. 그러나 페테르부르크궁정이 갈팡질팡하고 있는 사이에 러·프 동맹이 맺어질 것을 염려한 메테르니히[96]의 방해로 이루어지지 못하고 대신 오스트리아 프란츠 황제의 열일곱 살 난 딸 마리 루이즈를 추천받았다.

마리 루이즈는 나폴레옹이 좋아하지 않는 타입이었다. 그녀는 격식에 치우쳤으며, 열네 살이나 많은 구혼자(나폴레옹)보다 머리 하나 정도는 더 커 보였다. 하지만 즉시 "손에 넣을 수 있는 여자"였다. 그래서 시장에서 거래하듯 서둘러 약혼식을 치르고, 빈에서는 신랑 없이 대리인만으로 결혼식을 올렸다. 그 뒤 마리 루이즈는 궁정 마차에 실려 파리로 운송되었다.

왕녀를 얻는 다는 것은 색다른 일이었다. 그는 지금까지의 연애에서 그

---

96) 메테르니히(1773~1859) : 오스트리아의 정치가이며 외무장관을 역임한 보수주의 옹호자였다. 그 때문에 나폴레옹을 격파한 유럽 국가들의 동맹이 형성되는 것을 도왔고 1814~1815년에 있던 빈 회의를 주재하면서 오스트리아를 유럽의 주도국으로 복귀시켰다.

렇게 신분 높은 여자를 상대해본 적이 없었다. 그가 밤을 함께 보냈던 여자들은 대개 화류계여자나 여배우, 오페라 가수, 무용수, 줄타기 하는 곡예사, 소시민 계급의 소녀, 신하의 아내, 궁정에 있는 여자들이었으며, 아주 드물게 귀족 가문의 여자를 상대해 본 정도에 불과했다. 나라의 흥망이 그의 손아귀에 달려 있다고 보아도 좋을 만한 작은 왕국의 왕녀와도 자본 적이 없었다. 그는 성과 정치를 엄격하게 구별했던 것이다. 발레우스카 역시 결국 그에게 아무런 부담을 주지 않는 공적인 지위가 없는 여자에 불과했던 것이다. 하지만 이제는 성생활보다 국가 정책을 앞세우게 됐고, 침실에서도 스페인과 오스트리아의 궁정의식에 따라야 하는 처지가 된 것이다.

여자와 함께 동침을 해도 정복자 역할을 해야 직성이 풀리는 남자에게 있어서는 큰일이었다. 그는 새로운 아내가 도착하는 것을 집에서 기다릴 수 없었다. 직접 마중을 나가 결혼식 종이 울리기 전에 그녀를 아내로 만들려고 생각했다. 이렇게 그는 마리 루이즈를 맞이하러 나갔고, 국도에서 그녀의 마차로 갈아탄 뒤 콩피엔 성의 교회에서 정식으로 올리기 전에 그녀와 동침했다. 나폴레옹은 이 기습적인 동침에 아주 만족했던 모양이었다. 다음날 아침 측근에게 이렇게 말했다고 한다. "자네 결혼할 생각이라면 독일 여자와 하게. 독일 여자가 세상에서 제일 좋다네. 착하고 순진하고 장미처럼 싱싱하거든"

그러나 마리 루이즈의 '순진함'은 오래 가지 않았다. 나폴레옹이 엘바섬으로 유배되자마자 그녀는 오스트리아에서 함께 온 기병대장인 나이페르크에게 몸을 맡겼던 것이다. 그리고 나폴레옹의 공식적인 아내였음에도 애인의 사생아를 출산했다. 물론 그녀는 걱정했지만, 빈의 궁정에서는 나이페르크가 자신의 사명을 다한 것으로 여기고 조금도 화내지 않았다. 오히려 각종 훈장을 수여할 정도였다. 그런 만큼 아주 간단하게 나폴레옹과의 관계를 청산할 수 있었다.

　나폴레옹도 스스로를 위안하려고 노력했다. 운명적인 타격임에도 불구하고 마음은 패기에 넘쳤으며, 여전히 사랑을 필요로 하고 있었다. 엘바 섬에서 그는 세 명의 애인을 만들었고, 세인트 헬레나 섬에서는 병이 들었을 때도 문지기의 열다섯 살짜리 딸과 관계를 맺었으며, 그 외 두세 명의 여자와도 깊은 사이였다.

　그의 마지막 사랑의 노래는 위대했다. 죽기 직전에 그는 마리 루이즈에게 자신의 심장을 선물하겠다는 뜻을 남겼고, 죽은 뒤 알코올에 담가 "그녀를 사랑했고, 또한 계속 사랑해 왔다는 사실"에 대한 증거로 왕비 앞으로 보내도록 유언을 남겼던 것이다.

카를 마리아 폰 베버(Carl Maria von Weber, 1786~1826)
『무도회의 권유』
몸을 밀착시키는 '왈츠(waltz)'의 등장은 혼전성교를 부추겼다

무도회의 열풍과 맞선

낭만주의 시대만큼 시와 음악이 성적으로 강한 견인력을 발휘했던 시대는 없었다. 시구와 음률이 미약과 같은 작용을 하게 되었던 것이다. 시와 음악은 여자들에게 사랑의 몸살을 앓게 했으며, 남자들을 미치게 만들었다. 이런 재주를 타고난 천재들은 동경의 대상이 되었다. 음악과 시의 거장은 그 시대의 황제였다. 사교계의 귀부인이 대 피아니스트에게 홀딱 빠져도 그녀의 남편은 화를 내지 않았다.

카를 마리아 폰 베버

하지만 예술과 성 사이에 이처럼 자유로운 결합이 허용하고 관대하게 넘길 수 있었던 것은 한정 된 일부 계층뿐이었다. 소시민계층의 부모들은 딸이 시인의 뮤주(예술의 신)가 되거나 화가의 모델로 뽑히면 순결이라도

잃는 것처럼 화를 냈다. 그리고 한정된 이 상류계급과 소시민 사이에는 부르주아계급이 있었다. 이들은 돈의 힘으로 정치적인 권력을 손에 넣었다. 오스트리아의 프로이센처럼 부르주아 계층이 권력을 잡지 못한 나라에서도 이들은 권력을 얻으려고 열망했다. 그만큼 정치적인 힘은 돈이라는 것에 대하여 전보다 높은 가치를 부여했다. 낡은 계급적 특권이 동요하기 시작한 이래 돈은 최고의 척도가 되었던 것이다.

새로운 가치 질서는 가정생활 속에도 반영되었다. 가족 재산을 공유하는 경향이 전보다 더욱 강해졌으며, 그런 만큼 아들과 딸의 결혼은 부모들의 관심사가 되었다. 지참금은 결혼에서 결정적인 요인이 되었다. 그것은 새로운 가정을 꾸미는데 필요한 원조금이 아니라 신부의 가치를 결정하는 사회적인 척도가 되었다. 결혼 상대자에게 많은 지참금을 줄 수 있는 남자는 사회적으로 인정받았다. 낭만주의 시대만큼 금전 결혼이 중요시 되던 시대는 없었다.

하지만 딸을 단순한 상품으로 취급했음을 의미했음을 의미하는 것은 아니었다. 그런 일이 가능했던 시대는 이제 물러갔던 것이다. 부모는 같은 신분의 청년들 중에서 신랑감 고르기를 원했고, 그런 부모의 의향에 따라 같은 신분의 젊은이들이 스스로 미리 예선을 거쳐 서로의 사람을 확인한 다음 미래 장인 될 사람의 승인을 얻어 결혼하는 식으로 패턴이 바뀌어 간 것이다.

그러나 도시의 소시민과 시골에서는 젊은이들의 교제가 원활하지 않았기 때문에 맞선이 성행했다. 결혼 후보자는 친척이나 이웃 사람, 때로는 직업적인 중매쟁이를 통해 딸의 부모가 사는 집으로 안내되어 친척들에게 검사를 받은 후에야 비로소 미래의 아내에게 소개되었다.

19세기의 많은 소설과 희곡이 맞선의 해학적인 면과 비극적인 결과를 자주 묘사했는데, 점차 집단적인 맞선으로 현태가 바뀌었다. 혼사를 눈앞에 둔 딸들은 부모와 함께 후보자가 모여 있는 장소로 갔다. 부자들의 경우는 온천 휴양소가 가장 좋은 기회의 땅이었다. 낭만주의 시대에 가장 유행했던 온천은 바덴바덴(Baden-Baden)이었다. 좋은 배필감을 만나려고 파리에서도 사람들이 몰려들었다. 하지만 이처럼 사치스런 온천여행은 중산층에게는 불가능한 일이었다.

그다지 부유하지 않은 가정의 딸들에게 가장 중요한 결혼시장은 무도회였다. 대도시에서는 무도회가 결혼창구 역할을 했다. 무도복과 각종 부속품들 특별히 만든 부채, 댄스 파트너의 이름을 적어둔 무도회 수첩, 댄스 레슨(이 시대에는 많은 춤이 발명되었기 때문에 배우지 않으면 안 되었다.) 등이 이 시대의 사교생활에서는 중요한 역할을 하였다. 베를린에서는 매주 궁정극장에서 공개적인 무도회가 열렸다. 이처럼 1820년대에서 1840년대에 걸친 무도회 열품은 결혼상대를 만나기 위한 장소가 되었다. 이처럼 분명한 목표가 있었기 때문에 검소한 시민들조차도 어떤 구실이든 만들어 딸을 무도회에 데려갔던 것이다.

그 당시 유행하기 시작했던 새로운 댄스는 좀 더 에로틱하게 바뀌었다는 점에서 이전의 춤과는 달랐다. 그 중에서 가장 성적으로 자극을 주는 것은 '왈츠'였다. 댄스와 성은 항상 밀접한 관계에 있는데, 양자의 결합정도는 제각기 달랐다.

신교가 승리한 이래 상류계층 사람들에게는 축제 때의 댄스가 금지되어 있었다. 17~18세기의 궁정, 요컨대 성에 매우 관대했던 시대에도 이 문제는 조심스러웠다. 기사들은 상대에게 손이나 팔을 내밀 뿐 그 이외의 접촉은 예의에 어긋나는 것으로 간주되었다. 출 출 때 어깨나 허리를 잡는 것은 농부들뿐이었다. 도시의 하층계급조차도 그러한 부패한 행동은 하지 않았다.

황홀경에 빠지게 하는 왈츠의 등장과 혼전성교

18세기 말엽이 되자 빠른 박자의 댄스가 등장했다. 이 춤은 남자가 여자의 허리를 꽉 잡고 빠른 속도로 돌면서 홀 안을 누비는 춤이었는데, 바로 왈츠였다. 독일의 낭만파 작곡가 폰 베버(Carl Maria von Weber)[97]가 『무도회의 권유』(1819)에서 그 리듬을 발견했고, 요셉 란너와 '왈츠 왕'의 아버지 요한 슈트라우스가 왈츠를 작곡한 뒤부터 많은 사람들을 이 춤을 통해 황홀한 기분에 빠져들게 하였다.

이 춤은 에로틱한 의미에 있어서도 아주 참신했다. 사람들은 이제 갈로파드(gallopade, 2/4 박자의 빠르고 경쾌한 헝가리 춤)나 빠른 댄스를 출 때처럼 미친 듯이 흔들어대거나 뛰어오를 필요가 없어졌다. 남자의 팔은 상대방 여자의 허리를 감싸 안고 여자의 손은 사랑을 고백할 때처럼 남자의 어깨에 손을 얹는다. 이전의 박자 빠른 댄스는 이른바 '매달리기'식 춤

---

97) 폰 베버 : 긴 이름을 갖고 있는 점에서 모차르트와 같았다. 그는 1786년 독일 북서부 지방에서 태어났다. 그의 어머니는 가극 가수이며, 아버지도 음악가이자 또 흥행주이기도 했기 때문에 어려서부터 가정에서 음악교육을 받으며 자랐다. 따라서 가족과 함께 여러 나라의 도시를 돌아다니며 가극생활도 충분히 맛보았다. 그런 점에서 그가 15세의 나이로 가극 「페터 시몰」을 작곡했다는 것은 그리 이상한 일은 아니었다. 폰 베버는 일행을 이끌고 독일을 중심으로 유럽 각지를 순회공연하고, 한편으로는 많은 곡을 만들었으며, 1823년에는 바덴으로 가 베토벤을 방문한 적도 있었다. 후에 영국으로부터 흥행 요청을 받고 런던으로 건너가 1825년부터 26년에 걸쳐 「오베론」을 완성했다. 1826년 결핵으로 런던에서 타계한 그는 대부분 가극 작곡에 힘썼으며, 많은 명곡을 남겼다. 특히 독일풍의 낭만파 가극을 창설하여 훗날 바그너를 낳게 하는데 공적이 매우 컸다. 가극 외에 피아노곡과 오르간곡도 만들었는데, 특히 피아노는 당시 일류 연주가로서 명성을 떨칠 정도였으며, 피아노 작품에도 뛰어난 곡이 있었다. 베버에게는 기악곡도 많지만 그의 전문은 역시 오페라였으며, 모차르트와 베토벤의 전통을 계승하여, 독일 오페라의 새로운 낭만파 단계를 개척하였다. 작품으로 피아노와 관현악을 위한 『콘체르트슈튀크 Konzertstück』 이외에도 대중적인 것으로 『무도회의 권유 Aufforderung zum Tanz』가 특히 유명하다.

이 없지만, 이제는 서로에게 의지하면서 음직일 수 있게 되었던 것이다. 춤추는 동안 두 사람은 줄곧 상대방의 눈동자를 응시하면서 사랑한다는 말을 속삭일 수 있게 되었다. 왈츠를 추는 동안에는 문자 그대로 일심동체가 될 수 있었던 것이다. 함께 온 어머니들도 딸이 약혼자가 될지도 모르는 청년과 함께 추는 모습을 보면서 만족스러웠다.

물론 이 춤에 대하여 항의하는 사람이 없었던 것은 아니다. 도나우 강변에서 유럽 전역으로 퍼진 이 댄스에 반대한 사람들은 청교도들뿐만이 아니었다. 그다지 인격적이지 못한 바이런 경[98]조차 이 춤의 난잡함에 대해 경고의 목소리를 낼 정도였다. 영국 신사들은 댄스를 하층민의 스포츠 정도로 여기고 있었다. 영국뿐만 아니라 파리에서도 저항은 컸다. 자유분방했던 청년기 이후에 점잖고 귀족적인 유미주의자(唯美主義者)가 되었던 뮈세는 사교계의 젊은 처녀들에게 그처럼 광적이고 노골적인 춤은 멀리하는 것이 좋다고 충고했다. 하지만 성적인 힘 앞에서는 어쩔 수 없는 일이었다. 왈츠에 대해서는 부모들도 젊은이들 편이었으므로 더욱 그랬다. 왈츠는 이후 몸을 더욱 밀착시키는 여러 형태의 춤이 나타나기 전까지 약 100여 년 동안 세상을 풍미하는 유일한 춤이 되었다.

이런 상황에 주의를 기울이며 자식들을 단속하고 또 단속했음에도 불구하고, 무도회장의 위험은 쉽게 지워지지 않았다. 흥분한 젊은이들은 자기들끼리 은밀한 약속을 하거나 성관계를 갖는데 열중했다. 그런 분위기

---

98) 남작 조지 고든 바이런(George Gordon Byron, 1788~1824) : 5대 바이런 남작이 죽자 뒤를 이어 6대 바이런 경이 되었던 그는 영국의 철학자이자 작가이다. 존 키츠, 퍼시 비시 셸리와 함께 낭만주의 문학을 선도했던 인물로 알려져 있으며, 바이런적 영웅이라는 인간상을 그의 대다수 작품에서 엿볼 수 있다. 그러나 도덕적으로 불미스런 과거, 오만함, 자기파괴적 행동을 보인다는 특징을 가진, 이상적이지만 결점이 많았던 인간상 또한 잘 보여주었다.

에 휩싸이자 많은 부모들이 걱정했는데 그 까닭은 당시에도 여전히 여자는 처녀의 몸으로 결혼해야 한다고 굳게 믿고 있던 시대였기 때문이었다.

그러나 실제로 그 당시에 순결한 상태에서 결혼하는 여자가 얼마나 됐는지는 알 수가 없었고, 또 결혼 첫날밤을 치르는 신부가 자신이 첫 남자가 아니라는 사실을 알게 된 남편이라도, 결혼을 취소한다는 것은 불가능했다. 그런데 사실 부모들이 더 두려워했던 것은 딸이 결혼 전에 순결을 잃어서는 안 된다는 것이 문제가 아니라, 사생아를 낳을지도 모른다는 걱정 때문이었는데, 이 문제가 외부에 알려지면 가문의 명예가 더럽혀 진다는 당시의 풍조 때문이었다.

41

토마스 로버트 맬서스(Thomas Robert Malthus, 1766~1834)
『인구론(An Essay on the Principle of Population)』(1798)
성교는 돈 있는 자들의 특권이다

가난한 자는 금욕이 유일한 방법

맬서스는 영국의 경제학자로 저서 『인구론』에서 "인구는 기하급수적으로 증가하나 식량은 산술급수적으로 증가하므로 인구와 식량 사이의 불균형이 필연적으로 발생할 수밖에 없으며, 여기에서 기근·빈곤·악덕이 발생한다"고 하였다.

어떤 시대이든 간에 나름대로 그 시대가 안고 있는 불안함을 가지고 있게 마련인데, 천 년 전에는 '최후의 심판'이, 5백

토마스 로버트 맬서스

년 전에는 '마녀'라는 악마가 공포의 대상이었다. 이에 비해 19세기의 공포는 '인구증가'였다. 이 공포를 사람들에게 심어준 인물은 영국의 목사 토머스 로버트 맬서스였다. 그는 "가난한 자는 살아갈 권리가 없다. 특히 아이를 만들 권리도 없다"고 주장했다. 그에 따르면 아이를 낳겠다는 의

지가 없는 성교는 죄악이므로, 결국 가난한 사람은 자신의 성 충동을 위안 받을 권리도 없다는 이야기가 되고, 성교는 유복한 자들의 특권이라는 것이었다.

그러나 맬서스가 그렇게 노골적으로 표현한 것은 아니었다. 오로지 도덕적인 관점에서만 문제를 제기하고, 그 같은 결론을 이끌어내는 것은 다른 사람들에게 맡겼다. 그러다 보니 그의 이론은 사람들의 귀에 좀 더 도덕적이고 훌륭하게 들렸던 것이다. 그는 다음과 같이 주장했다.

> "인간은 주체하기 힘든 성 충동에 시달리고 있다. 때문에 밭에서 자라는 곡식이나 목장의 가축들보다도 더 빠른 속도로 증가한다. 그리고 늘어난 인구 때문에 무수한 비참함, 전쟁, 악덕이 생겨난다. 그 결과는 매우 심각하고 염려스럽기 때문에, 가난한 사람들은 성 충동을 억제하고 아이 만드는 일을 자제해야 한다. 그렇지 않으면 반드시 불행을 피할 수 없게 될 것이다."

그는 또 『인구론(人口論)』 제2판에서 가난한 사람들을 향하여 이렇게 권유하고 있다.

> "만일 우리가 토끼에게 잠을 자도록 설득할 수 있다면, 거북이가 토끼를 쫓아갈 희망은 충분히 있다."

하지만 맬서스의 토끼는 도덕적이었다. 맬서스에게 있어서는 금욕생활을 하든지, 아니면 어린 토끼를 다시 세상에 내보내든지 둘 중 한 가지 방법밖에는 없었던 것이다. 그에 의하면 인간은 토끼보다 이성적이며, 도덕적이기 때문에 금욕 이외의 방법으로 성행위의 결과를 회피하는 것은 비도덕적인 일이었다. 때문에 성욕을 억제할 수 없는 인간은 될 수 있는 한 나이든 뒤에 결혼해야 하며, 인간은 어떤 경우에도 성교의 결과를 회피해서는 안 된다고 했다. 맬서스는 '도덕적인 억제'만이 인구문제를 해결할 수 있는 유일한 방법이라고 설명했다.

하지만 맬서스의 견해는 그의 생존 중에 몇몇 제자들에 의하여 수정되었다. 그들은 스승의 '인구론'을 인정하고, 사회적 견지에서 인구증가를 억제해야 한다는 견해에는 찬성했지만, 그 방법은 성 충동을 억제하는 금욕만이 다가 아니라고 주장했다. 성 충동은 자연스런 현상이며, 성욕을 억제하는 것은 자연을 거스르는 일이기 때문에, 임신을 회피하기 위해 성충동을 억제한다는 것은 부자연스럽고 비도덕적인 요구라는 것이었다. 그리고 그들(신 맬서스학파)은 대가족을 부양할 수 없는 부부에게 성행위를 자제하지 않고서도 아이의 수를 줄일 수 있는 방법을 가르쳐주는 것만이 인구문제를 해결할 수 있는 유일한 방법이라고 생각했다.

이들 신 맬서스학파는 성교를 삼가 하는 것만이 최고라고 말한 맬서스처럼 인생의 대부분을 금욕으로 보내고 성 본능이 쇠퇴하고 난 뒤에 결혼해야 하는 것이 아니라, 여성이 자신의 생리시기를 정확히 관찰한 뒤 일정한 기간만 성교를 피하면 그것으로 충분하다는 이론을 제기하였다.

사실 이 방법은 역사가 오래된 처방이었다. 2세기 무렵 로마에서 당시 가장 권위 있는 산부인과 의사였던 그리스인 소라누스(Soranus of Ephesus)가 이에 관한 지식을 알고 있었고, 책으로 펴내기도 했다. 하지만 사람들에게서 잊혀 졌다가 19세기가 되어서야 비로소 새로 발견되고 수정됐다. 맬서스는 이 사실을 알지 못했던 것 같았다. 만일 알았더라면 기꺼이 이 방법을 권장했을 것이다.

하지만 무엇보다 중요한 사실은 피임을 위한 모든 인공적인 수단을 엄격하게 부정하고 있던 가톨릭교회가 이 방법을 승인했다는 점이다. 사실 피임은 임신을 회피하기 위한 가장 '자연스럽고' 확실한 방법이었기에 인구가 급증가하는 1860년대에는 공식적으로 피임법을 승인하지 않으면 안 되었다. 물론 바티칸의 승인 하에 내려진 조치였지만, 랑스(Lens)[99]의 주교(主敎, 司敎)가 어느 프랑스 의사의 질문에 대하여 그 교구의 포고령에서 명확하게 이를 승인했던 것이다. 독일에서는 대표적인 가톨릭 의사 중에 하나였던 카벨만이 이 방법을 적극 권장했으며, 그의 이름을 따 '카멜반 방식'으로 불릴 정도였다.

어떠한 교육이나 도구 또는 의학도 필요하지 않는 가장 확실한 피임법은 윌리엄 굿윌 이래 '코이터스 인터럽터스(coitus interruptus)'로 불리는 성교 중절(性交中絶)이었다. 보다 더 정확하게는 여성 성기 밖에다 정자를 방출하는 일이다. 이 방법이 널리 유행하던 19세기 무렵의 프랑스에서는 '오나니즘 콘주갈(onanism conjugal)', 즉 "부부생활에서의 성교 중단(性交中斷)"이라고 불렀다.

코이터스 인터럽터스에 대하여 과거의 정신과 의사들은 좋지 않게 평가했다. 여성의 불감증과 남녀 모두에게 노이로제의 원인이 된다고 생각했던 것이다. 하지만 오늘날의 의사들은 별로 나쁘게 생각하지 않고 있으며, 게다가 이것이 피임을 위한 이상적인 방법이 아니라는 반론도 나오지 않고 있다.

성 충동은 억제하기 어려운 일이기 때문에 옛날부터 이를 폭력적인 방법으로 억제하려는 시도 역시 다양하게 행해졌다. 하지만 이 시기에 가장 중요한 문제는 산아 제한에 있었으므로 중세 후기에 유행했던 정조대는

---

99) 랑스(Lens) : 프랑스 북부의 도시

별로 도움이 되지 않았다. 남자도 여자처럼 성 충동에 약한 존재였기 때문이다. 따라서 맬서스의 의견을 만족시키려면 논리적으로는 남자에게도 자물쇠를 채워야 한다는 이야기가 된다.

실제로 1820년대에는 이 방법으로 맬서스가 말한 의미의 인구문제를 해결할 수 있다고 주장한 의사도 있었다. 물론 남자들에게 거세를 권장한 것은 아니고, 거세하지 않아도 일정 나이가 찰 때까지 성교가 불가능하도록 국부를 납땜하듯이 때우면 충분하다는 것이었다. 이를 위해서는 약간의 수술이 필요한데, 이 수술은 말레이시아 원시부족 사이에서 가끔 행해졌으며, 고대 로마에서도 잘 알려져 있던 국부 폐쇄 방법이었다. 그 방법은 포피를 앞으로 잡아당겨 철사로 꿰맨 뒤 철사 끝을 용접하고 단단하게 봉인해두는 방법이었다. 그리고 나서 봉인을 풀지 않으면 국부를 꿰맨 철사를 풀지 못하는 방법이었다.

이러한 방법을 주장한 것은 "결혼생활을 시작하기까지 생식행위를 금지하기 위해서"이며, 특히 결혼 이외의 성교로 생길 아이를 충분히 양육할 만한 능력이 없다고 판단되는 사람들이 결혼 전에 성적 접촉을 갖는 것을 방지하기 위해서였다. 따라서 "한 가정을 꾸려갈 만한 능력이 되지 못하는 사람들"의 경우에는 평생 봉인한 채 지내야 했다. 하지만 프러시아나 그 밖의 다른 나라에서는 의사의 이러한 제안을 받아들이려 하지 않았으므로 결국 인구문제는 여전히 미해결 상태로 남게 되었다.

피임기술의 발전과 진정한 여성해방

그러자 신 맬서스학파 사람들은 좀 더 새로운 방법을 이용했는데, 바로 콘돔의 사용이었다. 하지만 이것도 그들이 창안한 것은 아니었으며, 이

점에서는 로마인들이 한 걸음 앞서 있었다. 안토니우스 리베랄리스[100]의 『변신이야기』에는 콘돔에 관한 기록이 있다. 그러나 콘돔에 관한 상세한 설명은 16세기 들어서의 일이며, 이탈리아의 의사 가브리엘 파로비우스가 매독 예방수단으로 약물에 흠뻑 적신 린넬 콘돔을 씌운 후 성교할 것을 권장했다. 그 후 수세기 동안, 그리고 현대에도 콘돔은 주로 성병예방 도구로 이용되고 있다.

그러다가 기술적으로 훨씬 질 좋은 제품을 만들 수 있게 되었다. 프랑스에서는 어린 양의 맹장에서 얻은 얇은 막을 최상품으로 취급했는데, 이 '프랑스제 콘돔'이 전 세계로 수출되기도 했다. 19세기 말에는 동물 창자에서 고무 제품으로 바뀌었지만, 이는 오히려 기술적인 퇴보를 의미했다. 왜냐하면 전보다 두껍고 잘 찢어졌기 때문이다. 하지만 그 후 콘돔은 단지 성병 예방뿐만 아니라 피임을 위한 도구로도 이용되었다.

콘돔을 대신하는 피임 도구로 고안된 것은 정자가 자궁으로, 혹은 수태가 이루어지는 배란관으로 들어가는 입구를 막음으로써 원치 않는 임신을 피해보려는 방법이었다. 이것은 19세기의 발명가가 고안해낸 방법이었다. '페서리(pessary) 방법'[101]은 베를린의 의사 F. K. 비르디가 수태 방지의 수단으로 처음 발표했는데, 이런 종류의 피임기구로서 보다 완전한 것이 제작되기까지는 상당한 시간이 흐른 뒤였다. 사실 '페서리 방식'

---

100) 안토니노스 리베랄리스 : 기원후 100년에서 300년 사이에 활동한 것으로 추정되는 고대 그리스의 문법학자이다. 현존하는 유일한 작품은 《변신이야기》로, 그리스 신화에서 분노한 신의 저주로 인한 변신 설화를 간략하게 요약한 41가지 이야기 모음집이다.

101) 페서리(pessary) 방법: 모자 모양의 고무막 가장자리에 가느다란 피아노선(線)을 나선 모양으로 감아 넣어 링으로 만든 것(원형)을 8자형으로 찌그러서 질 안에 밀어넣어 자궁의 입구를 막아 정자가 들어가는 것을 방지하는 일종의 수정 저지법이다.

의 실질적인 창안자는 플렌스부르크(독일 북부의 도시)의사 멘징거였다. 1881년 그는 자신의 저서 『임의의 피임』에서 자궁 입구를 막는 새로운 방법을 발표했다. 처음에는 조심스러운 마음에 C. 하세라는 필명으로 발표했는데, 때마침 독일 밖에서 신맬서스주의가 승리를 거두고 있던 시기였기 때문에 멘징거는 유명 인사가 되었다. 때문에 앵글로색슨계 국가에서는 그의 이름이 이후 오래도록 페서리 기구와 동의어로 사용될 정도였다.

얼마 뒤에 영국의 약종상(藥種商) 리델이 직접 만든 질 삽입용(膣揷入用) 좌약(坐藥)을 팔기 시작하면서 피임수단은 한층 더 다양해졌다. 이 약은 카카오 기름과 키니네로 만든 것인데, 교접 직전에 질 속에 넣기만 하면 임신을 피할 수 있다고 말했다. 약의 효능은 의심스러웠지만, 어찌 됐든 이로써 피임기술의 또 하나의 분기점이 되었던 것이다.

이러한 방법보다 훨씬 효과가 있는 것은 성교 후의 질 세척이었다. 이 방법도 이미 로마시대부터 알려져 있었는데, 19세기가 되어 비로소 그것도 책으로 출간되어 영국에서 일대 소동을 일으켰던 미국 의사 찰스 노턴에 의하여 개량되었다. 그는 이 방법을 의학상의 수단으로 소개한 것인데, 그 결과 약간의 소독, 아니 그저 물에 씻는 것만으로도 기구나 화학적 피임제에 크게 뒤지지 않는 효과가 있다는 사실이 알려졌다. 특히 대부분의 나라에서는 건강보험으로 입수할 수 있는 관주기(灌注器, irrigator)가 피임용 수단으로 최상의 기구라는 사실이 알려졌으며, 이 분야의 많은 전문가들이 해롭지 않으면서 위생상 꼭 필요한 이 도구를 가장 좋은 피임수단으로 권장했다.

1821년 영국의 철학자이며 맬서스 인구론의 신봉자였던 제임스 밀 (James Mill)은 이렇게 말했다.

"현재 실제적이면서 가장 긴요한 문제는 출생 수를 제한하는 수단을 찾아내는 일이다."

그 후 1세기 이상이 지났는데도 여전히 해결책을 발견하지 못하고 있지만, 원하지 않는 임신이 격감한 것만은 확실하다. 임신은 이제 자신의 의지대로 좌우할 수 있게 되었다. 그리고 성 본능과 생식본능은 로마시대 이래 그 예를 찾아보기 힘들 만큼 뚜렷하게 구별되기에 이르렀다.

본질적으로는 법률을 조금도 바꾸지 않고 성의 혁명이 일어났으며, 그 영향은 사회생활이나 사생활에서 크게 나타났다. 맬서스 시대에 인구증가로 겁을 먹었던 것과는 반대로 이제는 인구감소가 시대적인 위협이 되었다. 예를 들어 프랑스에서는 1840년대부터, 영국에서는 1880년대부터, 다른 문명국에서는 금세기 초엽부터 이 문제가 시작되었다. 이전에는 장의사와 산파의 고객이었던 다산(多産)가정에서 둘이나 셋밖에 낳지 않는 소규모 가정으로의 이행이 몇 세대씩 계속 이어져 내려왔다. 이는 특히 여성에게 있어서는 크나큰 생활양식의 변화였다. 여자들은 더 이상 '애 낳는 기계'가 아니었다. 여자들은 일찍이 볼 수 없을 만큼 여유를 가지고 가정생활에서, 또는 사회의 각 분야에서 활약하게 되었다. 더 이상 하녀가 필요 없어 졌으며, 결혼을 하고 나서도 자신의 직업을 갖게 되었다. 진정한 여성해방은 침실과 욕실에서, 즉 성생활의 합리화에서부터 시작되었던 것이다.

42

스탕달(Stendhal, 1783~1842)
『연애론』
결혼에 대한 최상의 준비는 '혼전성교'이다.

너무나 여성을 이해했기에 사랑에 실패한 기사도적 사랑 몽상가

스탕달에게는 연애가 인생 최대의 관심사였다고 한다. 사랑의 행복 없이는 명예, 재산, 쾌락도 아무 소용없다고 생각했던 것이다. 그가 경험한 연애 가운데 가장 강렬했던 것은 1818년 밀라노 사교계에서 만난 마틸드와의 연애였다. 스탕달은 그녀에게 헌신적인 사랑을 바쳤지만 마틸드가 스탕달을 사랑했는지는 불확실하다. 스탕달 연구가들의 견해를 보면 대체로 부정적이지만, 스탕달은 그녀를 평생 동안 사랑했고, 이 사랑을 이룰 수 없게 되자 그의 가슴속에 점점 더 이상화되어, 결국 『연애론』을 쓰게 되었다는 것이다. 『연애론』은 그가 정열을 다 쏟아 부었으나 이룰 수 없었던 비극적인 연애를 하면서 생각이 날 때마다 두서없이 쓴 단편들을 모은 것이다.

스탕달

스탕달은 이 책에서 연애에 대한 어떤 특정한 결론을 이끌어 내려고 하지 않았다. 그 때문에 오히려 남녀 모두에게 공감을 얻을 수 있었다. 특히 그가 이혼의 자유, 여성 교육의 중요성, 여성 해방 등 여성의 사회적 지위에 관해 펼친 견해는 시대를 앞서가는 모습을 보여주었다. 『연애론』에서 다루고 있는 사랑은 정신주의적 플라토닉 러브의 색채가 강한 것으로 평가되고 있으며, 스탕달이 대부분의 소설에서 보여 주고 있는 숭고하고 기사도적인 사랑이 바탕을 이룬다고 할 수 있다.

스탕달은 그의 인생을 몽상할 때마다 "행복을 추구하는 수단으로" 예술과 사랑에 모든 것을 바치고자 했다. 그러나 이와 정반대로 그는 다사다난한 삶을 살게 된다. 정말 사랑하던 어머니의 죽음 이후로 그는 자신이 경멸하던 아버지, 그리고 사랑하던 할아버지와 함께 그르노블[102]에서 살면서 억압적인 유년시절을 겪게 되고 그로 인해 고통을 받았다.

프랑스 육군 중사로 예편한 그는 프랑스 사실주의 문학의 시조로, 나폴레옹의 이탈리아 원정 이래 이탈리아 예찬자가 되었으며, 독특한 연애관에 의한 최초의 소설 『아르망스』를 써서 문단에 등장했다. 최초의 사실주의 소설이라고 불리는 『적과 흑』을 써서 왕정복고기의 특권계급에 도전했고, 『파르므의 승원』[103]에서는 전제군주에 대하여 날카로운 비판을 퍼부었다.

---

102) 그르노블 : 프랑스 알프스 산맥 최서단 지역의 도시로서 산으로 둘러싸여 있다. 알프스답게 눈 덮인 산들을 곳곳에서 볼 수 있고, 따라서 겨울 관광으로 매우 유명하다

103) 『파르므의 승원』(La Chartreuse de Parme) : 1839년 출판된 스탕달의 장편소설이다. 16세기 이탈리아 고서(古書)를 골자로 하여 겨우 2개월 만에 써버린 작자 원숙기의 작품이다. 발자크가 격찬하여 스탕달이 생전에 인정을 받았던 유일한 작품으로 유명하다. 나폴레옹을 동경한 대귀족의 아들 파브리스는 워털루 전투에 참가한 때문에 음모의 와중에 휩쓸린다. 그를 돕는 정열적인 상세베리나 공작부인과, 기지에 찬 그의 여인 모스카 백작, 파브리스를 사랑하는 수줍고 상냥한 크레리아 등 네 사람에게 던져진 전제정치의 어두운 그림자를 그렸다. 결투, 탈옥, 독살의 여러 사

스탕달의 생애를 보면, 7세 때 어머니를 잃은 그는 애정을 주지 않는 완고한 아버지, 위선적이고 까다로운 숙모, 엄격하기만 한 가정교사 신부 밑에서 굴욕적이고 증오에 찬 소년시절을 보냈다. 대신 어머니 쪽 친척인 가니용가(家)의 사람들로부터 정신적 영향을 받으며 자랐는데, 그 중에서도 외할아버지로부터 18세기 계몽주의사상의 영향을 받았다. 16세 때 나폴레옹 군에 입대하였으나 1814년 나폴레옹이 추방되자 군대에서 나왔다. 모차르트·로시니의 음악과 이탈리아 미술을 좋아하였으며, 각지를 여행하면서 소설·평론·여행기 등을 썼다. 정열적인 이탈리아의 풍물을 사랑하였고, 자신처럼 아무것도 구속받지 않고, 자기의 행복을 좇는 정열적인 주인공이 등장하는 소설을 썼다. 그는 사람 마음의 움직임을 아무리 보기 싫은 것이라도 있는 그대로 표현하여, 발자크와 함께 리얼리즘(사실주의)의 개척자로 알려졌다. 생전에는 거의 아무에게도 인정받지 못하였으나, 지금은 프랑스 19세기 최대의 작가로 손꼽히며, 그의 문학을 '벨리슴'[104]이라고도 부른다. 그는 신병으로 1842년 3월 뇌출혈로 사망하였다. 대부분의 삶을 이탈리아에서 보낸 스탕달은 이탈리아를 제2의 고향으로 사랑하며 묘비명에 자신을 '밀라노인'이라고 표기하게 했다.

스탕달의 죽음을 둘러싼 상황은 가정과 사회에서 행복을 얻는 전통적 비결을 마음에 항상 간직하고 있으면서도 거기에 결코 따르지 않은(또는 따르지 못했던) 한 사람의 생애를 상징하는 것으로 쉽게 해석할 수 있

건이 전개된 뒤에 파브리스의 아들을 잃은 크레리아는 절망으로 죽고 파브리스는 수도원으로 들어간다는 내용이다.
104) 벨리슴(beylisme) : 19세기 프랑스 작가인 스탕달이 작품 속에서 표방하였던 처세 철학을 말한다. 스탕달의 본명인 '벨(Beyle)'에서 온 말로 권력 숭배와 행복의 추구가 근본 원리이다.

다. 그는 일정한 주소나 직업을 가져본 적이 없었다. 그에게는 집도 자식도 없었고, 심지어는 애인도 없었다고 말할 수 있다. 1808년에 누이 폴린(그는 폴린에게 모든 것을 숨김없이 털어놓았고, 마르세유와 독일에서 많은 편지를 써 보냈음) 마저 결혼한 뒤에는 가족 하나 없는 혈혈단신이 되었다. 그러나 천성적으로 친밀한 관계를 갈망했고 대다수 사람보다 훨씬 더 간절히 우정을 유지하려 애썼다. 그런데도 오늘날 입수할 수 있는 모든 문서자료에 따르면, 그의 친구들은 그에게 진정한 공감을 거의 보이지 않았고, 그의 본성을 전혀 이해하지 못했던 것 같았다. 따라서 스탕달의 본명인 가장 근본적인 삶(그의 생각과 환상, 감정의 전기)은 스탕달이라는 이름으로 발표한 소설 속에서 영위되었다고 할 수 있다. 이 책들은 근본적으로 같은 젊은이의 같은 이야기를 다루고 있다. 소설들은 서로 다른 무대 속에 펼쳐진 앙리 벨의 환상이며, 어른이 되기를 거부하는 한 젊은이의 이야기가 대부분이다. 소설 주인공인 젊은이의 매력은 주위 사람들에게 영향을 주고, 그들을 매혹시키고, 그들의 마음속에 질투심을 심어주기도 했다. 그의 주인공들(『적과 흑』의 쥘리앵, 『파르므의 승원』의 파브리스, 『아르망스』의 옥타브)은 각기 다른 사회에 나타나 다른 공동체의 일원이 되지만, 그들의 욕망과 감수성 및 그들이 필요로 하는 것은 모두 똑같았다. 그들은 스탕달이 상상하는 스탕달 자신이며, 따라서 이 소설들은 일종의 자서전인 셈이다. 그는 이런 소설로써 자신의 감정을 달랬던 것이다.

혼전성교는 결혼에 대한 최상의 선택이며 준비수단이다

스탕달은 성생활에서의 국민적인 차이를 좀 더 현실적으로 보고 있었다. 그는 인습과 허영 때문에 왜곡된 프랑스의 성도덕과 자연스럽고 이성적인 독일의 연애생활을 비교하면서 독일에서는 아버지들이 의논하고 어머니들이 철없는 장난으로 시간을 보내고 있는 사이에 젊은 사람들은 아무런 구속 없이 춤을 추며 즐긴다고 했다. 그들은 베른 상류지방의 성 도덕을 좋아했는데, 그곳에서는 양가 부모의 동의하에 젊은 남녀의 혼전동거가 허락되었기 때문이었다. 그것은 자신들이 과연 잘 어울리는지 어떤지를 시험해보는 기간이었다.

이러한 생각은 이룰 수 없는 사랑을 해온 자신에 대한 비관적인 생각이 기저에 깔려 있기 때문이 아닌가 한다. 즉 사랑에 대해 많은 것을 부여하고 그 때문에 괴로워하고 질투하고 욕망과 감수성에 고민하는 자신을 보면서 아무런 생각 없이 동거하면서 서로를 관찰하는 베른 상류층의 성 의식을 동경해서 였기 때문이라고 본다.

스탕달의 전기 작가들은 그의 성격과 그가 종사한 직업의 다양한 측면을 묘사하면서, 끊임없이 '실패'라는 낱말을 사용했다. 그는 연인으로도 실패했고, 군인으로도 실패했으며, 작가라는 천직에서도 실패했다. 그러나 오늘날에는 거의 모든 비평가들이 그를 발자크·플로베르와 더불어 19세기 프랑스의 가장 중요한 작가로 인정하고 있다. 젊은 독자층, 특히 프랑스·영국·미국의 젊은 독자들은 발자크나 플로베르보다 스탕달한테서 훨씬 더 솔직한 이야기를 들을 수 있다고 생각했던 것 같았다.

스탕달의 글은 수많은 역설적 갈등과 욕망이 뒤섞인 그의 인간성과 생각을 놀라울 만큼 많이 반영하고 있다. 그는 "행복한 소수"는 인습에 얽매이지 않는 사람, 비굴함 속에서는 행복을 찾지 못하는 사람, 감각과 본능이 이끄는 대로 따라가는 사람들이었다. 그의 소설에 나오는 주인공들은 자신이 살고 봉사하는 세계에 반항하는 인물로 제시되어 있다. 행복을 추구하는 과정에서 스탕달은 세계를 맞서 싸워야 할 적으로 간주하고, 세계와 싸울 때는 세계가 적이라는 사실을 충분히 인식해야 한다고 생각했다.

이러한 스탕달의 견해는 프랑스처럼 딸에게는 아무것도 허락되지 않는 나라에서는 지나치게 대담한 것이었다. 물론 스탕달의 의견에 찬성하는 사람은 없었다. 일반 사람들은 오노레 발자크(Honore deBaozac)[105]라는 이름의 무명작가가 『결혼의 생리학』이라는 제목으로 발표한 저술에 더 관심을 보였다. 하지만 당시 서른도 되지 않은 발자크가 이 책에서 말하고 있는 의견도 스탕달의 견해와 크게 다르지는 않았다. 발자크의 말을 빌리면 남자들은 결혼 전에 여자의 생리학을 알아야 하는데, 구체적으로 살아 있는 상대를 통해 배워야 한다는 것이었다.

발자크가 말한 몇몇 경구들인 "결혼의 운명은 첫날밤에 결정된다."라든가, "나이를 먹고 싶지 않다면 남자는 여자를 멀리해야 한다"는 말 등은 유명하지만, 이들 말을 빼고 나면 그는 역사에 별로 기여한 것이 없었던 것이다.

이들과 비교할 때 스탕달의 연애의 쓰라린 아픔은 인생 자체였다. 일생 단 한 번의 열정적인 연모의 정을 연상의 이혼녀 마틸드에게 쏟고자 했으나 끝내 거부당하자 진실한 고백을 담아 『연애론』을 썼던 데서 알 수 있다.

마틸드라는 백작부인이 스탕달같이 인간미 넘치는 평등주의자이며 감성이 풍부한 페미니스트의 구애를 어떤 까닭에 거부했는지는 기록이 없어 확인이 어렵다. 스탕달은 화려했던 여성편력에도 불구하고 미틸드라는 한 여인을 향한 연애에 성공하기 위해 느꼈던 감정들을 절묘하게 표현했다. 사랑으로 인한 최고의 행복은, 사랑하는 사람의 손을 처음으로 잡는 일이다. 사랑을 위해서라면 잠시의 희망이나 착각이 하루나 이틀 후 절망

---

105) 발자크(1799~1850) : 프랑스의 소설가로 방대한 양의 장편 및 단편소설들로 이루어진 『인간희극』이라는 연작을 발표했다. 정통적인 고전소설 양식을 확립하는데 이바지 했고 가장 위대한 소설가 중의 한 사람으로 꼽는다.

으로 바뀐다 해도 아주 작은 희망만으로도 사랑은 끊임없이 지속될 것이다. 사랑하는 사람을 볼 때마다 새로운 아름다움을 발견하는 기쁨으로 가득해진다. 다가가면 멀어지고 멀리하면 돌아보는 남자와 여자의 심리, 사랑을 갈망하는 방식이 본질적으로 다르다. 사랑에 빠진 남자는 로맨틱해진다고 했다. 행복을 꿈꾸고 있기 때문이다.

스탕달이 연모의 정을 품었던 평생의 연인 마틸드 뎀보스키는 폴란드 출신이며 백작인 남편과 별거 중이었고 아들이 둘이나 있었는데도 스탕달의 플라토닉한 구애를 거부했다. 그녀가 35살이란 젊은 나이에 죽자 스탕달의 슬픈 연정은 결국 짝사랑으로 끝이 났다.

사랑했지만 연애에는 결국 실패해 입술을 깨물며 연애의 이론을 써낸 스탕달은 본래 글쓰기는 물론 음악과 미술에도 탁월한 재능이 있어 많은 여성들과의 염문을 뿌려왔다, 그러다 비밀 혁명조직에 가담해 국외로 쫓겨났다가 거리에서 쓰러져 59살의 나이로 생을 마감했다. 이처럼 이룰 수 없는 사랑에 인생을 허비한 스탕달이었기에 그는 아무런 의식 없이 자유분방하게 결혼 전 동거하며 서로를 안 다음에 결혼에 골인하는 그런 분위기를 동경했던 것이 아니었을까?

43

조르주 상드(George Sand, 1804~1876)
『렐리아』
'사랑의 여신'이 되어 여성해방운동의 투사가 되다

가장 철저했던 성욕의 여신

사랑의 법칙은 역학의 법칙보다 훨씬 더 복잡하다. 육체와 정신 사이의 미묘한 관계를 발견하고, 자연 과학자처럼 이것을 기록했던 에로틱 세계의 갈릴레이와 같은 존재는 오로르 뒤드방(결혼 전의 성은 뒤팽)이라는 여성이었다. 그녀는 조르주 상드(George sand)[106]라는 필명으로 백여 권

---

106) 조르주 상드(1804~1876) : 파리에서 태어나 4세 때 아버지를 여의고 중부 프랑스의 베리주 노앙에서 할머니 손에서 자랐다. 루소를 좋아하는 고독한 소녀 시절을 보냈다.[1] 1822년 12월 10일, 18세 때 지방의 귀족인 뒤드방 남작과 결혼하였으나 행복한 결혼 생활은 오래 가지 못하고, 1831년 두 아이를 데리고 집을 나와 파리로 옮겼다. 1832년 친구의 권유로 신문소설 『앵디아나』를 써서 일약 유명해지면서부터 남장 차림의 여인으로 문인들 사이에 끼어 문필활동을 계속하였다. 그의 자유분방한 생활은 남들의 이목을 집중시켰으며, 특히 시인 뮈세와 음악가 쇼팽과의 모성적인 연애사건은 너무나도 유명하다. 상드는 이처럼 72년의 생애 동안 우정과 사랑을 나눈 사람들이 2,000명이 넘는 신비와 전설의 여인이었으며 정열의 화신이었고 '사랑의 여신'이었다. 그의 일생은 모성애와 우애와 연애로 일관된 자유분방한 생애로서 그야말로 낭만파의 대표적 작가다운 모습을 보여 주고 있으며, 선각적인 여성해

이 넘는 소설을 썼는데, 젊은 시절에 쓴 두세 권의 작품은 지금도 문학사뿐만 아니라 성 과학에서도 탁월한 지위를 차지하고 있다. 그녀는 절대적인 행복을 사랑 속에서 구하지 않는 낭만주의자였으며, 수많은 남자들에게 몸을 맡겼지만, 어떤 남자에게서도 만족을 얻지 못했다. 그러나 자학주의자(마조히스트, masochist)는 아니었다. 그녀가 고민했던 것은 세계

조르주 상드

관이나 도덕적인 문제가 아니었으며, 수많은 남자 동업자와 애인들 같은 속물주의(snobbism)도 아니었다.

상드는 치렁치렁한 머리와 깊숙한 눈, 단아한 용모, 균형 잡힌 몸매를 가진 매우 아름다운 여자였다. 조상은 유명한 귀족이었으며, 그녀 자신도 그 사실을 항상 자랑스럽게 여겼다. 하지만 어머니 쪽은 미미한 가문이었고, 그녀의 어머니 역시 비천한 출신의 가수였다고 한다. 애인을 번갈아 바꾸었던 상드의 자유분방함은 이 같은 모계 혈통으로 설명될 수 있다. 하지만 집안 내력을 알았다고 해서 그녀를 전부 이해할 수는 없다. 그녀는 수도원에서 교육을 받았고, 열여덟 살 때 남작과 결혼했다. 출발은 순조로운 듯 보였다. 이들 부부는 아이 하나를 얻었고, 그녀는 상냥한 어머니였다.

그러한 그녀에게 최초의 애인이 나타났는데, 그는 동굴 속에서 머뭇거

방운동의 투사로서도 재평가되고 있다. 작품으로는 『발랑틴(1832)』, 『렐리아(1833)』, 『모프라(1837)』, 『스피리디옹(1839)』, 『리라의 rgus(1840)』 등이 있다.

리며 그녀에게 키스하는 정도로 만족해야 하는 재판소 직원이었다. 다음 애인은 좀 더 대담했는데 오로르의 둘째 남자는 아버지처럼 나이도 있고 여자를 다룰 줄 아는 능숙한 남자였다. 세 번째 애인이며 작가인 주르 상드는 그녀를 설득하여 질투심 많은 남편(남작) 곁에서 지내야 하는 시골 생활을 단념하게 만들었다. 그녀는 짐을 꾸려 파리로 갔고, 생활비를 벌기 위해 처음으로 글을 쓰기 시작했다. 이후 죽는 날까지 매일 20페이지 씩 썼다. 그녀는 이 작업을 매우 소중하게 여겼기 때문에 글을 쓸 줄 모르는 남자들을 경멸했다. 물질적으로 애인들에게 기대지 않고 살아가기 위해 그녀는 몸을 아끼지 않고 일했다. 그녀는 남자들에
게 동거생활이 얼마간이나 되었든 절대적인 복종을 요구했고, 특히 성생활에서 복종을 강요했다.

조르주 상드는 『렐리아(1833)』라는 소설에서 여자로서는 보기 드물게 밤의 고민을 솔직한 표현으로 묘사했는데, 다음은 정열적인 고백의 한 구절이다.

> "나는 그이와 나란히 누워 자면서 어떤 식으로도 가라앉지 않는 갈망을 느끼고 있었다…… 그이가 깊은 잠에 빠졌을 때, 나는 꼼짝도 않고 투명하게 맑아진 머리로 누워 있다. 이런 상태로 자고 있는 그를 얼마 동안 바라보았을까? 내게는 아름답게 보이는 이 남자!…… 나는 그를 흔들어 깨워 한없이 애무 받고 싶다는 강한 욕망에 사로잡혔다. 하지만 나는 터무니없는 이 욕망에 항상 저항해왔다. 그에게 이런 갈망을 채워줄 힘이 없다는 것을 잘 알고 있기 때문이다…… 꿈속에서 나는 종종 그와 함께 어디론가 사라지는 듯한 기분이 들 때가 있었다. 그럴 때면 필설로 다 하기 어려운 쾌락의 흐름 속을 떠돌았다. 나는 녹초가 된 팔을 그의 목에 휘감은 채 그의 가슴에 쓰러져 뜻도 없는 말을 중

얼거렸다. 하지만 그가 눈을 뜨면 나의 행복은 끝장이었다. 나는 다시 잔혹하고 맹수처럼 게걸스런 남편을 발견한다. 나는 전율을 느끼고 도망친다. 하지만 그이는 나를 좇아와 마음대로 자신의 잠을 방해했다고 주장하면서 죽은 사람처럼 무기력한 아내의 허리 위에서 쾌락을 탐닉하는 것이다.”

그녀가 원했던 것은 하나의 완전한 여성이었다. 그녀가 남자 이름을 사용했다는 사실, 남장을 하고 담배를 물고 다녔다는 사실은 얼마 동안 사람들의 시선을 끌기 위한 책략에 불과했는지도 모른다. 하지만 그런 선전은 더 이상 필요하지 않았다. 초기의 소설이 그녀를 유명인사로 만들었기 때문이었다. 그럼에도 불구하고 이후에도 남장을 하고 남자처럼 행동했던 것은 그녀의 내면에 있는 남성적인 요소에 어울렸기 때문이다. 그녀는 여자 친구에게 남자처럼 연애편지를 써 보냈다. 파리의 여배우이며, 신문기자의 아내였고, 동시에 알프레드 빅토르 드 비니(Alfred Victor, comte de Vigny)[107]의 정부이기도 했던 그녀는 분명히 동성애에 대하여 흥미가 없었던 듯하다. 다른 여자들과도 플라토닉한 우정 이상으로 발전하지는 않았기 때문이다.

---

107) 알프레드 빅토르 드 비니(1797~1863) : 프랑스의 낭만파 시인·소설가·극작가로 위고의 권유로 시를 쓰기 시작하여 1826년 『고금 (古今) 시집』을 발표하였다. 소설로는 리슐리외에 대한 음모를 쓴 『생 마르(Cing Mars)』(1826년) 와 시인과 사회의 대결을 그린 『스텔로』(1832), 군인의 비참상을 묘사한 『군대의 복종과 위대함』을 냈다. 몇 편의 시 가운데 그는 여성이 남성을 얕보고 신도 자연도 인간에게 냉정하지만, 그 가운데서도 인간은 명예를 최고의 이상으로 생각하고 묵묵히 자기의 할 바를 다 하지 않으면 안 된다고 했다. 이들 시는 죽은 뒤 『운명 시집』(1864년)으로 출판되었다.

남자를 마셔버리는 색광

실제로 어떤 남성에게도 만족해본 적이 없었지만, 사람들은 그녀를 남자에 미친 여자, 남자를 마셔버리는 색광으로 여겼다. 1930년대에는 그녀와 함께 자는 것이야말로 지성인이라는 증거가 된다는 말까지 나올 정도였다. 하지만 누구나 성공한 것은 아니었다. 하이네(Heinrich Heine)[108]는 오랫동안 그녀에게 접근했지만 거절당했다. 아마도 일곱 살이나 연상이었기 때문인 듯싶다. 그녀의 애인들은 거의 어린 남자들이었다. 하지만 젊음, 지성, 아름다움 따위를 갖추었다고 해서 이 변덕스런 여왕의 눈에 든 것은 아니었다.

스물세 살의 뮈세(Alfred de Musset)[109]는 임포텐츠(발기 불능)라는 이유로 딱지를 맞았다. 함께 베네치아를 여행하고 있을 때 그녀는 병에 걸린 뮈세를 혼자 남겨두고 떠나버렸다. 뮈세가 브뤼셀에서 익명으로 출판한 외설 책 『가미아니』(또는 『방탕의 이틀 밤』)에서 상드에게 복수한 것으로 알려지기도 했지만 사실이 아니었다. 뮈세는 그 정도로 질투심 강한 남자가 아니었다. 우울한 시집 『밤』에서 그는 지극히 우아하고 아름다운 방법으로 그녀의 행위에 답했다. 그를 위로해 주는 사람이 없었던 것

---

108) 하인리히 하이네(Heinrich Heine, 1797~1856) : 유대계 독일의 시인이자 작가, 기자, 문학 평론가.

109) 알프레드 드 뮈세(Alfred de Musset, 1810년 12월 11일 ~ 1857년 5월 2일) : 프랑스의 시인, 소설가, 극작가이다. 파리 태생으로, 20세에 대담 분방한 시집 『에스파냐와 이탈리아 이야기』(1830)로 문단에 데뷔하여 낭만파의 청춘 시인으로서 사교계의 총아가 되었다. 그러나 점차 낭만파 동향에 비판적이 되어 독자적인 길을 걷었다. 1833년 작가 조르주 상드와 사랑에 빠졌으나 이듬해에 헤어지고 연애의 번뇌와 고통을 노래하며 시인으로 크게 성장한다. 분방한 상상력과 섬세한 감수성으로 항상 신선하고 솔직하게 사랑을 노래한 뮈세는 낭만파 시인 가운데 가장 시인다운 시인이라 일컬어진다.

은 아니다. 공작부인이라든가 여배우 등이 모두 조르주 상드의 배신으로 괴로워하는 그를 위로했다. 하지만 그 사건 이후 괴로워하는 남자는 그의 시에서 기본 스타일이 되었다.

조르주 상드와 쇼팽의 관계는 뮈세보다 훨씬 더 불행했다. 이들의 로맨스가 시작되었을 때 그녀는 이미 30대 중반이었고, 쇼팽은 스물일곱으로 폴란드 여자와 약혼한 몸이었다. 쇼팽은 저항했지만 끝내 이 암사자에게 먹히고 말았다. 상드는 쇼팽을 애지중지했지만 전제군주와 비슷한 상드와의 동거생활이 그에게는 감옥이었으며, 다만 상드의 딸 소란듀 때문에 머물러 있는데 불과했다. 쇼팽이 그녀와 동거한 10년 동안의 감옥살이에서 해방되었을 때 그는 폐인이나 다름없었다.

천재그룹의 다른 남자들은 그 정도까지 상드라는 격류에 몸을 맡기지는 않았다. 『카르멘』의 저자 프로스페르 메리메(Prosper Merimee)[110]는 파리에서 돈 후안으로 알려져 있었는데, 한 때 상드를 미치게 만들려고 생각했었지만 실패했다. 그녀와 이틀 밤을 함께 지냈지만, 끝내 그녀를 황홀하게 해줄 수 없었기 때문인데, 결국 그는 상드에게서 먼저 손을 떼고 말았다. 메리메는 그녀에게 결함이 있다고 했고, 상드는 남자의 탓으로 돌렸다. "그때 그가 나를 진정으로 사랑해 주었다면……" 상드는 뒷날 이렇게 탄식했다. "그는 나를 굴복시켰다고 생각했겠지요. 그리고 만일 한 남자에게 정말로 굴복할 수 있었다면 나는 구제받았을 겁니다. 왜냐하면 자

---

110) 프로스페리 메리메(1803~1870) : 프랑스의 극작가·역사가·고고학자로 단편소설이 거장이다. 낭만적 주제에 고전적이고 절제된 문체를 사용한 그의 작품들은 낭만주의시대에 고전주의를 되살린 것으로 평가된다. 희곡 『크롬웰(1822)』『클라라 가줠의 연극(1825)』『라귀즐라(1827)』『자크리의 반란(1828)』『샤글 9세 시대의 연대기』 등이 있다.

유는 나를 짓씹고, 나를 죽이니까요."

그에 대한 그녀의 반응은 경멸이었다. 그녀는 가장 은밀한 체험을 이야기할 때 아주 솔직하게 말했는데, 메리메에 대해서도 알렉산더 뒤마(Alexandre Dumas)에게 이렇게 말했다. "어젯밤 나는 메리메를 손에 넣었어, 그런데 대단치 않더군." 뒤마가 이 말을 여기저기 퍼뜨리고 다니는 바람에 메리메는 웃음거리가 되고 말았다. 맹수를 길들인다는 그의 기술도 상드에게는 통하지 않았던 것이다.

하지만 그녀도 프란츠 리스트(Ferenc Liszt)만은 가질 수 없었다. 그가 애인이었던 더그 백작부인과 끝까지 의리를 지키려 했기 때문이었다. 마리 더그는 프랑크푸르트의 은행가 베트만의 손녀이며 코디마 바그너[111]의 어머니인데, 대부분의 낭만파 여성들처럼 아주 어린 남자와 첫 결혼을 했는데, 그가 바로 리스트였다. 그러나 너무 어린 나머지 곧바로 헤어졌다.

상드는 리스트에 대한 애모의 정을 감추지 않았다. 상드는 자신의 연적(戀敵)에게 리스트에 대한 사모의 정을 다음과 같이 적어 보냈다.

> "내 가슴을 불태우는 희망은, 어떤 악기도 견디지 못할 만큼 강한 힘으로 프란츠 리스트가 두드리는 피아노 아래 드러눕는 것입니다."

---

111) 코디마 바그너 : 낭만시대 피아노 음악계의 거장 프란츠 리스트와 마리 다구 백작부인의 3남매 중 차녀이다. 또한 동 시대 독일의 작곡가 리하르트 바그너의 아내로도 유명하다.

44

프리드리히 엥겔스(독일어: Friedrich Engels, 1820~1895)

『기원』

사회주의에서만 진정한 '일부일처제'를 실현할 수 있다

엥겔스의 처절한 혁명 생애

엥겔스는 독일의 사회주의 철학자·경제학자로 카를 마르크스와 함께 마르크스주의의 창시자 중 한 사람이다. 마르크스와 함께 마르크스주의, 과학적 사회주의 이론, 변증법적 및 사적 유물론의 창시자이며, 국제 노동자 계급운동의 지도자였다.

독일 라인주(洲)의 바르멘 시에서 1820년 11월 28일 방적공장 경영자의 가정에

프리드리히 엥겔스

서 출생하였고, 아들이 경영자가 되기를 바라는 부친의 뜻으로 김나지움을 중퇴한 후 브레멘 시의 공장에서 견습공으로 일하다가, 1841년 가을부터는 포병지원병으로 베를린에서 복무하였다. 이 기간에 베를린 대학교에서 청강하였다.

젊은 시절부터 당시 사회의 개혁에 관심을 갖고 그 운동에 참가하였는데, 베를린 체류 중에 청년헤겔학파의 일원이 되었고, 또 베를린대학 교수였던 셸링의 반동적·신비적 철학에 대하여 「셸링과 계시」(Schelling und Offenbarung, 1842) 등 여러 논문을 통해 반박하였다. 동시에 헤겔의 보수적 결론, 그 관념론적 변증법의 모순을 비판하기도 하였다.

1842년에 아버지에 의해 그가 경영하던 영국 맨체스터의 공장에서 근무하게 되어, 당시 자본주의가 최고로 발달하였던 영국의 노동자 계급과 접하게 되면서, 그 지독한 경제적 생활상태, 정치적 무권리의 원인 탐구에 뜻을 둠과 동시에, 그 당시 전개되고 있던 차티스트 운동(Chartist Movement)[112]의 견해와 운동의 결정을 보고 그 성과를 『정치 경제학 비판 요강』(A Contri-bution to the Critique of Political Economy, 1844) 및 『영국에 있어서의 노동자 계급의 상태』(Die Lage der arbeitenden Klasse in England, 1845)를 집필하였다. 이들 저서로 프롤레타리아의 위대한 미래와 그들이 담당하는 역사적 사명을 명확히 한 최초의 인물이 되

---

112) 차티스트 운동 : 차티즘(Chartism)이라도 하는데, 19세기 중엽(1838~1848) 영국에서 있었던 사회운동이다.
제1차 선거법 개정은 자본가 계급의 요구가 실현되는 것에 그치고, 개정의 실현에 힘이 된 노동대중의 요구는 자본가 계급의 배신으로 전혀 실현되지 않았다. 1839년 그들은 보통 선거·비밀 선거·선거구의 공평화, 매년의 의회 개선, 의원의 재산 자격 폐지, 의원 세비 지급 등 6개항의 인민헌장(People's Charter)을 내걸고 광범위한 정치운동을 전개했으며, 경제적 향상을 위한 수단으로서 의회의 개혁이 한층 더 필요하다고 보고 자본가가 권력을 장악하고 있는 한 이 계급을 경제적으로 정복할 수 없다고 주장했다. 그리하여 보통선거에 입각한 의회 민주주의의 요구를 필요로 하게 되었다. 1838년에서 1848년에 걸쳐 런던, 버밍엄을 중심으로 전국적인 운동이 전개되었고, 북부의 공업지대에서 선전전을 벌이는 방법으로 수백만의 서명을 얻어 의회에 청원하였다. 그러나 지도자간의 분열, 사상의 불일치, 탄압 때문에 그 최고조였던 2월 혁명을 고비로 하여 급격히 쇠퇴해지고 말았다.

면서 확고한 사회주의자로 정립되었다.

영국에서 귀국 도중에 파리에서 마르크스와 만난 후 이들의 확고한 우정과 협력이 계속되었다(1844). 이들은 우선 1844~1846년에 걸쳐 공동 저작 『신성가족』(Die heilige Familie)과 『독일 이데올로기』(Die deutsche Ideologie)를 써서, 헤겔·포이에르 바하, 청년헤겔학파 등을 추종하는 자들의 철학적 견해를 비판하고, 동시에 변증법적 사적 유물론의 토대를 쌓았다. 또 후에 프롤레타리아 혁명정당으로 이어진 '공산주의 동맹'을 조직하는 등 실천적 활동을 수행하고, 그 동맹의 강령으로 『공산당 선언』(Manifest der Kommunistischen Partei, 1848)을 발표하였으며, 엥겔스는 그것의 초안인 『공산주의의 원리』(Prinzipien des Kom-munismus)를 쓰기도 하였다.

1848~1849년의 독일혁명에 적극 참가하였으나, 혁명의 실패로 다시 맨체스터의 공장으로 돌아갔다(1850~1870). 이 혁명투쟁의 경험을 기초로 하여 『독일농민전쟁』(Der deutsche Bauernkrieg, 1850), 『독일에 있어서의 혁명과 반혁명』(Revolution und Kontrarevolution, 1851~1852)을 쓰고, 프롤레타리아 해방투쟁에 있어 동맹자로서 농민이 지니는 의의를 명확히 하였다. 당시 이미 런던에 와 있던 마르크스와 함께 제1인터내셔널을 결성, 이 조직 내의 쁘띠 부르주아적, 기회주의적, 무정부주의적 견해와 투쟁하고, 또 마르크스의 『자본론』의 완성을 도우며, 연구생활의 원조에 힘을 기울였다.

이 기간 동안 그 자신은 변증법적 사적 유물론의 견해를 발전시키고, 자연과학에 이 견해를 적용시킴으로써 대단한 성과를 거두었다. 유고(遺稿)인 『자연변증법』(Dialektik der natur)은 그 찬란한 기록이다. 그는 변증법적 유물론의 입장에서 철학의 근본문제를 확정하고, 인식론의 발전에 기여하였으며, 또 사적 유물론의 기계적 이해를 비판하면서, 경제적 조건의 결정적 역할과 함께, 상부구조, 그 속의 이데올로기의 의의, 나아가 역사에 있어 개인이 지니는 의의도 해명하고 있다. 이러한 견해는 『반뒤링론』(AntiDühring, 1878), 『가족, 사유재산 및 국가의 기원(이후 '기원'으로 약칭함)』(Der Ursprung der Familie, des Privateigentums und des Staates, 1884), 『포이에르바하론』(1886)에서 찾아볼 수 있다.

그는 1870년에 런던으로 이주하여 마르크스와 함께 일을 하였으며, 그의 사후(1883)에는 『자본론』 제2~6권의 간행에 몰두하면서, 마르크스 사망 후의 유럽 국가들에 있어 노동운동의 지도적인 중심인물로 활동하였다. 1895년 8월 5일 식도암으로 세상을 마쳤으며 그의 유해는 그의 유지(遺志)에 따라 해저에 가라앉혀졌다.

이러한 그가 세계사에 미친 영향은 다음과 같다.

엥겔스의 말에 따르면, 노동계급은 농촌에서 쫓겨나서 멍한 전원생활에서 깨어나 공장에 떠밀려 들어간 다음에야 프롤레타리아로서 존재 이유를 자각하게 된다. 이 부분이 엥겔스가 공산주의의 전위대로서 프롤레타리아의 역사적 기능을 처음으로 설명하는 대목이다. 노동자들이 농민과 다른 역할을 할 수 있는 본질적인 이유는 도시에서 비참한 생활을 영위하기 때문이다. 그의 후배 레닌이 러시아 상황에 맞추어 혁명의 주체로 노동자 이외에도 농민과 소수민족을 주목했던 것과 다르게, 선배였던 마르크스와 엥겔스는 자신들이 활동하던 영국, 프랑스, 독일의 상황에 맞추어 부르주아 혁명 이후 다가올 공산주의 혁명의 주체를 도시 노동자로 한정하였던 것이다.

또한 성적 자유주의를 주장하던 샤를 푸리에의 영향으로 가부장제에 대해 크게 비판하였으며, 생애 말년에는 미국의 인류학자 루이스 H. 모건과의 교류를 바탕으로 쓴 저서 『기원』에서 인류는 본래 모계사회였으나 농업혁명을 통해 부계사회로 바뀌었다는 이론을 최초로 주장했다. 그는 또한 마르크스주의를 적용해 유산계급 혹은 소생산자 계급 남성의 여성 억압의 원인을 남성이 재산을 가지고 있기 때문에 그 재산을 확실히 자기 자식에게 상속하고자 여성을 지배하는 방향으로 행동하기 때문이라고 보았으며, 따라서 그에 대한 해결책을 상속할 재산 자체가 없는 노동계급에 의한 사회혁명을 통해 사적 소유를 철폐하는 것으로 보았다. 이러한 그의 주장은 마르크스주의 페미니즘의 이론적 근거가 되었다.

엥겔스는 다가올 공산주의 체제에서는 남녀 양성의 관계가 변혁될 것이라면서 공산주의는 사적 소유를 폐기하고 아이들을 공동체적으로 교육함으로서 아내는 남편에게 의존하고 자녀들은 부모에게 의존하게 되는 구조가 허물어질 것이라고 주장하였다. 이러한 그의 주장으로 소련의 피오네르[113] 형성 이외에도 공공 탁아소 및 보육제도 확립에 직접적인 영향을 주었다. 다만 레닌 이후에 집권한 스탈린의 경우 성문화나 가족 문제 관련하여 레닌이나 엥겔스에 비해 더 보수적인 입장이었고, 스탈린 시대 이후 소련은 낙태나 사실혼, 동성연애 문제 관련하여 소련 초창기보다 보수적인 정책을 취하게 되었다.

계급사회의 등장이 여성차별의 기원

『기원』은 계급과 국가, 그리고 여성차별의 기원을 밝힌 책으로 엥겔스가 마르크스 사망 1년 뒤인 1884년에 썼다. 엥겔스는 자신의 노트뿐 아니

---

113) 피오네르(pioneer movement) : 소비에트 사회주의 공화국 연방과 공산주의 국가의 소년단을 말한다. 뜻은 러시아어로 「개척자」를 의미한다. 8세에서 19세를 대상으로 하며, 공산당과 콤소몰(청년 정치조직)의 지도를 받는다.

라 마르크스의 "민속학 노트"를 바탕으로 이 책을 썼다. 마르크스와 엥겔스는 북미 원주민 부족인 이로쿼이족을 연구한 미국 인류학자 루이스 헨리 모건[114]의 선구적 연구 『고대사회』를 높이 평가하며 모건의 통찰을 자신들의 역사발전 이론에 통합시키려고 했다. 이로쿼이족의 친족체계를 다룬 모건의 연구는 초기 인간사회의 발전을 유물론적으로 설명한 획기적 저술이었다. 엥겔스는 마르크스의 통찰력에 바탕을 두고 모건의 작업을 계급사회의 등장이 어떻게 가족제도와 그에 따른 여성차별을 낳았는지를 설명하는 이론으로 발전시켰다.

학계에서는 오랫동안 모건의 저작을 무시했고, 마찬가지로 엥겔스의 저작도 쓸모없는 것으로 치부했다. 인류학은 마르크스와 엥겔스의 시대에 새로운 과학이었는데, 다윈의 『종의 기원』은 1859년에야 출판됐기에 초기 인류에 대한 연구는 모건의 연구에 의해 여러 오류가 지적됐다.

그러나 학계가 모건과 엥겔스를 완전히 무시했던 것은 사실적 오류보다는 그들이 사용한 유물론적 방법에 담긴 혁명적 함축 때문이었다. 계급과 착취, 억압이 없는 '원시 공산주의'가 존재했다는 생각은 한낱 동화에 불과한 얘기로 취급됐다. 헤더 브라운 역시 엥겔스가 계급 이전 사회를 이상화했다며 '원시 공산주의'가 존재했다는 생각을 거부했던 것이다.

그러나 인류학과 고고학 분야에서 이뤄진 많은 연구들은 착취와 체계적 차별이 없는 사회들이 존재했었음을 보여 준다. 초기 인류는 수십만 년 동안 채취나 수렵을 하며 살아갔는데, 이 수렵-채집사회는 불과 수백 년 전까지만 해도 지구 곳곳에 남아 있었고 지금도 소수가 존재한다. 이

---

114) 루이스 모건(Lewis Henry Morgan, 1818~1881) : 미국의 인류학자로 아메리카 인디언의 친족 명칭에 대한 연구를 출발점으로 삼아, 여러 문화권의 친족 명칭과 친족 제도에 대한 광범위한 연구를 수행하였다.

사회들을 연구한 인류학자 리처드 리키[115]는 자신의 발견을 다음과 같이 정리했다.

> "국가가 출현해 사회적 불평등이 고착되기 전 수만 년 동안 인간은 혈족에 기반 한 소규모 사회 집단을 이루고 살았다. 이 집단의 경제생활 제도는 토지와 자원의 집단 또는 공동 소유, 식료품 분배에서 일반화된 호혜주의, 비교적 평등주의적인 정치관계를 핵심으로 하고 있었다."

캐나다의 수렵-채집사회를 연구한 인류학자 엘리너 리콕[116]도 비슷한 발견을 했다.

> "토지의 사적 소유도 없었고, 성별 분업을 제외하면 노동 분업도 없었다. … 사람들은 자기들이 맡고 있는 활동에 관해 스스로 결정을 내렸다. 집단적 활동은 무엇이건 합의를 통해 결정됐다."

엥겔스는 『기원』에서 계급 발생 전에는 여성이 남성에게 종속되지 않았고 "역사에 나타난 최초의 계급대립은 군혼(群婚, 여러 명의 여자와 여

---

115) 리처드 어스킨 프레리 리키(1944~2022) : 케냐의 고인류학자, 환경 보호론자 및 정치인이다.

116) 엘리너 리콕 : 여성차별이 존재하지 않던 계급 등장 이전의 북아메리카 사회를 연구한 여성 인류학자로 무역이나 임금노동의 도입이 어떻게 이 사회들을 변모시켰는지를 연구했다. 그녀는 이 사회들의 조직 방식에 나타난 변화의 "핵심"은 "경제적 단위로서의 가족이 강화된 것"이라고 주장했다. 그녀는 엥겔스와 마찬가지로 "가족 형태의 변화를 부차화(어떤 사물이나 현상이 근본적·중심적인 것에 비하여 부수적인 관계나 처지에 있는 것)하면 사회에 대한 해석이 불완전할 뿐 아니라 왜곡된 채로 남게 된다."고 결론지었다.

러 명의 남자가 동시에 혼인하는 관행)을 통해 남녀대립이 발전하는 것과 동시에 일어났고, 최초의 계급 억압은 남성의 여성차별과 동시에 일어났다"고 주장했다.

『기원』에서 엥겔스는 인간사회의 폭넓은 발전을 묘사하기 위해 '야만', '미개', '문명' 같은 모건의 개념을 사용했다. '야만'은 수렵-채집 사회를 뜻하고, '미개'는 원예농업에 기반을 둔 초기 농업 사회를 뜻하며, '문명'은 계급사회를 뜻한다고 했다. 엥겔스는 각각의 발전단계에 해당하는 결혼 형태를 발견했다. 즉, 수렵-채집자들의 군혼, 원예 사회의 대우혼(두 사람이 짝을 이루지만 언제라도 한편에 의해 해소될 수 있는 관계), 계급사회의 일부일처제(어머니가 중심인 오랜 친족구조에서 아버지가 아내와 아이들을 지배하는 가족으로 바뀐 것이 특징)이다.

계급사회가 등장하면서 남성이 지배하는 새로운 가족이 구래의 친족관계를 대체하고 여성에 대한 체계적인 억압이 나타났다고 본 것은 분명히 옳았다.[117]

수렵-채집 사회에서도 성별 노동 분업은 있었다. 남성은 주로 수렵을 맡았고, 여성은 주로 채집을 맡았다. 그러나 이런 분업이 꼭 여성의 열등한 지위를 나타내는 것은 아니었다. 당시 사회의 생산력 발전수준에서 채집은 공동체에 수렵보다 훨씬 더 안정적으로 식량을 공급했다. 여성의 채집활동으로 공동체 식량의 절반 이상이 공급됐기 때문에, 여성의 지위는 높았다. 여성은 공동체에 필요한 사항들을 남성과 공동으로 결정하고 실행했다.

---

117) 엘리너 리콕, 리처드 리 등 여러 인류학자들이 수집한 증거를 보면, 17~19세기에 유럽 이주민이 만난 수렵-채집 집단에서는 남성이 여성을 지배하는 일이 없었다.

수렵-채집 사회에서 부모와 자식들은 가족단위로 살지 않았고, 사람들은 친족공동체 체계에서 살았으며, 양육은 공동체 모두가 책임졌다. 부부단위도 느슨하게 조직됐다. 배우자가 떠나도 자신이나 자녀들의 생계가 위협받는 일은 없었기 때문이다. 이 사회의 가치관은 자본주의에서 통용되는 가치관과는 매우 달랐던 것이다.

여성차별을 인류사회의 보편적 특징이 아니라 계급분화와 국가의 등장과 함께 발전한 것으로 본 엥겔스의 주장은 옳았다. 그러나 부차적 문제에서 몇 가지 오류가 있었다. 엥겔스 자신이 이 점을 중요하게 여겼기에 『기원』은 비판적으로 읽지 않으면 오해하기 쉬운 책이다.

우선 엥겔스는 대다수 수렵-채취 사회에서 혈족이 하는 구실을 매우 과장했다. 모건은 혈통에 기반한 사회들에 있는 친척 분류를 그 이전의 상당히 다른 사회조직 형태에 적용했는데, 엥겔스는 이 견해를 따랐다. 엥겔스는 이 친척 분류가 형제들이 자매들과 결혼하는 '군혼' 단계를 입증한다고 생각했다. 그는 군혼이 "야만적인 특징"이 있는 반면, 대우혼은 "미개의 특징"이라고 주장했다. 그러나 군혼은 물론 강력한 혈족도 수렵-채집 사회('야만')의 특징이 아니다. 이 사회는 부부와 그 자녀들이 느슨하게 무리를 이루는 것이 특징이었다. 또 엥겔스는 군혼 이전에 "무규율적 성교"의 시기가 있었다고 추정했는데, 별 근거 없는 추측이었다.

또 다른 쟁점은 엥겔스가 사용한 '모권제'라는 용어와 관련된 것으로, 엥겔스 자신이 실제로 범한 게 아니라 종종 엥겔스의 옹호자들과 반대자 모두가 엥겔스의 잘못으로 돌리는 문제이다. '모권제'라는 용어를 사용한 사람들은 한때 사회는 남성이 아닌 여성의 지도 아래 있었다고 가정했다. 엥겔스는 이런 생각을 거부했고 '모권'을 이런 의미로 사용하지는 않았다. 그는 후손이 모계를 따르는 것을 가리켜 독일의 저술가 바호펜이 사용한 '모권'이라는 용어를 채택했다. 엥겔스는 이런 의미에서 '모권'이 어떤 단계에서는 보편적이었을 것이라고 믿었다. 하지만 "간결함 때문에 이 용어를 계속 사용했지만, 아직 이 사회 단계에서는 법적 의미의 권리에 대해 말하기 어렵기 때문에 옳은 표현은 아니다."라고 덧붙였다.

인류학과 고고학이 발전하면서 오늘날에는 계급 분화 이전 사회들에 대해 엥겔스의 시대보다 훨씬 더 많은 사실들이 알려져 있다. 계급사회가 형성된 과정은 엥겔스가 생각했던 것보다 훨씬 불균등하고 복잡했다. 고고학 연구들을 보면, 농업이 시작된 이후 수천 년 동안 계급이나 국가와 비슷한 것은 전혀 나타나지 않았다(남성 우월주의가 있었다는 증거도 발견되지 않았다).

엥겔스는 계급 발생과 사유재산이 동시에 발생했다고 설명했지만, 이것이 일반적 추세는 아니었다. 어떤 계급사회에서는 계급 발생 한참 뒤에야 사유재산이 형성됐다.

계급사회의 등장은 생산력이 발전한 결과다. 생산력이 발전하면서 전체 사회를 겨우 먹여 살릴 수 있는 양 이상의 잉여가 발생하자 평등한 공동체의 사회관계에 변화가 생겨났다. 이 잉여생산물을 통제하게 된 사람들이 장기간의 역사발전 속에서 결국 최초의 지배계급이 됐다.

그런데 엥겔스는 계급사회의 등장과 여성의 지위 하락("여성의 세계사적 패배")을 옳게 관련짓지만, 이런 여성의 '패배'를 초래한 시스템이 무엇인지는 충분하게 설명하지 않았다. 즉, 새로운 계급사회에서 지배자들이 하필이면 왜 남성이 됐는지는 설명하지 않았다.

여러 사람들이 이 공백을 메우기 위한 시도를 했다. 영국의 마르크스주의자 크리스 하먼이 고고학자 고든 차일드와 인류학자 어니스틴 프리들이 제시한 설명을 받아들여 계급사회에서 남성이 지배계급이 되고 남성이 지배하는 가족이 생겨난 과정을 다음과 같이 설득력 있게 설명했다.

수렵-채취 사회에서 중요한 식량 조달 수단이었던 채취는 아이를 기르고 아이에게 젖을 물리면서도 얼마든지 할 수 있는 일이었다. 괭이에 의존한 초기 농경사회에서도 마찬가지였다. 그러나 무거운 쟁기를 사용하고 소와 말을 기르는 사회에서는 더는 그럴 수 없었다. 여성이 그런 일을 했던 사회는 출산율이 낮았고 인구가 증가하지 않았다. 이 사회는 여성을 그런 업무에서 배제하는 다른 사회에 밀려났다. 농업에서 일어난 변화뿐 아니라 장거리 무역의 발전과 빈번해진 전쟁도 여성에게 불리하게 작용했다. 이런 일들은 남성이 주로 수행했기에 여성은 가장 많은 잉여를 창출하고 사회적 위신을 높이는 분야에서 제외됐다. 그 결과 최초의 지배계급은 남성들이 됐다(그러나 모든 남성이 지배계급이 된 것은 아니었고, 오직 소수의 남성만이 지배계급이 됐다). 그리고 계급과 국가가 발전하면서 부계제(자손이 부계를 따르며 복잡한 친족 관계의 영향을 받는다)가 남성 연장자가 가구를 지배하는 가부장제로 변형되기 시작했다.

그러나 여성차별의 기원을 밝히는 것은 사변적 시도가 아니라 여성해방을 위한 이론과 실천에서 매우 중요한 의미가 있다. 여성차별을 보수적 인간 본성론이나 관념론에 기대 남성의 심리나 욕망에서 비롯한 것으로 설명하지 않으려면 여성차별이 인류 역사에서 늘 존재했는지, 그렇지 않다면 여성차별은 어떻게 시작됐는지 밝히는 것은 핵심적인 문제 중의 하나다.

엥겔스의 『기원』에 몇몇 약점이 있지만, 이 책은 여성차별을 유물론적으로 이해하는 출발점이다. 무엇보다, 이 책은 단지 먼 과거에 일어난 여성차별의 뿌리를 밝히는 데 머무는 것이 아니라 오늘날 여성해방을 위한 투쟁의 전망을 밝히며 전략을 제시하는 데서 매우 중요하다. 착취와 여성차별이 모종의 인간 본성이 아니라 계급사회의 등장에 물질적 뿌리가 있다는 유물론적 분석은 계급사회가 철폐된다면, 착취와 함께 여성차별도 끝장낼 수 있음을 나타낸다.

엥겔스는 여성에게만 강요되는 일부일처제를 비판하며, 사회주의에서는 진정한 일부일처제가 실현될 것이라고 봤다. 엥겔스가 진정한 일부일처제가 이상적인 형태라고 본 것은 놀랍지만, 이것은 자신의 견해이자 순전한 추측이었을 뿐 자기 이론의 필연적 결론으로 제시하지는 않았다. 엥겔스의 진정한 요점은 다음의 유명한 단락에 담겨 있다.

> "앞으로 자본주의적 생산을 지양한 뒤 자리 잡을 양성 관계의 형태에 대해 우리가 지금 예상할 수 있는 것은 주로 부정적인 측면들 대부분은 소멸되게 될 것이다. 그러나 새로 나타나게 될 것은 어떤 것들인가? 그것은 남녀의 새로운 세대가 자라나서, 남자는 일생을 두고 금전이나 기타 사회적 권력 수단으로 여자를 사는 일이 없고, 여자는 진정한 사랑 이외에는 다른 어떠한 동기로도 결코 남자에게 몸을 맡기지 않으며, 경제적 결과에 대한 두려움 때문에 사랑하는 사람에게 몸을 거부하지 않을 때 확정될 것이다. 우리는 자본주의 이후 사회에서 여성과 남성의 관계와 개인들의 성적 관계가 어떤 형태를 취할지 예측하기 힘들다. 그러나 그 형태가 다양할 것은 분명하며, 이윤이 아니라 인간의 필요에 따라 생산하고 경쟁이 아니라 협력에 기반을 둔 사회에서는 개인들이 서로 존중하며 관계를 맺을 수 있을 것이다."

45

알프레드 찰스 킨제이(Alfred Charles Kinsey, 1894~1956)
『남성의 성적 행동(Sexual Behavior in the Human Male)』(1948년)
『인간 여성의 성적 행동(Sexual Behavior in the Human Female)』(1953년)
미국 청교도적 도덕주의의 허울을 벗기다

『킨제이 보고서(Kinsey Reports)』란?

알프레드 킨제이와 워델 포메로이가 집필한 보고서로, 인간의 성적 행동을 다루고 있는 두 권의 책『남성의 성적 행동』과 『여성의 성적 행동』으로 구성되어 있다.

1930년대 당시 인디애나대학교 교수로 재직하고 있던 킨제이는 성에 관한 학문적 연구결과가 절대적으로 부족하다는 것을 발견하고 록펠러 재단의 후원 하

알프레드 찰스 킨제이

에 이와 관련한 연구를 진행했다. 1948년 5,300명 남성의 표본조사 결과를 바탕으로 한 첫 번째 보고서인 《남성의 성생활》이 출간되었다. 워델

포메로이, 클라이드 마틴과의 공저로 발표된 이 책에서, 킨제이는 조사 대상 중 4%의 남성이 평생을 동성애자로 일관했으며, 37%의 남성이 쾌락을 동반한 동성애 경험을 최소 1회 이상 가진 것으로 나타났다고 발표해 극소수 남성들만의 전유물로 여겨지던 동성애에 대한 미국인들의 편견을 깨는 데 일조했다.

2번째 보고서인 《여성의 성생활》은 5,940명의 여성의 조사 결과를 바탕으로 하였으며, 1953년에 출간되었다. 그는 이 두 책에서 킨제이 등급이라는 개념을 도입해 인간의 성적 지향성이

연속성을 가짐을 설명했다. 킨제이 등급은 다음과 같았다.

[등급 설명]
0 : 절대적인 이성애자.
1 : 이성애자에 가깝지만, 부분적으로 동성애 성향을 나타냄.
2 : 이성애자에 가깝지만, 동성애적 성향이 1등급보다 큼.
3 : 양성애자.
4 : 동성애자에 가깝지만, 이성애적 성향이 5등급보다 큼.
5 : 동성애자에 가깝지만, 부분적으로 이성애적 성향을 나타냄.
6 : 절대적인 동성애자.
X : 성적 지향성을 가지지 않는 사람.

킨제이 보고서에 따르면, 만 20세에서 35세 사이의 백인 남성 중 11.6%가 3등급(양성애자)에 해당하며, 동일 연령대의 미혼 여성의 7%, 이혼한 여성의 4%가 3등급에 해당한다. 또한 만 20세에서 35세 사이의 여성 중 2~6%는 5등급, 동일 연령대의 미혼 여성의 1~3%는 6등급인 절대적 동성

애자에 해당한다고 했다.

　이와 같은 연구결과는 곧 대중들의 관심을 받았다. 그러나 당시까지만 해도 금기에 해당했던 여성의 성(性)을 직접적으로 다뤘다는 점에서 논란의 중심에 섰으며, 비난이 계속되자 록펠러 재단이 연구 후원을 중단하는 사태까지 발생하기도 했다. 이외에도 킨제이 보고서는 사회계층에 따라 성 문화가 다르며, 이성애 및 금욕생활이 도덕적이고 일반적인 규범이라는 사회적 통념을 깨고 동성애에 대한 대중의 인식 변화에 기여했다는 점에서 높게 평가받고 있다.

　그러나 이성애자의 동성에 대한 1회적 성적 경험에 불과한 것을 동성애 범주의 경험으로 잘못 규정하거나 소수 양성애 영역을 세분화시켜 과장시키고 타고난 이성애자와 마찬가지로 타고난 동성애자에 대한 기본 정의를 후천적 시각, 단일한 이성애·동성애를 정도 경향으로 왜곡하는 동성애에 대한 혐오적 태도를 고착화했다는 비판도 들어야 했다.

　킨제이는 인간의 성생활에 대한 연구자료가 부족하다는 것을 알고, 처음에는 미 전역 교도소에 복역 중인 사람들 중에서 18,000여 명을 인터뷰해서 그 자료들을 가지고 1948년에 《인간 남성의 성적 행위 (Sexual Behavior in the Human Male)》를 출판했고, 1953년에는 《인간 여성의 성적 행위(Sexual Behavior in the Human Female)》를 출판했다. 다만 교도소에 복역 중인 사람들은 첫 조사에서의 이야기이고, 그 뒤로 10만 명 가량의 대다수가 일반인들로 구성된 모집단에서 조사하여 지속적으로 개정된 보고서를 냈다. 킨제이 스스로 1948년의 첫 책은 단지 "샘플 과정의 보고서에 불과하다"고 이야기했을 정도로 정확성이 떨어졌다는 점은 명확히 알고 있을 필요가 있다.

　이 보고서는 '인간의 성(性)'이라는 금기시되었던 내용을 주제로 방대한 조사를 처음으로 실시했다는 점에서 당시 미국 사회를 깜짝 놀라게 했다. 조사 내용 역시 큰 충격을 가져왔는데, 이성애 및 금욕생활이 도덕적이고 일반적인 규범이라는 사회적 통념을 깨뜨렸던 것이다.

동성애, 혼외정사, 혼전순결, 난교 등 당시 기준으로 꽤나 쇼킹한 내용이 많았기에 숫자와 도표, 그리고 그래프만 잔뜩 있는 단순한 학술보고서에 불과했음에도 불구하고 언론에 대서특필되기도 하였으며, 출간 즉시 베스트셀러가 되었다. 그러나 내용이 내용인 만큼 탄압을 받기도 하였다.

킨제이 보고서의 충격

히르쉬펠트와 프로이트가 세상을 떠나고 나치 정권이 득세를 함에 따라 1940년대부터 성 연구의 주도권은 독일에서 미국으로 넘어가게 된다. 연구방법 역시 사례연구에서 표본조사(survey)방식으로 바뀌었다. 사례연구는 특정인을 대상으로 상세한 정보를 수집하는 반면에 표본조사는 불특정 다수를 대상으로 면담을 하거나 설문지를 메우게 하여 성생활에 관한 자료를 조사한 것이었다. 표본조사 방식으로 성과를 거둔 최초의 인물은 알프레드 킨제이(1894-1956)였다. 미국 전역에 걸쳐 1만8천 명을 면접해 얻은 1만2천 건의 자료를 묶어 두 권의 책으로 펴냈다. 이것이 『킨제이 보고서』이다.

한 권(1948)은 남자, 다른 한 권(1953)은 여자의 성 행동에 관한 것이었다. 『킨제이 보고서』는 성이 인간의 삶에 미치는 영향이 막중함을 밝혀냄으로써 성생활에 대한 미국인의 고정관념을 파괴하고, 성 문제를 학문적인 연구대상으로 격상시킨 계기를 마련했다. 예컨대 오르가슴을 수반한 동성애를 적어도 한번 경험한 남성이 37%에 이른다는 킨제이의 발표는 게이를 혐오하는 미국 사회가 더 이상 동성애의 존재를 외면하지 못하도록 했다. 동시에 게이 인권운동이 출현하는 결정적 계기를 제공했다. 여자에 관한 통계 중에서는 혼전 및 혼외정사가 여론의 주목을 받았다. 여자의 절반 정도가 혼전에 성교를 했으며, 26%의 유부녀가 간통 경험이 있는 것으로 나타났다. 특히 여자의 오르가슴에 대한 자료는 미국 대중에게 충격을 주었다. 여자 역시 남자처럼 오르가슴에 탐닉하는 동물이라는 결론이 나왔기 때문이다. 가령 여자의 25%가 15살까지, 절반 이상이 20살까지, 64%가 혼전에 이미 오르가슴을 맛본 것으로 보고됐다. 그리고 결혼 후 첫째 달에 49%, 6개월 이내에 67%, 1년 안에 75%의 신부가 오르가슴에 도달했다. 또한 오르가슴의 빈도에서 개인차가 드러났다. 남자가 한 번 사정하는 사이 14%의 여자가 여러 차례 오르가슴을 즐긴 것으로 나타났으며, 10번 이상 오르가슴을 만끽한 여자들도 있었다.

동물학 교수 출신인 킨제이는 성 연구를 하나의 과학으로 발전시키겠다는 결심을 하고 성행동에 관련된 생물학적 요소에 관해 자료를 수집했다. 이를테면 발기조직인 페니스와 클리토리스의 측정을 시도했다. 무려 1만6천 개의 페니스를 측정했는데, 발기했을 때의 평균 길이는 16.5cm, 가장 긴 것은 26.6cm였다. 그러나 클리토리스는 성적으로 흥분하면 포피 속으로 숨어버리기 때문에 측정이 쉽지 않았다. 클리토리스는 그리스어로 "숨어 있는 것"을 뜻한다. 어쨌거나 킨제이는 대부분의 여자들이 클리토리스를 자극하지 않고서는 오르가슴에 도달할 수 없음을 밝혀냈다.

성교 장면을 보면서 반응을 관찰한 표본조사가 성 경험의 연구에 좋은 자료이긴 했지만, 성행동의 생리학적 메커니즘을 밝혀내는 데는 별로 도움이 되지 못했다고 했다. 가령 성적으로 흥분되었을 때, 고환 또는 음핵의 상태나 성교 도중에 발생하는 신체의 변화를 당사자가 현장에서 스스로 관찰할 수 없기 때문에, 표본조사로는 이 방면의 자료를 구할 길이 없었던 것이다. 유일한 방법은 의료장비를 동원해 제3자가 성교 장면을 직접 관찰하는 것이었다. 동물의 교미는 자주 관찰대상이 되었으나 사람의 경우 공개적인 성행위는 아무래도 금기사항일 수밖에 없었지만, 미국의 윌리엄 마스터즈(1915-)와 버지니아 존슨(1925-)은 실험실에서 사람의 성교를 관찰해 1966년 『인간의 성 반응』이라는 책을 펴냈다. 산부인과 의사인 마스터즈는 38살 되는 1954년부터 연구에 착수했으며, 심리학자인 존슨은 조수로 참여했으나 훗날 아내가 되었다. 이들은 21세에서 89세까지 남자 312명, 18세에서 78세까지 여자 382명 등 694명에 대해 실제로 성교 또는 수음을 시켰다. 심지어는 사진기가 달린 모조 음경을 질 속에 넣어둔 상태에서 여자에게 수음을 시키고 오르가슴[118] 순간에 질에서 일어나는 변화를 기록했다. 12년 동안 대략 1만 회의 성 반응 주기를 관찰했는데, 마스터즈와 존슨에 따르면 인간의 성 반응 주기는 성적 자극을 받는데서 시작해 오르가슴을 거쳐 다시 정상상태로 되돌아가는 과정을 말하며 흥분기, 고조기, 오르가슴기, 해소기 등 네 단계로 구분된다고 했다.

성적으로 흥분하면 남자는 음경이 발기되고, 여자는 질 벽에서 윤활액이 스며 나온 다음에 클리토리스가 커지고 음순이 벌어진다고 했다. 물론 유방도 팽창하고 유두도 발기했으며, 흥분이 높은 상태에서 지속 되는 고조기가 되면 남자는 귀두와 고환이 커지고, 정액 일부가 귀두 밖으로 흘러나오며, 여자는 질 벽의 전체 모양이 맥주병을 거꾸로 세운 형태가 되고, 클리토리스는 질 입구에서 멀리 올라가 숨어버린다고 했다. 성적 쾌감의 절정을 맛보는 오르가슴 순간에는 남녀 모두 전신에 걸쳐 근육의 수축

---

118) 오르가슴 : 프랑스어인 'orgasme [ɔʁ.gasm]'에서 유래한 단어로 보기 때문에, 올바른 표기는 프랑스어 표기법을 따른 '오르가슴'이지만, 일본어식 독음을 일부 따른 '오르가슴'이 더 많이 쓰이는 편이다.

과 경련이 일어나며, 혈압이 높아지고 심장 박동과 호흡의 속도가 빨라지면서 배우자의 몸을 힘차게 끌어안는다고 했다. 해소기에 접어들면 음경은 줄어들고, 질, 음핵, 유방 모두 원래 크기로 돌아간다고 했다.

마스터즈와 존슨은 인간의 성 반응에 관한 생체실험을 통해 몇 가지 새로운 사실을 알아냈는데, 먼저 음경이 크다고 해서 발기 후에도 반드시 크란 법은 없다는 사실이다. 7cm인 음경은 발기할 때 1백20% 늘어났지만, 11cm 짜리는 50%밖에 커지지 않은 실험결과가 나온 것이다. 둘째 음경이 클수록 여자의 만족도가 높은 것은 아니라는 것이다. 질의 틈새는 삽입 직후 몇 번 왕복하는 페니스의 길이와 굵기만큼 벌어지기 때문이다. 셋째 여자는 남자와 달리 여러 차례 오르가슴을 경험할 수 있다고 했다. 실험결과에 따르면 젊은 여자가 한 번의 성교에서 6~12회 오르가슴에 도달했다고 했다. 어느 여자는 남편이 사정하고 나서 수음으로 25회, 곧바로 모조 음경을 삽입하여 21회 등 모두 46번의 오르가슴을 한번 누운 자리에서 경험하는 진기록을 수립했다고도 말했다. 넷째 80살 전후의 노인들도 남녀 모두 정상적인 성교가 가능할 뿐 아니라 오르가슴을 느낀다는 사실도 확인됐다고 했다. 이와 같이 마스터즈와 존슨 부부는 성 과학 발전에 결정적으로 기여한 업적을 남겼지만 1992년 이혼했다.

『킨제이 보고서』에 대한 신뢰도

킨제이의 조사는 교도소에서 시작되었지만, 이후 다양한 곳으로 확대되었으며, 10만 명 가량의 대상자에게 조사를 하게 된다. 몇 가지 유의할 점이 있는데, 첫째, 킨제이는 "부유하고 교육받은 중산층"의 샘플이 아닌 비교적 사회의 다수를 차지하는 하류층 사람들의 데이터를 수집하길 원했다. 둘째, 킨제이가 조사했던 교도소들은 지금 우리가 상상하는 흉악범 단체 수용소와는 많이 달랐다. 연구가 이루어지던 1940년대의 미국은 교회의 영향으로 지금보다 한없이 성에 대해 종교적이고 폐쇄적이었고, 자녀를 낳기 위한 부부관계를 제외한 모든 성적인 행위는 불법으로 간주되었다. 그중에는 서로가 동의하는 가운데 성관계를 맺은 커플(둘 중에서 남성)이 잡혀 오거나, 심지어는 자위를 했다는 이유로 체포된(…) 사람도 있었다.

그러나 후대에 와서는 대상 선정 자체가 무작위가 아닌, 결론을 도출하기 위해 의도된 대상들로 선정되었다는 의혹이 제기되어 신빙성이 낮아졌다. 더 정확하게 언급하자면, 이후의 연구와 비교하면 수치가 너무 높게 나오는 사례가 많은데, 이는 통계적 처리에 있어서 모집단에 문제가 있다는 비판이 나오게 되는 원인이었다.

그런데 문제는 킨제이가 일부러 성적으로 문란한 사람들만 표본에 집어넣고 조사를 한 것인지, 모든 사람들을 조사했는데 결과에 맞추기 위해서 비율을 조작했는지, 모든 사람들에게 질문을 했지만 응답을 해준 사람들의 비율 때문에 이런 결론이 나온 것인지에 대해서는 이야기가 많은 편이다. 대상이 성적인 문제이기 때문에 질문에 응답 자체를 거부한 사람들의 비율이 상당할 것인데, 이 회피자들은 모집단에 포함이 되지 않기 때문이다. 하지만 이러한 한계에도 워낙에 사회에 던진 충격이 컸기 때문에, 그 영향력과 파장은 지금까지도 계속되고 있다.

『미국 통계학회 저널(Journal of American Statistical association)』에는 어느 통계학자의 킨제이 보고서의 신뢰도에 대한 평가가 실렸었다.

"내가 처음에 킨제이 보고서를 읽었을 때 나는 깊은 인상을 받았다. 그때 나는 흥미로운 결과에 초점을 두었고, 조사방법에는 거의 주의를 기울이지 않았다. 내가 조사가 행해진 방법에 관심을 돌리자 결점들이 눈에 들어오기 시작했다. 그러나 그런 결점들은 사소한 기술적인 문제들로 생각했다. 마치 거대한 기념물의 표면에 난 흠집 같은, 전체적인 결론에는 영향이 없이 세부적으로 결과의 일부를 수정하기만 하면 되는 그런 결점으로 생각했다. 즉 두세 개의 오류 요인을 감안한다고 하더라도 대부분의 결과는 여전히 중요하고 흥미로울 것이라고 생각했던 것이다. 하지만 조사에 사용된 통계 방법을 자세히 살펴보고는 보고서에 있는 결과들에 대해 신뢰를 가질 수 없었다. 사실 내가 보기로는 조사 방법에 있어서의 결점이 너무 커서 킨제이 보고서는 중요한 영역에 대해 새로운 접근을 시도했다는 역할 이상의 가치가 있는 것으로 평가하기가 불가능하다."

『킨제이 보고서』에 대한 평가

킨제이 박사의 삶과 그의 연구결과에 주목하여 그린 '전기영화' <킨제이 보고서>의 시나리오를 직접 쓴 빌 콘돈 감독은,

> "킨제이는 각각의 사람들은 독특한 성적 기질을 가지고 있기 때문에 인간의 성에 관해 이야기 할 때는 '보편적이다'·'드물다'라는 말을 사용해야 하며, '정상'·'비정상'이라는 단어를 사용해서는 안 된다고 처음으로 말한 사람이다"

라고 했다. 그러면서 그 또한 『킨제이 보고서』는 역시 '드물다'라고 말해야지, '비정상'이라고 얘기해서는 안 될 듯하다고 말했다. 이에 대해 미국의 보수주의자들은 "킨제이의 연구는 과학이 아닌 사기"라며 영화 <킨제이 보고서>의 개봉을 빌미로 음란 연예 오락물 제작 지원자들을 처벌

할 수 있는 입법 운동 등 성도덕 전쟁에 나서기도 했다.

그러나 『킨제이 보고서』가 사회에 미친 영향은 매우 컸다. 즉 여성이 성적 만족을 얻는 데 남성의 도움이 반드시 필요한 것은 아니라는 개념이 확대되었고, 이 연구와 피임약의 개발은 60년대 여성해방운동에 불을 지피게 되면서 이후 여성의 성생활은 엄청난 변화를 맞이하게 되었다.

특히 킨제이가 『여성의 성적 행위(Sexual Behavior in the Human Female)』를 발표한 1953년을 기점으로 매 10년 마다 "성 인식의 변화와 문명사적 의미"를 세계는 반추해 왔다. 이를 대변해 준 것이 50주년이던 2003년 AP가 "「남성 편」이 사회적 논란을 일으켰다면, 「여성 편」은 '지옥 불을 점화시켰다'"고 쓴 논평이었다.

『킨제이 보고서』의 가장 근본적 의미는 사실 내용 자체보다도 상대인 둘에 대한 반응의 온도 차를 드러냈다는 점이었다. 당시 세계는 유부남의 약 절반이 바람을 피운다는 것보다 유부녀 넷 중 한 명이 혼외정사를 경험한다는 사실에, 여성의 약 절반이 혼전 성 경험(남성은 85%)을 한다는 사실에 더 경악했던 것이다. 인류학자 마거릿 미드는 젊은이들이 책을 읽지 못하게 해야 한다고 주장했고, 여러 나라가 그의 책을 금서로 지정했던 이유이기도 했다.

여성주의 운동가 글로리아 스타이넘(1934~)은 강연에서 "킨제이의 가장 값진 기여는 그의 연구에 여성을 포함 시켰다는 사실이다"라며 이렇게 말했다.

> "킨제이 보고서는 실생활에서 유효해야만 힘을 발휘한다는 점에서 권리장전과 닮았다. 단지 인쇄물로만 존재한다면 전혀 중요하지 않으며, 지금 당장 우리의 생각과 삶이 바뀔 때에만 유의미하다."

『킨제이 보고서』가 가져다 준 결과

1953년 마릴린 먼로의 폭발적 인기에도 같은 해 발표된 킨제이 보고서가 크나큰 영향을 미쳤다고 미학계에서는 보고 있다. 상술하였듯이 기존까지 사회에서 여성의 성욕은 남성 없이는 존재할 수 없는 의존적인 것으로 보았으나, 킨제이 보고서는 여성에게도 독자적인 성욕이 존재한다(지금은 매우 당연해짐)고 지적해서 엄청난 사회적 파란을 몰고 왔다. 그러한 결과의 예로서 몇 가지를 들면 다음과 같았다.

① 1950년대 섹스 심볼이었던 마릴린 먼로의 경우 그녀의 섹스 어필은 여성의 독자적인 것이라기보다는 남자에게 의존되는 것으로 받아들여졌고, 여기서 남성 대중들은 안심하고 그녀에게서 성적 욕구를 느꼈기에 그녀의 인기가 천정부지로 치솟았다는 것이다.

② 1953년 월급 등 여러 가지 문제로 골치가 아팠던 한 젊은 기자가 이 보고서를 감명 깊게 읽고서는 바로 직장을 그만두고 한 잡지를 창간하는데 이것이 바로 『플레이보이』였다.

③ 1953년 이 킨제이 보고서는 그동안 미국인들이 가지고 있던 청교도적 도덕관, 성 윤리에 엄청난 균열을 내면서 그 전해인 1952년 시판하기 시작한 경구피임약[119], 같은 해 1953년 창간된 잡지 『플레이보이』와 함께

---

119) 경구 피임약(經口避妊藥, Combined oral contraceptive pill, COCP)는 피임을 위해 복용하는 피임약이다. 1960년대 미국에서 개발된 이래 널리 보급되었다. 에스트로겐, 프로게스테론 성분이 함유되어 있으며배란 억제, 정자의 자궁 내 침입 억제, 수정란의 착상 억제에 효과가 있다. 이외에도 월경 주기의 변경, 샐리통(월경 곤란증)의 완화, 자궁내막염증의 치료에도 쓰인다. 경구피임약은 월경 시작일로부터 정해진 시간마다 21일 동안 복용하고, 7일 동안은 쉬는 주기가 기본이다. 이 때문에 1개 시트마다 21정 또는 28정으로 구성된 경우가 대부분이다. 이 약을 사용하려면 의

1960년대 '성 혁명(sexual revolution)' 의 단초가 되었다.

④ 1956년 알프레드 킨제이가 사망한 해로 윌리엄 마스터스와 버지니아 존슨이 성 혁명을 이어갔다. 알프레드 킨제이가 설문조사에 의존했다면, 이들은 1956년 10월~1969년 8월에 걸쳐 성을 실험 연구(!)를 하기도 했다. 이들을 주인공으로 한 역사 드라마(?)가 2013~2016년 방영한 「마스터즈 오브 섹스」다. 대표적으로 "성적 흥분은 흥분-고조-오르가슴-회복의 4단계다", "포경수술과 사정 능력과는 관계가 없다", "오르가슴은 남성의 체력을 고갈시키지 않는다. 중추신경계의 피로일 뿐이다", "폐경 이후에도 오르가슴은 존재한다" 등 오늘날엔 상식이 된 영역들을 발표했다.

⑤ 1974년 해군 복무를 하며 잡지 『플레이보이』를 감명 깊게 읽은 래리 플린트 역시 성인잡지인 『허슬러』를 창간했다. 그리고 법적투쟁을 통해 "성인잡지에 성기가 표현되는 것은 표현의 자유"라는 판례를 따냈다.

⑥ 1983년에는 성인물을 금기시하는 폴 웰 목사를 맹비난하고, "공인을 비난하는 것은 표현의 자유"라는 판례를 따냈다.

⑦ 1995년에는 빌 클린턴 대통령의 성 스캔들을 적극 비호하며, "성의 정치적 도구화를 반대한다"며 자신이 알던 양당 정치인들의 성 추문을 폭로하는 위엄을 보였다.

⑧ 2012년에는 『섹스, 거짓말 그리고 대통령(원제: One Nation Under Sex)』이라는 미국 역사상 성이 정치적 도구로 쓰여 져 온 사례의 역사책이 출간되었다.

⑨ 1979년 킨제이 보고서에서 대표적으로 모집단을 왜곡시킨다는 지적을 받아온 감옥 수감자를 제외하고 모집단을 청산(clearing)하고

사의 진찰을 통해 건강상태를 확인한 다음에 처방받아야 한다.

Gebhard와 Johnson이 수 만 명의 일반인들에 대한 데이터만 재분석한 데이터베이스를 발표하였다. 이에 따르면 당시 미국 남성의 경우 36.4%가 생애 중 적어도 1번 이상 동성과 성적 관계의 경험이 있으며, 16세~55세 사이에 이성보다 동성에 더 매력을 느낀 시기가 3년 이상이었던 사람이 백인 대졸 이상 학력자 중 9.9%, 백인 고졸 이하 학력자 중 12.7%라고 하였다. 다만 이 비율도 마냥 무시할 수는 없지만 100% 신뢰할 수 있는 데이터는 아니었다.

⑩ 2003~2004년 강동우가 미국 킨제이 성 연구소를 대한민국 최초로 연수했다. 이후 보스턴의대에서도 성 의학을 연수하고, 국내 언론에 다수의 칼럼을 쓴다. 강동우는 이후 2019년 4월에 마이 리틀 텔레비전에 성의학전문가로 출연하여, 포경수술에 대하여 2차 성징기에 해면체가 크게 성장하는데 포피는 그렇지 않다고 했다. 따라서 포피를 아동기에 절제하면 성장이 저해될 수 있기 때문에 하더라도 성인기에 할 것을 권유한 바 있다.

⑪ 2004년 알프레드 킨제이의 일생이 리암 니슨 주연의 영화로도 제작되었다.

⑫ 2013년 8월 8일 MBC의 무릎팍도사에 출연했던 배우 장혁이 군 복무 시절 남성 성인잡지인 『맥심』이 있었는데, 어린 동생들과 같이 있어서 난처하기는 했지만, 교양 있는 척하고 싶어서 이 책을 3번이나 정독했다고 하여 방송 이후부터 실시간 검색어에 올라왔다. 프로그램에서 보여주는 연애 상담 등도 대부분 이 책을 읽은 다음 더 깊어진 것이라고 했다.

성 연구는 과학인가 아닌가?

마스터즈와 존슨 이후 성 과학은 학제 간의 연구를 통해 본질을 드러내기 시작했다. 대표적인 보기는 성별(gender)에 대한 연구였다.

젠더는 1955년 존 머니가 기존 생물학적 성(남자 또는 여자)에서 남성다움 또는 여성다움과 같은 사회적 성을 구분하는 용어로 채택함에 따라 사회과학과 성 과학에 널리 사용되기 시작했다. 뉴질랜드 태생의 미국 심리학자인 머니는 이 용어의 사용으로 완전히 새로운 연구 분야를 개척하면서 1960년대 이후 성 문제 연구의 중심인물이 되었다. 젠더와 관련된 문제는 1970년대와 1980년대에 걸쳐 성 연구의 핵심과제로 부각됐다.

또 1960년대 이후 성 연구에서 빼놓을 수 없는 것은 페미니즘 이론이 미친 영향이었다. 미국 여성들이 투표권을 획득한 1920년에 이어 2차로 밀어닥친 이른바 "페미니즘의 두 번 째 물결"은 베티 프리단이 1963년 펴낸 『여성의 신비』라는 책에서 시작된다. 이 책은 미국 여성들이 풍요로운 전후 사회에서 자신들의 역할에 점차 불만을 느끼고 있음을 보여준 최초의 표현으로 간주되었다. 여권운동의 두 번째 물결을 주도한 페미니스트들은 여성에 대한 남성의 멸시를 조장하거나 강간을 자극하는 외설물에 대해 일반인들이 관심을 갖도록 촉구하고, 직장 내의 성희롱이나 아동에 대한 성폭행을 처벌하는 법률의 미온적인 대처를 비판했다. 요컨대 페미니스트들은 성 문제를 정치적으로 쟁점화해서 성차별에서 여성을 해방시키려고 노력했던 것이다.

인간의 성문제는 생물학에서 사회학에 이르기까지 다양한 분야에서 연구되고 있다. 그렇다면 성 과학이 과학으로 성립될 수 있는가 하는 의문이 생긴다. 왜냐하면 과학은 객관적인 자료에 의존하지만 성 문제에 관한 자료가 항상 일관성이 있는 것은 아니기 때문이다. 그 해답은 성 연구의 역사를 집대성한 『침실의 과학』(1994)을 펴낸 미국의 번 벌로 교수가 이 저서의 말미에 언급한 다음과 같은 대목에서 찾을 수 있다.

"성 과학은 과학적 연구를 할 만한 주제를 갖고 있으며, 전통적인 과학적 방법으로 검증된 정보를 풍부하게 갖고 있다. 성 과학은 학제 간 연구이므로 전통적인 과학과는 다르다.(중략) 그러나 성 연구의 모든 측면이 같은 수준에 있는 것은 아니다. 요컨대 성 연구는 과학이 되어가는 과정에 있는 것이다."

저자약력

김승일(金勝一)

1955년 생으로 경기도 안성 출신이다. 동국대 사학과를 졸업한 후, 대만(국립대만정치대학 문학석사[1987년])과 일본(국립규슈대학 문학박사[1992년])에서 유학했으며, 귀국 후에는 여러 대학에서 강의했으며, 그러는 동안 미래인력연구원 연구위원, 동아시아경제연구원 수석연구원 및 하와이대학에서 연수하기도 했다. 2002년부터 국민대 한국학과와 동아대 동북아특수대학원에서 교수를 역임했고, 2012년부터 '동아시아미래연구원' 원장으로 활동하고 있다. 연구의 중점은 동아시아세계의 교류사 연구를 통하여 동아시아의 정체성(正體性)을 재구성하는 일에 중점을 두어 왔다. 이들 성과는 『한민족과 동아시아세계』, 『[중문] 내 눈 속의 한중관계(我眼中的韓中關係)』, 『[일문] 중국혁명의 기원』 등 40종의 저술과 「한중일 삼국의 근대화 좌절과 성공의 사상적 배경에 관한 비교연구」를 비롯해 250여 편의 논문을 발표하였으며, 『모택동선집』 등 200여 종의 역서가 있다. 이러한 공로를 중국정부로부터 인정받아 2012년에 '중화도서특수공헌상'을 수상했고, 2015년에는 중국국무원 신문판공실 해외이사로 피선되었으며, 2017년에는 중국국가신문출판광전총국의 '실크로드 책 향기 공정' 제1기 '외국인이 쓰는 중국 프로젝트"의 출판 지원 대상으로 선정된 바 있다. 2018년에는 동 프로젝트를 주관하는 비서처로부터 창작상을 수상하였으며, 2019년에는 중국도서수출입총공사로부터 국제출판전문가위원회 위원으로 위촉되었다. 2021년에는 홍콩에 본부를 둔 '세계문학연합회' 특별초빙전문가로 위촉되었고, 2022년에는 한·중수교 30주년 기념으로 중국 외문국(外文局)의 지원을 받아 『한중양국 신시대의 개막과 신 교류시스템의 모색』을 출간하였다.